明智一族 三宅家の史料

三宅家史料刊行会 編

清文堂

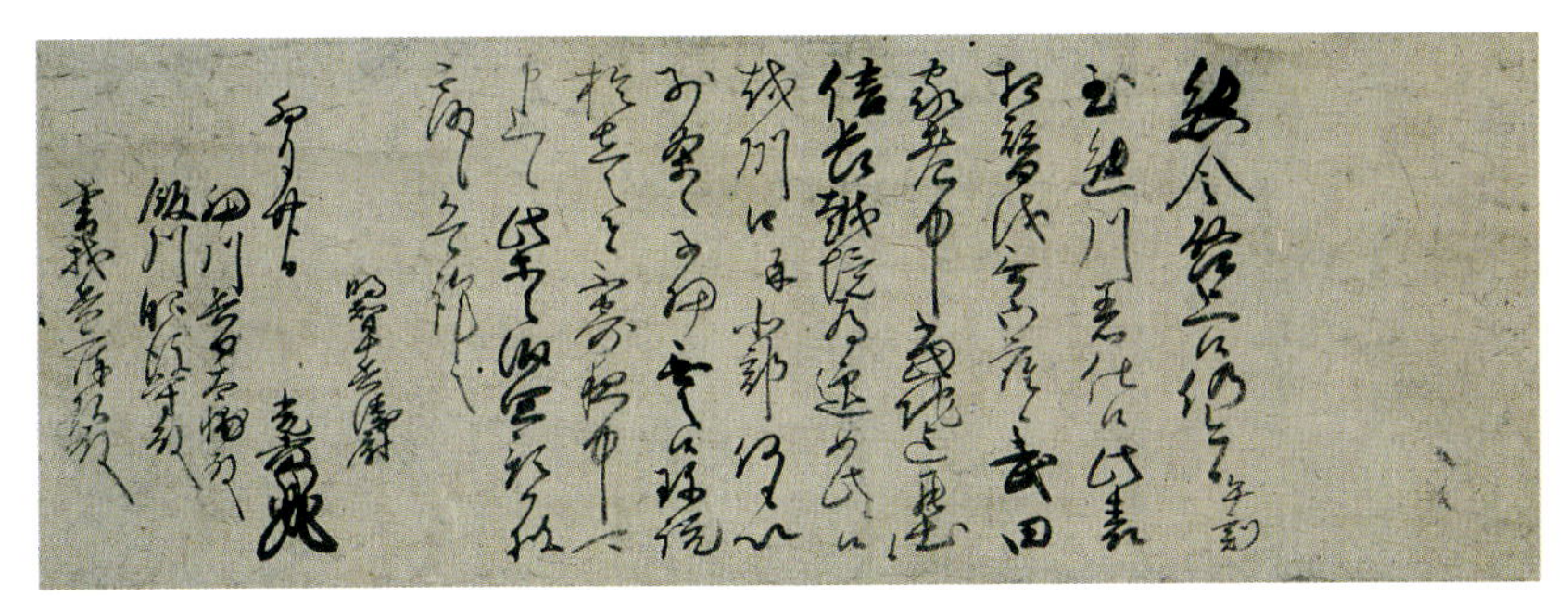

明智光秀書状（本書１番）　　（熊本県立美術館写真提供）

織田信長の越前朝倉攻めに先立ち、熊川に着いた光秀が、細川兵部大輔（藤孝）外に知らせた状況報告。

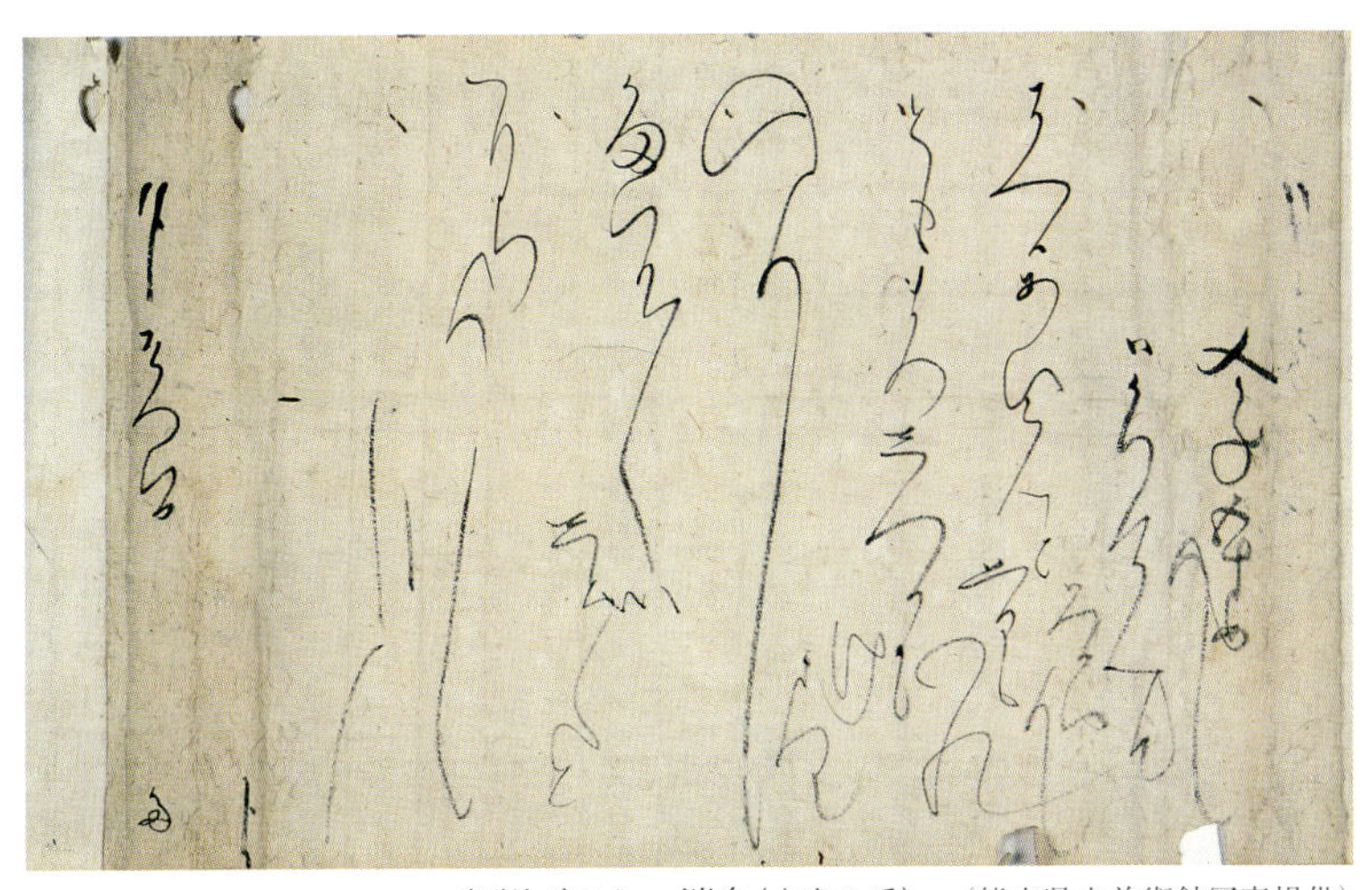

細川ガラシャ消息（本書３番）　（熊本県立美術館写真提供）

細川ガラシャから、甥三宅藤兵衛重利に手渡された書状。

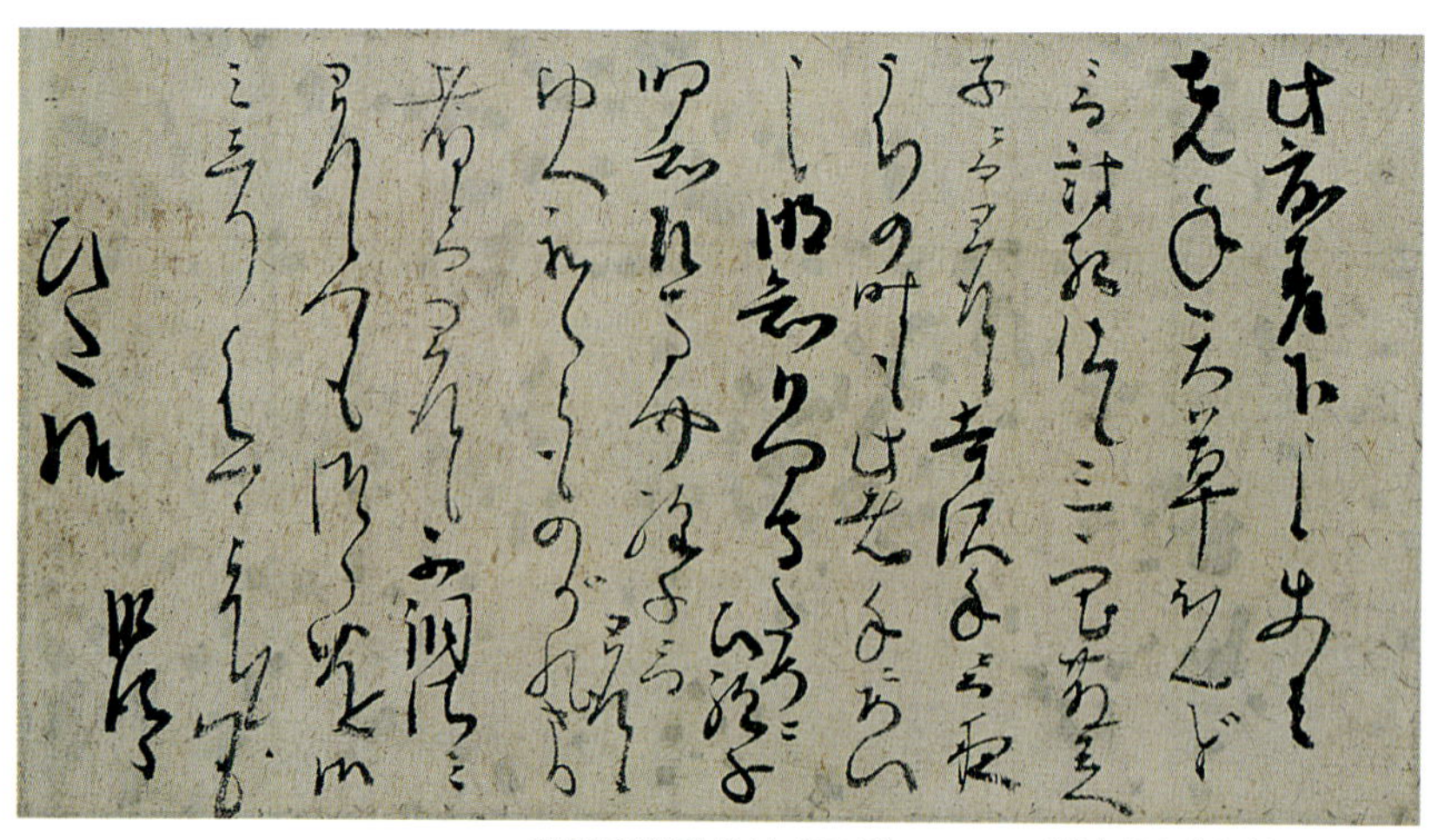

細川光尚書状（本書30番）　　　（熊本県立美術館写真提供）

藤兵衛の嫡男重元が徳川家光の御平癒使者を務めた折、幕臣榊原飛騨守に明智光秀の曾孫であることを伝えたもの。

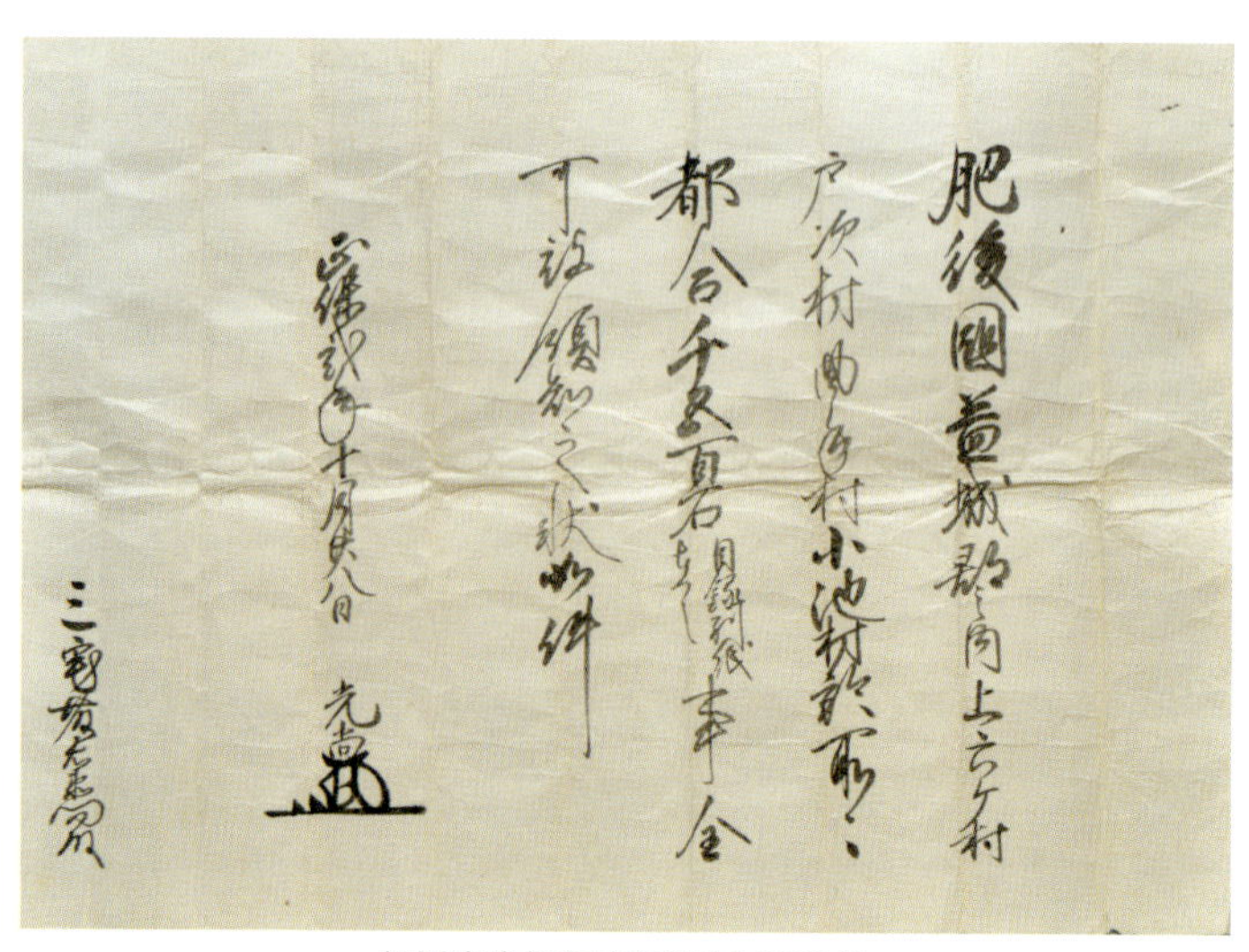

細川光尚知行宛行状（本書82番）

滋賀県大津市坂本　西教寺本堂　　（西教寺提供）

元亀２年、織田信長の比叡山焼き討ちにより災禍に見まわれる。
明智光秀は、西教寺の復興に大きく力を注ぎ檀徒となる。

明智光秀公と一族の墓所　　（西教寺提供）

天草・島原の乱当時の様相を示す富岡城図(部分)　　(臼杵市教育委員会蔵)

天草の乱で討死した三宅藤兵衛と家臣・中間の墓所

（天草市本渡町広瀬）

三宅家菩提寺と墓碑

（熊本市中央区坪井　泰陽禅寺）

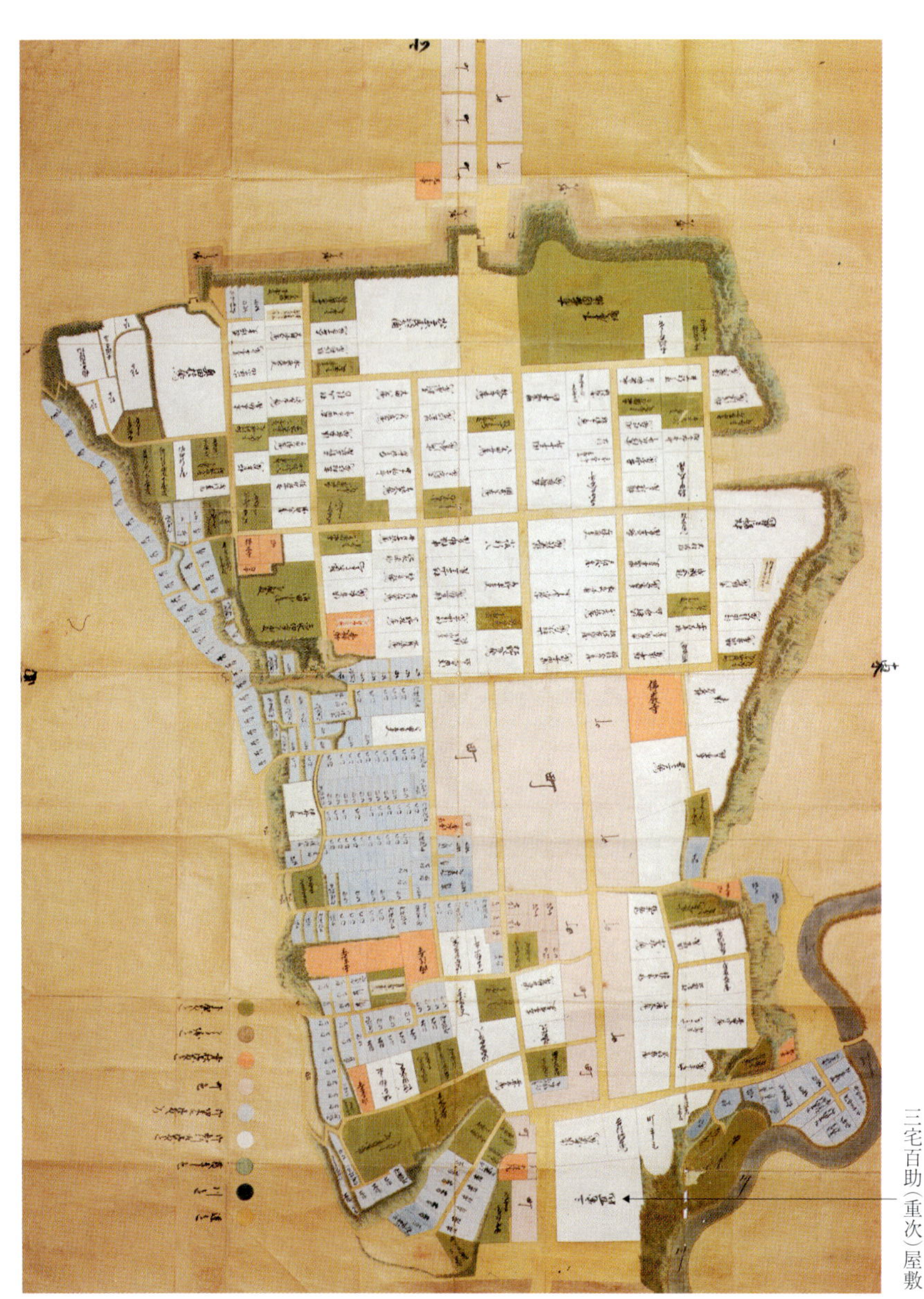

元文２年頃までの三宅家の屋敷

熊本県立図書館蔵「京町之絵図」（熊本市歴史文書資料室写真提供）

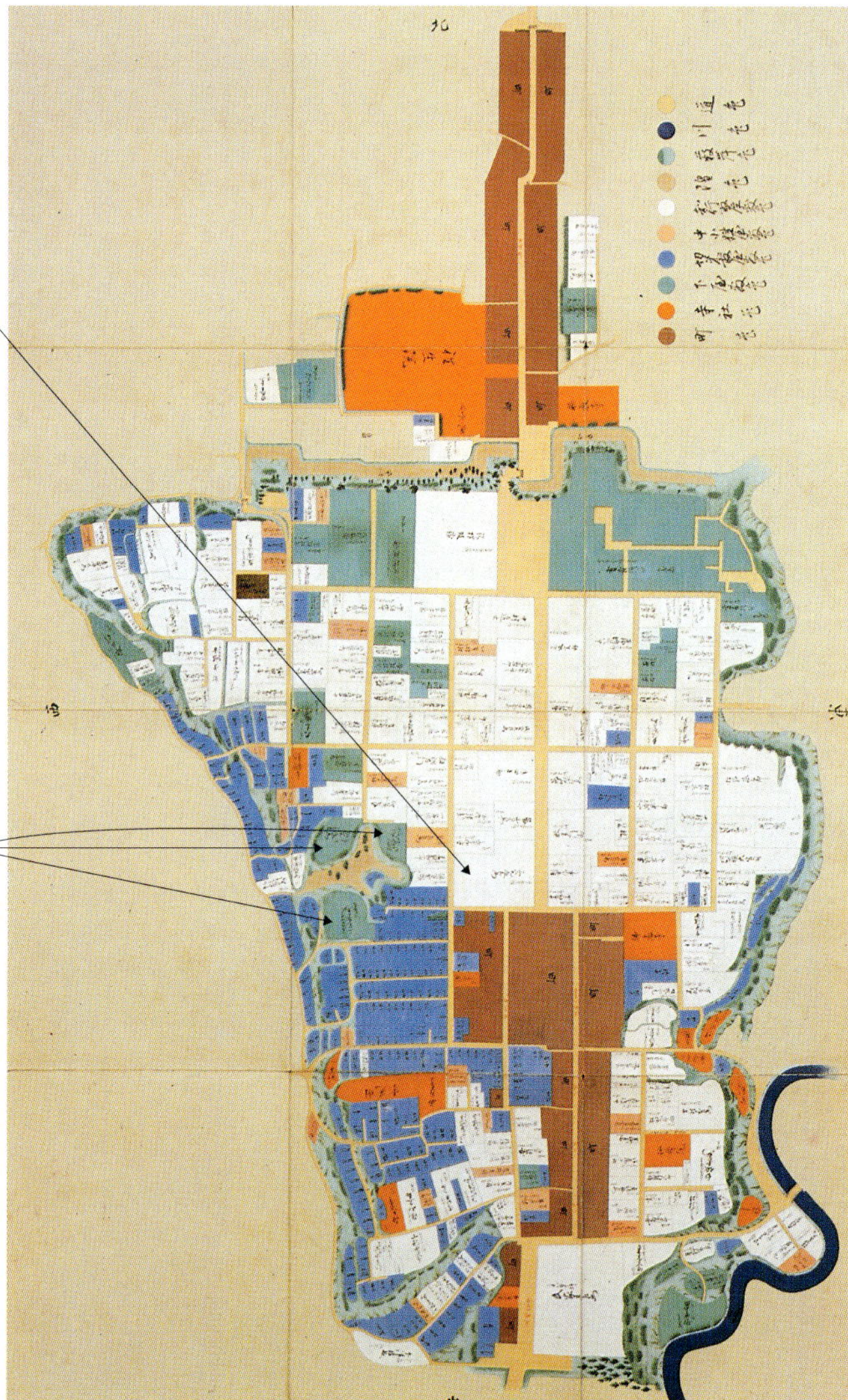

三宅藤右衛門重弘屋敷

三宅藤右衛門重弘下屋敷

元文期以降の三宅家の屋敷と下屋敷

公益財団法人永青文庫蔵「熊本所分絵図」のうち「京町之絵図」

（熊本大学附属図書館寄託・熊本市歴史文書資料室写真提供）

伝明智光秀筆「布袋画」(三宅家蔵)

三宅藤兵衛重存肖像画(三宅家蔵)
阿蘇家第86代大宮司惟治賛

序文

このたび、細川家の重臣であった三宅家に伝来する文書史料が、『明智一族三宅家の史料』として刊行されることとなりました。これほど膨大で、貴重な文書史料が明るみになることは稀有なことであり、その意義は大きいものがあります。熊本城下にあっては、明治十年の西南の役と太平洋戦争の二度にわたる戦火で焼失されたものが多いなかで、三宅家にあっては、よくぞ今日まで守り遺されたと思います。これら遺された文書史料は、三宅家と肥後熊本藩の歴史を明らかにし、深めることにとどまらず、日本の歴史の真実を確かめることのできる貴重な歴史資料であります。

三宅家の史料には、明智光秀書状を始め、光秀自筆画、秀林院（明智光秀娘、細川忠興妻の細川ガラシャ）書状、それに細川忠興の三男で熊本初代藩主となった細川忠利書状や、その子光尚の書状といった貴重な史料が数多くあります。これらは、三宅家の出自を明らかにすることにとどまらず、戦国時代の日本の歴史そのものを、しっかり証明するような役割をもっています。なかでも近世三宅家の初代となる藤兵衛（幼名帥（そつ））の人生は、まさにドラマであり、大河ドラマを見る思いがいたします。

帥二歳の時、本能寺の変が起こり、明智光秀の居城であった近江坂本城は落城します。明智一族が自刃するなか、帥は光秀家臣の機転によって落ち延び、京の町屋で育ちます。帥十三歳の時、叔母であるガラシャ夫人と密かに面会。やがて高野山に移されます。それから六年後、帥十九歳で細川忠興に仕えることとなり、名を三宅藤兵衛重利に改めます。しかし、その喜びも束の間、藤兵衛を密かに見守ってくれたガラシャ夫人は、関が原の直前、大名夫人を人質に取ろうとして押し寄せた石田三成軍に対して、それを拒み自害し、三十八歳の生涯を閉じるのです。

この後、藤兵衛は、明智家と縁がある九州唐津藩主寺澤家に仕えると、その武功を認められて、当時唐津領であった天草富岡の城代に就きます。やがて、天草・島原の乱が起き、唐津から遠く離れた天草で、藤兵衛は先頭に立って奮戦するなか、多勢に無勢、ついに天草本渡で討死をしてしまいます。この時の藤兵衛の奮戦模様を、作家司馬遼太郎は『街道を行く』十七巻のなかで、藤兵衛を評価する記述を残しています。

初代藤兵衛が天草本渡で死去した後、三人の倅は乱の終息から四年後に、肥後熊本藩主となっていた細川家に仕えることになります。三宅家文書には藩主の特命を受けたり、大きな事案に対処したことが、記されています。元禄十五年十二月十四日、赤穂浪士討ち入りという事件が起きると、四十七士は直ちに四大名にお預けとなります。このうち大石良雄ら中心人物十七人は細川家にお預けとなり、他藩は各十人との命です。世上も混乱するなか、急ぎお引き受けに向わねばなりません。細川家では、江戸家老三宅藤兵衛（重矩）を筆頭に、総勢八七五名の万全の体勢で大目付仙石伯耆守の屋敷に向い、高輪の下屋敷に無事に連れ帰ったとあります。お預かり後の細川家の対応は、温かく見事であったことが、今日まで語り継がれています。

この後も三宅氏は、幕末まで藩主名代、京都高桐院御法会御代香、熊本藩領であった豊後鶴崎番代などの大役を果たしながら明治を迎えます。

本書の出版にあたっては、まず三宅久美子氏の御熱意と、熊本大学文学部附属永青文庫研究センター長稲葉継陽教授を始め、元熊本大学教授松本寿三郎氏・熊本大学附属図書館特別研究員川口恭子氏・元熊本大学文学部附属永青文庫研究センター松﨑範子氏らの御協力で、刊行の運びとなりました。多くの皆様に親しんでいただくとともに、今後の歴史研究に広く役立てていただきますことを、心から願っております。

平成二十七年十一月吉日

熊本県文化協会会長
公益財団法人永青文庫常務理事　吉丸　良治

目次

34 細川宣紀書状（山名十左衛門・三宅藤兵衛宛） 二月十八日 …………… 38
35 細川詔邦書状（溝口孤雲・三宅藤右衛門宛） 慶応四年正月十三日 …………… 40
36 細川刑部養子靍千代婚姻御礼 元治二年三月三日 …………… 42
37 三宅藤兵衛書状（政右衛門宛） 九月八日 …………… 43
38 三宅藤兵衛書状 天保四年六月 …………… 46
39 三宅探山書状包紙
39-1 御内意之覚（小笠原一学宛） 慶応元年十一月 …………… 47
39-2 三宅探山書状（三宅藤右衛門宛） 十二月二十三日 …………… 48
39-3 三宅探山書状（三宅藤右衛門宛） 十二月十九日 …………… 52
40 三宅探山書状（三宅藤右衛門宛） 正月十七日 …………… 53
41 三宅探山書状（三宅藤右衛門宛） 二月十五日 …………… 55
42-1 三宅探山書状（三宅藤右衛門宛） 二月二十八日 …………… 59
42-2 三宅探山書状（三宅藤右衛門宛） 二月二十八日 …………… 62
43 三宅探山書状（三宅藤右衛門宛） 弥生十一日 …………… 63
44 三宅探山書状（三宅藤右衛門宛） 十月二十八日 …………… 67
45 三宅探山書状包紙
45-1 三宅探山書状（三宅藤右衛門宛） 霜月三日 …………… 73
45-2 三宅探山書状（三宅藤右衛門宛） 十一月三日 …………… 75
46 三宅探山書状（三宅藤右衛門宛） 霜月十三日 …………… 79
47 三宅探山書状（三宅藤右衛門宛） 臘月十八日 …………… 81
48 三宅探山書状（三宅藤右衛門宛） 臘月十九日 …………… 84
49 三宅探山書状（三宅藤右衛門宛） 辰正月二十五日 …………… 90

65-2 下ケ札の写 （年月日欠）……133
66 操壽院書状封筒
66-1 操壽院書状（三宅藤右衛門宛） 二月二十八日……135
66-2 操壽院書状（三宅藤右衛門宛） 二月二十八日……138
66-3 操壽院書状（三宅藤右衛門宛） 二月二十八日……139
67 操壽院書状（三宅藤右衛門宛） 三月三日……139
68 操壽院書状（三宅藤右衛門宛） 三月九日……141
69 侯爵細川家家令書状（三宅重雄宛） 九月四日……143
70 某書状 正月元日……144
71 元書状（三宅重弘宛） 正月二十一日……145
72 元書状（三宅重弘宛） 正月二十一日……147
73 三宅猪子書状（三宅藤右衛門宛） 正月二十八日……149
74 松山千太郎書状封筒
74-1 某書状 （年月日欠）……152
74-2 松山千太郎書状（三宅重雄宛） （明治三十六年）旧十月九日……153
75 某書状 （年月日欠）……156
76 詠歌の覚 （年月日欠）……157

二　知行宛行状・辞令

77 寺澤廣忠知行目録（三宅与介宛） 慶長九年七月二十六日……161
78 寺澤廣高知行目録（三宅藤兵衛宛） 元和二年九月二十三日……162

79 寺澤廣高知行目録（三宅藤兵衛宛） 元和五年九月十九日 …… 162
80 寺澤廣高知行目録（三宅兵六宛） 元和五年九月十九日 …… 163
81 細川光尚印物の留書（奉行中宛） 寛永十九年十二月九日 …… 164
82 細川光尚知行宛行状（三宅藤右衛門宛） 正保二年十月二十八日 …… 166
83 細川光尚知行宛行状（三宅百助宛） 慶安元年四月二十七日 …… 166
84 細川綱利知行宛行状（三宅百助宛） 寛文元年八月五日 …… 167
85 細川綱利知行宛行状（三宅藤右衛門宛） 寛文元年八月五日 …… 167
86 細川綱利知行宛行状（三宅藤兵衛宛） 元禄十四年三月十九日 …… 168
87 細川綱利知行宛行状（三宅藤兵衛宛） 元禄十五年正月十一日 …… 169
88 三宅藤兵衛拝領せらる御加増知所付け目録（八代・菊池・合志郡代宛）
宝永二年五月三日 …… 170
89 三宅藤兵衛知行所目録 宝永二年五月三日 …… 174
90 三宅藤兵衛拝領せらる御加増知所付け目録（玉名・山本・阿蘇郡代宛）
宝永二年五月十一日 …… 175
91 三宅藤兵衛知行所目録 宝永二年五月十一日 …… 179
92 三宅伊兵衛知行引き渡し差紙 （正徳五年）十月四日 …… 181
93 細川宣紀知行宛行状（三宅猪兵衛宛） 正徳六年二月十八日 …… 181
94 細川宗孝知行宛行状（三宅藤右衛門宛） 享保十九年十一月朔日 …… 182
95 三宅平太郎知行引き渡し差紙（上益城・八代・菊池・合志郡代宛）
（元文二年）巳十一月朔日 …… 183
96-1 細川重賢知行宛行状（三宅平太郎宛） 寛延元年九月朔日 …… 184
96-2 細川重賢知行宛行状写（三宅平太郎宛） 寛延元年九月朔日 …… 185

96-3 細川重賢知行宛行状写（三宅平太郎宛） 寛延元年九月朔日……186
97 三宅平太郎知行引き渡し目録 寛延元年九月朔日……187
98 三宅亀傳拝領せらる御知行所付け目録（上益城・菊池・合志郡代宛） 宝暦十三年六月十一日……189
99-1 細川重賢知行宛行状（三宅藤兵衛宛） 明和六年二月朔日……193
99-2 細川重賢知行宛行状写（三宅藤兵衛宛） 明和六年二月朔日……194
99-3 細川重賢知行宛行状写（三宅藤兵衛宛） 明和六年二月朔日……194
100 三宅藤兵衛知行引き渡し目録 明和六年二月朔日……195
101 三宅英蔵御知行所付け目録（上益城郡代宛） 天明二年十二月二十二日……197
102 細川治年知行宛行状（三宅英蔵宛） 天明六年九月朔日……200
103 三宅英蔵知行引き渡し目録 天明六年九月朔日……201
104 細川斉茲知行宛行状（三宅英蔵宛） 天明八年九月十八日……202
105 細川斉樹知行宛行状（三宅英蔵宛） 文化九年九月十八日……203
106 細川斉護知行宛行状（三宅藤兵衛宛） 文政九年九月十八日……204
107 細川慶順知行宛行状（三宅藤右衛門宛） 万延二年三月朔日……204
108 三宅平太郎辞令 （元文二年）十一月十三日……205
109 三宅亀傳辞令 （宝暦十三年）四月二十八日……206
110 三宅英蔵辞令 （天明二年）五月十四日……207
111 三宅英蔵知行覚書（清水数馬宛） 七月十日……208
112 三宅藤兵衛辞令 文政五年十月二十八日……209
113 三宅藤右衛門辞令 （年月日欠）……210
114 三宅藤右衛門辞令 （年月日欠）……211

三　職務関係

129　袋物諸達の控　弘化三年三月……367
130　武具の覚　十一月十九日……402
131　三宅藤右衛門具足の覚（三宅平太郎宛）（元文二年）十一月十九日……403
132　甲立物昇幕紋の絵図　文政五年十一月三日……405
133　鶴崎御茶屋作法の覚書　（年月日欠）……409
134　家老・中老就任の仕法　慶応二年七月朔日……414
135　江戸における薩摩軍の動向探索　（年月日欠）……416
136　勅命により官軍差し向け　（年月日欠）……419
137　御所評議の覚　（年月日欠）……420
138　諸藩兵備の覚　（年月日欠）……420
139　桑名藩処分の手控　（年月日欠）……423
140　大政奉還の控　（年月日欠）……425
141　三宅藤爽江戸での名代稜書　（年月日欠）……426
142　紛失品の覚　（年月日欠）……428
143　紛失品届けの控　明治十年五月……429
144　別稜紛失品変動後露顕の稜書　明治十年六月六日……432
145　刀剣・砲器・茶器の覚　（年月日欠）……437
146　三宅藤兵衛石灯籠建立の趣意書　明治二十年七月……448
147　茶道皆伝の証の包紙
147-1　茶道皆伝の証（三宅藤爽宛）　明治二十五年九月二十六日……450
147-2　茶道皆伝の答証　（年月日欠）……450
148　三宅家譜代家臣関係文書入りの袋

148-1 譜代の家来家筋並びに手取り付 明治三年六月……452
148-2 御改革以来諸差し出しの控（松山権兵衛宛） 明治三年七月十日より……467
148-3 旧臣の内禄高現手取り請け調べ 明治三年十月……472
148-4 扶持取り家臣の氏名 明治三年十一月十四日……477
148-5 家臣井上氏の相続の覚 （年月日欠）……480
148-6 家臣吉浦次郎相続の覚 未六月……482
149-1 大塚仙之助一件申し渡しの控 （天保七年）八月二十七日……484
149-2 大塚仙之助一件申し渡しの控 （天保七年）八月二十七日……486
150 交友者の名前札 （年月日欠）……492
151 高橋閑吾差出物の袋
151-1 高橋閑吾覚書 六月……494
151-2 高橋家系図 （年月日欠）……495
151-3 喜多村家家系付録 （年月日欠）……503
151-4 喜多村家先祖付 （年月日欠）……515
151-5 高橋家先祖の拝領物諸品付 （年月日欠）……523
151-6 織田信長書状写（明智日向守宛） 八月十一日……527
151-7 明智光秀書状写（喜多村出羽守宛） 二月十一日……529
151-8 筒井順慶書状写（喜多出羽守宛） 六月八日……530

四　家譜・系図・先祖付

152 三宅家系譜 嘉永三年六月……535

＝附　録＝

凡　例

一、本書は、旧細川家家臣の三宅氏が所蔵する文書を中心に、三宅氏に関する諸史料を集めたものである。
一、本書においては、「書状」「知行宛行状・辞令」「職務関係」「家譜・系図・先祖付」の項目を設けて、史料を収録した。
一、収録史料には、各々一連番号と史料の表題、および史料の所蔵者・出典・体裁を記した。
一、表記のない文書・記録については、内容から題名をつけた。
一、文書一点ごとに翻刻文、読み下し文を収録した。
一、翻刻文と読み下し文の掲載においては、読み手の便宜を図って二段組みにしたものもある。

一、翻刻文について
・原則的に史料の体裁に従うこととし、字体も原本通りとしたが、読解の便宜上、体裁を一部変更した箇所もある。付札・貼紙・行間文については、本文上でその位置がわかるようにし、本文・条文末に「　」をもって列記した。朱筆・包紙上書・端裏書などについては、「　」で本文と区別した。
・適宜、読点や平列点（中黒）を補った。
・虫損・欠損など判読不明な文字に関しては、字数が判明するものは□、不明なものは［　］とした。
・抹消・みせ消しは、訂正部分を本文とした。
・花押・印判については、花押があるものは（花押）とし、印判は大体の形状を記した。
・用語上で、疑わしいもの、明らかな誤りには（ママ）と右に注記した。

一、読み下し文について

・原則として、常用漢字を用いて現代仮名づかいに、助詞もすべて仮名に改めた。ただし、名前と法名は原本通りである。

・原本の誤記や当て字などは、翻刻文ではそのまま表記したが、読み下し文では正しいと思われる字句に改めたほか、読み手に意味が伝わるように、手直しをした部分もある。

・編者が加えた注記は（　）で示した。

一、史料の翻刻は川口恭子・松﨑範子が受け持ち、読み下し文の作成・全体の校訂にあたっては松本寿三郎・三宅久美子の協力を得た。

一書状

1　明智光秀書状（三宅家文書1　切紙）

態、令啓上候、仍、今日午刻
至熊川着仕候、此表、
相替儀無御座候、武田
家老中、当地迄罷出候、
信長越境為迎、如此ニ候、
越州口并北郡、何も以
別条之子細無之候、珍説
於在之者、不寄夜中、可
申上候、此ホ之趣、宜預御披
露候、恐々謹言

明智十兵衛尉
卯月廿日　光秀（花押）
細川兵ア太輔殿
飯川肥後守殿
曽我兵庫頭殿

わざと、啓上せしめ候、よって、今日午刻熊川に至り着
仕り候、この表、相替る儀御座無く候、武田家老中、当
地まで罷り出で候、信長の越境迎えとして、かくのごと
くに候、越州口ならびに北郡、いずれももって別条の子
細これ無く候、珍説これ有るにおいては、夜中によら
ず、申し上ぐべく候、これらの趣、よろしく御披露に預
るべく候、恐々謹言

明智十兵衛尉
（永禄十三年）卯月二十日　光秀（花押）
細川（藤孝）兵部太輔殿
飯川（信堅）肥後守殿
曽我（助乗）兵庫頭殿

2　明智光秀書状（熊本市立熊本博物館所蔵三宅家文書1　折紙　軸装）

猶以、　上様
御上洛付て、彼
表之様子、旁為可
得　御諚、昨日令
出京候□、預来信候、已上（行間書）
就多㐂郡在陣
之儀、為御見舞之状、
殊鴨五贈給候、
誠毎々御懇之段、
難謝候、彼表之様子、
籾井両城乗取候競を
以、郡内敵城十一ヶ所
落去候、依之、荒木・
波多野両城ニ罷成候、
彼家中種々調略
有之儀□
落居不可□□候、（折返し）
於時宜者、可御心易候、

猶もって、上様（織田信長）の御上洛について、彼の表の様子、
かたがた御諚を得るべくため、昨日出京せしめ候
□、来信に預り候、以上
多紀郡（丹波国）在陣の儀について、御見舞の状として、ことに鴨
五贈り給わり候、誠に毎々御ねんごろの段、謝しがたく
候、彼の表の様子、籾井両城乗っ取り候競いをもって、
郡内敵城十一ヶ所落去候、これにより荒木・波多野両城
に罷り成り候、彼の家中、種々調略これ有るの儀□
□落居□□べからず候、時宜においては、御心
易かるべく候、はた又、永らく大身上の儀にて、そこも
と御取り紏しの由、尤もに候、かたがた面の時、申し述
ぶるべく候、恐々謹言

日向守

十一月十七日（天正五年）　光秀（花押）

将又、永大身上之
儀にて、其元御取紦
之由尤候、旁、面之時
可申述候、恐々謹言
日向守
十一月十七日　光秀（花押）
（擦消）
御返報

3　細川ガラシャ消息（三宅家文書5　竪紙）

（端裏書）
「　　より
〆そつまいる　　た　」
又、かね五十めまいらせ候、
御かつてん候て、

（擦消）
御返報

（端裏書）
「　　より
〆帥参る（三宅藤兵衛）　　た（細川玉、ガラシャ）」
又、かね五十目まいらせ候、御合点候て、御使い
候べく候

御つかい候へく候

すへハあひ候ハんと思ひ候つれ
とも、まつ、しつかにけさんに
入まいらせ候、
かまひて〳〵、心しつ〳〵と
御もち候へく候、かしく

末は逢い候らわんと思い候つれども、先ず、静かに見参
に入りまいらせ候、かまいてかまいて、心静々と御持ち
候べく候、かしく

4　細川ガラシャの最期　（永青文庫蔵106・6「綿考輯録十三」、慶長五年六月十七日の項）

宮仕の女こと〳〵く御暇被下、落去候様ニ被仰付候得共、相残たるも有之、密に忍ひ出候も有之候、中にも、霜・おくと申両人の局に御遺言被成候ハ、子共の事ハ我為に子なれ者、忠興君の為にも子也、改め云におよハす、三宅藤兵衛亨を頼候也、此上に、いはれさる事なから、藤を御上へ御直し不被成様ニとの事なり、両人涙を流し、ケ様の事はかり申候はんには、他人に被仰付候へし、明暮、御側を離れす、深き御恩を蒙り候身の、此時に至りいかて立退候半や、是非御供可仕と申候得者、上様又仰に、我詞に背きてハ、死するとも嬉しと不思、なからゑて㝡期の躰を申さハ、草の陰にても

満足たるへしと様々被仰候て、忠興君御子様方江の御形
見の品々・御消息被残置、御光様の御乳の人には、御光様の
御形見を御渡被成候、おく・霜も、此上ハせんかたなく御受申
上候、扨は心にかゝる事なし、小斎介錯仕候得と被仰候、畏候
とて、長刀をさけ、老女を先に立て参りけれハ、御髪を御手つ
から上へきり〳〵と巻上させ給へハ、小斎、左様にてハ無御座候と
申上けれハ、心得たりとて、御胸の所を両方江くハつと押ひ
らき給ふ、小斎、敷居をへたてゝ居候ひしが、御座の間江入
候事、憚多候得者、今少こなたへ御出被遊候得と申上けれハ、
則、敷居江ちかき畳に居直らせ給へハ、長刀にて御胸元を
つき通し奉り候

＝読み下し文＝

宮仕えの女悉く御暇下され、落ち去り候様に仰せ付けられ候らえども、相残りたるもこれ有り、密かに忍び出で候もこれ有り候、中にも、霜・おくと申す両人の局に御遺言なされ候は、子供の事は我が為に子なれば、忠興君の為にも子なり、改め云うに及ばず、三宅藤兵衛事を頼み候也、この上に、言われざる事ながら、藤を御上へ御直しなされざる様にとの事なり、両人涙を流し、かようの事ばかり申し候らわんには、他人に仰せ付られ候べし、明け暮れ、御側を離れず、深き御恩を蒙り候身の、この時に至り、いかで立ち退き候らわんや、是非御供仕るべくと申し候らえば、上様、又仰せに、我ことばに背きては、死するとも嬉しと思わず、永らえて最期の体を申さば、草の陰にても満足たるべしと様々仰せられ候て、忠興君御子様方への御形見の品々・御消息残し置か

れ、御光様(細川忠利)の御乳の人には、御光様の御形見を御渡しなされ候、おく・霜も、この上は詮方なく御受け申し上げ候、さては心にかかる事なし、小斎介(小笠原)錯仕り候らえと仰せられ候、かしこまり候とて、長刀をさげ、老女を先に立て参りければ、御髪を御手づから上へきりきりと巻き上げさせ給えば、小斎、左様にては御座無く候と申し上げれば、心得たりとて、御胸の所を、両方へくわっと押しひらき給う、小斎、敷居を隔てており候らいしが、御座の間へ入り候事、憚り多く候らえば、今少し此方へ御出で遊ばされ候らえと申し上げければ、則、敷居へ近き畳に居直らせ給えば、長刀にて御胸元を突き通し奉り候

以上

5 某書状 （熊本市立熊本博物館所蔵三宅家文書5 折紙）

以上

傳右エ門事、去々
年なんせんしニて
被申、其元すまひ
めいわくニ候間、から津
なミニも有度と
被申候間、これゟ
ゑとへまいり候、来
年ハから津へ帰城
たるへく候間、其うへ

傳右衛門事、去々年南禅寺にて申され、そこもと住まい迷惑に候間、唐津なみにも有りたくと申され候間、これより江戸へ参り候、来年は唐津へ帰城たるべく候間、その上にて、いかようともと申し候らえども、今度の祝言も去年済み申し候□、下すべくと存じ候らえども、□□候らえどもと申し□事に候□、そこもと栖本□五郎右衛門□鉄砲の者同道致し候ところ、いずれも引き渡し、唐津へ越さるべく候、左様に候らわば、唐津にて山田七郎□、松

ニて、いかやうともと
申候へ共、今度之しうけん
も去年すミ申候□、
可下と存候へ共、□
候へ共と申□
事ニ候□、
其元すもと□（折返し）
五郎右エ門□
てつほうの者同道
致候所、いつれも引
渡し、から津へ
可被越候、左様ニ候ハヽ、
から津ニて山田七郎□□
□、松倉□
ちきよう□
われら□
□、から津
なミニ六右エ門可遣候、
當年ゟ□人の事も
□

倉□知行我等□、唐津なみに六右衛門に
遣わすべく候、当年より□人の事も□謹言
二月八日　□□（花押）
河越□
三宅□（藤兵衛）
□

謹言

二月八日　□□（花押）

河越□□

三宅□□

□□

6　某書状（熊本市立熊本博物館所蔵三宅家文書6　折紙）

以上

天野柳右衛門殿、いまハ
佐々右エ門尉殿と申上候、
此佐々右エ門尉殿、五六年
も以前、兵庫頭ニ人の
いもととりあわせ可
申さいかく被成□も、
示あんはしめちく
てん仕、承引候付て、
なり不申候、又其所

以上

天野柳右衛門殿、今は佐々右衛門尉殿と申し上げ候、この佐々右衛門尉殿、五、六年も以前、兵庫頭に人の妹と取り合わせ申すべき才覚を成され□も、示庵始め逐電仕り、承引候について、なり申さず候、又そのところ、兵庫頭に頭を剃らせ、寺へ越し、我らを放し候らわん才覚に候らえども、これも細川越中殿（細川忠利）御意に候について、なり申し候、そのところ、兵庫□も気にあい候やらん、静り候、くもんもここもとに居り申す内にて候□、よく存じ候、天野民部殿、このおじにて候らえども、肥後立ち

兵庫頭ニあたまを
すらせ、寺へこし、
われらをはなし候
ハんさいかく候へ共、これ
も細（ママ）越中殿御意候
（折返し）付て、なり申候、其所、
兵庫□もきニあい
候やらん、しつまり候、
くもんもこゝもとニい申
内ニて候□、よく存候、
天野ミんふ殿、此おちニて
候へ共、ひこたちのきの時分ハ、
一たんミつき申候、いまハ
はやのひ申、ことに
こゝもとニて佐々右エ門殿
御一所ニ御いり候へ共、我ホ
家ことき二て候間、いまハ
いつかたへも、其元に
御入候、さいし衆に
いつかたへもおくり可申候、

退きの時分は、一端みつき申し候、今は早のび申し、こ
とに、ここもとにて佐々右衛門殿御一所に御入り候らえ
ども、我ら家ごときにて候間、今はいず方へも、そこも
とに御入り候、妻子衆にいず方へも送り申すべく候、扶
持方は四月晦日まで遣わすべく候、そのほかは無用に
候、謹言

□□高（花押）

三月八日　三宅藤兵衛殿

ふちかた四月晦日まで
可遣候、其外ハ無用に候、
謹言　　□□（花押）
　三月八日　三宅藤兵へ殿

7　某書状（熊本市立熊本博物館所蔵三宅家文書7　折紙）

　　なを、いつれもところ
　　付可被越候、はんきやう
　　　候て可遣、以上
大つき㐂右衛門、
おやも□のから津
之内□□申者ニ候間、
遣し候へと、から津へ
申遣候間、六さへもん
代官所の内にて
其元給人なミ
ほとの所高三百石
遣し候、石原二郎六郎

　　尚、いずれも所付け越さるべく候、判形候て遣すべし、以上
大槻喜右衛門、親も□の唐津（肥前国）の内□□申す者に候間、遣わし候らえと、唐津へ申し遣わし候間、六左衛門代官所の内にて、そこもと給人並みほどの所高三百石遣わし候、石原二郎六郎家屋敷渡し置かるべく候
一、吉田半右衛門事、当所務相済み、かしま以下沙汰し候ところ、遣わすべく候、唐津二百石遣わすべく候
□□喜右衛門、以前□□相渡すべく候
一、石原太郎左衛門事、栖本（肥後天草郡）へ遣わし、五郎右衛門知行、鉄砲の者申し付け、代官所相渡すべく候、小太

いゑやしき渡し
おかるへく候
一、吉田半右エ門事、
當しょむ相済、かし
ま以下さたし候所
可遣候、から津
二百石可遣候□□
（行間書）
㐂右エ門、以前□□
可相渡候
一、石原太郎さへもん事、
すもとへ遣し、五郎右エ門
ちきやう、てつほうの
者申付、代官所可
相渡候、小太郎事
半右エ門ちきやう二百石
遣し候、大郎左エ門
一所ニ可被遣候、太郎左エ門
ちきやう六さえもん
代官所ニあつかり
可申候

郎事、半右衛門知行二百石遣わし候、太郎左衛門一
所に遣わさるべく候、太郎左衛門知行、六左衛門代
官所に預かり申すべく候
一、のせ弥太兵衛、当年は今分にて、徳米よりは傳右衛
門代官所の内、高百石遣わすべく候、所付け帳越さ
るべく候、判形候て遣わさるべく候、謹言
十一月二十三日　□□（花押）
三宅藤兵衛殿

一、のせ弥太兵へ、当年ハ
いまふんニて、とく米
ゟハ傳右衛門代官所
の内高百石可遣候、所
付長（ママ）可被越候、はんきやう
候て可被遣候、謹言
十一月廿三日　□□（花押）
三宅藤兵衛殿

8 細川忠興書状（三宅家文書4　折紙）

以上

八代へ帰城ニ付、御使、
殊、鰹之節五十・
焼塩一箱給、御志之
至、満足仕候、留守
中ニも、大風ニ付、為

以上

八代へ帰城につき、御使い、ことに、鰹の節五十・焼塩
一箱給わり、御志の至り、満足仕り候、留守中にも、大
風につき、御見舞として、留守居ども方へ御使いの由、
御精入り候段、申し尽しがたく候、当分、持病差し発
し、書中つまびらかならず候、猶、中沢一楽申さるべく

御見廻、留守居共方へ
御文之由、御精入候段、
難申盡候、当分、持病
差發、書中不具候、
猶、中沢一楽可被申候、
恐々謹言
　　三斎
十月廿三日　宗立（ローマ字印）
三宅藤兵衛殿
　御宿所

候、恐々謹言
　　三斎
十月二十三日　宗立（ローマ字印）
三宅藤兵衛（重利）殿
　御宿所

9　細川忠興書状（『熊本縣史料　中世篇第三』三宅文書9）

以上
為年頭之御祝儀、被差越御使者、一荷二種送給、幾久と
満足仕候、猶、中澤一樂可被申候、恐々謹言
正月十日　　宗立（ローマ藍字印）

以上
年頭の御祝儀として、御使者を差し越され、一荷二種送
り給わり、幾久しくと満足仕り候、猶、中澤一樂申され
べく候、恐々謹言
正月十日　　宗立（ローマ藍字印）

三宅藤兵衛殿
御宿所

三宅藤兵衛殿
御宿所

10 細川忠興書状（熊本市立熊本博物館所蔵三宅家文書8 折紙 軸装）

眼病故、用印
判候、以上

眼病為御見廻、
御使者被差越、
令満足候、上様
御不例之儀承、
舟を者早豊前へ
遣候、来廿五六日
比ニ、内裏迄可為
着日積ニ候間、今日
当地を罷立可上と
用意中候処ニ、被得
御験氣、御能
なと在之由、一昨

眼病故、印判を用い候、以上

眼病御見舞として、御使者を差し越され、満足せしめ候、上様御不例の儀承り、舟をば早豊前へ遣わし候、来る二十五、六日頃に、大里（豊前国）まで着かすべき日積りに候間、今日当地を罷り立ち上がるべくと用意申し候ところに、御験気を得られ、御能などこれ在る由、一昨十八日注進状参り候につき、罷り上がらず候、千秋万歳目出たき儀、筆紙に尽しがたく候、このごとくに候間、目緩々と養生仕るべしと存じ候、次に上使衆、明日二十一日、益城郡豊内と申す所まで着候由、申し来り候、隈川は二十三日、四日の内に、御越し有るべくと存じ候、御存知たるべく候らえども、含み申し候、猶、一楽申さるべく候、恐々謹言

（折返し）十八日注進状参候ニ付、
不罷上候、千秋万歳
目出度儀、難尽筆
紙候、如此候間、目緩々と
養性可仕と存候、次ニ
上使衆、明日廿一（ママ）、
益城郡豊内と
中所迄着候由、申来候、
隈川ハ廿三日四日之
内ニ、可有御越と存候、可
為御存知候へ共、含申候、
猶、一楽可被申候、恐々
謹言

三斎

十一月廿日　宗立（ローマ字青印）

三宅藤兵衛殿
御宿所

三斎

十一月二十日　宗立（ローマ字青印）

三宅藤兵衛殿
御宿所

11 細川忠隆書状（熊本市立熊本博物館所蔵三宅家文書9 折紙 軸装）

尚々、其元も無
事旨、尤候、我々も
別義無之候
(行間書)
以上

八月十六日書状□
□随分被届候て、
披見申候、如仰、久
不申承候、爰元相
かハる事も無之候、
可御心安候、来春御
普請在之由候へ共、
諸大名へかゝり候儀
にてハ無之と申候、
乍去不存候、仍、為
御音信びいとろ
すゝ二たまハり候、
遠路御志、祝着申候、
(折返し)
猶、与助方ゟ可申

尚々、そこもとも無事の旨、尤もに候、我々も別儀
これ無く候、以上
八月十六日書状□□随分届けられ候て、披見申し候、仰
せの如く、久しく申し承らず候、ここもと相変わる事も
これ無く候、御心安かるべく候、来春御普請これ在る由
に候らえども、諸大名へかかり候儀にてはこれ無くと申
し候、さりながら存ぜず候、よって御音信としてびいど
ろすず二給わり候、遠路御志、祝着申し候、猶、与助方
より申し入るべく候、恐々謹言
休無
九月三日 □（花押）
三宅藤兵衛殿
□報

入候、恐々謹言

休無

九月三日　□（花押）

三宅藤兵衛殿

□報

12　細川忠利書状案（永青文庫蔵10・23・1「公儀御書案文」）

一書中入候、仍、肥後殿之儀ニ、其元も御拵候ハんと
存候、事つかへ候ハヽ、我ホなとも人數召つれ
參筈ニ而候、され共、城渡可申候間、參事ニ而ハ
有間敷候、志广殿も御下之筈ニ而候哉、御上
使衆、不殘小倉へ御着候、其故、所之馬
飼不足申事、可在之候条、肥後へ取ニ遣候、
肥後舟いそかしく可在之条、若、舟無之候ハヽ、
其元之荷舟、若候ハヽ、熊本迄御遣候而
可給候、又、其大豆なと、先、其元迄遣置、
重而此方ゟ舟廻シ可申候、又、熊本ニ舟候ハヽ、
かり、其元へ馬飼上置可申候、又、我ホ、大筒・

一書申し入れ候、すなわち、肥後殿（加藤忠廣）の儀に、そこもとも
御拵え候らわんと存じ候、事支え候らわば、我等なども
人数召し連れ参る筈にて候、されども、城渡し申すべく
候間、参る事にては有るまじく候、志摩殿（寺澤廣高）も御下りの筈
にて候哉、御上使衆、残らず小倉へ御着き候、それ故、
所の馬飼い足り申さざる事、これ在るべく候条、肥後へ
取りに遣わし候、肥後舟忙しくこれ在るべき条、もし、
舟これ無く候らわば、そこもとの荷舟、もし候らわば、
熊本まで御遣わし候て給うべく候、又、その大豆など、
先ず、そこもと迄遣わし置き、重ねて此方より舟廻し申
すべく候、又、熊本に舟候らわば、借り、そこもとへ馬

玉薬、舟にて廻シ候、此舟も城渡シ候へハ不入候
条、道具ハ其元へ上置、舟ハ熊本へ参
事も可在之候、先度者、所之塩、早々満
足申候、此状ハ肥後ニ舟無之時遣候へと
申候間、日付延候儀可有之候、其御心得
肝要候、恐々謹言

六月廿日

三宅藤兵衛殿
御宿所

13 細川忠利書状案（永青文庫蔵10・23・2「公儀御書案文」）

為年頭之御祝儀、長岡佐渡守所迄御使
札、殊、生鯛一折拾、生鮑一折三十、樽二
送給候、御懇志之至難申盡候、委細、佐渡
所ゟ可申入候、恐々謹言

正月廿六日

飼い上げ置き申すべく候、又、我等、大筒・玉薬、舟に
て廻し候、この舟も城渡し候らえば入らず候条、道具は
そこもとへ上げ置き、舟は熊本へ参る事もこれ有るべく
候、先度は所の塩、早々満足申し候、この状は肥後に舟
これ無き時、遣わし候らえと申し候間、日付延び候儀こ
れ有るべく候、その御心得肝要に候、恐々謹言

（寛永九年）六月二十日

三宅藤兵衛殿
御宿所

年頭の御祝儀として、長岡（松井興長）佐渡守所まで御使札、殊に、
生鯛一折十、生鮑一折三十、樽二、送り給わり候、御懇
志の至り申し尽くし難く候、委細、佐渡所より申し入る
べく候、恐々謹言

（寛永十年）正月二十六日

三宅藤兵衛殿

尚々、材木之儀も、爰元へ自由ニ商賣仕候様ニ御申
付候由、満足仕候、委敷、佐渡方ゟ可申入候、以上

14　細川忠利書状案（永青文庫蔵10・23・2「公儀御書案文」）

爰元へ參候爲祝儀、此者進之候、小袖五・
馬代黄金十兩令進入候、幾久与祝
候而迄ニ候、恐々謹言

三月二日

三宅藤兵衛殿
御宿所

15　細川忠利書状案（永青文庫蔵10・23・2「公儀御書案文」）

態以飛脚申入候、志摩殿之儀無是非仕合、

三宅藤兵衛殿

尚々、材木の儀も、ここもとへ自由に商売仕り候様に
御申し付け候由、満足仕り候、くわしく佐渡方より申
し入るべく候、以上

ここもとへ参り候祝儀として、この者進め候、小袖五・
馬代黄金十両進入せしめ候、幾久しくと祝い候て迄に
候、恐々謹言

（寛永十年）三月二日

三宅藤兵衛殿
御宿所

わざと飛脚をもって申し入れ候、志摩殿（寺澤廣高）の儀是非無き仕

御心中之程推量申候、兵庫殿若キ儀候間、万事
被入御念、御留守可然候、為御見廻如此候、恐々謹言

五月七日

三宅藤兵衛殿
御宿所

合せ、御心中の程推し量り申し候、兵庫殿（寺澤堅高）若き儀に候
間、万事御念を入れられ、御留守然るべく候、御見舞い
としてかくの如くに候、恐々謹言

（寛永十年）五月七日

三宅藤兵衛殿
御宿所

16 細川忠利書状案（永青文庫蔵10・23・2「公儀御書案文」）

近々罷上ニ付而、遠路被差越之者、生毒漬（ママ）
一壺・塩鰹三・同にとり一壺送給、令満足候、
猶、江戸ゟ可申入候、恐々謹言

九月四日

三宅藤兵衛殿

御自筆
猶々、江戸ニ而、万事兵庫殿相談申候而可申承候、兵庫殿

御入国迄、萬かたく御申付候而尤候、九月十二日ニ罷上候、留守用之事、
長岡佐渡迄御申越尤候、以上

=読み下し文=

近々罷り登るについて、遠路使者を差し越され、生姜漬け一壺・塩鰹三・同にとり一壺送り給わり、満足せしめ
候、猶、江戸より申し入るべき候、恐々謹言

(寛永十年)九月四日

三宅藤兵衛殿

御自筆

猶々、江戸にて、万事兵庫殿相談申し候て申し承るべく候、兵庫殿御入国まで、よろず堅く御申し付け候
て、尤もに候、九月十二日に罷り登り候、留守用の事、長岡佐渡まで御申し越し、尤もに候、以上

17　細川忠利書状案（永青文庫蔵10・23・3「公儀御書案文」）

兵庫殿へ御入城目出度存、以使者申入候間、其
元可然候様ニ頼存候、兵庫殿御在国にて各
御満足と令察候、恐々謹言

九月十九日

兵庫殿へ御入城目出たく存じ、使者をもって申し入れ候
間、そこもと然るべき候ように頼み存じ候、兵庫殿御在
国にて、おのおの御満足と察せしめ候、恐々謹言

三宅藤兵衛殿
御宿所
（寛永十一年）
九月十九日

三宅藤兵衛殿
御宿所

18 細川忠利書状案（永青文庫蔵10・23・3「公儀御書案文」）

御状令披見候、兵庫殿天草へ御越候而、貴殿へも
懇ニ候て御歸候由、近比目出度候、貴理師旦之儀も
堅御申付候由、尤候、何共難知者ニ而、此方にても
氣遣申事候、恐々謹言

九月廿三日

三宅藤兵衛殿
御返報

尚々、兵庫殿若キ御人之儀候間、志摩殿之様ニ有之間
敷候条、万事能御氣遣候て被入念儀、尤候、以上
御状披見せしめ候、兵庫殿天草へ御越し候て、貴殿へも
懇ろに候て御帰り候由、近ごろ目出たく候、きりしたん
の儀も堅く御申し付け候由、尤もに候、何とも知れ難き
者にて、此方にても気遣い申す事に候、恐々謹言

（寛永十一年）
九月二十三日

三宅藤兵衛殿
御返報

尚々、兵庫殿若き御人の儀に候間、志摩殿の様にこれ
有りまじく候条、万事能く御気遣い候て、念を入れら
る儀、尤もに候、以上

19 細川忠利書状案（永青文庫蔵10・23・3「公儀御書案文」）

態、被差越飛脚、佐渡守所迄御書中之通
承届候、殊、鰹のにとり一壺送給候、御志之
程別而令満足候、次、兵庫殿も正月中旬
過唐津を御立、江戸御參上之由、尤存候、我ホ
儀も任御奉書之旨、緩々と在国仕事候、
貴殿此中唐津へ御詰候由、兵庫殿御在国
中者多分彼地ニ可有御逗留通、尤存候、
猶、佐渡かたゟ可申入候、恐々謹言

十二月朔日

三宅藤兵衛殿
御宿所

尚々、兵庫殿若き御人之事候間、万事
御愼干（ママ）要存候、此地御用之儀候ハヽ、可承候、以上

わざと、飛脚を差し越され、佐渡守（松井興長）所まで御書中の通り
聞き届け候、殊に、鰹のにとり一壺送り給い候、御志の
程、別して満足せしめ候、ついで、兵庫殿も正月中旬過
ぎ唐津を御立ち、江戸御参上の由、尤もに存じ候、我等
儀も御奉書の旨に任せ、緩々と在国仕る事に候、貴殿、
この中唐津へ御詰め候由、兵庫殿御在国中は、多分彼の
地に御逗留有るべく通り、尤もに存じ候、猶、佐渡方よ
り申し入るべく候、恐々謹言

（寛永十一年）十二月朔日

三宅藤兵衛殿
御宿所

尚々、兵庫殿若き御人の事に候間、万事御慎み肝要に
存じ候、この地御用の儀候らわば承るべく候、以上

20　細川忠利書状案（永青文庫蔵10・23・4「公儀御書案文」）

為新春之御慶、長岡佐渡守かたまて
示預候、殊、九万疋廿・霰酒兩樽送給候、
于今唐津ニ御逗留之由、遠路別而祝著
申候、兵庫殿十五日已後可有御上由、尤
存候、我ホ儀も、十七八日之比、当地可罷
立と存候、尚、佐渡守かたゟ可申入候、恐々
謹言

正月十日

三宅藤兵衛殿
御宿所

新春の御慶として、長岡佐渡守方まで示し預り候、殊
に、九万疋二十・霰酒両樽送り給わり候、今に唐津に御
逗留の由、遠路別して祝着申し候、兵庫殿十五日以後御
登り有るべき由、尤もに存じ候、我等儀も、十七、八日
の頃、当地罷り立つべくと存じ候、尚、佐渡守方より申
し入るべく候、恐々謹言

（寛永十二年）正月十日

三宅藤兵衛殿
御宿所

21　細川忠利書状案（永青文庫蔵10・23・5「公儀御書案文」）

就罷下預ㄡ者、佐渡守殿所迄之御状遂披見候、
殊、熨斗一箱・塩鰹一折拾、送給候、御懇志之
至候、令満足候、尚、佐渡守かたゟ可申入候、恐々謹言

六月廿日

三宅藤兵衛殿
御宿所

罷り下だるについて使者に預かり、佐渡守所までの御
状、披見を遂げ候、殊に、熨斗一箱・塩鰹一折十、送り
給わり候、御懇志の至りに候、満足せしめ候、尚、佐渡
守方より申し入るべく候、恐々謹言

（寛永十三年）六月二十日

22　細川忠利書状案　（永青文庫蔵10・23・5「公儀御書案文」）

就肥後守息繁昌、長岡佐渡守所迄預
使札、殊、爲祝儀鰹節一折・樽壹荷
送給候、別而祝着申候、委曲、佐渡かたゟ
可申入候、恐々謹言

十一月八日

三宅藤兵衛殿
御宿所

23　細川忠利書状　（三宅家文書8　折紙）

（自筆）はる〳〵、早々、満足申候、
さりなから、さい〳〵、
用とも可有之候間、
かやうの事ハ便ニまち

三宅藤兵衛殿
御宿所

（細川光尚）肥後守息繁昌について、長岡佐渡守所まで使札に預かり、殊に、祝儀として鰹節一折・樽一荷送り給わり候、別して祝着申し候、委曲、佐渡方より申し入るべく候、恐々謹言

（寛永十三年）十一月八日

三宅藤兵衛殿
御宿所

遙々、早々、満足申し候、さりながら、再々、用ともこれ有るべく候間、か様の事は便りに待ち申し候、祝儀の事も江戸にて、極わまり申すべき由、心得申し候、志摩殿も思いのほか年御寄り候間、万事、その心

申候、しうキノ事も
（行間書）江戸にて、キハまり可申
よし、心へ申候、志广殿も
思外とし御ゟ候
間、よろつ、其心へ
尤ニ候、〱、以上

先日、塩之儀申入候処、
態、持せ御越候、別而
満足申候、鰯之儀者、
能時分、便船之節
可給候、尚、期後音候、
恐々謹言

細越中
五月四日　忠利（花押）

三宅藤兵衛殿
御返報

得尤もに候、〱、以上

先日、塩の儀申し入れ候ところ、わざわざ持せ御越し
候、別して満足申し候、鰯の儀は、能き時分、便船の節
給わるべく候、尚、後音を期し候、恐々謹言

細越中
五月四日　忠利（花押）

三宅藤兵衛殿
御返報

24　細川忠利書状（三宅家文書9　折紙）

以上

為改年之嘉慶、
被差越使者、長岡
佐渡所迄之御状令
披見候、鯛一折・樽
壱荷送給候、祝着
至候、猶、従佐渡所
可申入候、恐々謹言

細越中
二月十日　忠利（花押）

三宅藤兵衛殿
御宿所

以上

改年の嘉慶として、使者を差し越され、長岡佐渡所まで
の御状、披見せしめ候、鯛一折・樽一荷送り給わり候、
祝着の至りに候、猶、佐渡所より申し入るべく候、恐々
謹言

細越中
二月十日　忠利（花押）

三宅藤兵衛殿
御宿所

25　細川忠利書状（三宅家文書10　折紙）

（自筆）しそくしうキノ事
相と、のひ申候哉、
後便ニ可承候、
以上

就我ホ罷下、被
差越飛脚、長岡
佐渡守所□
通遂□
遠路別□
誠、去々年出来□
不能□
あまくさの塩、并
鰯少所□
（折返し）其元ゟ、此邊通申候、
舟便宜ニ給候者、
可為満足候、猶、
佐渡守可申入候、

子息祝儀の事、相調い申し候哉、後便に承るべく
候、以上

我等罷り下だるについて、飛脚を差し越され、長岡佐渡
守所□通遂□遠路別□誠に、去々年出来□不能□
□天草の塩、並びに鰯少所□そこもとより、この辺通
り申し候、舟便宜に給わり候らはば、満足たるべく候、
猶、佐渡守申し入るべく候、恐々謹言

細越中
卯月六日　忠利（花押）

三宅藤兵衛殿
御宿所

恐々謹言

細越中

卯月六日　忠利（花押）

三宅藤兵衛殿

御宿所

26　細川忠利書状（三宅家文書11　折紙）

已上

兵庫殿御入城
目出度□、以使者
申入候、其元、可然様
□□□兵庫殿［　　　　］
恐々謹言

細越中

［　　］（花押）

以上

兵庫殿御入城目出たく□、使者をもって申し入れ候、そこもと、然るべく様□□□兵庫殿［　　　　］、恐々謹言

細越中

［　　］（花押）

三宅藤兵衛殿

御宿所

（折返し）三宅藤兵衛殿
御宿所

27 細川忠利書状（三宅家文書12 折紙）

猶々、兵庫殿、若キ
御人之儀候間、志摩殿之
様ニハ有之間敷候条、（行間書）
□
□
御状令披見候、仍
□
□
□目出度
□
□
□
□此方
□申事候、
□

猶々、兵庫殿、若き御人の儀に候間、志摩殿の様には
これ有るまじく候条、□
御状披見せしめ候、よって□目出た
く□こなた□申す事に候、□

細越中
九月□三日　忠利（花押）

三宅藤兵衛殿
御返報

細越中
九月□三日　　忠利（花押）
三宅藤兵衛殿
御返報

28　細川忠利書状（熊本市立熊本博物館所蔵三宅家文書10　竪紙　軸装）

（端裏書）
「〆　三宅藤兵衛殿
御宿所　　　細越中
忠利」

以上

先刻者清田石見所迄之御捻、
殊、鴈一折二贈賜候、御志之程、別而
満足申候、此中者御祝言ニ御隙も有之
間敷候と察入候、御隙之時分、御立出待
入存候、今朝他出故、只々如此候、
猶、面之刻可申承候、恐々謹言

（端裏書）
「〆　三宅藤兵衛殿
御宿所　　　細越中
忠利」

以上

先刻は清田石見（乗栄）所迄の御捻、ことに鴈一折二贈り賜り
候、御志の程、別して満足申し候、このうちは御祝言に
御隙もこれ有りまじく候と察し入り候、御隙の時分、御
立ち出で待ち入り存じ候、今朝他出故、只々かくの如く
に候、猶、面の刻申し承るべく候、恐々謹言

極月廿一日　　忠利（花押）

29　三宅藤右衛門（重元）書状　（三宅家文書24　折紙）

（包紙上書）
「御筆　　」

尚以、□噌預御状候
刻、御音信過分
至極ニ存候、将亦、唐津や
（行間書）
甚左衛門被相果候由、残多存事候
以上

其後者以書状も不申
承、御遠々敷打過申候、
貴殿も一両年ハ長崎へ
御立のき候由、□噌預
御状ニ候へとも、我ホ茂、
牢人ニ而、在郷ニ此比迄
在之候故、乍存、早々
御報不申入、御心中迷

極月二十一日　　忠利（花押）

（包紙上書）
「御筆　　」

尚もって、□噌御状預り候刻、御音信過分至極に存じ候、将又、唐津屋甚左衛門果てられ候由、残り多く存ずる事に候、以上

その後は書状をもっても申し承わらず、御遠々しく打ち過ごし申し候、貴殿も一両年は長崎へ御立ち退き候由、御状に□噌預り候らえども、我等も、牢人にて、在郷にこの頃迄これ有り候故、存じながら早々御報申し入れず、御心中迷惑に存じ候、そこもといよいよ御ありつき御無事たるべしと存じ候、然れば御取り替え候銀子の事、少しも如在に存ぜず候間、その御心得有るべく候、さりながら、当年は取り付きの事に候らえば、急度と返弁なるまじく候哉と、その心得候て下さるべく候、尚、追って申し承るべく候、恐惶謹言

惑ニ存候、其元、弥、御
在つき、可為御無事与
存候、然者、御取かゑ候
銀子之事、少茂
如在不存候間、其御
心得可有候、乍去、
当年者取つき之
事ニ候へ者、急度返
弁成間敷候哉と、
(折返し)其心得候而可被下候、
尚、追而可申承候、
恐惶謹言

三宅藤右衛門
九月廿八日　□元（花押）
荒木惣右衛門尉様
人々御中

三宅藤右衛門
九月二十八日　□元（花押）
荒木惣右衛門尉様
人々御中

30　細川光尚書状　（三宅家文書15　切紙　巻子）

此度差下申候ㄨ者、
先年、天草ほんど
ニ而討死仕候三宅藤兵衛
子ニ而御座候、寺沢手ニ而、夜
うちの時も、此者、手ニあい
申候、明知日向守ためニひ孫子、
明知左馬介孫子ニ而御座候
ゆへ、我々とも、のがれさる
者ニ而御座候、不調法ニ
御座候へとも、つらを御
ミしり候て可被下候、以上

肥後守

ひた様

31　細川綱利書状　（三宅家文書18　折紙）

今度、主税事、養子ニ

このたび差し下し申し候使者、先年、天草本渡にて討ち死に仕り候三宅藤兵衛子にて御座候、寺沢手にて、夜討ちの時も、この者、手に合い申し候、明智日向守ために曽孫、明智左馬介の孫にて御座候故、我々とも、遁れざる者にて御座候、不調法に御座候らえども、顔を御見知り候て下さるべく候、以上

肥後守

飛騨様（榊原職直）

このたび、主税（細川宣紀）こと、養子に仰せ出だされ候嘉儀とし

被　仰出候為嘉儀、肴
一種・樽代三百疋充給之、
欣然之事候、猶、小姓頭共
可述候、謹言

三月四日　　越中
　　　　　綱利（花押）

　三宅藤兵衛殿
　岩間弥左衛門殿

32　細川利武（宣紀）書状（三宅家文書22　折紙）

今度之為嘉儀、肴
一種・樽代三百疋充
給之、欣悦之事候、猶、□
中瀬助五郎可述候、謹言

三月六日　　主税
　　　　　利武（花押）

て、肴一種・樽代三百疋宛給わり、欣然の事に候、猶、
小姓頭ども述ぶべく候、謹言

三月四日　　越中
　　　　　綱利（花押）

　三宅藤兵衛（重矩）殿
　岩間弥左衛門殿

今度の嘉儀として、肴一種・樽代三百疋宛給わり、欣悦
の事に候、猶、中瀬助五郎述ぶべく候、謹言

三月六日　　主税
　　　　　利武（花押）

三宅藤兵衛殿

三宅藤兵衛殿
岩間弥左衛門殿

33 細川宣紀書状（三宅家文書20　折紙）

先般、我等儀、元服・官位
被　仰付候為嘉儀、
肴一種・樽代三百疋充
給之、欣悦之事候、猶、従
中瀬助九郎可述候、謹言

主

五月廿九日　宣紀（花押）

三宅藤兵衛殿
岩間弥左衛門殿

34 細川宣紀書状（三宅家文書19　折紙）

一書申入候、然者

岩間弥左衛門殿

先般、我等儀、元服・官位仰せ付けられ候嘉儀として、
肴一種・樽代三百疋宛給わり、欣悦の事に候、猶、中瀬
助九郎述ぶべく候、謹言

主

五月二十九日　宣紀（花押）

三宅藤兵衛殿
岩間弥左衛門殿

一書申し入れ候、然ればこのたび帰国の御礼に、使者を

今度帰国之御禮ニ、以文者
申上候ニ付、従
越中守様、清水縫殿と
御極被遣候、乍然、入目纔之
増ニ有之候ハヽ、各別ニ存候、
求馬方ハ、入目少可有之候間、
我𪜈存候ハヽ、各、其元ニ而
了簡可有之事と存候、
乍然、縫殿方儀ハ
越中守様御好筋も
有之候故、内々ニ而申達候、
萬一、求馬ニ相極り
申候とも、我𪜈申遣候事ハ
(折返し)越中守様江御申上無用
存候、当時指支之節
候間、諸事入目少之
方ニ心付候故、右之段申遣候、
謹言

もって申し上げ候につき、越中守様より清水縫殿と御極め遣わされ候、しかしながら、入目わずかの増しにこれ有り候らわば、格別に存じ候、求馬方は、入目少なくこれ有るべく候間、我等存じ候は、おのおの、そこもとにて了簡これ有るべき事と存じ候、しかしながら、縫殿方儀は越中守様御好みの筋もこれ有り候故、内々にて申し達し候、万一、求馬に相極り申し候とも、我等申し遣わし候事は、越中守様へ御申し上げ無用に存じ候、当時差し支えの節候間、諸事入目少しの方に心付け候故、右の段申し遣わし候、謹言

主税
二月十八日　宣紀（花押）
山名十左衛門殿
三宅藤兵衛殿

主税

二月十八日　宣紀（花押）

山名十左衛門殿

三宅藤兵衛殿

35 細川韶邦書状（三宅家文書23　折紙）

「（外包紙上書）細川越中守様、後、韶邦公ト奉申

慶応四年正月変動

〆之節、重弘、京都詰ニ而

御書頂戴、鳥羽戦争後也

三宅藤右衛門」

「（内包紙上書）溝口孤雲との

三宅藤右衛門との　越中

㊞」

一書申候、昨冬来、時體

變革付而者、不一方

「（外包紙上書）細川越中守様、後、韶邦公と申し奉る

〆慶応四年正月変動の節、重弘、京都詰めにて

御書頂戴、鳥羽戦争後也

三宅藤右衛門」

「（内包紙上書）溝口孤雲殿

三宅藤右衛門殿　越中

㊞」

一書申し候、昨冬来、時体変革については、一方ならず

心配、周旋筋も都合よろしく、大慶いたし候、然るとこ

心配、周旋筋も都合宜、
大慶いたし候、然處、
此節、変動之報告
驚入候、右京到着之
砌ニ茂有之、内外別而
辛労察入候、尓来、
如何とも形勢ニ候哉、不慥
懸念候、警備之為、
不取敢、一備差登候、
愈以、尽力振励候様、
いつれもへ可被申傳候、
猶、田中八郎兵衛可(ママ)
可申也

越中

正月十三日　（花押）

溝口孤雲との
三宅藤右衛門との

ろ、この節、変動の報告驚き入り候、右京到着のみぎり
にもこれ有り、内外別して辛労察し入り候、尓来、いか
んとも形勢に候哉、懸念に堪えず候、警備のため取り敢
えず、一備差し登らせ候、いよいよもって尽力振励候
様、いずれもへ申し伝えらるべく候、猶、田中八郎兵衛
申すべき也

越中

正月十三日　（花押）

溝口孤雲殿
三宅藤右衛門（重弘）殿

36　細川刑部養子靍千代婚姻御礼（三宅家文書108　切紙）

刑部殿養子靍千代殿
婚姻相整申候付、元治二年三月
三日、父子御礼被遊
御受、歌仙之御間、
御出座、九曜之御間二畳目
之向際ニ、御肴箱、御小姓組持出、
御家老衆披露ハ、御礼被申上マスト
披露、九曜御間一畳目之
へり際ニ被罷出、御礼被申上候、
御家老衆ゟ茂、少々、ヒサ半分
計進出ニ相成候事
そ之節、
御出座、　御引入共御向詰
罷出候事

元治二
　三月三日　　三宅扣

刑部殿（細川興泰）養子鶴千代殿（細川興増）、婚姻相整い申し候につき、元治二年三月三日、父子御礼御受け遊ばされ、歌仙の御間、御出座、九曜の御間二畳目の向こう際に、御肴箱、御小姓持ち出し、御家老衆披露は、御礼申し上げられますと披露、九曜御間一畳目の縁際に罷り出られ、御礼申し上げられ候、御家老衆よりも少々、膝半分ばかり進み出でに相成り候事、その節、御出座、御引き入れども御向詰め罷り出で候事

元治二年三月三日　　三宅控

37　三宅藤兵衛（慶和）書状（三宅家文書84　切継紙）

一筆啓上仕候、
太守様
若殿様、益御機嫌能
被遊御座、去ル朔日
若殿様御入部
御暇被　仰出、御前格
之通諸事被為済、
恐悦御同意ニ奉存候、
御精々敷事共ニ而
御座候、前後、夫故、一入
隙者無御座候處、御
察可被成候、先以、寒
冷相募申候得とも、
奉慶御平安、弥以
御壮建ニ可被成御勤、
珍重之至奉存候、私義、
無異ニ相勤申候、如何
之御楽モ御座候哉、不相替

一筆啓上仕り候、太守様・若殿様、益々御機嫌よく御座遊ばされ、去る朔日若殿様御入部御暇仰せ出され、御前格の通り諸事済ませられ、恐悦、御同意に存じ奉り候、御精々しき事どもにて御座候、前後、それ故、ひとしお隙は御座無く候ところ、御察しなさるべく候、先ずもって、寒冷相募り申し候らえども、御平安慶び奉り、いよいよもって御壮健に御勤め成さるべく、珍重の至りに存じ奉り候、私儀、無異に相勤め申し候、いかがの御楽しみも御座候哉、相替わらず片山方など御もやい、白川の御縄も出来候らわんと存じやり申し候、御羨ましく存じ奉り候、当年はひでり故、水少なの由承り申し候、左様ならば、御漁御支えいかがと存じ奉り候、おいおい、筒御猟の時節に至り申し候、かれこれ取り出し御羨ましく存じ奉り候、この表相替わり申し候事も御座無く候、小林初め皆々心安き面々、日々出会い噺申し候事に御座候、射場出来、おいおい、取り出し申し候、楽み申し候、今に御□なされ候也と存じ奉り候、古京町にても取り出さるの由、先ごろ仰せられ□御当たりいかがと存

片山方抔御寂合イ、
白川之御縄も出来
候半と存やり申候、
御羨奉存候、当年者
旱り故、水少ナ之由
承り申候、左様なら者、
御漁御支江如何と
奉存候、追々筒（ツヽ）御猟之
時節ニ至申候、彼是
取出シ御羨奉存候、
此表相替申候事モ
無御座候、小林初メ皆々
心安キ面々、日々出會
咄申候事ニ御座候、射場
出来、追々取出シ申候、
楽ミ申候、于今、御□
被成候也と奉存候、古
京町ニ而も被取出
之由、先頃被仰□□
御当り如何と奉存候、

じ奉り候、この節相替わらず御見舞いまで、かくの如く
に御座候、尚、後音を期し候、恐惶謹言

藤兵衛
九月八日　慶和（花押）

政右衛門様
人々御中

尚々、御国許、先頃は火事沙汰甚だしく御座候由、最早
静かに相成り申し候哉、私方角などひとしお気遣わしき
由承り申し候、慮外ながら、留守の儀御心付け下さるべ
く候、諸事頼み置き申し候計りに御座候、この表、火
事、近頃静かにて御座候、上野方ひとしお静かにて、こ
の頃は恐悦に存ぜられ候、しかしながら、おいおいの時
候に至り申す迄、ひたとはんはんも計り難く、尚、詳し
き御人数は御調べこれ有る事にて世話仕り候、以上

此節不相替御見舞
まて、如此御座候、尚、期
後音候、恐惶謹言

藤兵衛
九月八日　慶和（花押）
政右衛門様
人々御中

尚々、御国許、先頃ハ
火事沙汰甚敷御座候
由、寂早静ニ相成
申候哉、私方角抔
一入気遣敷由承
申候、乍慮外、留守
之義被附御心可被下候、
諸事相頼置申候
計ニ御座候、此表、火
事、近頃静ニて御座候、

上野方一入静ニて、
此比者恐悦被存候、
乍然、追々之時候
ニ至申迄必多度
ハン〳〵モ難計、尚、
委敷御人数者御
しらへ有之事ニ而
世話仕候、已上

38　三宅藤兵衛（重存）書状　（三宅家文書98　切継紙）

（端裏書）
「つるさき　　」

（前欠）
右之通御座候、其外、各別
申上候程之儀無御座候、以上

天保四年
　巳六月　　　　三宅藤兵衛㊞（花押）

（端裏書）
「鶴崎　　」

（前欠）
右の通りに御座候、その外、格別申し上げ候程の儀御座
無く候、以上

天保四年巳六月　　　　三宅藤兵衛㊞（花押）

鶴崎六月達し

鶴崎六月達

39　三宅探山（重存）書状包紙（三宅家文書111）

（包紙上書）「三宅藤右衛門殿　三宅探山
平安直閲
封　」

39-1　御内意之覚（三宅家文書111-1　切紙）

（封筒表書）「三宅藤右衛門殿　同　探山
平常直閲　」

（封筒裏書）「封　廿三日仕出　」

（端裏書）「十二月十六日達込写」

御内意之覚

私儀育置候姪を養女仕度

（包紙上書）「三宅藤右衛門殿　三宅探山
平安直閲
封　」

（封筒表書）「三宅藤右衛門殿　同　探山
平常直閲　」

（封筒裏書）「封　二十三日仕出し　」

（端裏書）「十二月十六日達し込み候写し」

御内意の覚え

私儀育み置き候姪（もと）を養女に仕りたく存じ奉り候、思し召

奉存候、思召寄無御座候者
願書差出申度、此段相伺
申候、以上

十一月　　三宅藤右衛門

（竪紙）
口上之覚

私育置候姪を養女仕度
奉願候、以上

慶応元年十一月　三宅藤右衛門　判

小笠原一学殿

39-2　三宅探山書状　（三宅家文書111-2　切継紙）

（端裏書）
「廿三日早打　　たん山　」

し寄り御座無く候らわば、願書差し出し申したく、この
段相伺い申し候、以上

十一月　　三宅藤（重弘）右衛門

（竪紙）
口上の覚え

私育み置き候姪を養女に仕りたく願い奉り候、以上

慶応元年十一月　　三宅藤右衛門　判

小笠原一学殿

（端裏書）
「二十三日早打ち　　探山　」

再見なし、御推讀可被下候、以上

今日早立候付申入候、余寒之候、上下無事、重畳珍重ニ候、留守同様ニて御安心候様、寒氣も村々有之、厳寒かと存候へハ、又、暮様ハ、病後嘸々きけ被申候と察候、家来中へもよく可被申候、夷則便、委細被申越、夫々承知いたし、藤兵衛事も致承知候、追而、い才可申進候、其外も縷々致承知候、其時、茶之礼、其外ノ礼ハ委敷不申入、何とも重寳いたし候、□氣も随分よく候、色々世話被致候と忝く候

一、おもと引越、探山方七日ゟ之聟入、十三日、㝡早、牛ノ尻がひニ御座候、右ニ付而ハ、便度、母子い才申入候通ニて、何之替候事無之、只々あきれて、世話ヲ

再見なし、御推読下さるべく候、以上

今日早立ち候につき申し入れ候、余寒の候、上下無事、重畳珍重に候、留守同様にて御安心候様、寒気も村々これ有り、厳寒かと存じ候らえば、又、暮らし様は、病後さぞさぞきけ申され候と察し候、家来中へもよく申さるべく候、夷則(郡夷則)の便り、委細申し越され、それぞれ承知致し、藤兵衛事も承知致し候、追って委細申し進むべく候、その外もるる承知致し候、その時、茶の礼、その外の礼は委しく申し入れず、何とも重宝致し候、□気も随分よく候、色々世話致され候と忝なく候

一、おもと引っ越し、探山方七日よりの婿入り、十三日、最早、牛の尻がいに御座候、右については、便りのたび、母子委細申し入れ候通りにて、何の替わり候事これ無く、只々呆れて、世話をするばかりに候、下し金二百両一為替にして急ぎ御下し下さるべく候、左これ無く候ては、大栄方利操りに相成り、けしからざる格好につき申さず候、大栄方も、都合三十五貫目に相成り申し候、為合い申し進め置き

する計ニ候、下シ金弐百両一
為替ニ〆、急キ御下し可被下候、
左無之候而ハ、大栄方利操ニ
相成、不怪恰好ニ付キ不申候、
大栄方も、都合三十五貫目ニ
相成申候、爲合申進置候、先キニも
申候通、薬礼莫大、其外も、
種々ノ事も、師走も少々にてハ
引足不申候、萬事必至度
引締、非常ニ相暮申候、平日ハ
　なんにも失墜之事
　無之候へとも、炭・焚木
　を初、中〳〵暮かね
申候、其外ハ衣類ニて御座候、
一、九郎とのも、大方、近日ゟ
出勤と覚へ申候、何よりにて
御座候
一、時勢も　何ぞ相替不申由、
随分念を入可被申候、靏崎
之方も、どふか大筒手ともハ

候、先にも申し候通り、薬礼莫大、その外も、種々の事も、師走も少々にては引き足り申さず候、万事ひたと引き締め、非常に相暮らし申し候、平日はなんにも失墜の事これ無く候らえども、炭・薪を初め、中々暮らし兼ね申し候、その外は衣類にて御座候

一、九郎殿も、大方、近日より出勤と覚え申し候、何よりにて御座候

一、時勢も何ぞ相替わり申さざる由、随分念を入れ申さるべく候、鶴崎の方も、どうか大筒手どもは出で申す由、多井申し候の御捌き、いかが存じ奉り候

一、去る十八日は宗村参り、古京より所望、相論申し候、去る十五日は、おもとも鉄漿（かね）を付け候由、似合い申し候、かようの事、先にも申し候と覚え候らえども、目出たき事故、尚申し候、京師、格別の諸品高値にて、さぞさぞ御困りと打ち寄り申し合わせ候、和兵衛、けしからざる我慢出しにて、一稜用立ち、このたびは祝いとして、上下にても遣わし申すべく候、左様、御□候様存じ候、中々、内外にかけ、藤兵衛にては存じもよらぬ事に候、これは御帰

出申よし、多井申候の御捌、
如何奉存候
一、去十八日ハ宗村参り、古京
より所望、相論申候、去十五日ハ、
おもとも鉄漿を付候よし、
似合申候、ケ様之事、先にも
申候と覚候へとも、目出度キ
事故、尚申候、京師、各別之
諸品高直ニて、憮々御困と
打寄り申合候、和兵衛、不怪
我慢出しニて、一稜用立、
此度ハ祝イとして、上下ニても
遣可申候、左様、御□候様存候、
中〳〵、内外ニかけ、藤兵衛
ニては存もよらぬ事ニ候、
是ハ御帰り候而も、歓と察候、
念を入、仕入置申候事ニ候、
くれ〳〵、注文二重ニならぬ
やうニ可被致候、こなたも
精々入念申候、わた大キニ

り候ても、歓びと察し候、念を入れ、仕入れ置き申
す事に候、くれぐれ、注文二重にならぬように致さ
るべく候、こなたも精々念を入れ申し候、綿大きに
下落につき、模様により一本御下し候様に存じ候、
これは嫁入り外には、この節も何か申し落とし候様
に候らえども、まずまず、急ぎかくの如くに候、謹
言

十二月二十三日　探山
早打ち飛脚
藤右との

尚々、御自愛専らに候、近日東山真っ白にて、随
分寒く御座候、氷は薄く御座候、いずれも目出た
く、年頭・嫁入りともに、明春申すべく候、以
上

下落ニ付、模様ニより一本
御下候様ニ存候、是ハ娵入
外ニハ、此節も何か申落候様ニ
候へとも、まつ〳〵、急キ如此候、
謹言

十二月廿三日　たん山
早打飛脚
藤右との

尚〳〵、御自愛専ニ候、近日
東山真白ニて、随分寒ク
御座候、氷ハ薄御座候、何もめて度、
年頭・娵入ともニ、明春可申候、以上

39-3　三宅探山書状（三宅家文書111-3　切紙）

本紙ニ申進候通候処、唯今、
一学方ゟ使者口上を以、別帋
之通、去ル十六日達込、手数

本紙に申し進め候通りに候ところ、唯今、一学方より使
者口上をもって、別紙の通り、去る十六日達し込み、手
数相済み候段申し越し候間、則、追い掛け、別紙一通進

相濟候段申越候間、則、追掛、
別紙壱通進申候、御安心候様ニ
存候、右者御内意之方御用番、
本達者御奉行へ達込候だん
申越候、左様御承知可被下候
十二月十九日　三宅探山
三宅藤右衛門殿

40　三宅探山書状（三宅家文書135　切紙）

（外包紙上書）
「京都ニ而
三宅藤右衛門殿　三宅探山
〆　平安」

（内包紙上書）
「三宅藤右衛門殿三宅探山
無事直披
封」

きう立ニ付、申入候、

め申し候、御安心候様に存じ候、右は御内意の方御用
番、本達しは御奉行へ達し込み候段申し越し候、左様御
承知下さるべく候
十二月十九日　三宅探山
三宅藤右衛門殿

（外包紙上書）
「京都にて
三宅藤右衛門殿　三宅探山
〆　平安」

（内包紙上書）
「三宅藤右衛門殿　三宅探山
無事直披
封」

急立ちにつき、申し入れ候、若殿様、益々御機嫌、恐

若殿様、益、御きけん、恐悦、次ニ、上下共、無異、珍重此事ニ候、大坂東西ノ戦争、日々程之よし、一向実事分不申、実左右相待申候、粟田口御受持之よし承申候、井伊家張込之よしニて、　禁中守衛等、打替候などと申候、先、宜存候、薩ゟハこなたノ蒸氣船拝借、使者参り申候事ニて、薩も人数損したると覚申候、実左右無之候而ハ、何とも申進候事不成候、飛脚道塞り延行と存候、伊与之方から差越候、堺ゟ伊与ニ渡り、街道ヲ打、八幡濱より船ニて、佐賀関へと指圖可被致候、此道ノ事ハ、追々物語も致し候へとも、□□れも難計申進候、何もかも心配之程察入候、無油断、此節之御奉公可被致候、返ス〱、　若殿様丁度之時ニ御座候、以便、い才可申入候、恐々謹言

悦、次に、上下とも、異なく、珍重この事に候、大坂東西の戦争、日々程の由、一向実事分り申さず、実左右相待ち申し候、粟田口御受け持ちの由、承り申し候、井伊家張り込みの由にて、禁中守衛など打ち替り候などと申し候、まず、よろしく存じ候、薩よりは此方の蒸気船拝借の使者参り申し候事にて、薩も人数損じたると覚え申し候、実左右これ無く候ては、何とも申し進め候事ならず候、飛脚道塞がり延引と存じ候、伊与の方から差し越し候、堺より伊与に渡り、街道を打ち八幡浜より船にて、佐賀関へと指図致さるべく候、この道の事は、おいおい物語りも致し候らえども、□□れも計りがたく申し進め候、何もかも、心配の程察し入り候、油断無く、この節の御奉公致さるべく候、返す返す、若殿様丁度の時に御座候、便をもって、委細申し入るべく候、恐々謹言

正月十七日　　探山

藤右衛門殿

尚々、いたまぬ様に致さるべく候、こなた評判よろしく、別して自愛致さるべく候、不具

正月十七日　　たん山
藤右衛門殿
尚々、いたまぬ様ニ可被致候、こなた
評判よろしく、別而自愛可被致候、
不具

41　三宅探山書状（三宅家文書136　切継紙）

（包紙上書）
「三宅藤右衛門殿　　三宅探山
無事直閲
封極内用事　」

御飛脚立候付申入候、其許上下打揃、無異之段
追々申越、悦着ニ候、留守同様、安心可被致候、
拙老も、近来者時々猟ニて筋骨を養イ
申候、山鳩處ニより出申候、先年之三ツ一ツニて
有之候、縁家も無事、平安ニ候、
一、此節、良之助様御登、御勢ニて恐悦之至、
御供中も皆々勢イニ而、登ニ相成、目出度
事無申計候、惣躰、熊本之事、御用状ニ

（包紙上書）
「三宅藤右衛門殿　　三宅探山
無事直閲
封極内用事　」

御飛脚立ち候につき申し入れ候、そこもと上下打ち
揃い、異なき段、おいおい申し越し、悦着に候、留
守同様、安心致さるべく候、拙老も、近来は時々猟
にて筋骨を養い申し候、山鳩所により出で申し候、
先年の三つ一つにてこれ有り候、縁家も無事、平安
に候
一、この節、良之助（長岡護美）様御登り、御勢いにて恐悦の至り、
御供中も皆々勢いにて、登りに相成り、目出たき事

つばらに承知と存候、京都も当時者、
先、戦争之萌者無之と、少ハ心配薄ク
察申候、若殿様、益御きけんニて恐悦、
良様御着之上ハ、御引替□、左候へ者、
□御供歟、是も下り□
□当時之有□
□ヨト祈申候、種々申入候□
六ケ敷物ニて止申候、兎角ニ、胸服第一
御座候世勢ニ付、当春ノ替りハ少々
早目にも相成へく哉、屈指相待申候、
家来中無事、何ゟ歓申候、文武藝者
不相變被倡候と珍重ニ候、積り剣鎗
アリテ鉄炮ニて御座候、演武場も宗村
心配計ニ候、御家人中ゟ願書なども
出し、如何相成可申哉、様々有之候へとも、省
申候、○赤尾口寺尾隠宅三十貫目位
ニ而拂可申よし、右者、先度、略かけ合
被置候付、脇へ譲ならはこちらニ遣スト、
直部ゟ申遣候、如何被決候哉、拙老存候処ハ、
能キ塩梅ニ者候へとも、国(クニ)々とても幅合

申す計り無く候、惣体、熊本の事、御用状につばら(詳しく)
に承知と存じ候、京都も当時は、まず、戦争の萌し
はこれ無しと、少しは心配薄く察し申し候、若殿
様、益々御機嫌にて恐悦、良様御着きの上は、お引
替□、左候らえば、□御供か、これも下り□当
時の有り□よと祈り申し候、種々申し入れ候□
難しき物にて止め申し候、とかくに、胸服第一御座
候世勢につき、当春の替わりは少々早目にも相成る
べく哉、指を折り相待ち申し候、家来中無事、何よ
りと歓び申し候、文武芸は相変わらず誘われ候と珍
重に候、積り剣槍有りて鉄砲にて御座候、演武場も
宗村心配計りに候、御家人中より願書なども出し、
いかが相成り申すべき哉、様々これ有り候らえど
も、省き申し候、
○赤尾口(京町)寺尾隠宅三十貫目位にて払い申すべき由、
右は、先度、ほぼかけ合い置かれ候につき、脇へ譲
るならばこちらに遣わすと、直部より申し遣わし
候、いかが決められ候哉、拙者存じ候ところは、よ
き塩梅には候らえども、国々とても幅合い広く相成
り、必多物、出納の考え無しに取り広げ候につき、

廣ク相成、必多物、出納之考へなしニ取廣ケ候付、当時、難渋ニ堕入候所も有之、出納と巾と前後之勘考が寂大事ニ而御座候、右ニ付、家さへ建候へハ、家屋も廣ク、未タ空地も余計ニ有之、下屋敷手詰ニスレハ、如何様共可相成存申候、寺尾方も家代ハ三十ニて候へとも、とんと家来共差置候迄ハ五十ニもおよひ可申候、萬事共、ならぬ堪忍スルガかんにんニて候と存候、郡方など、よく〳〵心を付ケ見候へハ、先代御家老之時ゟ、不怪、簡便ニて、屋敷一はひ家一はひニて御座候、無人之上、赤尾口迄放レ居候へ、諸事不捌ニ有之候、拙老抔ハ、如何様ニも暮し可申、願曰長屋抔廣メ、裏口も廣ク工面次第ニ者、とふとも成可申、少シデモ、今モよろしく、後もよき策略之方可然哉、此事ハきうニ決定可被申越候、寺尾方も川迎ニ家建ニて、段々打立

当時、難渋に落ち入り候所もこれ有り、出納と幅と前後の勘考が最も大事にて御座候、右につき、家さへ建て候らえば、家屋も広く、未だ空地も余計にこれ有り、下屋敷手詰めにすれば、いか様とも相成るべくと存じ申し候、寺尾方も家代は三十にて候らえども、とんと家来ども差し置き候までは五十にも及び申すべく候、万事とも、ならぬ堪忍、するが堪忍にて候と存じ候、郡方などよくよく心をつけ見候らえば、先代御家老の時より、けしからず、簡便にて、屋敷一はい家一はいにて御座候、無人の上、赤尾口迄放れ居り候らえば、諸事不捌きにこれ有り候、拙老等は、いか様にも暮らし申すべく、願わくば長屋等広め、裏口も広く工面次第には、どうとも成り申すべく、少しでも、今もよろしく、後もよき策略の方然るべき哉、このことは急に決定申し越さるべく候、寺尾方も川向いに家建てにて、段々打ち立ての由につき、直部まで用不用のところ申し越したくこれ有り候、尤もあの屋敷取り候らえば、隠居が慰め等には重畳よく、茶ども点て候にはよき処に候らえども、今の時、茶処にてもこれ無く、とか

之よしニ付、直部迄用不用之處
申越度有之候、尤、あの屋敷取候へハ、
隠居か慰等ニ者重畳よく、茶共
点候にはよき處ニ候へとも、今の時、
茶処ニても無之、兎角、少々ノ軍用
金・兵粮ホも貯置度事ニ候、留守
節倹相用、一ケ月四五百メ之境ニて済
申候、当時、病人も無之、何ゟ之事ニ御座候、
若黨已下、先、仕合よき事ニ有之候、
女中共も先ニて有之候、是ハ少々者
打変可申候、いつでも如此ニ有之候へとも、
廿一日之便りニ可申候、謹言

二月十五日　たん山

本ひきやく仕出

藤右殿

尚〳〵、余寒重畳、厭之程祈申候、
家来中江も、同様可申聞候、九皐へも
よく可被申候、米下落、京師ハ如何、
定テ大下落と察候、諸品者、其表ハ

く、少々の軍用金・兵糧等も貯え置きたき事に候、
留守節倹相用い、一ヶ月四、五百目の境にて済み申
し候、当時、病人もこれ無く、何よりの事に御座
候、若党以下、先ず、仕合せよき事にこれ有り候、
女中どもも先にてこれ有り候、これは少々は打ち変
わり申すべく候、いつでもかくの如くにこれ有り候
らえども、二十一日の便りに申すべく候、謹言

二月十五日　探山

本飛脚仕出し

藤右殿

尚々、余寒重畳、いといのほど祈り申し候、家来中
へも、同様申し聞かすべく候、九皐へもよく申さる
べく候、米下落、京師はいかが、定めて大下落と察
し候、諸品はその表はいかが、熊本は只々富士の山
に御座候、何事もいかが落着候哉

一、同姓（三宅）敬四郎事、この度、良様御供仰せ付られ、右に
つき、仮養子の儀、新兵衛（三宅）請け合い候らえども、こ
れは何の手数にも及び申すまじくと、その通り申し
談じ、その身に得と申し聞かせ置き候間、委細御聞

如何、熊本ハ只々ふしの山ニ御座候、
何事も如何落着候哉
一、同姓敬四郎事、此度、良様御供被　仰付、
右ニ付、仮養子之儀、新兵衛うけ合候へとも、
是は何之手数にもおよひ申間敷と、其通
申談、其身ニ得と申聞置候間、委細
御聞候様祈申候、外ニ者、仮養子之願も
無之、皆々上京、何變之時　上より
被　仰付候筋有之との事ニ御座候、以上
又、右之通候へとも、其許上京被致居候、かた〱
手数ハ不用と存候、以上

42-1　三宅採山書状　（三宅家文書137-1　切紙）

（包紙上書）
「三宅藤右衛門殿　同　採山
平安御直披
封　」
去ル十二日立之飛脚之状、同廿六達シ、
其比、先上下共ニ息災、喜入申候、留守も

き候様祈り申し候、外には仮養子の願いもこれ無
く、皆々上京、何変の時、上より仰せ付けられ候筋
これ有りとの事に御座候、以上
又、右の通りに候らえども、そこもと上京致し居
られ候、かたがた手数は不用と存じ候、以上

（包紙上書）
「三宅藤右衛門殿　同　採山
平安御直披
封　」
去る十二日立ちの飛脚の状、同二十六日達し、その
頃、先ず上下ともに息災、喜び入り申し候、留守も

同様、安心可被致候、フラン船（ママ）四艘、摂海へ臨ミ、委細被申越候品々翫味いたし候、幕も譯有之物と見へ申候、何卒、爰ニて可也ニ納り付ケかしと祈申候、京都御復古、是迄之處ハ御速ニ有之候へとも、此後之処、太平復古祈申候、熊本も静謐、忝御役替不絶ニて、萬事共御確定と乍恐奉存候

一、友湖が茶袋之事、先度申入置候、如何と存候

一、手取之隠居もつまらぬ事デアッタ、数馬へ序も候ハ、よく頼申候、誠ノ付届ケニ一封ハ遣たし、軍旅ノ内、数馬、嘸当惑と存候、病死之事ハ、去ル廿二日二ノ鶏比ニ有之、葬式、去ル廿六日於阿弥陀寺、無滞相済申候

一、雛ハ古京町へ遣候處、皆々けしからぬ歓ニて有之候、立人形も長□ラ江遣候処、同喜申候、時勢ニ無之候へハ、内方計いわ井之□之処止メ申候

一、長崎も薩預り、天草ハこなた、段々手段付キ、京師へ三万石上納之由、是ハ些、天草迷惑と申候、今迄ハ二萬

同様、安心致さるべく候、フランス船四艘、摂海へ臨み、委細申し越され候品々翫味致し候、幕も訳これ有る物と見え申し候、何卒、ここにてかなりに納まり付けかしと祈り申し候、京都御復古、これ迄のところは御速かにこれ有り候らえども、この後のところ、太平復古祈り申し候、熊本も静謐、忝き御役替え絶えずにて、万事とも御確定と恐れながら存じ奉り候

一、友湖が茶袋の事、先度申し入れ置き候、いかがと存じ候

一、手取（清水縫殿）の隠居もつまらぬ事であった、数馬（清水）へ序でも候らわば、よく頼み申し候、誠の付け届けに一封は遣わしたし、軍旅のうち、数馬、さぞ当惑と存じ候、病死の事は、去る二十二日二の鶏頃にこれ有り、葬式、去る二十六日阿弥陀寺において、滞りなく相済み申し候

一、雛は古京町（平野長明）へ遣わし候ところ、皆々けしからぬ歓びにてこれ有り候、立人形も長□らへ遣わし候ところ、同じく喜び申し候、時勢にこれ無く候らえば、内方計りいわいの□のところ、止め申し候

三千石と申所ニ有之候、夫も内輪ハ壱万
三千石とも申候、演武も色々御倡候て、
大分盛ンニ成事候、海岸筋小しま
二丁河内白濱ナト寸計御締り付兼
申候、八代八瀬小原知行不怪氣遣之
よし、左様ノ事ハ瑣細とも可申□、天下
ケ様相成候而ハ、様々ニ御ざ候
一、若黨共段々心配いたし、とふか当年者
宜敷見込申候、男ハ先よく有之候、千太郎
寸計甘キ不申、又、宿へ下ケ申候
一、乍末、良之助様、今日共御着と奉悦候、
若殿様如何と奉存候、色々申入度事
山海ニ候へとも、筆ニおよひ不申候、何も
便次可申候、謹言

二月廿八日　　たん山

□間便

藤右との

尚〱、春寒一入いとひ可被申候、

一、長崎も薩預かり、天草はこなた、段々手段付き、京
師へ三万石上納の由、これは些か、天草迷惑と申し
候、今までは二万三千石と申す所にこれ有り候、そ
れも内輪は一万三千石とも申し候、演武も色々御誘
い候て、大分盛んに成り申す事に候、海岸筋小島・
二丁・河内・白浜など少しばかり御締り付き兼ね申
し候、八代・八瀬・小原、知行けしからず気遣いの
由、左様の事は些細とも申すべく□、天下かよう相
成り候ては、様々に御座候
一、若党ども段々心配致し、どうか当年はよろしく見込
み申し候、男は先ずよくこれ有り候、千太郎、少し
ばかりもくつろぎ申さず、又、宿へ下げ申し候
一、末ながら、良之助様、今日とも御着きと悦び奉り
候、若殿様いかがと存じ奉り候、色々申し入れたき
事山海に候らえども、筆に及び申さず候、いずれも
便り次ぎ申すべく候、謹言

二月二十八日　　探山

□間便

藤右との

当年者、余寒ニて、茶如何と存候、しかし、
此形勢ニては、宇治不景氣と存候、
金兵衛初メよく可被申聞、草々不具

尚々、春寒ひとしお、いとい申さるべく候、当年は、余寒にて茶いかがと存じ候、しかし、この形勢にては、宇治不景気と存じ候、金兵衛初め、よく申し聞かせらるべく、早々不具

42-2　三宅探山書状（三宅家文書137-2　切紙）

友湖茶袋之事、八郎右衛門茶も
下し候様子ニ付、出来候事ハ出来
可申、考察いたし候付、きう下し
可申候、人ノ頼ミ候事ニ付、等閑ニ
いたしかたく候、尤、變動友□在所ホ
不分り候ヘハ、其趣、頼ミノ人ニ可申候、
何様よく心得可申事
二月廿八日　　探より
藤右殿

友湖茶袋の事、八郎右衛門茶も下し候様子につき、出来候事は出来申すべく、考察致し候につき、急ぎ下し申すべく候、人の頼み候事につき、等閑に致し難く候、尤も、変動友□在所など分らず候えば、その趣き、頼みの人に申すべく候、何様よく心得申すべき事
二月二十八日　　探より
藤右殿

43　三宅探山書状　（三宅家文書138　切継紙）

「(外包紙上書)三宅藤右衛門殿　三宅探山
封
平安直閲」

「(内包紙上書)三宅藤右衛門殿　同　探山
平安直閲
封　一覧之上火中」

御勝手方役人前原・庄野上京、態々
参り、品物ホ、無遠慮遣候様申候付、則、
少々上せ候よしニ有之候、先、上下打揃候而、
無事・平安之よし、逸賀不過之候、余寒
巌(ママ)敷、御自愛第一ニ候、其後ハ、都も、まつ者、
穏カ、遷　都ノ一条ニて、本願坊假之
離宮ニて如何　御落着哉と察申候、
關東解雲にも相成候哉、熊本ハ、今度
一統御軍備筋、従　皇朝、御布告申、
旁、　若殿様御直書御布告相成候処、

「(外包紙上書)三宅藤右衛門殿　三宅探山
封
平安直閲」

「(内包紙上書)三宅藤右衛門殿　同　探山
平安直閲
封　一覧の上、火中」

御勝手方役人前原・庄野上京、わざわざ参り、品物
等、遠慮無く遣わし候様申し候につき、則、少々、
上せ候由にこれ有り候、先ず、上下打ち揃い候て無
事、平安の由、逸賀これに過ぎず候、余寒厳しく、
御自愛第一に候、その後は、都も、先ずは穏やか、
遷都の一条にて、本願坊仮りの離宮にて、いかが御
落着哉と察し申し候、関東解雲にも相成り候哉、熊
本は、今度一統御軍備筋、皇朝より、御布告申し、
かたがた、若殿様御直書御布告相成り候ところ、小
割は一円これ無しと相見え、未だ御達しも受け申さ

小割者一圓無之と相見へ、未タ、御達も
受不申、右ニ付、小割人氣ノ扱ヒ無之處ゟ
矢張、一致ニ至り不申趣ニて、中村先生初、
門人ホふくれ之よしニ承申候、此度ハ右之處
まて小割手附ケ無之候而者、人氣如何
□無手之様子
（欠損）
さし置候、頃日被申越候異人、小嶋上り、
清正公参りホ、一向ニ手附不申、外国ニ對シ
恥らひ申事ニ有之候、ガラバ、近日、清正公へ
参候よし申候

一、西寺君、無事、安心可被致候、敬三郎も
段々ふくれ申候、古京雛ハ不怪歓ニて
よく申候様ニ申候

一、袋わた百目下し候様、藤兵衛へ御申付、
外ニ、裏絹壱反弐両之處、下し
申候様、わた、追々之見合も可有之、
見計ひ下し候様

一、村上善、中村同様之因循と見へ、御断
之内意出シ申候よし、是て大かたハ

ず、右につき、小割人気の扱いこれ無きところよ
り、矢張り一致に至り申さざる趣にて、中村先生初
め、門人等ふくれの由に承り申し候、この度は右の
ところまで小割手付けこれ無く候ては、人気いかが
□無手の様子（欠損）さし置
き候、頃日申し越され候異人、小島に上がり、清正
公参り等、一向に手付き申さず、外国に対し恥じら
い申すことにこれ有り候、ガラバ（グラバー）、近日、清正公へ
参り候よし申し候

一、西寺君、無事、安心致さるべく候、敬三郎も段々ふ
くれ申し候、古京、雛は怪しからざる喜びにて、よ
く申し候様に申し候

一、袋綿百目下し候様、藤兵衛へ御申し付け、ほかに、
裏絹一反二両のところ、下し申し候様、綿、おいお
いの見合わせもこれ有るべく、見計らい下し候様

一、村上善、中村同様の因循と見え、御断りの内意出し
申し候由、これで大方は仕舞か、しかし

一、茶袋の事、先度も直と藤兵衛へ申し越し、いかが哉
と存じ候、ぬるまにつき、御せり下さるべく候、仙
太郎、少しばかりよく、又、宿に下げ申し候、どう

仕舞か、しかし
一、茶袋之事、先度も直と藤兵衛へ
申越、如何哉と存候、ぬるまニ付御せり
可被下候、仙太郎、寸計よく、又、やとに
下ケ申候、とふそ人ニなれハよく有之候、彼
是世話いたし候、和兵衛・宅次、結構
計ニて、迷惑いたし候、もはや三月
と申ニ、漕よせ、兎ニ角、押移之
處、替之様子、一向沙汰無之候、近来者、
道具屋不息キ、勿論、米ハ必多下り、
質屋ハ三分利付、貧付、如何と存候
一、さくらも遅速有之候、今日共、本妙寺
見しほと中事ニ候、筆ノ序
　鶯ノうたとて
(抹消)「うまはたにかけて」
うまこりのはたにかけても鶯の
なるゝ高根の聲は織られね
　水邊柳
春風になひきそめける青柳の
きしのあたりハ水によらせん

ぞ人になればよくこれ有り候、かれこれ世話致し
候、和兵衛・宅次、結構ばかりにて、迷惑致し候、
もはや三月と申すに、漕ぎよせ、とにかく、押し移
りのところ、替りの様子、一向沙汰これ無く候、近
来は、道具屋息せず、勿論、米はひた下がり、質屋
は三分利付き、貧付、いかがと存じ候
一、桜も遅速これ有り候、今日とも、本妙寺見汐と申す
事に候、筆の序で

　鶯の歌とて
うまこりのはたにかけても鶯の
なるゝ高根の声は織られね
　水辺の柳
春風になひきそめける青柳の
岸のあたりは水によらせん
　小田の蛙
朧よを枕にうけて更る窓の
かわすの声はいとゝ静けき
この中には申し進め候もおりられ候らえども、筆に
任せ申し候、近日中宮寺廣延より景樹(香川景樹)が古今正義と

小田蛙

朧よを枕にうけて更る窓の
かわすの聲ハいと、静けき

此中ニは申進候もおりられ候へとも、
筆ニまかせ申候、近日中宮寺廣延ゟ
景樹が古今正義てふ物ヲ見せ候付、
一覧之処、カゲキ當りハ、中〳〵、千蔭
以来之ものと見へ、薄學多識、驚
申候、当時、不用之用ニ付、筆ヲ留申候、
孤雲存ノ人々江者、よく御頼申候、又々
早々、以上

弥生十一日　たん山

藤右との

尚〳〵、下々江も、自愛いたし候様、御申聞
あるへく候、以上

いう物を見せ候につき、一覧のところ、景樹当り
は、中々、千蔭（橘千蔭）以来のものと見え、博学多識、驚き
申し候、当時、不用の用につき、筆を留め申し候、
孤雲（溝口孤雲）存じの人々へは、よく御頼み申し候、又々
早々、以上

弥生十一日　探山

藤右殿

尚々、下々へも、自愛致し候様、御申し聞せ有るべ
く候、以上

44　三宅探山書状　（三宅家文書139　切継紙）

「(包紙上書)三宅藤右衛門殿　　三宅探山

平安直閲

封　　　　　　　　」

大坂着坂之状、今廿六日届キ、先々、上下共
無事、珍賀此事ニ御座候、留守、同前ニて、
御休意候様、此着坂状、去ル廿日相違居候處、機密ニて、
昨日、此方ゟ書状為持遣候戻便ニ遣候、如何之事か
分りかね申候、依而十九日・同廿六日之書状御推讀之事ニ□□
土臺、此節者、態々、小山太左衛門へ押立チ人を遣し頼置候末、
かく之通ニて、萬事、近日之うろたへ故か、驚キ候躰ニ有之候
村尕上京ニ付、口上ニてい才申含候事、聊有之候へとも、
後ニ相成候事も有之候間、御撰聞候様ニ存候
一、今廿六日と認有之候ハ、認掛之処、多屋帰着
　ニ付、筆ヲ留置候付、日付相違、御推讀之事
一、先将軍家も御辞職相済、容道君献言も
　同趣意旁之由ニて　御免ニ相成、二條城を、
　諸国代官所ホ、今迄之通御預之よしニて、此後ハ、

「(包紙上書)三宅藤右衛門殿　　三宅探山

平安直閲

封　　　　　　　　」

大坂着坂の状、今二十六日届き、まずまず、上下とも無
事、珍賀このことに御座候、留守、同前にて、御休意候
様、
この着坂状、去る二十日相違し居り候ところ機密にて、昨日、
こなたより書状持たせ遣わし候戻り便に遣わし候、いかがの事
か分りかね申し候、よって、十九日・同二十六日の書状、御推
読の事に□□土台、この節は、わざわざ、小山太左衛門へ押し
立て人を遣わし頼み置き候末、かくの通りにて、万事、近日の
うろたえ故か、驚き候体にこれ有り候
村尕上京につき、口上にて委細申し含め候事、聊かこれ
有り候らえども、後に相成り候事もこれ有り候間、御撰
聞候様に存じ候
一、今二十六日と認めこれ有り候は、認め掛けのとこ
　ろ、多屋帰着につき、筆を留め置き候につき、日付

王政復古ニて、十万石以上之諸侯被罷登、
万事、至當被帰候御政事向被　仰出候由、
多屋へも両度程罷越、理を詰メ、承り出し
申候、間違可有之哉、拙承候処、如此候、右之通故、
先、いつれも當時無事之處ハ、致安心候様、
於亥子初、家来中、今朝申聞候、此節、先書
申進候通、此先書ハ飛脚必多物延ヒ、未タいつとも

不相分只々トンチャン計ニて近日ニハ立可申候、
右ニ付、村杰か早着かと察申候、右之先生、何も後ノ
様ニ相成、御推見可有之候、大津・つる崎之状も
夫々届キ、何レも致大慶候

○處々方々、四五日之間者馳廻り、砕心魂
候處、先将軍、右之通ニて、先一幕ニ候、此後、
弥六ケ敷、重畳可被入精候、此一挙ニて、まづ
戦争者當時打止候、金庫・読刺後、色々可有之、
何カデ六ケ敷成候哉ハしれさる時勢ニ候、鴻ノ池
初メ、通商受本、灘ノ加納共も同前ニて、不怪、
不受之よしニ承申候、とふぞアレ共其時勢ニ機ニ移、
出精いたせかしと存候、乍併、舊染不性之もの共、
合点ノ行ぬ事也

相違い、御推読の事

一、先将軍家も御辞職相済み、容道君(山内容堂)献言も同趣意かた
がたの由にて、御免に相成り、二条城を、諸国代官
所など、今までの通り御預けの由にて、この後は、
王政復古にて、十万石以上の諸侯罷り登られ、万
事、至当に帰され候御政事向き仰せ出だされ候由、
多屋へも両度程まかり越し、理を詰め、承り出し申
し候、間違いこれ有るべき哉、拙承り候ところ、こ
の如くに候、右の通り故、先ずいずれも当時無事の
ところは、安心致し候様、お亥子(藤右衛門妻)初め、家来中に、
今朝申し聞かせ候、この節、先書にて申し進め候通
り

この先書は飛脚ひたもの延び、未だいつとも相分らず、
只々トンチャン計りにて、近日には立ち申すべく候
右につき、村杰が早着かと察し申し候、右の先生、いずれ
も後の様に相成り、御推見これ有るべく候、大津・鶴崎の
状も、それぞれ届き、いずれも大慶致し候

○処々方々、四、五日の間は馳せ廻り、心魂を砕き候
ところ、先将軍、右の通りにて、先ず、一幕に候、
この後、いよいよ難しく、重畳精を入れらるべく

一、此度、代官所、天氣躰之ケ所、申分起らねハ、宜敷
と祈申候、此勢を以、ト（ホク）シ申候処、天朝ハ人無シ
ニて、諸藩ニ配當被　仰付候ハヽ、早速違乱ニ及ヒ
可申候、ケ様之處ニ相成、　天朝モ被成悪キ
場差起り、扨も變革と申ハいかう六ケ敷
物ニ候、因而者、亦復、江戸へ戻り候すしニも
至り可申哉、関白様方御苦労ニ有之候
一、多屋噺ニ、とふか老臣壱人ハ被登候やうニ
咄申候、是ハ孤・夷へも略、何となく風諫
いたし置候、障らぬ様申置候間、御掛念（ママ）ナキ様ニ
祈申候、誠ニとひやクワツサニて御寺詰三日之間ハ、
眉毛ニ火か付ても、異変申談ハ畳置ニて、
漸、廿四日夕例打寄、各別治定之事も
不承内、多屋着、何もかも風替ニ相成申候、此条
尤、御火中頼入申候
一、子供、皆々壮ン、敬三も大ニふくれ申候、馬之事ハ
先生へ何と申進候、〇十月渡ハ弐百弐十目ニ
御買上ニ付其通ニ申付候春迄ニハ上り可申候へとも、
地米不景氣ニ候、〇蔵ハ被建候哉、夫ならハ、今ゟ
手当いたし、下り後、竹之性もよく成候まゝ、打立

候、この一挙にて、まず戦争は当時打ち止め候、金
庫・読刺し後、色々これ有るべく、いかで難しくな
り候哉は知れざる時勢に候、鴻池初め、通商受け
本、灘の加納どもも同前にて、けしからず、受けざ
るの由に承り申し候、どうぞ、あれども、その時勢
に機に移り、出精致せかしと存じ候、しかしなが
ら、旧染不承の者ども、合点のいかぬ事なり
一、この度、代官所、天気体のか所、申し分起こらね
ば、よろしくと祈り申し候、この勢いをもって、ト
し申し候ところ、天朝は人無しにて、諸藩に配当仰
せ付け候らわば、早速異乱に及び申すべく候、か様
のところに相成り、天朝も成され悪しき場差し起こ
り、さても変革と申すは、一向難しき物に候、よっ
ては、またまた、江戸へ戻り候筋にも至り申すべき
哉、関白様方御苦労にこれ有り候
一、多屋咄しに、どうか老臣一人は登られ候様に咄し申
し候、これは孤（溝口孤雲）・夷（郡夷則）へもほぼ、何となく風諫致し置
き候、障らぬよう申し置き候間、御懸念無きよう
に、祈り申し候、誠にとひやクワツサにて、御寺詰
め三日の間は、眉毛に火が付いても、異変申し談じ

しかるへく存候、当冬ゟ財木・大工之方も積り方致サセ置可申、万、便利ニ候、軒之処ハ三間五間位ニてよく見込申候、氣付も候ハ、又可被申越候、鉄窓ハ木山ノ梅屋佐藤十へ買呉候様申候へとも、十兵衛新造いたし候付、不用之由ニ付、十兵衛品ニ〆、かひ呉候様頼置候、是ハ昔ノ品にて、掛目、其外、莫大之違と、都山輔之進も同席ニて申候、勿論、右之両人ニて世話頼入置候

一、典ギ衆、不怪喘(アヘキ)ニて、多屋ト大笑いたし候、此節ハ例之見知り・離盃ホ之物入無之、是か心配之儘と見へ候へとも、其内静マリ候ハヽ、附属之人々手種候御酒共ハ呑せらるへく存候、外ニ笑談ハ数々有之候へとも無用也

一、復古ニ相成候而ハ、　徳川殿　天朝之毛払ハ、屹ト熊本老臣被罷登可有之事ニて、徳川殿へも是迄之子細申達、　天朝へ者、弥、御忠勤被盡候、御イラへ有之、御両敬を其外手障も可有之、其外早々無之候而ハ、嫌疑を受居候而ハ、何時不慮之変難計、夫ニ及ヒ、イカニウロタへ候とも、期ニ逢イ不申候、天草ナド気遣ナル

は畳み置きにて、漸く、二十四日夕例打ち寄り、格別治定の事も、承らざる内、多屋着、何もかも風替わりに相成り申し候、この一条尤も、御火中頼み入れ申し候

一、子供、皆々壮ん、敬三も大いにふくれ申し候、馬の事は先生へ何と申し進め候

○十月渡しは二百二十目に御買い上げにつき、その通りに申し付け候、春までには上がり申すべく候らえども、地米不景気に候

○蔵は建てられ候哉、それならば、今より手当て致し、下り後、竹の性もよく成り候まま、打ち立てしかるべく存じ候、当冬より材木・大工の方も積り方致させ置き申すべく、万、便利に候、軒のところは三間、五間くらいにてよく見み込み申し候、気付きも候らわば、又申し越さるべく候、鉄窓は木山の梅屋佐藤十兵衛へ買いくれ候様申し候らえども、十兵衛新造致し候につき、不用の由につき、十兵衛品にして、買いくれ候様頼み置き候、これは昔の品にて、掛け目、その外、莫大の違いと都山輔之進も同席にて申し候、勿論、右の両人にて世話頼み入れ置

物ニ候、神速を尊ブトハ、ケ様ノ事ニ有之候
○金兵衛始メ、此度ハ不大方事ニ付、精々慎心を加、勇気赫々、忠勤を励し候様、隠居ゟ申越候趣、可被申聞候、其元心配御申迄も無之、祈り候處、自愛ニて有之候、留守之儀、弥、無頓着、専一ニ精勤可被致候
一、尤、都合松ノ木ノ茶盆二ツ被下候様、一ツハ中原隠望也、松ハ早ク艶出候而、よく御座候、耳厚キ方よく有之、出来合有之よし、段々有之候へとも、事之中ノ妨ケ、先、如此候、何か申落候様ニ老人之癖ニ有之候へとも、要用之稜々如此、頓首

十月廿八日　　三　探山

村岙便

三　藤右との

尚々、宅次用立、何ゟニて有之候、和兵衛ブラリと見へ申候、宅次も未夕馴レぬ事も有之候、

き候
一、典儀衆、けしからざる喘ぎにて、多屋と大笑い致し候、この節は、例の見知り・離盃等の物入りこれ無く、これが心配のままと見え候らえども、そのうち静まり候らわば、付属の人々手種候御酒どもは呑ませらるべく存じ候、ほかに笑談は数々これ有り候らえども無用なり
一、復古に相成り候ては、徳川殿、天朝のけじめは、きっと熊本老臣罷り登られこれ有るべき事にて、徳川殿へもこれ迄の子細申し達し、天朝へは、いよいよ、御忠勤尽くされ候、御嫌いこれ有り、御両敬をそのほか手障りもこれ有るべく、そのほか、早々これ無く候ては、嫌疑を受け居り候ては、何時不慮の変計り難く、それに及び、いかにうろたえ候とも、期に逢い申さず候、天草など気遣いなる物に候、神速を尊ぶとは、か様のことにこれ有り候
○金兵衛始め、このたびは大方ならざる事につき、精々慎心を加え、勇気赫々、忠勤を励まし候様、隠居より申し越し候趣、申し聞かさるべく候、そこもと心配御申す迄もこれ無く、祈り候ところ、自愛に

金兵衛始メ、よく御流し可被下候、藤兵衛へ
茶袋之事申付置候、アノ通ノ者ニ付、
序よく御流し可被下候、勝喜へもよく
御中之事
十月後
御渡り方ハ、拾八貫イクラト云ニ置申候
いオハ和兵衛可申候

てこれ有り候、留守の儀、いよいよ、頓着無く、専
一に精勤致さるべく候
一、尤も、都合、松の木の茶盆二つ下され候様、一つは
中原隠の望み也、松は早く艶出で候て、よく御座
候、耳厚き方よくこれ有り、出来合いこれ有るよ
し、段々これ有り候らえども、事の中の妨げ、先ず
かくの如くに候、何か申し落とし候様に老人の癖に
これ有り候らえども、要用の稜々かくの如し、頓首

十月二十八日　三　探山

村杢便

三　藤右殿

尚々、宅次用立ち、何よりにてこれ有り候、和兵衛
ぶらりと見え申し候、宅次もいまだ馴れぬ事もこれ
有り候、金兵衛始め、よく御流し下さるべく候、藤
兵衛へ茶袋の事申し付け置き候、あの通りの者につ
き、序でよく御流し下さるべく候、勝喜へもよく御

45　三宅探山書状包紙　（三宅家文書140）

（包紙上書）
「三宅藤右衛門殿　三宅探山
　　平安直閲
緘　　極御用密　　」

45-1　三宅探山書状　（三宅家文書140-1　切紙）

古閑彦助弟自筆ニて、岡田鼎象へ
大坂ニて当夏遣候発句、并、舟宿
淡路ノ宿付ホ之□者、彦助持参
相頼候間、同人書状ニ相添候、彦助
弟安左衛門従弟之よしニて、此節、
是非、高瀬罷下り、其上ニて如何様
共、腰をすへ、俳諧修行致サセ

申しの事
　十月後
御渡り方は、十八貫いくらと云うに置き申し候、
　委細は和兵衛申すべく候

（包紙上書）
「三宅藤右衛門殿　三宅探山
　　平安直閲
緘　　極御用密　　」

古閑彦助弟自筆にて、岡田鼎象へ大坂にて当夏遣わし候
発句、並びに、舟宿淡路の宿付け等の□は、彦助持参、
相頼み候間、同人書状に相添え候、彦助弟安左衛門従弟
の由にて、この節、是非、高瀬罷り下り、その上にてい
か様とも、腰を据え、俳諧修行致させ申すべく、最早十
九年、在京・在坂等にて、往来願いに甚だ困り候由、そ
の上、この上は往来日延べ難しき段、庄村より申し聞き

可申、冣早、拾九年、在京・在坂ホ
ニて、往来願ニ甚タ困候よし、其上、
此上者往来日延六ケ敷段、庄村ゟ
申聞候よしニて、彦助初メ、大心配之
よし、い才、彦助状ニ認有之候、因而
安左衛門ゟ手筋を以、呼寄、屹ト教諭
示談ホいたし、必、下し申候様、御序ニ
御申聞可被下候、同人覚悟は、母ノ病
死ニも構イ不申候、もはや、八年ノ星霜、
一切付届ケも不致よし候へハ、頓と
見きり居可申哉、左迚、彦助列ハ
兄弟之情、左様にも不参物ニて、
今度□安左衛門登り居候間、
如此事ニ御座候よし、往来者、来正月
まで之よしニ候事

霜月三日　探山

藤右との

古閑彦助状添

候由にて、彦助初め、大いに心配の由、委細、彦助状に
認めこれ有り候、よって安左衛門より手筋をもって呼び
寄せ、きっと教諭・示談等致し、必ず、下し申し候様、
御序でに御申し聞かせくださるべく候、同人覚悟は、母
の病死にも構い申さず候、最早、八年の星霜、一切付け
届けも致さざる由に候らえば、頓と見切り居り申すべき
哉、左とて、彦助列は兄弟の情、左様にも参らざる物に
て、このたび□□□□□安左衛門登り居り候間、かくの
如き事に御座候由、往来は、来る正月までの由に候事

霜月三日　探山

藤右殿

古閑彦助状添え

45-2

三宅探山書状（三宅家文書140-2　切継紙）

孤雲ニ差立候付申入候、十七日之状、昨日届キ、上下共無事、逸熹御事ニ付、留守同前ニて、一昨朔日ニ者、河内之蜜柑見ニ、おいね・綱・万兵衛遣候、昼ゟ雨ニて、いつれもなんき候て遅ク帰り申候、しかし、何とも歓之由、先キハ泰寿受込之世話ニて、よく有之候、手取よりも大方出浮、お千代、嘸々きけゐうと笑イ候事ニ御座候、ミかんハ、今を盛り之よし、其邊紅葉ノ時ニ候得共、此時勢、哥もはひかいも畳置キ之勢ニて、徳川殿、嘸々、御憤激と、乍恐被察候、　若殿様御登之由ニは有之候へとも、未タに、御供之様子も不承候、何様嘸々心配可被致候へとも、先、一途被出候處ニて致しよき事も可有之候、万事共、木村ノ談、肝要ニ候、溝も彦兵衛御付添ニて、此節者各別障ハ入り不申趣之噂ニて候へとも、若殿様御登迄者、セツチ御引留候様存候、是も、御国儀者勿論、其外、研究ニて、登り

孤雲に差し立て候につき申し入れ候、十七日の状、昨日届き、上下とも無事、逸喜御事につき、留守同前にて、一昨朔日には、河内の蜜柑見に、おいね（亥子）・綱・万兵衛遣わし候、昼より雨にて、いずれも難儀候て、遅く帰り申し候、しかし、何とも歓びの由、先ずは泰寿受け込みの世話にて、よくこれ有り候、手取よりも大方出浮き、お千代、さぞさぞきけいうと笑い候事に御座候、みかんは、今を盛りのよし、その辺紅葉の時に候らえども、この時勢、歌も俳諧も畳み置きの勢いにて、徳川殿、さぞさぞ御憤激と、恐れながら察せられ候、若殿様御登りの由には、これ有り候らえども、未だに、御供の様子も承らず候、何様さぞさぞ心配致さるべく候らえども、先ず、一途出られ候ところにて、致しよき事もこれ有るべく候、万事とも、木村の談、肝要に候、溝も彦兵衛御付き添いにて、この節は、格別隙は入り申さざる趣の噂にて候らえども、若殿様御登り迄は、セツチ御引き留め候様存じ候、これも、御国儀は勿

とは存候へとも、京着之上ハ、事情も變り可申事も可有之、木村申談申度ヤの□不残サ孤雲へ御申聞、第一ニハ此節ハ能キ加減ニてハ、万事御国威立かね申候、精々御せり付可有之候、御人数躰之儀ハ一同ニ沙汰無之、此節交代御人数も並之通立可申趣ニ相聞候、兎角　天朝・徳川殿ヲ初として、外邦ニ対しても、今度こそ御家柄・御国威丈ヶ者有之度、祈る事ニ御座候、天下之勢も如何落着可致哉、差寄　天朝も御人無之、徳川殿御加勢ニ無之候而ハ、当時行レ間敷、復古之世一刻も拝見仕度事ニ御座候、熊本例ニて静ナル事ニ有之候、御休意之様存候、薩ハ人数大分下り如何之事ニ候哉、多分其元ニては訳もしれ居可申候、土州之模様者少々分り候へとも、長・薩ハ是と申儀不承候、土州、實は順路之よしニ相聞候、左候へハ、やうどふ様者、よ程御宜敷相聞候、後藤も奉助候と見へ申候、閑叟様、いよ〳〵御静之御様子ニ候、色々書記たき事迄ニ

論、そのほか、研究にて、登りとは存じ候らえども、京着の上は、事情も変わり申すべき事もこれ有るべく、木村申し談じ申したきやの□残さず孤雲へ御申し聞かせ、第一にはこの節はよき加減にては、万事御国威立ちかね申し候、精々御せり付け、これ有るべく候、御人数体の儀は一向に沙汰これ無く、この節交代御人数も並みの通り立ち申すべき趣に相聞き候、とかく天朝・徳川殿を初めとして、外邦に対しても、今度こそ御家柄・御国威だけはこれ有りたく、祈る事に御座候、天下の勢いも、いかが落着致すべき哉、差し寄り、天朝も御人これ無く、徳川殿御加勢にこれ無く候ては、当時行われまじく、復古の世、一刻も拝見仕りたき事に御座候、熊本は例にて静かなる事にこれ有り候、御休意の様に存じ候、薩は人数大分下りいかがの事に候や、多分、そこもとにては訳も知れ居り申すべく候、土州の模様は少々分り候らえども、長・薩はこれと申す儀承らず候、土州、実は順路の由に相聞き候、左候らえば容堂様は、よほど御よろしく相聞き候、後藤も助け奉り候と見え申し候、閑叟様いよいよ御静かの御様

有之候へとも、態と要用迄申進候、去ル十九日、同廿六日之書状委細認置候へとも、御飛脚たゞ延ニのび、于今、立不申候間、後ニなり候事多候へとも、一括りニしたミ候様子ニ付、取戻しも手数ニ付、其儘いたし置候、着之上御推讀可被下候

一、多屋、壮ンニて両度参り、諸事承り候、是ニ注文之品夫々届キ、上下初参り候、其時之状ハいまた参不申候、政府、近来者混雑之内、不怪なをざり之事ニて、其元着坂之書状、廿日着之處、同廿六日ニ此方之人政府へ遣候序ニ渡し申候、此節ハ小□太左衛門へ態と宅次遣し候、頃日ゟ精々書通受取渡し之事委細ニ頼置候処、右之通ニて何程之様子ニ候哉、大不弁利之上、用向雍滞いたし困申候、よ程混雑ニて有之よしニハ候へとも、如何ニ御座候、又、太左衛門へ程よく申入レ置可申候

一、先日十日之御飛脚には、横道ヲ構へ、福嶌太郎へ参候處、不思議如例言候付書状不参候、留守ゟ替ル事ハ無之段ハ

子に候、色々書き記したき事迄にこれ有り候らえども、わざと要用迄に申し進め候、去る十九日、同二十六日の書状、委細認め置き候らえども、御飛脚ただ延びに延び、今に立ち申さず候間、後になり候事、多く候らえども、一括りにしたみ候様子につき、取り戻しも、手数につき、そのまま致し置き候、着の上御推読下さるべく候

一、多屋、壮んにて、両度参り、諸事承り候、これに注文の品それぞれ届き、上下初参り候、その時の状は未だ参り申さず候、政府、近来は混雑の内、けしからず、なおざりの事にて、その元着坂の書状二十日着のところ、同二十六日にこなたの人、政府へ遣わし候序でに渡し申し候、この節は小□太左衛門へわざと宅次遣わし候、頃日より精々書通受け取り渡しの事、委細に頼み置き候ところ、右の通りにて、何程の様子に候や、大いに不便利の上、用向き雍滞致し、困り申し候、余程混雑にてこれ有るよしには候らえども、いかがに御座候、又、太左衛門へ程よく申し入れ置き申すべく候

一、先日十日の御飛脚には、横道を構え、福嶌太郎へ参

申進候
一、一通之事ハ村枩先生へ頼候状ニ委敷
認置候間、御推讀可被下候、孤雲も今度ハ
迯レなり不申、きけ可申察申候、従是惣躰
打揃無事之段ハ御聞候様、演武場も
宗村出精ニ候へとも、寸計果敢とり不申候
よしニ候、稽古場者三ノ井手之處ニ
引直り申候、松野亀茶屋ノ横後口ニて
御座候、○和兵衛風計ニて困申候、其上差向ニ
遣申候ハヽ、弥グヅロウ一才留守之事さへ
投ヶ不申困申候、宅次居不申候へハ一足も
歩メ不申、達者ものト申、万事氣付
よく用立申候、金兵衛此段御申可被下候、
和兵衛か事内々也、九藏デツチモカへ
申筈ニて跡も入込置申候、八太郎の親父ニて
有之候、九藏ハ後道よく生立祈申候、
仙太郎于今よく宿ニ引込居候、御暇有之
候へとも、便次可申入候、恐々謹言

十一月三日　　探山

り候ところ、不思議例の如く言い候につき、書状参
らず候、留守より替わる候事はこれ無き段は申し進
め候
一、一通りの事は村枩先生へ頼み候状に委敷認め置き候
間、御推読下さるべく候、孤雲も、今度は逃れなり
申さず、聞け申すべく察し申し候、これより惣体打
ち揃い、無事の段は御聞き候様、演武場も宗村出精
に候らえども、少しばかりはかどり申さず候由に
候、稽古場は三ノ井手のところに引き直り申し候、
松野亀茶屋の横後口にて御座候
○和兵衛風邪ばかりにて困り申し候、その上差し向
かいに遣わし申し候らわば、いよいよグズロウ一
才、留守の事さへ投げ申さず、困り申し候、宅次居
り申さず候らえば、一足も歩め申さず、達者ものと
申し、万事気付きよく用立て申し候、金兵衛この段
御申し下さるべく候、和兵衛が事内々也、九藏丁稚
も替え申す筈にて、跡も入り込み置き申し候、八太
郎の親父にてこれ有り候、九藏は後道よく生い立ち
祈り申し候、仙太郎、今によく宿に引き込み居り
候、御暇これ有り候らえども、便り次ぎに申し入る

藤右との

尚々、第一ほよふニ候、病候而ハ何事も
成り不申候、末々迄も可被附心候、又々、以上

46　三宅探山書状（三宅家文書141　切紙）

（外包紙上書）「三宅藤右衛門殿　三宅探山
平安直披才太郎へ手渡
印」

（内包紙上書）「三宅藤右衛門殿　三宅探山
平安極密直閲
緘」

才太郎へ印割頼候付、よく御注文可被下候、

べく候、恐々謹言

十一月三日　探山

藤右殿

尚々、第一保養に候、病候ては何事も成り申さず
候、末々迄も心付けらるべく候、又々、以上

（外包紙上書）「三宅藤右衛門殿　三宅探山
平安直披才太郎へ手渡し
印」

（内包紙上書）「三宅藤右衛門殿　三宅探山
平安極密直閲
緘」

才太郎へ印刻頼み候につき、よく御注文下さるべく候、

相應之印割師ニてよく有之候、茶ハ
キう便御下可被下候、
□□引合六ケ敷、頓と御手切レ、
此時ニ候、そふて、御隣国へ御国議之趣、
御使者被差越儀、肝要ニ候、其一段
孤雲呑込居候哉、些難計事も有之候、
木村と申談、得と、御たすけ可被成、祈申候、
左無之候へハ、時勢不呑込之勢イ、切迫ニ
相見へ申□□之勢、浮浪之
徒、別而、氣遣ニ御座候、二ノ丸、此節者
余程要心無之候而ハ、不相成と、横井
平申候よし、拙子存る所も同様ニ
御座候、右ニ付、□□屹とふり切りニ
いたし申度御座候、少々にても、引張有之
候へハ、穏(ママ)レタル顕レタルハなしニて
御座候、熊本□□有之よしも承り
申候、一覧之上、火中可被致候、肝要迄
早々如此候、已上

相応の印刻師にてよくこれ有り候、茶は急便御下し下さるべく候、□□引き合い難しく、とんと御手切れ、この時に候、そうて、御隣国へ御国儀の趣、御使者差し越さる儀、肝要に候、その一段、孤雲呑み込み居り候哉、些か計り難き事もこれ有り候、木村と申し談じ、得と、御助けなさるべく、祈り申し候、さこれ無く候らえば、時勢不呑み込みの勢い、切迫に相見え申し□□の勢い、浮浪の徒、別して、気遣いに御座候、二の丸、この節は、余程要心これ無く候ては、相成らずと、横井平(平四郎)申し候由、拙子存ずるところも同様に御座候、右につき、□□きっと振り切りに致し申したく御座候、少々にても、引張りこれ有り候らえば、隠れたるより顕われたるはなしにて御座候、熊本□□これ有るよしも承り申し候、一覧の上、火中致さるべく候、肝要迄、早々かくの如くに候、以上

霜月十三日　　三探山
斎之

三　藤右殿

霜月十三日　　三採山

斎之

三　藤右殿

尚〱、自愛重畳祈申候、以上

47　三宅採山書状　（三宅家文書142　切紙）

（包紙上書）
「三宅藤右衛門殿三宅採山

平安御直披

封　」

佐分利平十御供ニ付、暇乞ニも見へ申候間、一翰
申入候、寒入前後、大分寒ク候へとも、不同之
氣候にて候、上下忝之無事と歓申候、
留守同様ニて御安心可被致候、注文之品
之内、茶一箱・盆二・萬古二、慥ニ落手、
何レも気ニ入申候、盆ハ、皆々セキ込にて、貰手
澤山、ほよふニ成申候、段々忝之有之候、右
料ハ、役間へ夫々遣申候、〇天下時勢之事も

尚々、自愛重畳祈り申し候、以上

（包紙上書）
「三宅藤右衛門殿　三宅採山

平安御直披

封　」

佐分利平十御供につき、暇乞いにも見え申し候間、一翰
申し入れ候、寒入り前後、大分寒く候らえども、不同の
気候にて候、上下忝くの無事と歓び申し候、留守同様に
て、御安心致さるべく候、注文の品のうち、茶一箱・盆
二・万古二、慥かに落手、いずれも気に入り申し候、盆
は、皆々セキ込みにて、貰い手沢山、保養になり申し
候、段々忝くこれ有り候、右料は、役間へそれぞれ遣わ
し申し候、

委細申越、逐一承知、此節、
若殿様、御登ニて、何もかもよく御座候、
諸事、御簡便、大御節倹奉恐悦候、
此度も、宿々混雑と存候、介石居不申、
御不翕（ママ）と察申候、御留守居ぬかり者
無之存候、師走仕舞も大方かた付ケ申候、
早仕舞と見へ申候、孤雲へ寒氣書状
遣候筈之処、先、御引取宜御頼申候、近日ハ
若手之衆、段々御役被仰付、頃日ゟ
右之御勢と存候事、ま丶有之候、恐悦ニ
御座候、諸藩、追々ニ登込ニて、京師、弥、
賑合と察申候、土ノ後藤とヤラハ、よ程
練熟之人と存候、紀州ハ、岩橋徹蔵と
申入（ママ）、学者にて、先年、同士三百人脱走、
御老中へ献言之末、紀公御用イニ而、
萬事打変申候よし、一向宗ノ安莫と申
人、徹蔵同志にて、五十石被下、緋威之
鎧被下、百姓相倡イ、御為ヲ働申候よし、
紀州ハ、大發起と見へ申候、佐分利、態々
参候付、不相替事迄申進候、謹言

○天下時勢の事も委細申し越し、逐一承知、この節、若殿様、御登りにて、何もかもよく御座候、諸事、御簡便、大御節倹恐悦奉り候、この度も、宿々混雑と存じ候、介石（佐田）居り申さず候、御不翕と察し申し候、御留守居ぬかりはこれ無しと存じ候、師走仕舞いも大方片付け申し候、早仕舞いと見え申し候、孤雲へ寒気書状遣わし候筈のところ、先ず、御引取りよろしく御頼み申し候、近日は、若手の衆、段々御役仰せ付られ、頃日より右の御勢いと存じ候事、ままこれ有り候、恐悦に御座候、諸藩、おいおいに登り込みにて、京師、いよいよ、賑合と察し申し候、土（土佐）の後藤とやらは、余程練熟の人と存じ候、紀州は、岩橋徹蔵と申す人、学者にて、先年、同士三百人脱走、御老中へ献言の末、紀公（紀州）御用いにて、万事打ち変り申し候由、一向宗の安莫と申す人、徹蔵同志にて、五十石下され、緋縅の鎧下され、百姓相誘い、御為を働き申し候由、紀州は、大発起と見え申し候、佐分利、わざわざ参り候につき、相替わらざる事迄申し進め候、謹言

臘月十八日　　採山

臘十八日　　たん山

当日恐悦

藤右との

尚〳〵、自重専一ニ御座候、残ル事ハ
御飛脚ニ可申進と申附候、以上

「(別紙1)追かけ六日之状相達、時勢とも二色々
致承知候、次ノ飛脚ニ、い才可申候
事

同十八日　　たん山

藤右との」

「(別紙2)おもとも平産、女子出生にて、無異、
いつれも歓申候、此度者女子デよく
有之候、以上

同日　　たん山

藤右との」

当日恐悦

藤右殿

尚々、自重専一に御座候、残る事は御飛脚に申し進む
べしと申し付け候、以上

「(別紙1)追いかけ六日の状相達し、時勢ともに色々承知いたし
候、次の飛脚に、委細申すべく候事

同十八日　　探山

藤右殿」

「(別紙2)おもとも平産、女子出生にて、異なく、いずれも歓び
申し候、この度は女子でよくこれ有り候、以上

同日　　探山

藤右殿」

48　三宅採山書状　（三宅家文書143　切継紙）

（包紙上書）
「三宅藤右衛門殿　　三宅採山
　　平安直披　十九日立
　封密　　　　　　　　　」

例便ニ付申入候、夷則便之後も、
先月廿七之状届キ、其比、
上下平穏逸喜之至ニ候、留守
無事、御放意之様存候
一、夷則便ニ者、茶のみならず、
筆・きせる・半紙・墨ホ、数々、
早速御下し、尚々、大ニ重寶致候、
茶之礼ハ先便申候へとも、右之
細々ノ礼ハ落申候間、尚申進候
一、おみと殿注文も、無異儀
届キ、歓被申候、右之礼ニ、文にても
進可申候へとも、却而、面倒と存候間、
わしらよろしく申候様ニとの事ニ候
一、先月廿七日、御廻勤相濟、

（包紙上書）
「三宅藤右衛門殿　　三宅採山
　　平安直披　十九日立ち
　封密　　　　　　　　　」

例便につき申し入れ候、夷（郡）則便の後も、先月二十七
日の状届き、その頃、上下平穏、逸喜の至りに候、
留守無事、御放意の様に存じ候
一、夷則便には、茶のみならず、筆・きせる・半紙・墨
等、数々、早速御下し、尚々、大いに重宝致し候、
茶の礼は先便に申し候らえども、右の細々の礼は落
し申し候間、尚申し進め候
一、おみと殿注文も、異議なく届き、歓び申され候、右
の礼に文にても進め申すべく候らえども、却って、
面倒と存じ候間、わしよりよろしく申し候様にとの
事に候
一、先月二十七日、御廻勤相済み、休意致され候と存じ
候、拙子において安心致し候、そのほか、御静謐の
由、□価の儀、誠に驚き候、いず方も同様にて、何

休意被致候と存候、於拙子安心いたし候、其外、御静謐之由、□價之儀、誠ニ驚候、何方も同様ニて何となり可申候哉、勿論雲行もしれ不申事ニて、薪抔熊本真木十斤ニ御座候、御察候様、鯛ハ三匁七八にてもいたし候、わたハ、日下りニ而、是計が、まづ安ク御座候、しかし、□□わた十六匁ニ御座候、大坂ハ兼坂が二男咄しニ、追々とハ三四両ニも落チ可申見込と申候、此人ハ蒸気船之役人にて御座候、右ニ付、なくてハ叶ぬ白物（ママ）ニ付、追々と御聞繕、一本御下し候様ニ存候、留守木綿□□引せ可申候

一、操寿注文物之事、致承知、なる程、聞しに増る直段にて、心痛と存候、こなたにて、如何

となり申すべく候や、勿論雲行きも知れ申さざる事にて、薪など、熊本真木十斤に御座候、御察し候様、鯛は三匁七八にても致し候、綿は、日下がりにて、これ計りが、まず安く御座候、しかし、□□綿十六匁に御座候、大坂は兼坂が二男の咄しに、おいおいとは、三、四両にも落ち申すべき見込みと申し候、この人は蒸気船の役人にて御座候、右につき、なくては叶わぬ代物につき、おいおいと御聞き繕い、一本御下し候様に存じ候、留守木綿□□引せ申すべく候

一、操寿院（もと母）注文物の事、承知致し、なる程、聞きしに勝る値段にて、心痛と存じ候、こなたにて、いかがぞ仕法付け申すべく候、さて、嫁入り一件、おいおい申し進め候通りにて、誠にあきれ申す計りに候らえども、片付きは致さずしては成り難く、大栄へもまたまた追い掛け、二十貫目程申し談じ候、これは渡る方にて、正月返し申すべき積りに御座候、頃日も申し候通り、現の事は追って申すべく候、古京町も口上向きは尤もに候らえども、女の申す事等少しばかり取り切りの場思う様に参りかね、心痛致し

とそ仕法付ケ可申候、扨、娵入
一件、追々申進候通ニて、誠ニ
あきれ申計ニ候へとも、片付ハ
不致してハ難成、大栄へも
亦復追掛、弐十〆目程申
談候、是ハ渡る方にて、正月
返し可申積ニ御座候、頃日も
申候通、現之事ハ追而可申候、
古京町も口上向ハ尤候へとも、
女之申事ホ寸計取切り
之場思ふ様ニ参り兼、心痛
いたし候、不思議共御座候へとも、
筆ニ者一切分り候事ニ、
桜井丁ノ古ル鼻一件ニ
御座候、何そ此節ニ差障りとハ
難申候へとも、色々有之候、おもとも
よき仕合申へく、又、色々が
御座候、おみと殿ハふくれ
顔ニ御座候、是がよき事ニ
御座候、何もかも大急ニ相成、

候、不思議とも御座候らえども、筆には一切分り候事に、桜井丁の古る鼻一件に御座候、何ぞこの節に差し障りとは、申し難く候らえども、色々これ有り候、おもともよき仕合せ申すべく、又、色々と御座候、おみと殿はふくれ顔に御座候、これがよきことに御座候、何もかも大急ぎに相成り、目顔をつかみ申すまでに候、綱が嫁入りなどは、相手これ有り候とも、当分断り申し候存念に候、勿論、御同意と存じ候

一、福嶌太郎右衛門借財の方は、利立てにして、現払いの約束に仕替え申す筈にて、大略相談も整いかかり申し候、今のように米価値段よく候らえば、余程の元べしに成り申し候、懋左衛門働き居り申し候、そのほか、精々手を詰め、あだなき様、心を用い申し候、和兵衛、いよいよ、用立ち申し候、これは後の為に相成り申す人に御座候、大将殿、いよいよ、気の毒計りにて、邪魔になり申し候

一、昨十八日、宗村老所望として、飯後、早々参り、それぞれ、手数相済み申し候、宗村怪しからず極まりにて御座候

目顔ヲ瞓申迄ニ候、綱が
娵入などハ、相手有之候とも、
当分断申候存念ニ候、
勿論、御同意と存候
一、福嶌太郎右衛門借財之方ハ、
利立ニ〆、現拂之約束ニ仕替へ
申候筈にて、大略相たんも整イ
かゝり申候、今ノ様ニ米價直段
よく候へハ、余程之元ベしニ
成申候、懋左衛門働キ居申候、
其外、精々手を詰メ、あだ
ナキ様、心を用申候、和兵衛、弥、
用立申候、是ハ後之為ニ相成
申人ニ御座候、大将との、いよ〳〵
氣ノ毒計ニて、邪魔ニなり申候
一、昨十八日、宗村老所望として、
飯後、早々参り、夫々、手数
相済申候、宗村けしからす
きまりニて御座候
一、引出物之金具ハ、随分

一、引き出物の金具は、随分御見出し候様に存じ候、おいおい、申し入れ置き候通り、臘色角一に、いよいよ、御極め候様、身下の上、随意に、致さるべく候、古京へもその趣に申し談じ置き候
一、この節の話は、おいおいの文通頻りにて、随分、小字に御認め、一ツ書にて御申し越し候様存じ候、□左衛門もたまり申さず候、小字に認め付け候らえば、又、よき物に御座候、毎も毫筆推読致さるべく候、五郎の儀、初めよく、文武は勿論、諸事相慎み、後々、三宅の家になり候様に計らい、御仕立て成さるべく、旅の心は善し悪し替わる物につき、五郎も今少しは用立ちかしと祈り申し候、諸(吉浦)兵衛養女、片の如く気を付け居り申し候、成松太兵衛事、成松多助と改名致させ申し候、末ながら、熊本の時勢はなんぞ変り申さず候
一、多井殿も上坂の由、國友、去る十六日、芸より帰着致し候、例の通り、因循にて穏やかと承り候、この度いかが御指図に相成り候や、且つは五卿方いかがと存じ候、年内は文通もいか程哉と存じ候間、歳暮の祝詞もまず申し入れ候、目出たく越歳致さるべく

御見だし候様ニ存候、追々
申入置候通、蠟色角一ニ、弥、
御究候様、身下ノ上、随意ニ
可被致候、古京へも其趣ニ
申談置候
一、此節之話ハ、追々之文通
頻にて、随分小字ニ御認メ、
一ツ書ニて御申越候様存候、□左衛門も
たまり不申候、小字ニ認付候へハ、
又、よき物ニ御座候、毎も毫筆
推讀可被致候、五郎之儀、
初よく、文武ハ勿論、諸事
相慎、後々、三宅ノ家ニなり候様
ニ計、御仕立可被成、旅ノ心ハ
よしあし替ル物ニ付、五郎も
今少ハ用立かしと祈申候、諸兵衛
養女、如片氣を付居申候、
成松太兵衛事、成丕多助
と改名致せ申候、乍末、熊本
時勢ハ何そ替不申候

候、月迫り飛脚立ち候らわば、その時尚申し入るべ
く候、謹言

臘十九日　探山

三藤右殿

尚々、春寒にも成り候につき、いよいよ、自重
専らにと祈り候

一、茶も三木がよろしくと、夷則申し候、同方にて一、
二品送り申し候、惣体段落にて、善悪の論もこれ無
く存じ候、□□大方邪魔致さると存じ候、よく御
申し候様、この間は余儀なく一会仕り候、この段も
御申し下さるべく候、いずれも洩らし申す事に候、
後より申すべく候、以上
一、序でながら、未だおもと養女の手形は一学へ参り申
し談じ置き候ところ、別紙の通り、申し遣わし候
間、そのまま、披見に入れ申し候、少し、ばっとし
た書面に候らえども、手数は異議無く相済み申し
候、御安心候様に存じ候、右の書中バッシタところ

一、多井殿も上坂之よし、國友、
去十六日、従藝帰着致候、
例之通、因循にて穏と承候、
此度、如何御差圖ニ相成候哉、且ハ、
五卿方如何と存候、とし内者
文通も何程哉と存候間、歳暮
之祝詞もまつ申入候、目出度
越歳可被致候、月迫飛脚
立候ハヽ、其時、尚、可申入候、謹言

臘十九日　　たん山

三藤右殿

尚〳〵、春寒ニも成候付、
いよ〳〵、自重専ニと祈申候、
一、茶も三木がよろしくと、夷則
申候、同方ニて一二品送申候、惣躰
段落ニて、善悪之論も無之
存候、□大方邪魔被致

は、そのうち尋ね置き申すべく候、以上
一、縁納願いも九郎も喘ぎにて、来月七日後は、早々の
由に候、御ひろめ候様に存じ候事

と存候、よく御申候様、此間者
無余儀一會仕候、此段も御申
可被下候、何も洩し為申事候、
従後可申候、已上

一、乍序、未おもと養女之
手形ハ一学へ参り申談置候処、
別帋之通、申遣候間、其侭
入披見申候、少シ、ばつとした
書面ニ候へとも、手数ハ無異儀
相濟申候、御安心候様ニ存候、右之
書中バツシタ処ハ、其中
たつね置可申候、以上

一、縁納願も九郎も喘キニて、来月
七日後ハ、早々之よしニ候、御普候様
存候事

49 三宅探山書状（三宅家文書144 切紙）

（封筒表書）
「三宅藤右衛門殿　三宅探山
平安直閲」

（封筒表書）
「三宅藤右衛門殿　三宅探山
平安直閲」

「（封筒裏書）封　直披極内用廿五日認置　」

○富次ハ廿三日之晩着申候事

去ル十日、古閑富次立候付、金兵衛ゟ申遣候書状之趣、夫々致承知候、上下無事之段何事か不慮之珍悦ニ候、若殿様益御機嫌、恐悦、御賞詞御屋敷御拝領、萬事共、御首尾宜敷段、御到来、重畳奉恐悦候、御国震立可申候、時勢大変革、何歟差置、嘸々心配昼夜きけ被申候と夫計申合□飯も給べおふせ不申由、萬端察入申候、随分〳〵厭イ、第一ニは痛まぬやうニ、御忠節可被申候、徳川との御討罰ニ付而ハ、種々様々之内輪も可有之、只々自他心配と計存候事ニ候、遠海隔絶候て、事情分かね、何とも申入候事迚ハ無之候、熊本御静謐ニ候、花山院ノ御内勅と申事ニ而、児嶋備後輔列

「（封筒裏書）封　直披極内用二十五日認め置く　」

○富次は二十三日の晩着き申し候事

去る十日、古閑富次立ち候につき、金兵衛より申し遣わし候書状の趣、それぞれ承知致し候、上下無事の段何事か不慮の珍悦に候、若殿様益々御機嫌、恐悦、御賞詞御屋敷御拝領、万事とも、御首尾よろしき段、御到来、重畳恐悦奉り候、御国震立ち申すべく候、時勢大変革、何か差し置き、さぞさぞ心配、昼夜聞け申され候と、それ計り申し合□飯も食べおうせ申さざる由、万端察し入り申し候、随分随分いとい、第一には痛まぬように、御忠節申さるべく候、徳川殿御討代については、種々様々の内輪もこれ有るべく、ただただ自他心配と計り存じ候事に候、遠海隔絶候て、事情分り兼ね、何とも申し入れ候事とてはこれ無く候、熊本御静謐に候、花山院の御内勅と申すことにて、児島備後輔列三十七八人、天草へ入り込み、薩船と同道の由、古閑大栄一夜帰り位に、天草より帰り、事情言上にて、色々これ有る由にこれ有り候、薩人数、富岡へ三百人、本渡へ三百計り相詰め候由、深水方へ注進これ有り候、日田の事も御聞き候と略省いた

三十七八人、天草へ入込、薩船と
同道之由、古閑大栄一夜帰り位ニ、
天草ゟ帰り、事情言上ニて、色々
有之よしニ有之候、薩人数、冨岡へ三百人、
本戸へ三百計相詰候よし、深水方へ
注進有之候、日田之事も御聞候と略省
いたし候、○留中いつれも意儀無之、安心
可被致候、子供益壮ンニ候
○九叟便有之候ハヽ、可差下候、金兵衛初
よく可被申候、孤雲江よく御頼申候、次之便
ニともハ委細可申入候、此節ハ要用迄、
早々謹言

辰
正月廿五日　探山

藤右衛門殿

50 小笠原一學書状（三宅家文書112　切紙）

今朝者態々御出被下、
忝候、毎度不興之

し候
○留中いずれも異議これ無く、安心致さるべく候、子供
益々壮んに候
○九叟便これ有り候らわば、差し下すべく候、金兵衛初
めよく申さるべく候、孤雲へよく御頼み申し候、次の
便にともは委細申し入るべく候、この節は要用迄、
早々謹言

（慶応四年）
辰正月二十五日　探山

藤右衛門殿

今朝はわざわざ御出で下され、忝く候、毎度不興の次
第、赤面仕り候、その節御内話の一条、□時出勤の上、

次第、赤面仕候、其節
御内話之一条、□時
出勤之上、夫々手数
相済申候間、左様
御承知可被下候、委細ハ
参を以、御話可申候得共、
追々之御礼旁、如此ニ御座候、
早々、以上

臘月十六日 〆

三 探山様小一學

要用

それぞれ手数相済み申し候間、左様御承知下さるべく
候、委細は参をもって、御話申すべく候らえども、おい
おいの御礼かたがた、かくの如くに御座候、早々、以上

臘月十六日 〆

三 探山様 小一學

要用

51 三宅藤右衛門（重弘）書状 （三宅家文書117 切継紙）

今般御下向之件重大
之儀ニ而、差寄利害得失之
見込者付兼候得共、近々上坂

今般御下向の件重大の儀にて、さしより、利害得失の見
込みは付き兼ね候らえども、近々上坂の聞こえこれ有り
候、脱走人御取り扱いの儀は、既に洛外幽居までの儀

之聞有之候、脱走人御取扱
之儀者、既ニ洛外幽居迄之儀者、
朝廷御聞済之上、
御許容被成置候儀与奉存候
得者、今更、別途ニ言上仕候程
之儀無御座候、尤、幽居後之
御處置筋者
召之諸侯上京之上、御衆
議茂可有之、且又、外國事件
及大樹公ゟ御伺之廉々共
差向候儀者、先、幕府江被
任置候而、御差障不被為在
儀ニ候ハヽ、
召之諸侯参着迄者、従来
之通被閣、其段者御両役
より御觸達ニ相成候ハヽ、去十
六日
御沙汰之大事件云々之
御旨趣ニも相叶可申欤与
奉存候、為差定見も無御座、

は、朝廷御聞き済みの上、御許容成し置かれ候儀と存じ奉り候らえば、今更、別途に言上仕り候程の儀御座無く候、尤も、幽居後の御処置筋は召しの諸侯上京の上、御衆議もこれ有るべく、かつ又、外国事件及び大樹公より御伺いのかどかども差し向け候儀は、まず、幕府へ任せ置き候て、御差障り有らせられざる儀に候らわば、召しの諸侯参着迄は、従来の通り差し置かれ、その段は御両役より御触達に相成り候らわば、去る十六日御沙汰の大事件云々の御旨趣にも相叶い申すべきかと存じ奉り候、さしたる定見も御座無く、この段御請けまで申し上げ候、誠恐誠惶謹言

十月二十一日　三宅藤右衛門

此段御請迄申上候、誠恐
誠惶謹言

十月廿一日　三宅藤右衛門

52 寺本一塢書状（三宅家文書132　切紙）

（包紙上書）
「三宅藤右衛門様寺本一塢
〆　　平安貴答」

一書啓呈仕候、未夕春寒
退兼候処、愈、御安康可被成
御勤務之旨、重畳珍重ニ
奉存候、御留守江茂
御隠居様御初、御物固様、
御安全被成御座、重畳珍重
奉存候、乍慮外、御掛念有御
座間敷候様奉存候、次ニ、弊屋
ニ而茂無異消光いたし居

（包紙上書）
「三宅藤右衛門様　寺本一塢
〆　　平安貴答」

一書啓呈仕り候、未だ春寒退き兼ね候ところ、いよい
よ、御安康御勤務なさるべくの旨、重畳珍重に存じ奉り
候、御留守へも御隠居様御初め、御物固様、御安全御座
成され、重畳珍重に存じ奉り候、慮外ながら、御懸念御
座有るまじく候様存じ奉り候、次に、弊屋にても異なく
消光致し居り申し候間、御休襟下さるべく候、御許へ兵
右衛門儀差し登られ、異なく着京致し候段、安心致し
候、これも、この節、関東御征伐の御人数の内に差し立
てられ候段申し越し、武門冥加の至りに御座候、罷り登

申候間、御休襟被下候、御許江
兵右衛門儀被差登、無異着京
いたし候段、致安心候、是も、此節
関東御征伐之御人数之内ニ
被差立候段申越、武門冥加之至ニ
御座候、罷登候ニ付而ハ、衣類ホ
持越不申候、不怪、御難題ニ相成
候段申越、忝々、其外、何角
御世話ニ為相成と存候、御許
正月大變之時分ハ御配意之程ハ
不及申、彼是、御心労御察申候、
此節、関東御征伐茂御人数ハ
被差出候得共、㝡早相止ミ候哉之
評判も承り候処、如何成行
候哉と奉存候、との道ニ茂
御鎮静奉祈候事ニ御座候、
扨、御頼申置候茶、御下シ被下、
御繁雑之内、被懸御心、忝々、
無滞相届、頓斗茶切シ之処、
別而大慶ニ奉存候、相變候事も

り候については、衣類など持ち越し申さず、けしから
ず、御難題に相成り候段申し越し、忝く忝く、その外、
何かと御世話に相成らせと存じ候、御許正月大変の時分
は御配意の程は申すに及ばず、かれこれ、御心労御察し
申し候、この節、関東御征伐も御人数は差し出され候ら
えども、最早相止み候哉の評判も承り候ところ、いかが
成り行き候哉と存じ奉り候、どの道にも御鎮静祈り奉り
候事に御座候、さて、御頼み申し置き候茶、御下し下さ
れ、御繁雑の内、御心懸けられ、忝く忝く、滞り無く相
届き、頓と茶切らしのところ、別して大慶に存じ奉り
候、相変り候事も、御座無く候らえども、時候御見舞い
かたがた、かくの如く御座候、後喜の時を期し候、不尽

三月九日　寺本一塢

三宅藤右衛門様

尚々、不順の気候、随分とも御愛護御専要、懇ろに祈り
奉り候、以上

無御座候得共、時候御見舞
旁、如斯御座候、期後喜
之時候、不尽

三月九日　寺本一塢

三宅藤右衛門様

尚〳〵、不順之気候、随分共
御愛護御専要奉懇祈候、
以上

53　三宅藤右衛門（重弘）書状　（三宅家文書133　切継紙）

（前欠）

四月十八日三宅藤右衛門

御父上様

（前欠）

四月十八日　三宅藤右衛門

御父上様

尚々、時下不順之氣候ニ而、
乍恐、御保護御専要奉祈上候、
将又、末筆ニ相成候得共、岡村・古閑
借財之儀も、段々御配慮被成下、
大ニ手細ク相成、誠に難有、大ニ
安心仕候、一学余程之吐血ニ而
御座有りたるよし、とふそ、出立
前、無何事、無事出立を祈申候、
通丁有吉も御断、内意出申候由、
弥一郎見舞ニ御遣ニ相成申候、些、天井
眼白ノ方ニ御座候由、つまらぬ事ニ而、
当分之処ハ六ケ敷、益、御人少ニ而、
如何相成申候哉、愁念仕候、不相替
道具持寄會も繁昌之由、此元ニ
手入り申候机も紫檀申迄ニ而、格別
景色も無御座、無地ニ而御座候、余程之
幅廣ニ而、短冊抔認申候ニハ、大極上ニ而
御座候、寂早下りも不遠、段々奉入尊覧
度物も御座候、所々哥人、哥も段々手ニ入り申候、
蓮月抔も段々手ニ入、是ハ八十

尚々、時下不順の気候にて、恐れながら、御保護御専要
祈り上げ奉り候、はた又、末筆に相成り候らえども、岡
村・古閑借財の儀も、段々御配慮成し下され、大いに手
細く相成り、誠に有難く、大いに、安心仕り候、一学余
程の吐血にて御座有りたる由、どうぞ、出立前、何事も
無く、無事出立を祈り申し候、通丁有吉も御断り、内意
出し申し候由、弥一郎見舞いに御遣わしに相成り申し
候、いささか天井眼白の方に御座候由、つまらぬ事に
て、当分のところは難しく、ますます御人少なにて、い
かが相成り申し候哉、愁念仕り候、相変らず道具持ち寄
り会も繁昌の由、ここもとに手に入り申し候机も紫檀と
申す迄にて、格別景色も御座無く、無地にて御座候、余
程の幅広にて、短冊など認め申し候には、大極上にて御
座候、最早下りも遠からず、段々尊覧に入れ奉りたき物
も御座候、所々歌人、歌も段々手に入り申し候、蓮月な
ども段々手に入り、これは八十余にて、未だ元気に御座
候、頃日は、四条に居り申し候丈叟と申す者、八十九歳
に相成り、善助同道仕り、茶呑みに立ち寄り申し候とこ
ろ、御次が御当所者にて、余程茶も出来申し候、薄茶の
方にて御座候、段々咄しの内、狂歌など少々心得居り申

餘ニ而、未夕けんきニ御座候、頃日ハ、四条ニ
居申候丈叟と申者、八十九歳ニ相成、
善助同道仕、茶呑ニ立寄り
申候処、御次か御当所者ニ而、余程
茶も出来申候、薄茶之方ニて
御座候、段々咄之内、狂哥抔
少々心得居申候由咄申候付、短冊
壱枚もらい申候、書も未夕達者
ニ而御座候、私も返哥抔致置、
下着之上、奉入尊覧、段々
不慮之者と出會仕候、善助も
大慶不少候、昨日も
泰源院様七回御忌ニ付、
高桐院江参拝、善助勿論ニ而
役僧薄茶ともいたし申候、
昼比ゟ七ツ比迄咄申候処、帰り之
途中ニ者雨降り出シ、馬上
づふぬれ仕候、先日抔ハ、能キ
見物ニ而、詩仙堂石川丈山
江参り、段々珍敷物見物仕

し候由、咄し申し候につき、短冊一枚貰い申し候、書も未だ達者にて御座候、私も返歌など致し置き、到着の上、尊覧に入れ奉り、段々不慮の者と出会い仕り候、善助も大慶少なからず候、昨日も泰源院様七回御忌みにつき、高桐院へ参拝、善助勿論にて、役僧薄茶とも致し申し候、昼頃より七つ頃迄咄し申し候ところ、帰りの途中には雨振り出し、馬上ずぶぬれ仕り候、先日などは、よき見物にて、詩仙堂石川丈山へ参り、段々珍らしき物見物仕り申し候、これは一稜の咄しの種に相成り申し候、先日は唐崎も一覧仕り候、それより段々、坂本辺り探索候、見申し候ところ、同所清安寺などへは、光秀公陣太鼓など持ち伝え居り申し候、同寺の懸り僧も少々茶も心得申し候、この節到着の上は、段々、海山の御咄も御座候、宇治も当時茶摘み最中の由に御座候、仰せ下され候御茶の儀、畏れ奉り候、先ずは右迄申し上げたく、尚、便を重ね候、早々、以上

申候、是ハ一稜之咄種ニ相成申候、
先日ハ唐崎も一覧仕候、夫より
段々、坂本邊探索候、見申候処、
同所清安寺抔江ハ、
光秀公陣太鼓抔持傳江居申候、
同寺之懸僧も少々茶も心得
申候、此節下着之上ハ、段々、海山
之御咄も御座候、宇治も当時
茶摘寂中之由ニ御座候、被仰下候
御茶之儀奉畏候、先者右迄
申上度、尚重便候、早々、以上

54　溝口孤雲書状包紙　（三宅家文書121-1）

（包紙上書）
「藤右衛門様　孤雲
　　封　　　　」

54-1　溝口孤雲書状　（三宅家121-1　切紙）

寸楮呈申候、今日者

（包紙上書）
「藤右衛門様　孤雲
　　封　　　　」

寸楮、呈し申し候、今日は肥前様より御互い得太郎（木村）出さ

肥前様ゟ御互
得太郎被出候様、
長森傳次郎ゟ申
傳候、因而
御出も七ツ比ニ相成可
申候、其前ニ爰許へ
御出方被成候ハヽ、御同
伴可仕と存候、書餘ハ
拝晤迄、草々、不具

三月四日　孤雲

藤右衛門様

二伸、左馬助方ハヽ、入京ハ未タ
相分不申と被考、其
上、頃日罷出候丈ケ
と相見申候、尚
尊慮も可被為在と
奉存候、以上

れ候様、長森傳次郎より申し伝え候、よって御出でも七
つ頃に相成り申すべく候、その前にここもとへ御出で方
成され候らわば、御同伴仕るべくと存じ候、書余は拝晤
まで、草々、不具

三月四日　孤雲

藤右衛門様

二伸、左馬助方は、入京は未だ相分り申さずと考えら
れ、そのうえ、頃日罷り出で候だけと相見え申し候、
尚、尊慮も在らせらるべくと存じ奉り候、以上

54-2 溝口孤雲書状 (三宅家文書121-2 切紙)

前宵者御来訪
被下、忝候、毎度夫
我而已ニ御座候、然者、
今般、
世子君上御着坂
ニ付而者、今朝、十内へ
申談候条々者、
先々御承知被下候と
奉存候、然處、御供
御人数佐賀関ゟ
乗組候へハ、御一同ニ
着船如何可有之哉、
其上、近日、物繰
之折柄、御警衛
無之而ハ、甚タ以無
心元存候、御迎御人
数之儀、木得初
被仰談、御見込次

前宵は御来訪下され、忝く候、毎度それ我のみに御座候、然れば、今般、世子君上御着坂については、今朝、十内へ申し談じ候条々は、まずまず御承知下され候と存じ奉り候、然るところ、御供御人数佐賀関より乗り組み候らえば、御一同に着船いかがこれ有るべき哉、そのうえ、近日、物繰りの折柄、御警衛これ無くては、はなはだもって心元無く存じ候、御迎え御人数の儀、木得初め（木村得太郎）仰せ談じられ、御見込み次第、御取り計らい成され候様存じ奉り候、今朝申し落ち候につき、卒度貴意を得申し候、書外今晩御話し申すべく候、早々、以上

十一月二十日　孤雲

藤右衛門様

第、御取計被成候様
奉存候、今朝申落候
ニ付、卒度得貴意
申候、書外今晩
御話可申候、草々、以上

十一月廿日　孤雲

藤右衛門様

55　溝口孤雲書状包紙　（三宅家文書122）

（包紙上書）
「三宅藤右衛門様溝口孤雲

〆

」

55-1　軍備の覚　（三宅家122-1　切継紙）

（前欠）

□井
戸田

（包紙上書）
「三宅藤右衛門様　溝口孤雲

〆

」

（前欠）

□井
戸田

東海道
尾州　紀州
藤堂　備前
御藩
東山道
彦根　因州
戸田
北陸道
越前　若州
海軍
薩州　長州
土州　肥前
運送船
筑前　久留米
藝州

55-2　溝口孤雲書状（三宅家文書122-2　切紙）

副啓、御相詰中
木村江者寸楮御出候

東海道
尾州　紀州
藤堂　備前
御藩
東山道
彦根　因州
戸田
北陸道
越前　若州
海軍
薩州　長州
土州　肥前
運送船
筑前　久留米
藝州

副啓、御相詰め中、木村へは寸楮御出し候筈に御座候ら
えども、そのところには、何分届き兼ねにつき、御留守

筈ニ御座候得とも、其
処ニ者、何分届兼候ニ付、
御留守居初、政府中
御役々・御右筆頭ホ
本書之趣ニ付而、
別而、非常之時節、
非常之世話罷成
可申候、不案内之事
而已ニ而、宜敷々々
頼申度、呉々も御序ニ
御懇談被成置候様、
深〲御頼申候、意
中拝晤ならて難
尽、右迄御頼申度、
草々不具

十一月四日　孤雲

藤右衛門様

居初め、政府中御役々・御右筆頭等、本書の趣につい
て、別して、非常の時節、非常の世話罷り成り申すべく
候、不案内の事のみにて、宜しく宜しく頼み申したく、
くれぐれも御序でに御懇談成され置き候様、深く深く御
頼み申し候、意中拝晤ならで尽し難く、右まで御頼み申
したく、草々不具

十一月四日　孤雲

藤右衛門様

56　溝口孤雲書状（三宅家文書123　切紙）

（包紙上書）
「藤右衛門様　孤雲
封印安全
㊞　」

（端裏書）
「三宅君」

去月十三日之華章
相達、先以、寒冷之
時節、弥、御安寧、
無御滞御着京之
段、欣喜之御事ニ
御座候、爰許御留守
御平安、拙屋無恙、乍
慮外、御放念可被下候、
扨、其後、永屋早打
御飛脚着、御用
状ホ之趣、誠ニ以
非常之御大沿革、

（包紙上書）
「藤右衛門様　孤雲
封印安全
㊞　」

（端裏書）
「三宅君」

去月十三日の華章相達し、先ずもって、寒冷の時節、いよいよ御安寧、御滞り無く御着京の段、欣喜の御事に御座候、ここもと御留守御平安、拙屋恙なく、慮外ながら、御放念下さるべく候、さてその後、永屋早打ち御飛脚着、御用状等の趣、誠にもって非常の御大沿革、何とも辞も御座無く、ただただ驚愕致し候事にこれ有り、ついては拙老上京仰せ付られ、召し仕られ候儀の有り難き仕合せに候らえども、今度の大事件、いかがの御都合御座候哉、微力・短才、不案内の御事のみ、当惑至極に御座候、浅井新九郎差し添えられ、幸い、津田山三郎転役、坂本彦兵衛も罷り登り、御地にては御世話に罷り成り申すべく候、よって御頼み申し候、御もと着前に、木

何共辞も無御座、只々、
驚愕いたし候事ニ有之、
就而ハ拙老上京被
仰付、被　召仕候儀之難
有仕合ニ候へとも、今度之
大事件、如何之御都合
御座候哉、微力・短才、
不案内之御事而已、
当惑至極ニ御座候、
浅井新九郎被差添、
幸ヒ、津田山三郎転
役、坂本彦兵衛も罷登り
御地ニ而ハ、御世話ニ罷
成可申候、因而、御頼申候、
御許着前ニ、木村初
御相談、御地之光景
得斗御探索被成置
勤方ホ之都合ホ、
或ハ
公幕諸藩之按

村初め御相談、御地の光景得と御探索成し置かれ、勤方等の都合等、或いは公幕諸藩の塩梅かれこれ、御□に仰せ合され、有様くれぐれも御頼み申し候事に御座候、昨今の出京に御座候ところ、凌雲丸廻着致さず候につき、日々を相待ち申し候、着船手数相済候らわば、直ぐさま乗り組み、十五日前には着坂の心組みに御座候、内外大いに取り紛れ、御着御歓び、かつ御吹聴かたがた、かくの如く御座候、書余程無く御面接と略し申し候、恐惶謹言

十一月四日　孤雲

藤右衛門様

排彼是、御□ニ被仰
合、有様呉々も御頼申候
事ニ御座候、昨今之出京ニ
御座候処、凌雲丸廻
着不致候ニ付、日々を
相待申候、着船手数
相済候ハヽ、直様乗組、
十五日前ニ者着坂
之心組ニ御座候、内外大ニ
取紛、御着御歓、且
御吹聴旁、如此
御座候、書餘無程
御面接と略申候、
恐惶謹言

十一月四日　孤雲

藤右衛門様

二伸、逐日寒冷之

二伸、逐日寒冷のみぎり、御自重専一に祈り申し候、本

砌、御自重専一ニ祈申候、本又上京ニ付而、上下共御地初而ニ而、殊ニ今度ハ父子之勤メ、家来相分ケ候ニ付、別而、無人彼是、届兼申ニ付、御心を被添下、御家来中ニも、右之趣得斗御示被成、有様深く御頼申候、御序ニ、御家中ニハ、急度御下命可被下候、此度之入京ハ、呉々も当惑之至ニ御座候得とも、拝接ニ譲置申候、早々不具

又上京について、上下とも御地初めてにて、殊に今度は父子の勤め、家来相分け候につき、別して、無人かれこれ、届き兼ね申すにつき、御心を添え下され、御家来中にも、右の趣、得と御示し成され、有様深く御頼み申し候、御序でに、御家中には、急度御下命下さるべく候、このたびの入京は、くれぐれも当惑の至りに御座候らえども、拝接に譲り置き申し候、早々不具

57 三宅新兵衛肇著書状包紙 （三宅家文書124）

（包紙上書）
「三宅藤右衛門様　三宅新兵衛
〆
平安別紙入
」

57-1 三宅新兵衛肇著書状 （三宅家文書124-1　切継紙）

（包紙上書）
「藤右衛門様　三宅新兵衛
〆
尊下平安
」

一筆奉啓上候、甚寒之節ニ
御座候処、益御機嫌能被為成御勤、
奉恐悦候、
御留守無御替、次ニ私方挙家無異
消光仕居申候間、乍憚、尊慮易被思
召上候様奉願上候、然者、霜月廿七日
之尊書、去ル十六日ニ相達申候間、難有
奉拝誦候、縷々被仰越候趣、御多

（包紙上書）
「三宅藤右衛門様　三宅新兵衛
〆
平安別紙入り
」

（包紙上書）
「藤右衛門様　三宅新兵衛
〆
尊下平安
」

一筆啓上奉り候、甚寒の節に御座候ところ、ますます御
機嫌よく御勤め成させられ、恐悦に奉り候、御留守御替
り無く、次に私方家を挙げて無異に消光仕り居り申し候
間、憚りながら、尊慮易く思し召し上げられ候様、願い
上げ奉り候、然らば、霜月二十七日の尊書、去る十六日
に相達し申し候間、有り難く拝誦し奉り候、るる仰せ越
され候趣、御多念の御儀にて、重畳有り難く存じ上げ奉
り候、海陸御滞り無く、先々月十二日に御着京成させら

念之御儀ニ而、重畳難有奉存上候、
海陸無御滞、先々月十二日被為成
御着京、奉恐悦候、御道中嘸々為被
為成御気削与奉存上候、御紙表
之趣、早速いつれ江も申聞候処、難有奉
存上、尚、乍憚、宜敷申上呉候様申出候、私儀ハ
法外之御無礼ニ而、御出立之砌茂
諸事届兼、其後迚茂、尚以、失敬
而已ニ而、是迄御着御歓茂不申上、
思召茂重畳奉恐入候、御許茂当
時之模様ニ而者、嘸々御繁雑ニ可被
為有、殊ニ、此節、
若殿様被遊
御上京候ニ付而者、愈以、諸事可被為
成御配慮与奉存上候、物躰、当地茂頃
日迄者至而暮能、仕合与奉存居申
候処、近日ニ罷成申候而者、誠ニ烈寒
ニ而、難凌覚申候、御當地者何程ニ御
座候哉与奉遥考候、委細者重便
萬々可申上、乍延引、先御着御歓旁

れ、恐悦奉り候、御道中さぞさぞ御気削成させらるため
と存じ上げ奉り候、御紙表の趣、早速いずれへも申し聞
かせ候ところ、有り難く存じ上げ奉り、尚、憚りなが
ら、よろしく申し上げくれ候様申し出で候、私儀は法外
の御無礼にて、御出立のみぎりも諸事届き兼ね、その後
迚も、尚もって失敬のみにて、これまで御着御歓びも申
し上げず、思し召しも重畳恐れ入り奉り候、御もとも当
時の模様にては、さぞさぞ御繁雑に有らせらるべく、殊
に、この節、若殿様御上京遊ばされ候については、いよ
いよもって、諸事御配慮なさせらるべしと存じ上げ奉り
候、物体、当地も頃日迄は、至って暮しよき仕合せと存
じ奉り居り申し候ところ、近日に罷り成り申し候ては、
誠に烈寒にて、凌ぎ難く覚え申し候、御当地はいか程に
御座候哉と遥かに考え奉り候、委細は便を重ね万々申し
上ぐべく、延引ながら、先ず御着御歓びかたがた尊答、
且つ、時候御機嫌伺い奉るべくため、かくの如く御座
候、恐惶謹言

十二月二十日　　三宅新兵衛
　　　　　　　　肇著（花押）

尊答、且、時候御機嫌為可奉伺、
如此御座候、恐惶謹言

三宅新兵衛

十二月廿日　肇著（花押）

藤右衛門様

尚々、時分柄、随分、乍此上、被為成御自愛
候様奉懇祈候、且又、隠居よりハ、此節
迄者、書状茂差上得不申候間、私ゟ宜敷
申上置呉候様申付候間、左様御承知被為
成候様奉願上候、以上

57-2　三宅清四郎昌英書状（三宅家文書124-2　切紙）

（包紙上書）
「藤右衛門様　三宅清四郎
〆
平安」

藤右衛門様

尚々、時分柄、随分、この上ながら、御自愛成させられ
候様懇ろに祈り奉り候、且つ又、隠居よりは、この節迄
は、書状も差し上げ申さず候間、私よりよろしく申し上
げ置きくれ候様申し付け候間、左様御承知成させられ候
様、願い上げ奉り候、以上

（包紙上書）
「藤右衛門様　三宅清四郎
〆
平安」

一筆奉啓上候、甚寒之節ニ御座候得共、益御機嫌能、時候之不被為在御障茂奉恐悦候、御留守御揃、益御機嫌能被遊御座奉恐悦候、次ニ、私方何れも無異消光仕居申候間、乍憚、被遊御安心候様奉願上候、先頃者新兵衛江御念書被為拝領、縷々被仰越候趣、重畳難有奉存上候、海陸無御滞、十月十二日、御当地江被遊御着奉恐悦候、嘸々為被遊御気消与奉存上候、右者早速御歓奉中上候筈ニ御座候處、押移、延引仕、甚御無礼申上、思召茂重畳奉恐入候、且又、此節、
若殿様被為在
御上京茂候ニ付而者、何角兎御繁用ニ可被為有奉存上候、何卒御静謐を奉祈候、先者、御着

一筆啓上奉り候、甚寒の節に御座候らえども、ますます御機嫌よく、時候の御障りも在らせられず恐悦奉り候、御留守御揃い、ますます御機嫌よく御座遊ばされ恐悦奉り候、次に、私方いずれも無異に消光仕り居り申し候間、憚りながら、御安心遊ばされ候様願い上げ奉り候、先頃は新兵衛へ御念書拝領せられ、るる仰せ越され候趣、重畳有り難く存じ上げ奉り候、海陸御滞り無く、十月十二日、御当地へ御着遊ばされ恐悦奉り候、さぞさぞ御気消遊ばされと存じ上げ奉り候、右は早速御歓び申し上げ奉り候筈に御座候ところ、押し移り延引仕り、甚だ御無礼申し上げ、思し召しも重畳恐れ入り奉り候、且つ又、この節、若殿様御上京も在らせられ候については、何かと御繁用に有らせらるべく存じ上げ奉り候、何とぞ御静謐を祈り奉り候、先ずは、御着御歓びかたがた、時候御見舞い申し上げ奉りたく、余は後音の時を期し候、
恐惶謹言

十二月二十一日　　三宅清四郎
昌英（花押）

御歓旁時候御見舞奉申上
度、余者期後音之時候、恐惶謹
言

十二月廿一日　　三宅清四郎
昌英（花押）

藤右衛門様

58 塩山隠岐書状（三宅家文書125　切継紙）

（包紙上書）
「京都ニ而
三宅藤右衛門様　従大坂　塩山隠岐
〆
尊下金子添」

従大坂啓上仕候、益
御機嫌能御勤被遊
奉恐悦候、次ニ私儀者、
十二日夜半大坂着仕、

藤右衛門様

（包紙上書）
「京都にて
三宅藤右衛門様　大坂より　塩山隠岐
〆
尊下金子添え」

大坂より啓上仕り候、ますます御機嫌よく御勤め遊ばさ
れ恐悦奉り候、次に私儀は、十二日夜半大坂着仕り、昨
日一日滞留、今夕乗船仕り候、左様思し召し候上、御休
意の程願い奉り候、然れば京師詰め中は、万々御世話に

昨日一日滞留、今夕
乗船仕候、左様思召
候上、御休意之程
奉願候、然者京師
詰中者、万々御世
話ニ罷成、出立前
ニ者御厚志ニ御馳走
頂戴仕、誠有難
奉存候、将又、出立
之朝罷出、御相門
注文馬代金之儀
願置候処、私先祖
墓處之儀、大坂表ニ而
物入ホ、手軽ニ相済
申候間、存の外
金子も餘り申候間、
此節、金五両丈
差出申候間、何卒
恐入候へとも、餘丈者
御振替奉願置候

罷り成り、出立前には御厚志に御馳走頂戴仕り、誠に有り難く存じ奉り候、はた又、出立の朝罷り出で、御相門注文馬代金の儀願い置き候ところ、私先祖墓所の儀、大坂表にて物入り等、手軽に相済し申し候間、存じの外金子も余り申し候間、この節、金五両だけ差し出し申し候間、何とぞ恐れ入り候らえども、余るだけは御振り替え願い置き奉り候通り、御国もと御役にて返納申し上げたく存じ奉り候間、左様思し召し下され候て、木原へ左様仰せ聞かされ、馬出来後にて、御渡し下され候様願い奉り候、右の次第、御役馬申し上げ候筈に候らえども、御直に願い置き候につき、失敬も顧みず、御直当てにて、金子添えの書状差し出し候段は、兼ねての御入魂に随い、不都合の段は、宜しく御免願い奉り候、いずれ遠からず御下国、御目通り願い奉り、万々御礼申し上ぐべく存じ奉り候、いずれも右迄、差し急ぎ、早略申し納め候、恐々頓首

三月十四日　塩山隠岐

藤右衛門様

通、御国許御役ニ而
返納可申上度奉存候
間、左様思召被下候而、
木原江左様仰
被聞、馬出来
後ニ而、御渡し
被下候様奉願候、
右之次第、御役馬
申上候筈ニ候へとも
御直ニ願置候ニ付、
失敬も不顧、
御直当ニ而、金子
添之書状差出候
段者、兼而之御入魂
随、不都合之段者、
宜敷、御免奉願候、
いつれ、不遠、御下国、
御目通奉願、万々
御礼可申上奉存候、
何も、右迄、差

尚々、御病のう（無く）御自愛祈り奉り候、早々以上
又々、乗り込み前差し懸り、乱筆ながらよろしく御断り
願い奉り候、草々以上

急義、早略申納
候、恐々頓首
三月十四(ママ) 塩山隠岐
藤右衛門様
尚々、御病のふ
御自愛奉祈候、
草々以上
又々、乗込前差懸、
乍乱筆宜敷
御断奉願候、草々以上

59 小笠原一学・田中典儀連署書状（三宅家文書126 切継紙）

「(包紙上書)
三宅藤右衛門様 小笠原一學
田中典儀
印 」

本月九日之貴翰

「(包紙上書)
三宅藤右衛門様 小笠原一學
田中典儀
印 」

本月九日の貴翰相達し、忝く忝く拝誦仕り候、命の如

相達、忝々拝誦仕候、如命、
寒威相募申候處、
両雲上奉初
上々様益御機嫌
能被遊御座、奉恐悦候、
将、愈御安祥、海上
無御障、去ル七日御着
阪被成候儀ニ付而、縷々貴
書之趣、拝喜之至ニ奉存候、
同所ニてハ
公子江御拝謁、東京
之近情ヲ茂御窺被成候
よし、至極之御都合ニ而、
御日行茂嘸々大慶
被致候儀と奉存候、
公子江茂海上御異状
不被為在、長崎江卒度
御立寄候而、去ル十八日
御機嫌能、小島港ゟ
被遊御着座候御儀ニ御座候、

く、寒威相募り申し候ところ、両雲上をはじめ奉り、
上々様ますます御機嫌よく御座遊ばされ、恐悦奉り候、
はた、いよいよ御安祥、海上御障り無く、去る七日御着
阪成され候儀について、るる貴書の趣、拝喜の至りに存
じ奉り候、同所にては公子へ御拝謁、東京の近情をも御
窺い成され候由、至極の御都合にて、御日行もさぞさぞ
大慶致され候儀と存じ奉り候、公子へも海上御異常在ら
せられず、長崎へ卒度御立ち寄り候て、去る十八日御機
嫌よく、小島港より御着座遊ばされ候御儀に御座候、そ
の後、一体の御都合も御直と窺い奉り、恐れながら安心
奉り候、何とぞ何とぞ、この上ながら、御誠意御徹底を
深く祈り上げ奉り候事に御座候、主上も本月八日東京御
発輦済され候由、重畳恐悦奉り候、右について、雲上供
奉仰せ蒙らせられ候由、誠にもって恐悦至極、一統有り
難く有り難く存じ上げ奉り候ところ、先日の官脚相達
し、あに量らん哉、供奉免ぜらるの儀伺い奉り、誠に
もって、恐れ入り奉り候次第にて、実々恐縮に耐え申さ
ず、一刻も速かに御氷解在らせられたく、深々祈り上げ
奉り候、右については、諸般御配意の程察し奉り候、幸
い、帯刀殿、蔵人方御同行につき、御力を合わせられ、

其後、一体之御都合茂
御直ト奉窺、乍恐、奉
安心候、何卒々々、乍此上、御誠
意御徹底を、深奉祈
上候事ニ御座候、
主上茂本月八日東京
御發輦被為済候よし、
重畳奉恐悦候、右ニ付而、
雲上供奉被為蒙
仰候よし、誠ニ以恐悦至
極、一統難有々々奉存上候処、
先日之官脚相達、豈量哉、
供奉被為
免之儀奉伺、誠ニ以、奉恐入候
次第ニ而、実々恐縮ニ耐
不申、一刻も速ニ御氷解
被為在度、深々奉禱上候、右
ニ付而ハ、諸般御配意
之程奉察候、幸イ、帯刀殿、
蔵人方御同行ニ付、御力

御尽力これ有り候段、これとはよき御都合と存じ奉り
候、何とぞ何とぞ御氷解にて、早々御西上あらせられ候
様祈り上げ奉り候、このほか、禄上の儀も御座候らえど
も、御便差し掛け、先ず御歓び、且つ、貴酬迄この如く
御座候、年内承日無く、書外、来陽万喜貴意得べく候、
頓首拝

十二月二十六日　典儀
一學

藤右衛門様

尚々、時下、御愛護拝祈仕り候上に、両人儀、異議無
く相勤め居り申し候間、慮外ながら、御休意下さるべ
く候、再白

を被合、御盡力有之候段、
是とは能キ御都合と
奉存候、何卒々々、御氷解
ニ而、早々御西上被為在候
様奉禱上候、此外、禄上
之儀も御座候へ共、御便差
掛、先ツ御歓、且、貴酬迄
如是御座候、年内無
承日、書外、来陽万喜
可得貴意候、頓首拝

十二月廿六日　典儀
　　　　　　　一學

藤右衛門様

尚〳〵、時下、御愛護拝祈
仕候上ニ、両人儀、無異儀相勤
居申候間、乍慮外、御休意
可被下候、再白

60　小笠原一学・田中典儀連署書状（三宅家文書127　切継紙）

（包紙上書）
「藤右衛門様　典儀
　　　　　　一學
　　緘　　　　　」

十二月十九日御日附之貴墨、
同晦日相達、忝々拝見仕候、
改暦之吉慶、千里同風、
芽出度申納候、
御両殿様・
上々様、益御機嫌能被遊
御超歳奉恐悦候、将、貴所様、
愈、御清康御越年、珍重
奉存候、此許両人共依舊□
消光仕候間、御休意可被下候、
然者、御許之時躰切迫之
儀者、国友半右衛門着熊ニ而、
直々咄承り、誠ニ驚申候、
会・桑邉より、今や事破れ

（包紙上書）
「藤右衛門様　典儀
　　　　　　一學
　　緘　　　　　」

十二月十九日御日付の貴墨、同晦日相達し、忝く忝く拝見仕り候、改暦の吉慶、千里同風、芽出たく申し納め候、御両殿様・上々様、ますます御機嫌よく御超歳遊ばされ、恐悦奉り候、はた、貴所様、いよいよ御清康に、御越年、珍重存じ奉り候、ここもと両人とも依旧□消光仕り候間、御休意下さるべく候、然れば、御もとの時体切迫の儀は、国友半右衛門着熊にて、直々咄し承り、誠に驚き申し候、会・桑辺より、今や事破れに相成り申すべきかと、種々、邸内にも御噺合い、御苦心成され候由、重畳御尤も千万、さぞかしと想像仕り候、御所内外、戎服の兵卒解かれず、人気落ち兼ね候につき、十一藩御同意のケ所ケ所、一同御建白に相成り候ところ、十四、五日迄に、大概兵卒戎服御解放に相成ると申さる由、薩も、それよりして、少し手を引き申し候模様に

ニ相成可申歟と、種々、邸内ニも
御噺合、御苦心被成候由、重畳
御尤千万、無かしと想像仕候、
御所内外、戎服之兵卒
不被解、人気落チ兼候ニ付、
十一藩御同意之ケ所〳〵、一同
御建白ニ相成候處、十四五日
迄ニ、大概兵卒戎服御解
放ニ相成為申由、薩も、夫〻
して、少手を引申候模様ニ而
大分、公平順路之筋ニ相運
申候模様、重畳珍重候而
幕府も、弥以、御恭順之御運
ニ相成候ハヽ、鎮勢にも至り可申
歟、何様、外夷も差廻り居、
内患外冦、盛衰〔興廃〕、此時
ニ至り、憤發興超、公明
正大、不交私意、輿天事を
行ひ、一致一和之筋ニ無之
候而者いつ迄も、泰平之世

て、大分、公平順路の筋に相運び申し候模様、重畳珍重
候て、幕府もいよいよもって御恭順の御運びに相成り候
らわば、鎮勢にも至り申すべくか、何様、外夷も差し廻
り居り、内患外冦、盛衰興廃、この時に至り、憤発興
超、公明正大、私意を交えず、天を輿ぎ、事を行い、一
致一和の筋にこれ無く候ては、いつ迄も、泰平の世には
移り申す間じくと存じ奉り候、実に容易ならざる時勢と
相成り申し候、この末色々打ち替り申すべく、御心配の
程、深く推察仕り候事に御座候、いずれも貴答御見舞
い、且つ、年甫御祝詞、貴意を得たく、かたがた取り束
ね、一紙この如く御座候、猶、永陽の時を期し候、謹言

一學
正月七日　典儀

藤右衛門様

尚々、折柄、御自愛、憚りながら、専一懇ろに祈り奉
り候、はた又、先便貴意を得置き候差し上げ米の儀、
願書相達し置き申し候らえども、未だ御模様これ無
く、召し上げらるの有無は相分り次第貴意を得べく存

ニハ移り申間敷と奉存候、実ニ
不容易、時勢と相成申候、此末
色々打替り可申、御心配
之程、深推察仕候事ニ御座候、
何茂貴答御見舞、且、年甫
御祝詞、得貴意度、旁
取束、一帋如是御座候、
猶、期永陽之時候、謹言

一學
正月七日　典儀

藤右衛門様

尚〳〵、折柄、御自愛、乍憚、
専一奉懇祈候、将又、
先便得貴意置候差上米
之儀、願書相達置申候へ共、
未夕御模様無之、被
召上之有無者相分次第
可得貴意奉存候、再白

じ奉り候、再白

61　小笠原一学・田中典儀連署書状（三宅家文書128　切継紙）

（包紙上書）
「三宅藤右衛門様　田中典儀
　　　　　　　　　小笠原一學
　封　　　　　　　　　　　　」

去ル五日御許被差立候
鬼塚嘉太郎、十一日暁
着熊、此節之變動
報告之趣、夫々承知仕候、
若殿様、益御機嫌能
被遊　御座候、去ル三日
被遊
御着京、奉恐悦候、丁度
戦争始之処ニ而、今少
御延引ニ候ハヽ、御迷惑をも
可迫処、□指合とて
御通行、別而奉恐悦候、
右ニ付而者、牧方迄も御打迎ニ
御出懸ケ之由ニ承り、嘸々

（包紙上書）
「三宅藤右衛門様　田中典儀
　　　　　　　　　小笠原一學
　封　　　　　　　　　　　　」

去ル五日御もと差し立てられ候鬼塚嘉太郎、十一日暁着熊、この節の変動報告の趣、それぞれ承知仕り候、若殿様、ますます御機嫌よく御座遊ばされ候、去る三日御着京遊ばされ、恐悦奉り候、丁度戦争始まりのところにて、今少し御延引に候らわば、御迷惑をも迫るべきところ、□差合とて御通行、別して恐悦奉り候、右については、牧方迄も御打ち迎えに御出懸けの由に承り、さぞさぞ御心配成され候御事と、御噂仕り候事に御座候、その後、昼夜の差別無く、合戦打ち続き、いよいよもって、万端の御都合御苦身成され候と存じ奉り候、誠に大事変に相成り、その後の報告、それのみ相待ち居り申し候、昨朝よりの御評議にて、明朝より一番手清水組ども萬里丸より差し越さる筈に御座候、大いに混雑にて、猶、二番手も差し越さるべく、ただただ混雑の事のみ御座候、

御心配被成候御事と御噂
仕候事ニ御座候、其後、昼
夜之無差別、合戦打續、
弥以、萬端之御都合
御苦身被成候と奉存候、誠ニ
大事變ニ相成、其後之
報告、夫のみ相待居申候、
昨朝ゟ之御評議にて、
明朝より一番手清水
組共萬里丸より被差越
筈ニ御座候、大ニ混雑にて、
猶、弐番手も可被差越、只々
混雑之事のミ御座候、
此許さへ右之通りニ付、御許、
嘸かしと奉想像候事ニ
御座候、今一應報告無之
候而者、何之目途も付兼、
案労のミ仕候、何茂、明朝、
田中八発足ニ付、相託申候、
御間にて寸隙相認、

ここもとさえ右の通りにつき、御もと、さぞかしと想像
奉り候事に御座候、今一応報告これ無く候ては、何の目
途も付き兼ね、案労のみ仕り候、いずれも、明朝、田中
八発足につき、相託し申し候、御間にて寸隙相認め、誤
まり、又早乱、御推覧下さるべく候、以上

正月十二日　一学
　　　　　　典儀

藤右衛門様

尚々、別紙貴答相認め置き候につき、差し出し申し
候、折柄、随分随分、御いとい、御自愛専一祈り奉り
候、再白

誤、又早乱、御推覧可
被下候、以上
　正月十二日　　一学
　　　　　　　　典儀
藤右衛門様
尚々、別紙貴答
相認置候ニ付、差出申候、
折柄、随分〳〵、御厭、御自愛
専一奉祈候、再白

62 鈴木甚五右衛門勝常書状（三宅家文書129　切紙）

（包紙上書）
「三　藤右衛門様　鈴木甚五左衛門
　〆　　　　　　　　　　　　　　」

一筆啓上仕候、弥、御安泰被成
御座、珍重之御儀奉存候、
然者私儀、座席御使番列
被　仰付、御勘定所御目附被

（包紙上書）
「三　藤右衛門様　鈴木甚五左衛門
　〆　　　　　　　　　　　　　　」

一筆啓上仕り候、いよいよ御安泰に御座成られ、珍重の
御儀と存じ奉り候、然れば私儀、座席御使番列仰せ付け
られ、御勘定所御目附仰せ付けられ、御役料米並みの通
り下し置かる旨、今二十八日御城において御用番仰せ渡

仰付、御役料米並之通被
下置旨、今廿八日於
御城御用番被仰渡、難有仕合
奉存候、此段為可申上、如斯
御座候、恐惶謹言

鈴木甚五左衛門
二月廿八日　勝常（花押）

三　藤右衛門様

63　有吉将監書状（三宅家文書130　切継紙）

（封筒表書）「三藤右衛門様有将監
平安用　」

（封筒裏書）「〆　」

一翰拝啓いたし候、
餘寒甚敷覚申候

され、有り難き仕合せに存じ奉り候、この段申し上ぐべきため、かくの如く御座候、恐惶謹言

鈴木甚五左衛門
二月二十八日　勝常（花押）

三　藤右衛門様

（封筒表書）「三　藤右衛門様　有将監
平安用　」

（封筒裏書）「〆　」

一翰拝啓致し候、余寒甚だしく覚え申し候ところ、いよいよ御清□御滞京、歓喜の至りに存じ奉り候、野生儀

處、弥、御清□御滞
京、歓喜之至ニ
奉存候、野生儀も、無
異罷在申候、乍慮
外、御放惶可被下候、
然者、藝州表
御糺問も順路之
運ニ有之候由、其外も
鎮静いたし候様
懇願仕候事ニ御座候、
其御地も、時下、格別
相變申候儀も無之由
無御座候得共、諸事
彼是と御心配可被成
想像罷在候、呉々も
御丹精相祈申候、将、
御多忙中願兼
中候へ共、鳩居堂ニ有
之候端渓硯 青石之由ニ而、御座候
四方之耳ニ回門彫

も、異無く罷り在り申し候、慮外ながら、御放惶下さるべく候、然れば、芸州表御糾問も順路の運びにこれ有り候由、そのほかも鎮静致し候様懇願仕り候事に御座候、その御地も、時下、格別相変わり申す候儀もこれ無き由御座無く候らえども、諸事かれこれと御心配成さるべく想像罷り在り候、くれぐれも御丹精相祈り申し候、はた、御多忙中願い兼ね申し候らえども、鳩居堂にこれ有り候端渓硯、青石の由にて御座候、四方の耳に回門彫これ有り、用硯に至極よろしく御座候段、夷則方よりも承り申し候、有り様、用硯一つも御座無く、困り申し候、折節、幸いの事につき、求め申したく、重ね重ね、御難題ながら、御世話下され候様頼み奉り候、尤も、代料は四金より五迄の境に候由、その辺のところに候らわば求め申したく、何分よろしく御頼み申し候、筆末ながら、御地は下地寒感強き所にて、当冬などは、いかが御座候哉、くれぐれ御保護専念仕り候、先ずは右迄草々申し留め候、書外、永春草々申し承わるべく、草々頓首

臘月二十七日

有吉将監

有之用硯ニ至極宜
御座候段、夷則方ゟも
承申候、有様、用硯一ツも
無御座、困申候、折節、
幸之事ニ付、求申度、
重々、乍御難題、御世
話被下候様奉頼候、尤、
代料ハ四金ゟ五迄
之境ニ候由、其邉之
處ニ候ハヽ、求申度、
何分宜御頼申候、乍
筆末、御地者下地
寒感強所ニ而、当冬
など者、如何御座候哉、
呉々御保護専念
仕候、先者右迄草々申
留候、書外、永春草々、
可申承、草々頓首
臘月廿七日
有吉将監

三宅藤右衛門様

二伸、大願、又、断書御推閲下さるべく候、それ又、注
文の品は、廻々に御世話罷り成り申し候、又々、以上

三宅藤右衛門様

二伸、大願、又、断書
御推閲可被下候、其又、
注文之品ハ、廻々ニ御世話
罷成申候、又々、以上

64 藤井鼎助書状 （三宅家文書131 切紙）

（端裏書）
「三 藤右衛門様 藤井鼎助
〆 貴下 」

粛呈仕候、唯今者、拝謁
□□難有□甚ニ奉存候、
奉指上候御書付三通、
御写出来仕候ハヽ、乍恐被
仰付、此使者江御渡し被成下
候様奉願候、右之段、奉得
貴意度、呈愚札候、以上

（端裏書）
「三 藤右衛門様 藤井鼎助
〆 貴下 」

粛呈仕り候、唯今は、拝謁□□有り難く□甚に存じ奉り候、差し上げ奉り候御書付三通、御写し出来仕り候らわば、恐れながら仰せ付られ、この使者へ御渡し成し下され候様願い奉り候、右の段、貴意を得奉りたく、愚札を呈し候、以上

正月四日

正月四日

65-1 田中典儀書状（三宅家文書16-3 切継紙）

改年之吉慶、千里同風
芽出度申納候、其御許ニ而
太守様、益、御機嫌能被遊
御超歳、奉恐悦候、此許ニ而
若君上奉初
上々様、益、御機嫌能被遊
御超歳、奉恐悦候、将又、
貴所様、愈、御清康被成
御迎陽、珍重奉存候、次ニ私儀
無異条、依舊□ニ犬馬
之齢を重ね申候間、乍憚、
御休意可被下候、
太守様ニも、御日積り通りニ
御座候へ者、舊蠟廿六日ニハ
御入洛と奉恐悦候、東京ゟ
長谷川一条、誠以、奉恐入候

改年の吉慶、千里同風芽出たく申し納め候、その御もとにて太守様、ますます御機嫌よく御超歳遊ばされ、恐悦奉り候、このもとにて若君上初め奉り、上々様、ますます御機嫌よく御超歳、恐悦奉り候、はた又、貴所様いよいよ御清康、御迎陽成され、珍重存じ奉り候、次に私儀異条無く、依旧□に犬馬の齢を重ね申し候間、憚りながら、御休意下さるべく候、太守様にも、御日積り通りに御座候らえば、旧蠟二十六日には御入洛と恐悦奉り候、東京より長谷川一条、誠にもって、恐れ入り奉り候ところ、速かに御氷解に相成り、有り難く安心仕り候、初発の御左右にてはいかが相納り候哉と驚愕案労奉り候、右については、さぞさぞ御心配成され候御事と、深々察し奉り候、若君上にも、当月末か二月初旬迄には御発駕の御模様に伺い奉り、当時御供しらべ、清助・傳助仰せ付け置かれ候、御治定は未だ仰せ出されず候らえども、遠からず、御もとより御拝謁と存じ奉り候、年明け候て

処、速ニ御氷解ニ相成、難有
安心仕候、初発之御左右ニ而
ハ如何相納り候哉と驚愕
奉案労候、右ニ付而者、嘸々
御心配被成候御事と、深々
奉察候、
若君上ニも、当月末歟二月
初旬迄ニハ
御發駕之御模様ニ奉伺、
当時御供しらへ、清助・傳助
被仰付置候、御治定ハ未タ
不被　仰出候へとも、不遠、御許
ゟ御拝謁と奉存候、年明
候而も、暖和暮し能御座候処、
一両日西風強、日々雪チラ
〳〵いたし、寒威一入
強覚申候、御許如何候哉、
乍憚、随分御自愛専一
奉懇禱候、何も年甫
御祝詞得貴意度、早々

も、暖和暮しよく御座候ところ、一両日西風強く、日々
雪ちらちら致し、寒威一入強く覚え申し候、御もといか
が候哉、憚りながら、随分御自愛専一懇ろに祈り奉り
候、いずれも年甫御祝詞、貴意を得たく、早々この如く
御座候、猶、後鴻を期し奉り候、頓首

正月九日　典儀

藤右衛門様

尚々、折から、御自玉祈り奉り候、再白

如是御座候、猶、奉期後
鴻候、頓首
正月九日　典儀
藤右衛門様
尚〱、折から、御自玉
奉祈候、再白

65-2　下ケ札の写　（三宅家文書16-4　切紙）

幕府ゟ御伺書ニ御下札、
右八ヶ条　召之諸侯、上京
之上、被立規則候得共、
其迄之處、是迄通可
心得事
　但、当地三ヶ月詰、并口々
　御固め大名割之一条者、
　是迄之手續ニ而取調、於

幕府より御伺書に御下札、
右八か条　召しの諸侯、上京の上、規則立てられ候らえ
ども、それ迄のところ、これ迄通り心得べき事
　但し、当地三か月詰め、並びに口々御固め大名割の
　一条は、これ迄の手続きにて取り調べ、申し渡すに
　おいては、両役取り扱いの事
天朝より御尋ねの御書付に御下げ札、

申渡者、両役取扱之事

天朝より御尋之御書付ニ
御下ヶ札、
自然、上坂候得者、諸侯
上京迄之處、於浪華
滞留候事
　但、従　朝廷可申渡
之事
召之諸侯、上京之上、御決定ニ
可相成候得共、夫迄之處
差向候儀有之候得者、
諸侯上京迄差延候儀、
外国之情ニ通候両三藩与
申合、可取扱事

66 操壽院書状封筒（三宅家文書145）

（封筒表書）
「藤右衛門様　操壽院
無事申上　」

自然、上坂候らえば、諸侯上京迄のところ、浪華におい
て滞留候事
　但し、朝廷より申し渡すべきの事
召しの諸侯、上京の上、御決定に相成るべく候らえど
も、それ迄のところ差し向け候儀これ有り候らえば、諸
侯上京迄差し延べ候儀、外国の情に通じ候両三藩と申し
合せ、取り扱うべき事

（封筒表書）
「藤右衛門様　操壽院
無事申し上げ　」

（封筒裏書）「封　　　　ゟ　」

66-1　操壽院書状（三宅家文書145-1　切継紙）

（端裏書）「〆」

十三日御日附之御書状
廿六日ニ相届、忝〳〵拝上まいらせ候、
愈、御機嫌よく入被成候事、
御めて度、うれしく存上候、此もとニても、
御父上様はしめ、いつれも、
御同様ニて、御安心被成候様ニ
存上候、其御許ニても、
只今ニ、色々御しんはい事
のみ、御よふ子、嘸かし御きけ
被成候御事と、それのみ
存上まいらせ候、御下りも、いつも
通りなから、大分と近まり、
いかかの御もよふやと、存上まいらせ候、
此品ハ、ふゆとしゟ、さし上候と

（封筒裏書）「封　　　　より　」

（端裏書）「〆」

十三日御日付の御書状二十六日に相届き、忝く忝く拝上まいらせ候、いよいよ御機嫌よく入り成され候事、御めでたく、うれしく存じ上げ候、ここもとにても、御父上様はじめ、いずれも御同様にて、御安心成され候様に存じ上げ候、その御もとにても、只今に、色々御心配事のみ、御様子、さぞかし御聞け成され候御事と、それのみ存じ上げまいらせ候、御下りも、いつも通りながら、大分と近まり、いかがの御模様やと、存じ上げまいらせ候、この品は、冬としより、さし上げ候と致し置き候らえども、只今まで、とんと、よき便り御座無く、延引致しまいらせ候、久万引は、古京町おきく日明けに、悦び参り申し候間、悦び候らえて差し上げまいらせ候、しはかれいは、時候御見舞いに差し上げ候様に致し置き候間、そのまま、この節差し上げまいらせ候、只今、その

いたし置候得共、只今まて、
とんと、よき便り御さなく、
延引致まいらせ候、久万引ハ、
古京町おきく日明ニ、
悦参り申候間、悦候へて
さし上まいらせ候、しはかれいは、
時かふ御見舞ニさし上候様ニ
いたし置候間、其まゝ、此せつさし上まいらせ候、
只今、其御許之御もよふニ
御願申上候事、はなはた、御気のとくニ
存上まいらせ候得共、お元ゟ、此せつ、
段々御願申上度、私ゟ御願申上
くれ候様ニ申まいらせ候間、其御許
御下被成候へても、御よろしき
やうなる御もよふなら、御願
申上候、是ハ、お元子供の、との
やう子ニて、品物下りニかへ、代金ハ
早速さし上候との事ニて御座候、
外ニ、私ゟ願さし上候品も宜敷
御願申上候、いさゐ之書付は、

御もとの御模様に御願い申し上げ候事、甚だ御気の毒に
存じ上げまいらせ候らえども、お元より、この節、段々
御願い申し上げたく、私より御願い申し上げくれ候様に
申しまいらせ候間、その御もと御下り成され候らえて
も、御よろしきようなる御模様なら、御願い申し上げ
候、これは、お元子供の、どの様子にて、品物下りに替
え、代金は早速差し上げ候との事にて御座候、ほかに、
私より願い差し上げ候品もよろしく御願い申し上げ候、
委細の書付は、茂兵衛へ遣し候らえども、右の段、御願
い申し上げまいらせ候、いずれもいずれも、右迄申し上
げ候、めでたくかしく

二月二十八日　操壽院（重世の妻、三宅カツ）

藤右衛門様（重弘）
　参る申し給え

返す返す、御家来中へもよろしく、御序でに御頼み
申し上げ候、随分随分、折りから御いとい御いとい
御入れ成され候様に存じまいらせ候、めでたくかし

茂兵衛へ遣し候へ共、
右之段、御願申上まいらせ候、
何も〳〵、右迄申上候、
めて度
かしく

二月
廿八日　操壽いん

藤右衛門様
まいる申給へ

返〳〵、
御家来中へも宜敷、
御序ニ御頼申上候、
随分〳〵、おりから
御いとゐ〳〵御入被成候様ニ
存まいらせ候、めて度
かしく

66-2　操壽院書状　（三宅家文書 145-2　切紙）

（端裏書）
「〆」

猶、申上候、御いこ様ゟも
此せつハ、わさと、文も
さし上不申候間、私ゟ宜敷
申上候様ニとの事ニて御座候、
此せつの御紙面之内ハ、
いさゐかしこまり候と、其段も
申上候様ニとの事ニて御座候、
何も右迄申上候、

めて度
かしく

二月廿八日操壽いん

藤右衛門様
まいる

（端裏書）
「〆」

猶、申し上げ候、御いこ（亥子）様よりもこの節は、わざと、文も差し上げ申さず候間、私よりよろしく申し上げ候様にとの事にて御座候、この節の御紙面の内は、委細かしこまり候と、その段も申し上げ候様にとの事にて御座候、いずれも右迄申し上げ候、めでたくかしく

二月二十八日　操壽院

藤右衛門様
参る

66-3　操壽院書状（三宅家文書145-3　切紙）

（端裏書）
「〆」

別紙申上候、手取も
縫殿御事、にか〳〵敷
御事ニ存上まいらせ候、何も
右之段、鳥渡別紙ニ
　　申上候、以上

二月廿八日操壽いん

　藤右衛門様
　　まいる申給へ

67　操壽院書状（三宅家文書146　切紙）

（封筒表書）
「藤右衛門様　操壽院
　　　□□無事　」

（封筒裏書）
「封　　　　ゟ　」

（端裏書）
「〆」

別紙申し上げ候、手取も縫殿（清水）御事、苦々しき御事に存じ
上げまいらせ候、いずれも右の段、ちょっと別紙に申し
上げ候、以上

二月二十八日　操壽院

　藤右衛門様
　　参る申し給え

（封筒表書）
「藤右衛門殿　操壽院
　　　□□無事　」

（封筒裏書）
「封　　　　より　」

（端裏書）「〆」

明四日御飛脚立候ニ付、
一筆申上まいらせ候、いよ〳〵
御き嫌よく御めて度存上候、
此もとも御同様御安心被成
候様ニ存上まいらせ候、堀尾様
よりの御紙面、是とて
栄壽院様ゟ御頼ニて
さし上候間、よろしくおとゝけ
御願申上候、靍次郎様
御事、栄壽院様ゟ
あなた様江よろしく〳〵
御頼まし被成候と、私ゟ
申上候様ニとの御事ニて、
右之段一寸申上候、
何も〳〵右迄
めて度
かしく

（端裏書）「〆」

明四日御飛脚立ち候につき、一筆申し上まいらせ候、いよいよ御機嫌よく御めでたく存じ上げ候、ここもとも御同様御安心成され候様に存じ上げまいらせ候、堀尾様よりの御紙面、これとて栄壽院様より御頼みにて差し上げ候間、宜しくお届け御願い申し上げ候、靍次郎様御事、栄壽院様よりあなた様へ、宜しく宜しく御頼みまし成され候と、私より申し上げ候様にとの御事にて、右の段ちょっと申し上げ候、いずれもいずれも右迄、めでたく
かしく

三月三日　操寿院
当賀
藤右衛門様
参る

返す返す、御いこ様よりも宜しく宜しく申し上げ候様にとの御事にて御座候、大方御揃い御元気よし、御安心成され候様に存じ上げ候、めでたくかしく

三月三日操寿いん
　当賀
藤右衛門様
　まいる
返〳〵、御いこ様ゟも
よろしく〳〵申上候様ニとの
御事ニて御座候、おふかた
御揃御元気よし、御安心被成
候様ニ存上候、
　めて度
　かしく

68　操壽院書状（三宅家文書147　切紙）

（封筒表書）「藤右衛門様　操壽院
　無事」
（封筒裏書）「封　ゟ」
（端裏書）「〆」

（封筒表書）「藤右衛門様　操壽院
　無事」
（封筒裏書）「封　より」
（端裏書）「〆」

明後十一日前原何とか
申候人、出立被成候よしニて、
一筆申上まいらせ候、まつ〳〵
御機嫌よく御入被成候御事、
御めで度存上まいらせ候、此もとニても
御父上様御はしめ相揃、
無事ニくらし候間、御安心
被成候様ニ存上まいらせ候、近日は
その御許ニもしつかにて
御さ候やと、夫之み〳〵
存上まいらせ候、大分御下りも
近まり、いつれもたのしミ
申上まいらせ候、いまた御かハりの
御方も承り不申、とふそ
早々御下り被成候様ニ、御座候得かしと
御祈〳〵申上まいらせ候、何も〳〵
猶次御便りニ候、かハり不申
候段迄、申上まいらせ候、
めて度
かしく

明後十一日前原何とか申し候人、出立成され候由にて、一筆申し上げまいらせ候、まずまず御機嫌よく御入り成され候御事、御めでたく存じ上げまいらせ候、ここもとにても御父上様御はじめ相揃い、無事に暮らし候間、御安心成され候様に存じ上げまいらせ候、近日はその御もとにも静かにて御座候やと、それのみそれのみ存じ上げまいらせ候、大分御下りも近まり、いずれも楽しみ申し上げまいらせ候、未だ御代わりの御方も承り申さず、どうぞ早々御下り成され候様に、御座候得かしと御祈り御祈り申し上げまいらせ候、いずれもいずれも猶次御便りに候、変わり申さず候段迄、申し上げまいらせ候、めでたくかしく

三月九日　操壽院

藤右衛門様
申し給え

返す返す、御父上様御注文の御品々、私どもよりも少々御願い申し上げ候品々、書付は茂兵衛迄遣わし置き候間、御下りの節よろしく御願い申し上げ候、ここもとは

三月九日操壽院

藤右衛門様

申し給へ

返〳〵

御父上様御注文之御品々、私共ゟも
少々御願申上候品々、書付は
茂兵衛迄遣し置候間、御下り之節
よろしく御願申上候、此許ハ近日ハ
はけしきさむさニて、其御もと者
いかゝ御さ候やと、随分〳〵おりから
御いとゐ被成候様ニ存上まいらせ候、

めて度

かしく

69　侯爵細川家家令書状（三宅家文書追2　切紙）

（封筒表書）「三宅重雄殿」

（封筒裏書）「〆　侯爵細川家々令」

近日は激しき寒さにて、その御もとはいかが御座候やと、随分随分折から御いとい成され候様に存じ上げまいらせ候、めでたくかしく

（封筒表書）「三宅重雄殿」

（封筒裏書）「〆　侯爵細川家家令」

拝啓、来六日午前
十時、翌日御霊前祭
御執行ニ付参拝
相成度、此段御案内
申上候、敬具

九月四日
侯爵細川家々令

三宅重雄殿

追テ昼餐供セラレ候筈ニ付、
御差支ノ有無折返
貴答ヲ煩シ度奉希候
再拝

70 某書状 (三宅家文書148 切紙)

一書拝啓、改年之御慶
千里同風、芽出度申納候、

拝啓、来る六日午前十時、翌日御霊前祭御執行につき参拝相成りたく、この段御案内申し上げ候、敬具

九月四日
侯爵細川家家令

三宅重雄殿

追って昼餐供せられ候筈につき、御差し支えの有無、折返し貴答を煩わしたく希み奉り候、再拝

一書拝啓、改年の御慶、千里同風、芽出たく申し納め候、先ずもって、猶々御安祥、爾後、拝賀奉り候、のぶ

先以、猶々御安祥、尓後
奉拝賀候、陳者、別紙之通
承り込候付、入御覧候、定而寂
早御承知も被為有候ハんと奉
恐察候得とも、承り込候侭、差上仕候、
宜御承知、御差上可被成下候、
当今之事、虚実不相分候
付、些　御汲取、御承知被成
下候、右之段申上候、拙者へ申
付候条、如斯御座候、早々、以上
　　正月元日

71　元書状（三宅家文書149-1　折紙）

「(包紙上書)御父様　　　元
　　御祝儀御事申上
　封　　　　　　ゟ」
　かへし
　重ね〱

れば、別紙の通り承り込み候につき、御覧に入れ候、定
めて最早御承知も有らせられ候らわんと恐察奉り候らえ
ども、承り込み候まま、差し上げ仕り候、よろしく御承
知、御差し上げ成し下さるべく候、当今の事、虚実相分
らず候につき、些か御汲み取り、御承知成し下され候、
右の段申し上げ候様、拙者へ申し付け候条、かくの如く
御座候、早々、以上
　　正月元日

「(包紙上書)御父様　　　元(もと)
　　御祝儀御事申上
　封　　　　　　より」
　返し、重ね重ね、めでたくかしく

めて度
かしく

初はるの御祝儀、
御めて度申上納まいらせ候、
まつ〳〵御機嫌よく、
わか葉のはるに
移らせ給へ、千代萬世の
御ことふき御賑々敷
御祝ひ〳〵遊候御事と、
かす〳〵御めて度、
（折返し）御睦敷存上まいらせ候、こなたにても
おなし御事ニとり〳〵
無事ニくらし、をそく
祝寿まいらせ候、猶、はるふかく
万〳〵申上承り候へく候、
めて度
かしく

正月廿一日

初春の御祝儀、御めでたく申し上げ納めまいらせ候、まずまず御機嫌よく、若葉の春に移らせ給え、千代万世の御寿御賑々しく御祝い御祝い遊され候御事と、数々御めでたく御めでたく、御睦まじく存じ上げまいらせ候、こなたにても同じ御事にとりどり無事に暮らし、遅く祝寿まいらせ候、猶、春深く万々申し上げ承り候べく候、めでたくかしく

正月二十一日

（重弘）御父様
御申し上げ
（重世の娘、重弘の養女）元

〆

御父様
御申上　　元

〆

72　元書状（三宅家文書149-2　切継紙）

（包紙上書）
「御父様
御申上　　元
封　　ゟ」

別紙申上まいらせ候、冬としよりは京都おもてへもけしからず、そふどふのよしニて、何かとさぞ〳〵御心ばい御きけ遊し候御事と、御国元よりも夫のみ〳〵存上まいらせ候、先達てよりは
私御注文申上候
しな〳〵も、茂兵衛よりはや〳〵下し、有難〳〵

（包紙上書）
「御父様
御申し上げ　　元
封　　より」

別紙申し上げまいらせ候、冬としよりは京都表へもけしからず、騒動の由にて、何かとさぞさぞ御心配御聞け遊し候御事と、御国元よりもそれのみ、それのみ存じ上げまいらせ候、先達てよりは、私御注文申し上げ候品々も、茂兵衛より早々下し、有り難く有り難く存じ上げまいらせ候、且つ又、御注文申し上げ候紬二反も、騒動中に御下し遊し、有り難く有り難く、御壽代様よりも御礼、宜しく宜しく申し上げ候様にとの御事にて御座候、茂兵衛へも染物はさぞさぞ世話いたしたると御序でに宜しく宜しく御ながし御願い申し上げまいらせ候、申し上

存上まいらせ候、且また、御注文
申上候紬二反茂、そふどふ中ニ
御下し遊し、有難〱
御壽代様ゟも御礼、宜敷〱
申上候様ニとの御事ニて御座候、
茂兵衛江も染物はさぞ〱
世話いたしたると御序ニ
宜敷〱御なかし御願
申上まいらせ候、もふし上度事は
やま〱ニて御座候へとも、
筆ニは盡しかたく、
何れ御下りの上御礼
□□申上度候ハむと、御下り
の程御待〱申上まいらせ候、
そふどふも只今より
御下り迄は、おさまりがしと
いのり〱まいらせ候、何も〱
あら〱御礼迄申上まいらせ候、
めて度
かしく

げたき事はやまやまにて御座候らえども、筆には尽し難く、何れ御下りの上御礼□□申し上げたく候らわんと、御下りの程御待ち御待ち申し上げまいらせ候、騒動も只今より御下り迄は、収まりがしと祈り祈りまいらせ候、いずれもいずれも粗々御礼迄申し上げまいらせ候、めでたくかしく

正月二十一日　茂登

御父様
　御申し上げ

返す返す御次衆へも御序でに宜しく宜しく御ながし、御願い申し上げまいらせ候、めでたくかしく

正月廿一日　　茂登

御父様
　御中上

返〱御次しう江も
御序ニ宜敷〱御なかし
御願申上まいらせ候、めて度
かしく

73　三宅猪子書状（三宅家文書150　切紙）

（封筒表書）「藤右衛門様　猪子
御申上」

（封筒裏書）「寿」

（端裏書）「〆」

冬とし御仕出しの御状も相たつし
有る□□

（封筒表書）「藤右衛門殿　猪子（亥子、藤右衛門妻）
御申し上げ」

（封筒裏書）「寿」

（端裏書）「〆」

冬とし御仕出しの御状も相達し有る□□

明日御飛脚出立ニ付、
一ふて申上参らせ候、まつ〳〵
御機嫌よく入らせられ候
御事、御めて度御嬉しく
存奉り候、此許ニても
おなし御事ニ候
御父様益御機けん
よくいらせられ候まゝ、
御安心遊し候様に存上候、
其外子共何れも無事
ニて、御安心御願ひ申上まいらせ候、
其御元のそふどふ、中か〳〵
御心はいとも、何とも申上やうも
御ざなく、夜も御きうそく
遊し候御ひまもあらせられす
候よし、さぞ〳〵御気け
遊し候半と、日々御噂のミ
中上御事ニ御座候、どうぞ〳〵
御つめ内しばらくニても
せいひつニ相成候やう、いのり〳〵

明日御飛脚出立につき、一筆申し上げ参らせ候、まずまず御機嫌よく入らせられ候御事、御めでたく御嬉しく存じ奉り候、ここもとにても同じ御事に候、御父様ますます御機嫌よく入らせられ候まま、御安心遊ばし候様に存じ上げ候、そのほか子どもいずれも無事にて、御安心御願い申し上げまいらせ候、その御元の騒動、なかなか御心配とも、何とも申し上げようも御座無く、夜も御休息遊し候御暇も有らせられず候由、さぞさぞ御きけ遊し候らわんと、日々御噂のみ申し上ぐる御事に御座候、どうぞどうぞ御詰め内しばらくにても静謐に相成り候様、祈り祈り申し候、色々申し上げたき事も御座候らえども、御混雑の内に候まま、御機嫌御伺いまで申し上げ参らせ候、めでたくかしく

正月二十八日

返す返す、さぞさぞ御心労御聞け遊ばし候らわんと、存じ上げまいらせ候、随分随分御痛みども遊ばされず候様、御いとい御いとい遊ばし候様に存じ上げまいらせ候、（清水縫殿）手取御父様にも今によろしく御座無く、次第にくた

申候、いろ々申上度き事も
御さ候へども、御こんざつの内ニ
候まゝ、御機嫌御伺ひ
まて申上参らせ候、
目出度
かしく

正月廿八日

返〳〵、さぞ〳〵御心ろふ
御きけ遊し候半と、存上まいらせ候、
ずいぶん〳〵御いたミども
遊す候やう、御いとひ〳〵
遊し候様に存上まいらせ候、手取御父さまニも
いまによろ敷御ざなく、しだいに
くたぶれまし候まゝ、大心遣ひ
いたし居申候、重ね〳〵
めて度
かしく

ぶれまし候まま、大心遣い致し居り申し候、重ね重ね、
めでたくかしく

74 松山千太郎書状封筒 （三宅家文書155）

（封筒表書）「熊本縣飽託郡本庄村
字白川端
三宅重雄様（割印有り）
要用」

（封筒裏書）「三十六年旧十月九日發ス
（消印有）切手
熊本縣天草郡城河原村
大字城木場六十四番地 印
封 松山千太郎」

74-1 某書状 （三宅家文書155-1 切紙）

猶亦、石塔寸方書
之儀者、寄附金ま
とまり之上江
石工にて積之上、確實
致候、且亦、従来
寸方書有之候
ニ付、およそ

（封筒表書）「熊本県飽託郡本庄村字白川端
三宅重雄様（割印有り）
要用」

（封筒裏書）「三十六年旧十月九日発す
（消印有）切手
熊本県天草郡城河原村
大字城木場六十四番 印
封 松山千太郎」

猶又、石塔寸法書の儀は、寄付金まとまりの上へ石工にて積りの上、確実致し候、かつ又、従来寸法書これ有り候につき、およそ長さお二尺、厚さ八寸位積り候つる、この段念のため申し上げ候、早々、以上

長さお弐尺、厚八寸位
積候つる、此段為念
申上候、早々、以上

74-2 松山千太郎書状（三宅家文書155-2　切継紙）

追々寒気日増相催
候処、御高報御大
人様始め、皆々様、
時下御障モ無之
候哉、御尋申上候、
然者、先達より
愚書差出之通り、
富岡町瑞林寺境
内之内、慶安二年
中、御先祖三宅
藤兵衛重則(ママ)殿石塔
破損居候ニ付、近来、
方丈モ何之そつ無
之候ニ付、永年至て

おいおい寒気日増しに相催し候ところ、御高報御大人様
始め、皆々様、時下御障りもこれ無く候哉、御尋ね申し
上げ候、然れば、先達てより愚書差し出しの通り、富岡
町瑞林寺境内の内、慶安二年中、御先祖三宅藤兵衛重利
殿石塔破損居り候につき、近来、方丈も何の卒これ無く
候につき、永年至てわれわからず居り候につき、富岡町
内従来より町年寄田中半左衛門子孫田中善太郎・伊吉郎
兄弟寄付賛成もこれ有り候につき、従来より石塔建立積
り居り候間、貴殿もいか程にても御寄付いかが思し召し
これ有り候、念のため御尋ね申し上げ候、猶また、代金
並びに諸入用とも元七円より十二円迄の内これ有り候つ
る、この段愚書をもって御尋ね申し上げ候也

旧十月九日　松山千太郎

われわからつ居
候ニ付、富岡町内従来
より町年寄田中半左衛
門子孫田中善太郎・
伊吉郎兄弟寄附
さんせいも有之候
ニ付、従来より
石塔建立積居候
間、貴殿モ何程ニテモ御
寄附如何思召有之
候、為念御尋申
上候、
猶亦、代金并諸入用共
元七円ヨリ拾弐圓迄
之内有之候つる、此
段愚書ヲ以テ御
尋申上候也

旧十月九日松山千太郎

三宅御大人様

二伸、先達てより書面差し出し置くの儀は、来着の由これ有り候、御尋ね申し上げ候、右書面返書御待ち申し上げ候也

三伸、先達てより書面差し出し置く次第の通り、御先祖三宅藤兵衛殿も子息数多く御出生の由候につき、御内室様御嫁付先、御姓名御通知下されたく、自然御わかり候節は、本妻無く妾腹子息これ有り候か、重ねて御尋ね申し上げ候、早々、以上

三宅御大人様

二伸、先達より
書面差出置之儀者、
来着之由有之候、
御尋申上候、
右書面返書御
待申上候也

三伸、先達より書面
差出置次第之通り、
御先祖三宅藤兵衛
殿モ子息数多御
出生之由候ニ付、御
内室様御嫁附
先き御姓名御
通知被下度、
自然御わかり
候節者、本妻無く
妾ふく子息有

一　書　　状

之候焉、重て御
尋申上候、早々、以上

75 某書状 （三宅家文書160-1 切継紙）

（前欠）
筑・肥・久留米・加賀・仙臺当り
弥出張之節留付申候ハヽ、此許ゟも
至急ニ早打を以可得其意、先夫迄
之處ハ、此許之事體、得斗御見亘、
御国ニ而者蒸氣船ゟ今日者、
今日御發船被為出来候様
御覚悟被為在度、左候而
当月中之御上京之御期限も
被仰出候事ニ付、当月末迄右之
動静相分り不申候ハヽ、廿七八日
ニ至り、御当病哉之處を以、今少々
御上京御延引之処被　仰立、
今暫之処事躰、屹ト御見居へ

（前欠）
筑・肥・久留米・加賀・仙台当たり、いよいよ出張の節
留め付け申し候らわば、ここもとよりも至急に早打ちを
もってその意を得べく、先ずそれ迄のところは、ここも
との事体、得と御見わたり、御国にては蒸気船より今日
は、今日御発船出来せられ候様御覚悟在らせられたく、
左候て当月中の御上京の御期限も仰せ出され候事につ
き、当月末迄右の動静相分り申さず候らわば、二十七、
八日に至り、御当病哉のところをもって、今少々御上京
御延引のところ仰せ立てられ、今暫くのところ事体、屹
と御見すえ、御乗り出しの方御都合御よろしくこれ有る
べきかと、御奉行差し向け咄合い申す事に御座候、自然
又一鼻懸け薩・土・芸当たりの向け差しに御引受け、一
方ならず御配慮筋相増し、御上京に相成り、相応の御尽

御乗出之方御都合御宜敷
可有之歟と御奉行差向ニ
咄合申事ニ御座候、自然又一鼻懸
　薩・土・藝当り之向差ニ御引受、
御上京ニ相成、相應之御尽力も
　不一方御配慮筋相増
被出来候ハヽ、其分之事ニ御座候得共、
迚も諸列侯

（後欠）

力も出来せられ候らわば、その分の事に御座候らえど
も、とても諸列侯

（後欠）

76　詠歌の覚（三宅家文書87　切紙）

しら川の邊、檜垣
の寺といへるに、こゝろ
静かに住侍る人の
来り給ふて、月前松
といふことを題に
して、人々哥よミ
侍りけれは

白川の辺り、檜垣の寺と云えるに、心静かに住い侍る人
の来り給うて、月前松ということを題にして、人々歌よ
み侍りければ

　　　　　　　　　　長経
あかすなを月を契りにいく秋も松にきてすめ和歌の友鶴
　　御詠にひかれて　　□道
友鶴もむれてよるらむわかの浦の松を契りの宿のことの

長経

あかすなを月を契りに
いく秋も松にきてすめ
和歌の友靏

御詠に　□道
ひかれて
友靏もむれて
よるらむ
わかの浦の松を契りの
宿のことの葉

葉

二　知行宛行状・辞令

77　寺澤廣忠知行目録（熊本市立熊本博物館所蔵三宅家文書2　折紙）

波多之内

一、百拾七石八斗四升九合

大くほ村

一、弐百八拾弐石一斗五升一合

いきさ村内

合四百石

右令扶助訖、全可
有知行候、仍執達
如件

慶長九年
七月廿六日　廣忠（花押）

志广守

三宅与介殿

（肥前国松浦郡）波多の内

一、百十七石八斗四升九合

大久保村

一、二百八十二石一斗五升一合

伊岐佐村内

合わせて四百石

右扶助せしめ訖（おわんぬ）、全く知行有るべく候、よって執達
件（くだん）の如し

慶長九年
七月二十六日　廣忠（廣高）（花押）

志摩守

三宅与介（重利）殿

78　寺澤廣高知行目録（『熊本縣史料　中世篇第三』三宅文書3）

知行目録

一、四百八拾石　怡土郡　吉井村

一、百弐拾石

天草郡之内

合六百石

右令扶助早、全可有知行候、仍如件

元和弐年
九月廿三日　志广守　廣高（花押）

三宅藤兵衛殿

知行目録

一、四百八十石　怡土郡（筑前国）吉井村

一、百二十石　天草郡（肥後国）の内

合わせて六百石

右扶助せしめ畢（おわんぬ）、全く知行有るべく候、よって件の如し

元和二年
九月二十三日　志摩守　廣高（花押）

三宅藤兵衛（重利）殿

79　寺澤廣高知行目録（熊本市立熊本博物館所蔵三宅家文書3　折紙）

知行目録

一、三百八拾三石四斗弐升

怡土郡

知行目録

一、三百八十三石四斗二升

怡土郡

鹿家村之内
一、百拾六石五斗八升　波多
はた津辻村
之内
一、弐百石　天草
合七百石
右令扶助早、全可
有知行候、仍如件
元和五年
九月十九日　志广守
廣高（花押）
三宅藤兵衛

鹿家村の内
一、百十六石五斗八升　波多（肥前国松浦郡）
波多津辻村の内
一、二百石　天草
合わせて七百石
右扶助せしめ畢、全く知行有るべく候、よって件の如し
元和五年
九月十九日　志摩守
廣高（花押）
三宅藤兵衛（重利）殿

80　寺澤廣高知行目録（熊本市立熊本博物館所蔵三宅家文書4　折紙）

知行目録
一、百七拾九石四斗四升　波多
板木村

知行目録
一、百七十九石四斗四升　波多
板木村

一、百弐拾石五斗六升　同　はた津辻村之内

合三百石

右令扶助畢、全可有知行候、仍如件

元和五年
九月十九日　志广守
廣高（花押）

三宅兵六殿

一、百二十石五斗六升　同　波多津辻村の内

合わせて三百石

右扶助せしめ畢、全く知行有るべく候、よって件の如し

元和五年
九月十九日　志摩守
廣高（花押）

三宅兵六（重元）殿

81　細川光尚御印物の留書（永青文庫蔵106・6「綿考輯録六十」）

一、同月九日、三宅藤右衛門・新兵衛・左京ニ御合力米被下候留書

覺

一、米九拾石　三宅藤右衛門

一、同三拾六石　三宅新兵衛

一、同拾八石　　　　　三宅左京
右之合力米毎年可相渡者也
寛永拾九年十二月九日　御印
奉行中
考ニ、三宅藤右衛門兄弟、今年御國江被召
呼候なるへし（再考、三宅聞合）

＝読み下し文＝

一、同月九日、三宅藤右衛門・新兵衛・左京に、御合力米下され候留書

覚え
一、米九十石　　　　　三宅藤右衛門（重元）
一、同三十六石　　　　三宅新兵衛
一、同十八石　　　　　三宅左京
右の合力米、毎年相渡すべき者也
寛永十九年十二月九日　御印
奉行中
考えるに、三宅藤右衛門兄弟、今年御国へ召し呼ばれ候なるべし（再考、三宅聞合せ）

82　細川光尚知行宛行状（三宅家文書25　竪紙）

（包紙上書）
「三宅藤右衛門　越　」

肥後國益城郡之内上六ヶ村・
戸次村・曲手村・小池村於所々、
都合千五百石（目録別紙在之）事、全
可被領知之状、如件

正保弐年十月廿八日　光尚（花押）

三宅藤右衛門尉

83　細川光尚知行宛行状（三宅家文書26　竪紙）

（包紙上書）
「三宅百助　」

肥後國於益城郡之内
木山町村・上六ヶ村・東木倉村、
三百石（目録有別紙）事、宛行之

（包紙上書）
「三宅藤右衛門殿　越　」

肥後国益城郡の内、上六ヶ村・戸次村・曲手村・小池村
所々において、都合千五百石（目録別紙にこれ在り）事、全く領知
せらるべきの状、件の如し

正保二年十月二十八日　光尚（花押）

三宅藤右衛門（重元）尉殿

（包紙上書）
「三宅百助殿　」

肥後国益城郡の内、木山町村・上六ヶ村・東木倉村にお
いて、三百石（目録別紙に有り）事、これを宛行い訖んぬ、全く
領知すべきの状、件の如し

訖、全可領知之状、如件

慶安元年四月廿七日光尚（花押）

三宅百助殿

84　細川綱利知行宛行状　（三宅家文書27　竪紙）

（包紙上書）「　三宅百助殿　」

肥後國於益城郡之内
千五百石（目録在別紙）事、任先規之旨
所宛行之也、全可被領知之状、如件

寛文元年八月五日　綱利（花押）

三宅百助殿

85　細川綱利知行宛行状　（三宅家文書28　竪紙）

（包紙上書）「　三宅藤右衛門尉殿　」

慶安元年四月二十七日　光尚（花押）

三宅百助（重次）殿

（包紙上書）「　三宅百助殿　」

肥後国益城郡の内において、千五百石（目録別紙に有り）事、先規の旨に任せてこれを宛行うところなり、全く領知せらるべきの状、件の如し

寛文元年八月五日　綱利（花押）

三宅百助殿

（包紙上書）「　三宅藤右衛門殿尉　」

肥後國於益城郡之内
参百石（目録有別紙）事、為隠居
領可有御知行之状、如件

寛文元年八月五日　越　綱利（花押）

三宅藤右衛門尉（花押）

86　細川綱利知行宛行状（三宅家文書29　竪紙）

（包紙上書）
「三宅藤兵衛（花押）」

肥後國於菊池郡之内四町分村、
阿蘇郡之内吉田村、八代郡之内
西河田村・北大野村五百石（目録在別紙）事、
為加増充行之訖、本知千五百石
都合弐千石、全可領知之
状、如件

肥後国益城郡の内において、三百石（目録別紙に在り）事、隠居
領として御知行有るべきの状、件の如し

寛文元年八月五日　越　綱利（花押）

三宅藤右衛門尉殿（藤右衛門尉＝重元）

（包紙上書）
「三宅藤兵衛殿」

肥後国菊池郡の内四町分村、阿蘇郡の内吉田村、八代郡
の内西河田村・北大野村において、五百石（目録別紙に有り）事、
加増としてこれを宛行い訖んぬ、本知千五百石都合二千
石、全く領知すべきの状、件の如し

元禄十四年三月十九日　越　綱利（花押）

越
元禄十四年三月十九日　綱利（花押）

三宅藤兵衛

87 細川綱利知行宛行状（三宅家文書30　竪紙）

（包紙上書）
「　三宅藤兵衛　」

肥後國於山本郡之内下野村、
合志郡之内妻越村、玉名郡之内
竹崎村・安楽寺村・久野村千石 目録
有別紙事、為加増充行之訖、本知
弐千石都合三千石、全可令領知之
状、如件

越
元禄十五年正月十一日　綱利（花押）

三宅藤兵衛

三宅（重矩）藤兵衛殿

（包紙上書）
「　三宅藤兵衛殿　」

肥後国山本郡の内下野村、合志郡の内妻越村、玉名郡の
内竹崎村・安楽寺村・久野村において千石（目録別紙に有り）事、
加増としてこれを宛行い訖んぬ、本知二千石都合三千
石、全く領知せしむべきの状、件の如し

越
元禄十五年正月十一日　綱利（花押）

三宅藤兵衛殿

88　三宅藤兵衛拝領せらる御加増知所付け目録（三宅家文書31　続紙）

（包紙上書）
「三宅藤兵衛殿　　奉行所　」

三宅藤兵衛被為拝領御加増知所附目録

現高弐百弐拾九石壱斗六合九勺八才　　八代郡之内
一、高百四拾石弐斗六升八合三勺九才　　上北大野村
　　　　　　　　　　　　　　　　　　　　細川将監殿上知

現高七拾壱石六升三合八才　　同郡之内
一、高五拾石五斗壱升四合　　西河田村
　　　　　　　　　　　　　　三輪九左衛門
　　　　　　　　　　　　　　興津才右衛門　上知

現高百五石六斗三升九合九勺四才　　菊池郡之内
一、高百七拾壱石壱斗三升六合七勺　　四町分村
　　　　　　　　　　　　　　　　　　成海十左衛門并
　　　　　　　　　　　　　　　　　　地侍上知

現高百壱石三斗六升八合三勺九才　　合志郡之内

一、高百三拾八石八升九勺壱才　　妻越村

村上平内上知

現高五百七石壱斗七升八合三勺九才

高合五百石

右為御加増被為拝領候間、田畠人畜

無相違可被引渡處、如件

寶永二年五月三日　　堀内喜左衛門（花押）印

横井佐左衛門（花押）㊞

吉田善右衛門（花押）印

八代

城　藤九郎殿㊞

須崎平助殿

菊池

塚本弥次兵衛殿㊞

合志
瀬川長兵衛殿㊞

=読み下し文=

「(包紙上書)
三宅藤兵衛殿　奉行所　」

三宅藤(重矩)兵衛拝領せらる御加増知所付け目録

現高二百二十九石一斗六合九勺八才
一、高百四十九石二斗六升八合三勺九才
八代郡の内
上北大野村
細川将監殿上知
現高七十一石六升三合八才
一、高五十石五斗一升四合
同郡の内
西河田村
三輪九左衛門
興津才右衛門
上知
現高百五石六斗三升九合九勺四才
一、高百七十一石一斗三升六合七勺
菊池郡の内
四町分村
成海十左衛門、並びに
地侍上知

現高百一石三斗六升八合三勺九才　合志郡の内
一、高百三十八石八升九勺一才　妻越村
　　　　　　　　　　　　　　村上平内上知
現高五百七石一斗七升八合三勺九才
　高合わせて五百石
右御加増として拝領せられ候間、田畑人畜相違なく引き渡さるべきところ、件の如し
　宝永二年五月三日　堀内喜左衛門（花押）印
　　　　　　　　　　横井佐左衛門（花押）㊞
　　　　　　　　　　吉田善右衛門（花押）印
　　八代
　　城　藤九郎殿㊞
　　須崎平助殿
　菊池
　　塚本弥次兵衛殿㊞
　合志
　　瀬川長兵衛殿㊞

89 三宅藤兵衛知行所目録（三宅家文書32 続紙）

目録

肥後國
八代郡之内
上北大野村
高百四拾石弐斗六升八合三勺九才
西河田村
高五拾石五斗壱升四合
菊池郡之内
四町分村
高百七拾壱石壱斗三升六合七勺
合志郡之内
妻越村
高百三拾八石八升九勺壱才
都合五百石
右御加増之郡村以此目録之通

目録

肥後国
八代郡の内
上北大野村
高百四十石二斗六升八合三勺九才
西河田村
高五十石五斗一升四合
菊池郡の内
四町分村
高百七十一石一斗三升六合七勺
合志郡の内
妻越村
高百三十八石八升九勺一才
都合五百石
右御加増の郡村、この目録の通り御書出し成し下され訖

被成下　御書出訖、仍如件　　　　　　　　　　　　　　　　んぬ、よって件の如し

寶永二年五月三日　　横井佐左衛門（花押）㊞　　　　宝永二年五月三日　　横井佐左衛門（花押）㊞

三宅藤兵衛殿　　　　　　　　　　　　　　　　　　　三宅藤兵衛殿

90　三宅藤兵衛拝領せらる御加増知所付け目録　（三宅家文書33　続紙）

（包紙上書）
「三宅藤兵衛殿　　　奉行所　」

三宅藤兵衛被為拝領御加増知所附目録

現高弐百五拾九石弐斗四升八合八勺七才　　玉名郡之内
一、高三百壱石八斗六升弐合九勺　　久野村
　　　　　　　　　　　　　　　　　　　大塚喜兵衛上知
現高百五拾壱石五斗三升五合壱勺六才　　同郡之内
一、高弐百石　　竹崎村
　　　　　　　　　　　　　　　　　　　細川大膳殿上知
現高三拾四石壱斗六升五勺九才　　同郡之内
一、高四拾九石六合弐勺三才　　安楽寺村

長岡佐渡殿替知
細川大膳殿上知

現高百五拾八石六斗六升壱合九勺五才　山本郡之内

一、高弐百石　下野村

坂崎清左衛門上知

現高弐百九拾九石七斗六合三勺弐才　阿蘇郡之内南郷

一、高弐百四拾九石壱斗三升八勺七才　吉田村

米田助右衛門殿上知

現高九百三石三斗壱升弐合八勺九才

高合千石

右為御加増被為拜領候間、田畠人畜
無相違可被引渡處、如件

寶永二年五月十一日　堀内喜左衛門（花押）印

横井佐左衛門（花押）印

吉田善右衛門（花押）印

玉名

都甲杢右衛門殿㊞
堀内源之丞殿㊞
山本
宇野理兵衛殿㊞
河端久左衛門殿㊞
阿蘓
田屋又四郎殿㊞
本庄次右衛門殿

＝読み下し文＝

（包紙上書）
「三宅藤兵衛殿　　　奉行所」

三宅藤兵衛拝領せらる御加増知所付け目録

玉名郡の内
久野村
現高二百五十九石二斗四升八合八勺七才
一、高三百一石八斗六升二合九勺
大塚喜兵衛上知
同郡の内
現高百五十一石五斗三升五合一勺六才
竹崎村
一、高二百石

現高三十四石一斗六升五勺九才　細川大膳殿上知

一、高四十九石六合二勺三才　同郡の内
安楽寺村
長岡佐渡殿替知

現高百五十八石六斗六升一合九勺五才　細川大膳殿上知

一、高二百石　山本郡の内
下野村
坂崎清左衛門上知

現高二百九十九石七斗六合三勺二才　阿蘇郡の内南郷

一、高二百四十九石一斗三升八勺七才　吉田村

米田助右衛門殿上知

現高九百三石三斗一升二合八勺九才

高合わせて千石

右御加増として拝領せられ候間、田畑人畜相違なく引き渡さるべきところ、件の如し

宝永二年五月十一日　堀内喜左衛門（花押）印
横井佐左衛門（花押）㊞
吉田善右衛門（花押）印

玉名
都甲杢右衛門殿㊞
堀内源之丞殿㊞
山本
宇野理兵衛殿㊞
河端久左衛門殿㊞
阿蘇
田屋又四郎殿㊞
本庄次右衛門殿

91　三宅藤兵衛知行所目録（三宅家文書34　切継紙）

（包紙上書）
「三宅藤兵衛殿　　奉行所　」

目録

肥後國
玉名郡之内
久野村
高三百壱石八斗六升弐合九勺

（包紙上書）
「三宅藤兵衛殿　　奉行所　」

目録

肥後国
玉名郡の内
久野村
高三百一石八斗六升二合九勺

竹崎村
　高弐百石
安楽寺村
　高四拾九石六合弐勺三才
山本郡之内
　下野村
　高弐百石
阿蘓郡之内
　吉田村
　高弐百四拾九石壱斗三升八勺七才

高合千石

右御加増之郡村以此目録之通
被成下　御書出訖、仍如件

寶永二年五月十一日　　横井佐左衛門（花押）㊞

三宅藤兵衛殿

竹崎村
　高二百石
安楽寺村
　高四十九石六合二勺三才
山本郡の内
　下野村
　高二百石
阿蘇郡の内
　吉田村
　高二百四十九石一斗三升八勺七才

高合わせて千石

右御加増の郡村この目録の通りをもって御書出し成し下
され訖んぬ、よって件の如し

宝永二年五月十一日　　横井佐左衛門（花押）㊞

三宅藤兵衛殿

92　三宅伊兵衛知行引き渡し差紙　（三宅家文書35　切紙）

差紙

三宅藤兵衛殿養子
三宅伊兵衛被　仰付、
藤兵衛殿上知高三千石
伊兵衛被為拝領候間、
無相違可被引渡候、
以上

十月四日吉□

的場□

差し紙

三宅藤兵衛殿養子三宅伊兵衛（重安）仰せ付けられ、藤兵衛上知
高三千石伊兵衛拝領せられ候間、相違なく引き渡さるべ
く候、以上

（正徳五年）十月四日　吉□

的場□

93　細川宣紀知行宛行状　（三宅家文書36　竪紙）

（包紙上書）「三宅猪兵衛殿」

肥後國於益城・八代・山本・

（包紙上書）「三宅猪兵衛殿」

肥後国益城・八代・山本・玉名・菊池・合志・阿蘇七郡

玉名・菊池・合志・阿蘓七郡之内
三千石、任先規之旨充行之訖、
全可領知之状、如件

正徳六年二月十八日　宣紀（花押）

三宅猪兵衛殿

94　細川宗孝知行宛行状（三宅家文書37　竪紙）

（包紙上書）
「三宅藤右衛門殿」

肥後國於益城・八代・山本・玉名・
菊池・合志・阿蘓七郡之内
三千石、任先規之旨充行之訖、
全可領知之状、如件

享保十九年十一月朔日宗孝（花押）

三宅藤右衛門殿

の内において三千石、先規の旨に任せてこれを宛行い訖
んぬ、全く領知すべきの状、件の如し

正徳六年二月十八日　宣紀（花押）

三宅猪兵衛（重安）殿

（包紙上書）
「三宅藤右衛門殿」

肥後国益城・八代・山本・玉名・菊池・合志・阿蘇七郡
の内において三千石、先規の旨に任せてこれを宛行い訖
んぬ、全く領知すべきの状、件の如し

享保十九年十一月朔日　宗孝（花押）

三宅藤右衛門（重貞）殿

95　三宅平太郎知行引き渡し差紙（三宅家文書38　竪紙）

（包紙上書）「三宅平太郎殿　奉行所」

差紙

三宅藤右衛門知行高三千石
被召上候處、被對先祖、三宅
平太郎右之内弐千石被為
拝領候間、上益城上六ヶ村・
小池村・曲手村・戸次村、八代郡
上北大野村・西河田村、菊池郡
四町分村、合志郡妻越村、
右之所々ニ而相渡居候分、田畠
人畜無相違可被引渡候、
以上

巳
閏十一月朔日陳　又兵衛（花押）㊞
入江傳右衛門（花押）㊞
上羽四郎大夫（花押）㊞

（包紙上書）「三宅平太郎殿　奉行所」

差し紙

三宅藤右衛門知行高三千石召し上げられ候ところ、先祖
に対され、三宅平太郎（時之）右の内二千石拝領せられ候間、上
益城上六ヶ村・小池村・曲手村・戸次村、八代郡上北大
野村・西河田村、菊池郡四町分村、合志郡妻越村、右の
所々にて相渡し居り候分、田畠人畜相違無く引き渡さる
べく候、以上

巳（元文二年）
閏十一月朔日　陳　又兵衛（花押）㊞
入江傳右衛門（花押）㊞
上羽四郎大夫（花押）㊞
中村兵助（花押）㊞
元田尉大夫（花押）㊞

中村兵助（花押）㊞
元田尉大夫（花押）㊞

上益城
石本十助殿
堀内彦四郎殿㊞
八代
津田瀬左衛門殿
小野三右衛門殿㊞
菊池
平野甚助殿㊞
合志
橋本源右衛門殿㊞

96-1 細川重賢知行宛行状（三宅家文書39-1 竪紙）

（外包紙上書）
「御書出
寛延元年九月朔日養父三宅藤助
頂戴仕候」

（内包紙上書）
「三宅平太郎殿」

上益城
石本十助殿
堀内彦四郎殿㊞
八代
津田瀬左衛門殿
小野三右衛門殿㊞
菊池
平野甚助殿㊞
合志
橋本源右衛門殿㊞

（外包紙上書）
「御書出し
寛延元年九月朔日養父三宅藤助（時之）
頂戴仕り候」

（内包紙上書）
「三宅平太郎殿」

肥後國於益城郡之内上六ヶ村・
小池村・曲手村・戸次村、八代郡之内
上北大野村・西河田村、菊池郡之内四町分村、
合志郡之内妻越村弐千石（目録在別紙）事、
對先祖元文二年十一月十三日充行之訖、
全可領知之状、如件

寛延元年九月朔日重賢（花押）

三宅平太郎殿

96-2　細川重賢知行宛行状写（三宅家文書39-2　竪紙）

肥後國於益城郡之内上六ヶ村・
小池村・曲手村・戸次村、八代郡之内
上北大野村・西河田村、菊池郡之内四町分村、
合志郡之内妻越村弐千石（目録在別紙）事、
對先祖元文二年十一月十三日充行之訖、
全可領知之状、如件

肥後国益城郡の内上六ヶ村・小池村・曲手村・戸次村、
八代郡の内上北大野村・西河田村、菊池郡の内四町分
村、合志郡の内妻越村において二千石（目録別紙に有り）事、先
祖に対し元文二年十一月十三日これを宛行い訖んぬ、全
く領知すべきの状、件の如し

寛延元年九月朔日　重賢（花押）

三宅平太郎（時之）殿

肥後国益城郡の内上六ヶ村・小池村・曲手村・戸次村、
八代郡の内上北大野村・西河田村、菊池郡の内四町分
村、合志郡の内妻越村において二千石（目録別紙に有り）事、先
祖に対し元文二年十一月十三日これを宛行い訖んぬ、全
く領知すべきの状、件の如し

寛延元年九月朔日　御名

寛延元年九月朔日　御名

三宅平太郎

三宅平太郎殿

96-3　細川重賢知行宛行状写　（三宅家文書39-3　竪紙）

（異筆）「明和五年十月、寛延元年被為頂戴候
御書出・写共ニ相添差出可申由被　仰出候ニ付、即、写左之通
ニ仕而、小笠原備前殿江差出候事、尤、来春　御参勤
（行間書）御発駕迄之内
御書出被為頂戴候由ニ候事」

肥後國於益城郡之内上六ヶ村・
小池村・曲手村・戸次村、八代郡之内
上北大野村・西河田村、菊池郡之内四町分村、
合志郡之内妻越村弐千石（目録在別紙）事、
對先祖元文二年十一月十三日充行之訖、
全可領知之状、如件
寛延元年九月朔日御名乗御判

（異筆）「明和五年十月、寛延元年頂戴せられ候御書出し・写しともに
相添え差し出し申すべき由仰せ出され候につき、即ち写し左
の通りに仕りて、小笠原備前殿へ差し出し候事、尤も来春御
参勤御発駕迄の内、御書出頂戴せられ候由に候事」

肥後国益城郡の内上六ヶ村・小池村・曲手村・戸次村、
八代郡の内上北大野村・西河田村、菊池郡の内四町分
村、合志郡の内妻越村において二千石（目録別紙に有り）事、先
祖に対し元文二年十一月十三日これを宛行い訖んぬ、全
く領知すべきの状、件の如し

寛延元年九月朔日　御名乗御判

三宅平太郎殿

三宅平太郎

97　三宅平太郎知行引き渡し目録　（三宅家文書40　続紙）

「(包紙上書)三宅平太郎殿　　奉行所　」

目録

肥後國
益城郡之内
上六ヶ村
高六百弐拾壱石三斗四升三合三勺五才
同郡之内
小池村
高百八拾九石七斗九升八合七勺八才
同郡之内
曲手村
高三百三拾八石五斗九升三合四勺八才
同郡之内
戸次村

「(包紙上書)三宅平太郎殿　　奉行所　」

目録

肥後国
益城郡の内
上六ヶ村
高六百二十一石三斗四升三合三勺五才
同郡の内
小池村
高百八十九石七斗九升八合七勺八才
同郡の内
曲手村
高三百三十八石五斗九升三合四勺八才
同郡の内
戸次村

高三百五拾石弐斗六升四合三勺九才
八代郡之内
上北大野村
高百四拾石弐斗六升八合三勺九才
同郡之内
西河田村
高五拾石五斗壱升四合
菊池郡之内
四町分村
高百七拾壱石壱斗三升六合七勺
合志郡之内
妻越村
高百三拾八石八升九勺壱才

都合弐千石

右領知元文二年十一月十三日被為拝領置候処、
今度被成下
御書出訖、仍目録如件

高三百五十石二斗六升四合三勺九才
八代郡の内
上北大野村
高百四十石二斗六升八合三勺九才
同郡の内
西河田村
高五十石五斗一升四合
菊池郡の内
四町分村
高百七十一石一斗三升六合七勺
合志郡の内
妻越村
高百三十八石八升九勺一才

都合二千石

右領知元文二年十一月十三日拝領せられ置き候ところ、
今度御書出成し下され訖んぬ、よって目録件の如し

寛延元年九月朔日　　宮川庄兵衛（花押）㊞

寛延元年九月朔日

宮川庄兵衛（花押）㊞
井口庄左衛門（花押）㊞
木村宇太夫（花押）
大槻次郎兵衛（花押）
上羽四郎太夫（花押）
上村理右衛門（花押）㊞

三宅平太郎殿

98　三宅亀傳拝領せらる御知行所付け目録（三宅家文書41　続紙）

（包紙上書）
「三宅龜傳殿　　御奉行中　」

三宅龜傳被為拝領御知行所附目録

現高三百弐拾四石九斗四合　　益城郡之内
一、高六百弐拾壱石三斗四升三合三勺五才　　上六ヶ村
現高弐百弐拾壱石七斗五合八勺三才　　同郡之内
一、高百八拾九石七斗九升八合七勺八才　　小池村
現高五百拾八石五斗七升八合　　同郡之内

井口庄左衛門（花押）㊞
木村宇太夫（花押）
大槻次郎兵衛（花押）
上羽四郎太夫（花押）
上村理右衛門（花押）㊞

三宅平太郎殿

一、高三百三拾八石五斗九升三合四勺八才　　曲手村
現高六百弐拾六石五斗八合　　同郡之内
一、高三百五拾石弐斗六升四合三勺九才　　戸次村
現高九拾九石九斗五升六才　　菊池郡之内
一、高百六拾壱石九斗壱升九合九才　　四町分村
現高百壱石三斗六升八合三勺九才　　合志郡之内
一、高百三拾八石八升九勺壱才　　妻越村

現高千八百九拾三石壱升四合弐勺八才
高合千八百石

右者三宅藤助隠居被仰付、被下置候
御知行高弐千石之内千八百石、養子三宅
龜傳被為拝領候間、田畠人畜無相違
可被引渡処、如件

寶暦十三年六月十一日　大洞弥一兵衛（花押）㊞
日隈杢大夫（花押）㊞
志水才助（花押）㊞
清田新助（花押）㊞

蒲池喜左衛門（花押）㊞

上益城
　木村弁藏殿㊞
　岩男嘉右衛門殿
菊池
　西村作左衛門殿㊞
合志
　椋梨角兵衛殿㊞

＝読み下し文＝

（包紙上書）
「三宅龜傳殿　　御奉行中　」

　　三宅龜傳（慶和）拝領せらる御知行所付け目録

現高三百二十四石九斗四合　　益城郡の内
一、高六百二十一石三斗四升三合三勺五才　　上六ヶ村
現高二百二十一石七斗五合八勺三才　　同郡の内
一、高百八十九石七斗九升八合七勺八才　　小池村

現高五百十八石五斗七升八合　同郡の内
一、高三百三十八石五斗九升三合四勺八才　曲手村
現高六百二十六石五斗八合　同郡の内
一、高三百五十石二斗六升四合三勺九才　戸次村
現高九十九石九斗五升六才　菊池郡の内
一、高百六十一石九斗一升九合九才　四町分村
現高百一石三斗六升八合三勺九才　合志郡の内
一、高百三十八石八升九勺一才　妻越村

現高千八百九十三石一升四合二勺八才
　高千八百石

右は三宅藤助隠居仰せ付けられ、下し置かれ候御知行高二千石のうち千八百石、養子三宅龜傳拝領せられ候間、田畑人畜相違無く引き渡さるべきところ、件の如し

宝暦十三年六月十一日　大洞弥一兵衛（花押）㊞
日隈杢大夫（花押）㊞
志水才助（花押）㊞
清田新助（花押）㊞
蒲池喜左衛門（花押）㊞

上益城
木村弁蔵殿㊞
岩男嘉右衛門殿
菊池
西村作左衛門殿㊞
合志
椋梨角兵衛殿㊞

99-1　細川重賢知行宛行状（三宅家文書42-1　竪紙）

（包紙上書）
「三宅藤兵衛𠮷」

肥後國於益城・菊地・合志三郡之内
千八百石目録在別紙事、養父三宅藤助江
所遣置之先知之内、如右寶暦
十三年四月廿八日充行之訖、
全可領知之状、如件
明和六年二月朔日重賢（花押）

（包紙上書）
「三宅藤兵衛殿」

肥後国益城・菊池・合志三郡の内において千八百石
目録別紙に在り事、養父三宅藤助へ遣わし置く所の先知の内、
右の如く宝暦十三年四月二十八日これを宛行い訖んぬ、
全く領知すべきの状、件の如し
明和六年二月朔日　重賢（花押）
三宅藤兵衛（慶和）殿

三宅藤兵衛

99-2　細川重賢知行宛行状写　（三宅家文書 42-3　竪紙）

肥後國於益城・菊地・合志三郡之内
千八百石（目録在別紙）事、養父三宅藤助江
所遣置之先知之内、如右寶暦
十三年四月廿八日充行之訖、
全可領知之状、如件

明和六年二月朔日重賢公御判

三宅藤兵衛

99-3　細川重賢知行宛行状写　（三宅家文書 42-4　竪紙）

肥後國於益城・菊地・合志三郡之内
千八百石（目録在別紙）事、養父三宅藤助江
所遣置之先知之内、如右寶暦
十三年四月廿八日充行之訖、

肥後国益城・菊池・合志三郡の内において千八百石
（目録別紙に在り）事、養父三宅藤助へ遣わし置く所の先知の内、
右の如く宝暦十三年四月二十八日これを宛行い訖んぬ、
全く領知すべきの状、件の如し

明和六年二月朔日　重賢公御判

三宅藤兵衛殿

肥後国益城・菊池・合志三郡の内において千八百石
（目録別紙に在り）事、養父三宅藤助へ遣わし置く所の先知の内、
右の如く宝暦十三年四月二十八日これを宛行い訖んぬ、
全く領知すべきの状、件の如し

全可領知之状、如件
明和六年二月朔日御名乗御判
三宅藤兵衛〳〵

明和六年二月朔日　御名乗御判
三宅藤兵衛殿

100 三宅藤兵衛知行引き渡し目録（三宅家文書43 切継紙）

（包紙上書）「三宅藤兵衛殿　御奉行中　」
目録
肥後國
益城郡之内
上六ヶ村
高六百弐拾壱石三斗四升三合三勺五才
同郡之内
小池村
高百八拾九石七斗九升八合七勺八才
同郡之内

（包紙上書）「三宅藤兵衛殿　御奉行中　」
目録
肥後国
益城郡の内
上六ヶ村
高六百二十一石三斗四升三合三勺五才
同郡の内
小池村
高百八十九石七斗九升八合七勺八才
同郡の内

曲手村
高三百三拾八石五斗九升三合四勺八才
同郡之内
戸次村
高三百五拾石弐斗六升四合三勺九才
菊池郡之内
四町分村
高百六拾壱石九斗壱升九合九才
合志郡之内
妻越村
高百三拾八石八升九勺壱才

都合千八百石

右被下置候領知高之内、右之通
拝領被　仰付、今度被成下
御書出訖、仍目録如件
明和六年二月朔日　大洞弥一兵衛（花押）㊞
日隈杢大夫（花押）㊞
清田新助（花押）㊞

曲手村
高三百三十八石五斗九升三合四勺八才
同郡の内
戸次村
高三百五十石二斗六升四合三勺九才
菊池郡の内
四町分村
高百六十一石九斗一升九合九才
合志郡の内
妻越村
高百三十八石八升九勺一才

都合千八百石

右、下し置かれ候領知高の内、右の通り拝領仰せ付けられ、今度、御書出し成し下され訖んぬ、よって目録件の如し
明和六年二月朔日　大洞弥一兵衛（花押）㊞
日隈杢大夫（花押）㊞
清田新助（花押）㊞

蒲池喜左衛門（花押）㊞

三宅藤兵衛殿

蒲池喜左衛門（花押）㊞

三宅藤兵衛殿

101　三宅英蔵御知行所付け目録（三宅家文書44　続紙）

（包紙上書）
「三宅英蔵殿　　御奉行中　」

三宅英蔵御知行所附目録

現高三百弐拾四石九斗四合　　益城郡之内

一、高六百弐拾壱石三斗四升三合三勺五才　　上六ヶ村

現高弐百弐拾壱石七斗五合八勺三才　　同郡之内

一、高百八拾九石七斗九升八合七勺八才　　小池村

現高五百拾八石五斗七升八合　　同郡之内

一、高三百三拾八石五斗九升三合四勺八才　　曲手村

現高六百弐拾六石五斗八合　　同郡之内

一、高三百五拾石弐斗六升四合三勺九才　　戸次村

現高千六百九拾壱石六斗九升五合八勺三才

高合千五百石

右者三宅藤兵衛果被申候ニ付、上知高千八百石之内舊知千五百石、嫡子三宅英蔵被下置候間、田畠人畜無相違可被引渡處、如件

天明二年十二月廿二日

小坂九郎助（花押）㊞

町　孫平太（花押）印

藪　市太郎（花押）印

石寺甚助（花押）㊞

吉海市之允（花押）㊞

上益城

内藤勘左衛門殿㊞

國武十之進殿㊞

＝読み下し文＝

（包紙上書）
「三宅英蔵殿　　御奉行中　」

三宅英蔵御知行所付け目録

益城郡の内
現高三百二十四石九斗四合
上六ヶ村
一、高六百二十一石三斗四升三合三勺五才
同郡の内
現高二百二十一石七斗五合八勺三才
小池村
一、高百八十九石七斗九升八合七勺八才
同郡の内
現高五百十八石五斗七升八合
曲手村
一、高三百三十八石五斗九升三合四勺八才
同郡の内
現高六百二十六石五斗八合
戸次村
一、高三百五十石二斗六升四合三勺九才

現高千六百九十一石六斗九升五合八勺三才
高合わせて千五百石

右は、三宅藤兵衛果て申され候につき、上げ知高千八百石の内旧知千五百石、嫡子三宅英蔵に下し置かれ候間、田畠人畜相違無く引き渡さるべきところ、件の如し

天明二年十二月二十二日　小坂九郎助（花押）㊞
町　孫平太（花押）印
藪　市太郎（花押）印

石寺甚助（花押）㊞
吉海市之允（花押）㊞

上益城
内藤勘左衛門殿㊞
國武十之進殿㊞

102 細川治年知行宛行状（三宅家文書45 竪紙）

（包紙上書）
「三宅英蔵㊞」

肥後國於益城郡之内、父三宅藤兵衛江
所遣置之知行之内、舊知
千五百石（目録在別紙）事、天明二年
五月十四日充行之訖、全可領知之
状、如件

天明六年九月朔日治年（花押）

三宅英蔵㊞

（包紙上書）
「三宅英蔵殿」

肥後国益城郡の内において、父三宅藤兵衛へ遣わし置く
所の知行の内、旧知千五百石（目録別紙に在り）事、天明二年五
月十四日これを宛行い訖んぬ、全く領知すべきの状、件
の如し

天明六年九月朔日　治年（花押）

三宅英蔵殿

103　三宅英蔵知行引き渡し目録　（三宅家文書46　続紙）

（包紙上書）
「三宅英蔵殿　　御奉行中　」

目録

肥後國
益城郡之内
上六ヶ村
高六百弐拾壱石三斗四升三合三勺五才
同郡之内
小池村
高百八拾九石七斗九升八合七勺八才
同郡之内
曲手村
高三百三拾八石五斗九升三合四勺八才
同郡之内
戸次村
高三百五拾石弐斗六升四合三勺九才

（包紙上書）
「三宅英蔵殿　　御奉行中　」

目録

肥後国
益城郡の内
上六ヶ村
高六百二十一石三斗四升三合三勺五才
同郡の内
小池村
高百八十九石七斗九升八合七勺八才
同郡の内
曲手村
高三百三十八石五斗九升三合四勺八才
同郡の内
戸次村
高三百五十石二斗六升四合三勺九才

都合千五百石

右被下置候領知高之内、右之通
拝領被　仰付、今度被成下
御書出訖、仍目録如件

天明六年九月朔日　中山辰之丞（花押）㊞
遠坂関内（花押）㊞
町　孫平太（花押）[印]
石寺甚助（花押）㊞
吉海市之允（花押）㊞

三宅英蔵殿

104 細川斉茲知行宛行状（三宅家文書47　竪紙）

（外包紙上書）
「御書出一通　三宅英蔵」

（内包紙上書）
「三宅英蔵殿」

都合千五百石

右、下し置かれ候領知高の内、右の通り拝領仰せ付けられ、今度御書出しを成し下され訖んぬ、よって、目録件の如し

天明六年九月朔日　中山辰之丞（花押）㊞
遠坂関内（花押）㊞
町　孫平太（花押）[印]
石寺甚助（花押）㊞
吉海市之允（花押）㊞

三宅英蔵殿

（外包紙上書）
「御書出し一通　三宅英蔵」

（内包紙上書）
「三宅英蔵殿」

肥後國於益城郡之内千五百石
任先規之旨充行之訖、全可
領知之状、如件

天明八年九月十八日斉茲（花押）

三宅英蔵殿

105　細川斉樹知行宛行状（三宅家文書48　竪紙）

（包紙上書）
「三宅英蔵殿」

肥後國於益城郡之内千五百石
任先規之旨充行之訖、全可
領知之状、如件

文化九年九月十八日斉樹（花押）

三宅英蔵殿

肥後国益城郡の内において千五百石、先規の旨に任せ宛
行い訖んぬ、全く領知すべきの状、件の如し

天明八年九月十八日　斉茲（花押）

三宅英蔵殿

（包紙上書）
「三宅英蔵殿」

肥後国益城郡の内において千五百石、先規の旨に任せ宛
行い訖んぬ、全く領知すべきの状、件の如し

文化九年九月十八日　斉樹（花押）

三宅英蔵殿

106 細川斉護知行宛行状（三宅家文書49　竪紙）

「(包紙上書)
三宅藤兵衛殿」

肥後國於益城郡之内千五百石
任先規之旨充行之訖、全可
領知之状、如件

文政九年九月十八日斉護（花押）

三宅藤兵衛殿

107 細川慶順知行宛行状（三宅家文書50　竪紙）

「(外包紙上書)
萬延二年三月朔日
慶順公ゟ賜之
御書出
三宅藤右衛門重弘」

「(内包紙上書)
三宅藤右衛門殿」

「(包紙上書)
三宅藤兵衛殿」

肥後国益城郡の内において千五百石、先規の旨に任せて
これを宛行い訖んぬ、全く領知すべきの状、件の如し

文政九年九月十八日　斉護（花押）

三宅藤兵衛(重存)殿

「(外包紙上書)
万延二年三月朔日
慶順公より賜わる
御書出し
三宅藤右衛門重弘」

「(内包紙上書)
三宅藤右衛門殿」

肥後國於益城郡之内千五百石
任先規之旨充行之訖、全可
領知之状、如件
萬延二年三月朔日　慶順（花押）
三宅藤右衛門殿

108　三宅平太郎辞令（三宅家文書66　切紙）

覚
三宅平太郎
三宅藤右衛門儀、御知行
被　召上候、依之
平太郎儀、被對先祖
藤右衛門江被下置候
御知行之内、弐千石
被為拝領、座配先規

肥後国益城郡の内において千五百石、先規の旨に任せて
これを宛行い訖んぬ、全く領知すべきの状、件の如し
万延二年三月朔日　慶順（花押）
三宅藤右衛門殿

覚え
三宅平太郎（時之）
三宅藤右衛門（重貞）儀、御知行召し上げられ候、これにより平
太郎儀、先祖藤右衛門に対せられ下し置かれ候御知行の
内、二千石拝領せられ、座配先規の通り仰せ付けらる
旨、これを仰せ出ださる、以上
（元文二年）十一月十三日

之通被　仰付旨、被
仰出之

以上

十一月十三日

109 三宅亀傳辞令（三宅家文書63-1　切紙）

三宅藤助
同　亀傳

藤助儀、痛氣罷成、御奉公
難相勤段、達
尊聴候處ニ、隠居被
仰付、被下置候御知行之内、
千八百石、養子亀傳江
被為拝領、比着座ニ被
仰付、直ニ、備前組被
召加旨、被　仰出之
畢而

三宅藤助（時之）
同　亀傳（慶和）

藤助儀、痛気に罷りなり、御奉公相勤め難き段、尊聴に
達し候ところに、隠居仰せ付けられ、下し置かれ候御知
行の内、千八百石、養子亀傳へ拝領せられ、比着座に仰
せ付けられ、直ちに、備前組に召し加えらる旨、これを
仰せ出さる
おわって、
家屋敷、直ちに拝領せられ候、亀傳座席、尾藤金左衛門
の上座に付け置かれ候、以上
（宝暦十三年）四月二十八日

家屋鋪、直ニ被為
拝領候、亀傳座席
尾藤金左衛門上座ニ被
附置候
以上
四月廿八日
佐野於 御間、堀平太左衛門殿
被申渡之

110　三宅英蔵辞令（三宅家文書63-2　切紙）

（包紙上書）「天明二年五月十四日
跡目被下置候仰渡書付」
（端裏貼紙）「溝口蔵人江」
（上部貼紙）「披見之上、英蔵江
可被相渡候」
三宅英蔵
英蔵儀、父三宅藤兵衛江

佐野御間において、堀平太左衛門殿これを申し渡さる

（内包紙上書）「天明二年五月十四日跡目下し置かれ候仰せ渡す書付」
（端裏貼紙）「溝口蔵人へ」
（上部貼紙）「披見の上、英蔵へ相渡さるべく候」
三宅英蔵
英蔵儀、父三宅藤兵衛（慶和）へ下し置かれ候御知行の内、旧知千五百石・家屋敷とも下し置かれ、比着座仰せ付けられ、清水数馬組に召し加えらる旨、これを仰せ出さる

被下置候御知行之内、
舊知千五百石・家屋敷共
被下置、比着座被
仰付、清水数馬組被
召加旨、被
仰出之
　座席、御備頭嫡子之
　上座被□
　　以上
五月十四日

座席、御備頭嫡子の上座□、以上
（天明二年）五月十四日

111　三宅英蔵知行覚書（三宅家文書64　切紙）

覚
一、御書出　一通
一、同写　一通
右者父三宅藤兵衛江
被為頂戴置候

覚え
一、御書出し　一通
一、同写し　一通
右は父三宅藤兵衛へ頂戴せられ置き候御書出にて御座
候、私儀、天明二年五月十四日家督仰せ付けられ、旧知

御書出ニ而御座候、私儀、
天明二年五月十四日
家督被
仰付、舊知千五百石被
下置候、此段御達申候、以上

七月十日　三宅英蔵

清水数馬殿

112　三宅藤兵衛辞令　（三宅家文書65　切紙）

「（包紙上書）文政五年午十月廿八日家督被
仰付候節、御辞令之書付入　」

三宅英蔵
同　藤兵衛

三宅英蔵儀、病氣罷成、
御奉公難相勤段、達
尊聴候処、隠居被

千五百石下し置かれ候、この段、御達し申し候、以上

七月十日　三宅英蔵

清水数馬殿

「（包紙上書）文政五年午十月二十八日家督仰せ付けられ候節、御辞
令の書付入れ　」

三宅英蔵
同　藤兵衛（重存）

三宅英蔵儀、病気に罷り成り、御奉公相勤め難き段、尊
聴に達し候ところ、隠居仰せ付けられ、下し置かれ候御
知行相違無く、家屋敷とも、嫡子藤兵衛へ下し置かれ、

仰付、被下置候御知行
無相違、家屋敷共、嫡子
藤兵衛江被下置、比着座
被　仰付、内蔵允組被
召加旨、被
仰出之
　座席、白杉平馬上座
　被附置之

113　三宅藤右衛門辞令　（三宅家文書72　切紙）

三宅藤右衛門

其方儀、座席持懸ニ而
御用人被
仰付、御役料米並之通
被下置旨被
仰出之

比着座に仰せ付けられ、内蔵允組に召し加えらる旨、こ
れを仰せ出さる
　座席、白杉平馬の上座に付け置かる

三宅藤右衛門（重弘）

その方儀、座席持ち懸りにて御用人仰せ付けられ、御役
料米並みの通り下し置かる旨これを仰せ出ださる

114　三宅藤右衛門辞令（三宅家文書71　切紙）

三宅藤右衛門

其方儀、座席御留守居
大頭同列被
仰付、大御目附被
仰付、御役料米並之通
被下置之

三宅藤右衛門

その方儀、座席は御留守居大頭同列に仰せ付けられ、大
御目附に仰せ付けられ、御役料米並みの通りこれを下し
置かる

115　三宅藤右衛門辞令（三宅家文書69　切紙）

覚

三宅藤右衛門

一、御裏方支配頭
一、御馬方支配頭
一、御納戸方上聞
右分職御用懸被

覚え

三宅藤右衛門

一、御裏方支配頭
一、御馬方支配頭
一、御納戸方上聞
右分職の御用懸り仰せ付けられ候、以上

仰付候、以上
十月三日

十月三日

116　三宅藤右衛門辞令心付け米の覚　（三宅家文書70　切紙）

（端裏書）「三宅藤右衛門江　」

覚

毎歳為御心附八木三百俵
被渡下候、以上
十一月十八日

（端裏書）「三宅藤右衛門へ　」

覚え

毎歳、御心付けとして米三百俵渡し下され候、以上
十一月十八日

117　三宅藤爽・重雄辞令　（三宅家文書追4　竪紙）

（包紙上書）「明治九丙子年依願、隠居家督
被仰付御辞令在中
三宅藤爽
五月廿四日
同　重雄
〆　」

（包紙上書）「明治九丙子年願いにより、隠居家督仰せ付けらる御辞
令在中
三宅藤爽（重弘）
五月二十四日
同　重雄
〆　」

家禄六拾壹石六斗
　　三宅藤爽
　同　重雄
依願藤爽儀隠居、
重雄へ家督相續申
付候事
明治九年五月廿四日
　　熊本縣
（日付の上に朱印「熊本縣印」有り）

家禄六十一石六斗
　　三宅藤爽
　同　重雄
願いにより藤爽儀隠居、重雄へ家督相続申し付け候事
明治九年五月二十四日
　　熊本県

118-1　細川家侍帳のなかの三宅家　（「肥陽諸士鑑　五」個人蔵）

三宅藤右エ門時暉　旅御家老御家老着座　屋敷二ノ丸

一、三宅左馬介光昌（ママ）　子藤兵衛重則（ママ）　子藤右エ門重元

子藤兵衛　実同氏嘉右エ門二男 子藤兵衛重経（ママ） 初百介（ママ）、重矩　実同氏 子猪兵衛重泰（ママ） 初平二郎

子仙介藤馬時暉藤右エ門　子平太郎

三千石　後弐千石

六百弐拾壱石三斗四升三合三勺五才上益城上六ヶ
百八拾九石七斗九升八合七勺九才同小池
三百三拾八石五斗九升三合四勺八才同曲手
三百五拾石弐斗六升四合三勺九才同戸次
三百壱石八斗六升弐合九勺上玉名久野
四拾九石六合弐勺三才同安楽寺
弐百石下玉名竹崎
弐百石山本下野
百四拾石弐斗六升八合三勺九才八代上北大野
五拾石五斗壱升四合同西川田
百七拾壱石壱斗三升六合七勺菊池四町分
百三拾八石八舛九勺壱才合志妻越
弐百四拾九石壱斗三升八勺七才南郷吉田

三宅平次郎　　御番方九番 屋敷京町

一、三宅出雲守　子三宅左馬介光昌（ママ）　子藤兵衛重利

子藤右エ門　子伊兵衛　子平二郎

三百石

百弐拾弐石七斗弐舛五合七勺七才上益城木山町
百拾石三斗六升弐合四勺六才同六ヶ
六拾六石九斗壱升壱合七勺七才同木倉

三宅権兵衛　御弓弐拾張頭御中小姓頭御留守居　御番頭、屋敷山崎

一、三宅左馬介光昌（ママ）　子藤兵衛重利　子新兵衛
実同氏加右エ門子
子新兵衛　子九郎兵衛重房　初平八郎　子権兵衛　養子、実白木氏、初丹弥
子八郎右エ門
七百石
三百弐拾石六升八合七勺上益城上六ヶ
三百拾石九升弐合三勺同木山町
六拾九石八斗三升九合同葛原（クツハル）

三宅勝之進重安（ママ）　御小姓役　屋敷

一、三宅左馬介光昌（ママ）　子藤兵衛重利　子庄之介
子善左エ門　子勝之進
三百石七勺五才

百六拾石三斗六舛五勺八才菊池稗方
四拾八石九升九合九勺上玉名古閑原
八拾五石五斗四舛弐勺七才下玉名西永方

＝読み下し文＝

旅御家老御家老着座
屋敷二ノ丸

三宅藤右衛門時暉

一、三宅左馬介光昌（ママ）　子藤兵衛重利　子藤右衛門重元

子藤兵衛　実は同氏嘉右衛門二男　子藤兵衛重矩　重矩　実は同氏　子猪兵衛重安　初め平二郎

子仙介藤馬時暉藤右衛門　子平太郎

三千石　後二千石

六百二十一石三斗四升三合三勺五才　上益城上六ヶ
百八十九石七斗九升八合七勺九才　同　小池
三百三十八石五斗九升三合四勺八才　同　曲手
三百五十石二斗六升四合三勺九才　同　戸次
三百一石八斗六升二合九勺　上玉名久野
四十九石六合二勺三才　同　安楽寺
二百石　下玉名竹崎

二百石　山本下野
百四十石二斗六升八合三勺九才　八代上北大野
五十石五斗一升四合　同　西川田
百七十一石一斗三升六合七勺　菊池四町分
百三十八石八升九勺一才　合志妻越
二百四十九石一斗三升八勺七才　南郷吉田

三宅平次郎　御番方九番　屋敷京町

一、三宅出雲守　子三宅左馬介光昌（ママ）　子藤兵衛重利
子藤右衛門　子伊兵衛　子平二郎
三百石
百二十二石七斗二升五合七勺七才　上益城木山町
百十石三斗六升二合四勺六才　同　六ヶ
六十六石九斗一升一合七勺七才　同　木倉

三宅権兵衛　御弓二十張頭御中小姓頭御留守居　御番頭、屋敷山崎

一、三宅左馬介光昌（ママ）　子藤兵衛重利　子新兵衛

子新兵衛 実は同氏加右衛門子　子九郎兵衛重房 初め平八郎　子権兵衛 養子、実は白木氏、初め丹弥

子八郎右衛門

七百石

三百二十石六升八合七勺　上益城上六ヶ

三百十石九升二合三勺　同　木山町

六十九石八斗三升九合　同　葛原（クツハル）

三宅勝之進重光　御小姓役屋敷

一、三宅左馬介光昌（ママ）　子藤兵衛重利　子庄之介

子善左衛門　子勝之進

三百石七勺五才

百六十石三斗六升五勺八才　菊池稗方

四十八石九升九合九勺　上玉名古閑原

八十五石五斗四升二勺七才　下玉名西永方

118-2

細川家侍帳のなかの三宅家　（仮題）「細川家侍帳三」個人蔵

旅御家老、御家老、着座、御小姓頭二番、御用人、□比着座
屋敷二ノ丸・京町

（朱筆）
「●」三宅藤助

「明智光秀ノ族」
一、三宅左馬介光昌（ママ）　子藤兵衛重利　「嫡子」子藤右エ門重元　子藤兵衛重次　「実同氏加右エ門二男」子藤兵衛重経（ママ）初百介重矩

「宝暦六子八月二日○」
「実同氏」子猪兵衛重泰（ママ）初平次郎　「実續治平二男」子藤馬藤右エ門時暉初仙介　「実猪兵衛子」○子平太郎藤助　「実山本三郎右エ門ノ弟」△子亀傳藤兵衛

「新知弐千石」

口千五百石　□子

「宝暦十三未四月家督、弐千石之内二百石減知、天明二寅五月十四日跡目千五百石」

○六百廿壱石三斗四升三合三勺五才上益城上六賀　○百八拾九石七斗九升八合七勺九才同小池
○三百三拾八石五斗九升三合四勺八才同曲手　○三百五拾石弐斗六升四合三勺九才同戸次
三百壱石八斗六升弐合九勺上玉名久野　四拾九石六合弐勺三才同安楽寺
弐百石下玉名竹崎　弐百石山本下野
○百四拾石弐斗六升八合三勺九才八代上北大野　○五拾石五斗壱升四合仝西川田
百七拾壱石壱斗三升六合七勺菊池四町分　百三拾八石八升九勺壱才合志妻越
弐百四拾九石壱斗三升八勺七才南郷吉田

「●」（朱筆）三宅伊兵衛　御鉄炮頭御番方六番組、御物奉行御番方二番組、御使番
屋敷山崎・手取・通丁・上林

一、三宅左馬介光昌（ママ）　子藤兵衛重利　「四男」子新兵衛重長　「実同氏加右エ門子」子新兵衛　初平八郎 子九郎兵重房
「実白木」子丹弥権兵衛　子八郎右エ門新兵衛　子平八郎九郎兵衛　「実志水三次兵衛三男」○子栄喜伊兵衛

七百石
三百廿石六升八合七勺上益城上六ケ　三百拾石九升弐合三勺同木山町
六拾九石八斗三升九合同葛原（クツハル）

「●」（朱筆）三宅平次郎　御番方九番組
屋敷京町

御使番御番方十一番組

一、三宅出雲守　子三宅左馬介光昌（ママ）　子藤兵衛重利　子藤右エ門重元　「二男」子伊兵衛重之
子平次郎

三百石
百廿弐石七斗弐升五合七勺七才上益城木山町　百拾石三斗六升弐合四勺六才同六ケ
六拾六石九斗壱升壱合七勺七才同木倉

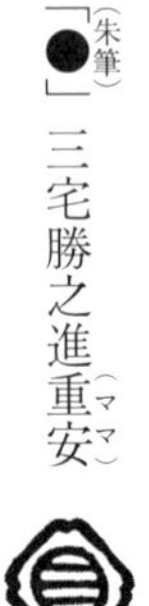

「●」（朱筆）三宅勝之進重安（ママ）　御小姓役
屋敷

一、三宅左馬介光昌（ママ）　子藤兵衛重利　「二男」子庄之助　子善左エ門　子勝之進重安（ママ）

三百石七匁五才

百六拾石三斗六升五匂八才菊池稗方　四拾八石九升九合九匂上玉名古閑原

八拾五石五斗四升弐匂七才下玉名西永方

=読み下し文=

「（朱筆）●」三宅藤助

旅御家老、御家老、着座、御小姓頭二番、御用人、□比着座
屋敷二ノ丸・京町

「明智光秀の族」
一、三宅左馬介光昌（ママ）　子藤兵衛重利　「嫡子」子藤右衛門重元　子藤兵衛重次　「実は同氏加右衛門二男」子藤兵衛重矩
初め百介、重矩

「宝暦六子八月二日○」　「実は同氏」子猪兵衛重安　「実は續治平二男」子藤馬藤右衛門時暉　「実は猪兵衛子」○子平太郎藤助　「実は山本三郎右衛門の弟」△子亀傳藤兵衛
初め平次郎　初め仙介

「新知二千石」

口千五百石　□子

「宝暦十三未四月家督、二千石の内二百石減知、天明二寅五月十四日跡目千五百石」

○六百二十一石三斗四升三合三匂五才上益城上六ケ　○百八十九石七斗九升八合七匂九才　同　小池
○三百三十八石五斗九升三合四匂八才同　曲手　○三百五十石二斗六升四合三匂九才　同　戸次
三百一石八斗六升二合九匂　上玉名久野　四十九石六合二匂三才　同安楽寺

二百石　　　　　　　　　　　　　　　　　下玉名竹崎　　　　　二百石　　　　　　　　　　　　　　　　　山本下野
○百四十石二斗六升八合三勺九才　　　　　八代上北大野　○五十石五斗一升四合　　　　　　　　　　　同西川田
百七十一石一斗三升六合七勺　　　　　　　菊池四町分　　百三十八石八升九勺一才　　　　　　　　　合志妻越
二百四十九石一斗三升八勺七才　　　　　　南郷吉田

「（朱筆）●」三宅伊兵衛

御鉄炮頭御番方六番組、御物奉行御番方二番組、御使番
屋敷山崎・手取通丁・上林

一、三宅左馬介光昌（ママ）　子藤兵衛重利　「四男」子新兵衛重長　「実は同氏加右衛門の子」子新兵衛　初め平八郎 子九郎兵衛重房
「実は白木」子丹弥権兵衛　子八郎右衛門新兵衛　子平八郎九郎兵衛　「実は志水三次兵衛三男」○子栄喜伊兵衛

七百石
三百二十石六升八合七勺　　上益城上六ヶ　　三百十石九升二合三勺　　同　木山町
六十九石八斗三升九合　　　同葛原（クツハル）

「（朱筆）●」三宅平次郎

御番方九番組
屋敷京町

御使番御番方十一番組

一、三宅出雲守　子三宅左馬介光昌（ママ）　子藤兵衛重利　子藤右衛門重元　「二男」子伊兵衛重之
子平次郎

三百石

百二十二石七斗二升五合七勺七才上益城木山町　百十石三斗六升二合四勺六才　同　六ヶ
六十六石九斗一升一合七勺七才　同　木倉

「●」（朱筆）三宅勝之進重光　御小姓役屋敷

一、三宅左馬介光昌（ママ）　子藤兵衛重利　「二男」子庄之助　子善左衛門　子勝之進重光
三百石七勺五才
百六十石三斗六升五勺八才　菊池稗方　四十八石九升九合九勺　上玉名古閑原
八十五石五斗四升二勺七才　下玉名西永方

118-3　細川家侍帳のなかの三宅家　（（仮題）「細川家侍帳　下」個人蔵）

三宅　旅御家老、御家老、着座、着座
屋敷二ノ丸・京町

一、三宅左馬助　子藤兵衛　子藤右ヱ門　子藤兵衛　子藤兵へ（ママ）実同氏加右ェ門二男 初百助
子猪兵へ 実同氏 初め平二郎　子仙助藤馬　子藤右ヱ門冬扇（ママ）
子平太郎　子

三千石

六百弐拾壱石三斗四升三合三勺五才上益城上六ヶ　百八十九石七斗九升八合七勺九才同小池
三百三拾八石五斗九升三合四勺八才同曲手　三百五十石弐斗六升四合三勺九才同戸次
三百一石八斗六升弐合九勺上玉名久野　四十九石六合弐勺三才同安楽寺
弐百石下玉名竹崎　弐百石山本下野
百四拾石弐斗六升八合三勺九才八代上北大野　五拾石五斗壱升四合同西川田
百七十壱石壱斗三升六合七勺菊池四町分　百三拾八石八升九勺一才合志妻越
弐百四十九石壱斗三升八勺七才南郷吉田

三宅

御鉄炮頭、御番方六番
屋敷山崎

一、三宅左馬助　子藤兵衛　子新兵衛（実同氏加右エ門子）　子新兵衛　子九郎兵へ（初平八郎）
　　　　　　　子権兵衛（実白木氏　初丹弥）　子八郎右エ門　子平八郎　子

七百石
三百弐拾石六升八合七勺上益城上六ヶ　三百拾石九升弐合三勺同木山町
六十九石八斗三升九合同葛原（クツハル）

三宅勝之進

御小姓役
屋敷

一、三宅左馬介　子藤兵へ　子庄之介　子善左エ門　子勝之進

三百石七勺五才
百六拾石三斗六升五勺八才菊池禪方　四拾八石九升九合九勺上玉名古閑原
八拾五石五斗四升弐勺七才下玉名西永方

＝読み下し文＝

三宅

旅御家老、御家老、着座、着座
屋敷二ノ丸・京町

一、三宅左馬助　子藤兵衛　子藤右衛門　子藤兵衛　子藤兵衛（実は同氏加右衛門二男）
子猪兵衛（実は同氏、初め平二郎）　子仙助藤馬　子藤右衛門冬扇（ママ）
子平太郎　子

三千石
六百二十一石三斗四升三合三勺五才上益城上六ヶ　百八十九石七斗九升八合七勺九才　同　小池
三百三十八石五斗九升三合四勺八才同　曲手　三百五十石二斗六升四合三勺九才　同　戸次
三百一石八斗六升二合九勺　上玉名久野　四十九石六合二勺三才　同　安楽寺
二百石　下玉名竹崎　二百石　山本下野
百四十石二斗六升八合三勺九才　八代上北大野　五十石五斗一升四合　同　西川田
百七十一石一斗三升六合七勺　菊池四町分　百三十八石八升九勺一才　合志妻越
二百四十九石一斗三升八勺七才　南郷吉田

三宅

御鉄砲頭、御番方六番
屋敷山崎

一、三宅左馬助　子藤兵衛　子新兵衛　子新兵衛（実は同氏加右衛門の子）　子九郎兵衛（初め平八郎）

子権兵衛（実は白木氏、初め丹弥）　子八郎右衛門　子平八郎　子

七百石

三百二十石六升八合七勺　上益城上六ヶ　三百十石九升二合三勺　同木山町

六十九石八斗三升九合　同　葛原（クツハル）

三宅勝之進

御小姓役
屋敷

一、三宅左馬介　子藤兵衛　子庄之介　子善左衛門　子勝之進

三百石七勺五才

百六十石三斗六升五勺八才　菊池稗方　四十八石九升九合九勺　上玉名古閑原

八十五石五斗四升二勺七才　下玉名西永方

119-1 世減の法（永青文庫蔵107・40・49-2　竪紙）

（包紙上書）「今度申聞置候書付
（貼紙）「宝暦六年閏十一月
重賢公ヨリ　御家老へ
御青印アリ
旧知新知御定ノ事」
」

士中知行代々相續之事、大躰當國之高に
應し、古代之定有之候處、中古より我等ニ及ふ
まて、新知・加禄等も総て世禄に申付来候ニ付、當國
不相應之高に至り、後来勤労之者有之候とも
賞すへき禄乏く、数世背前代之本意候、依之、慶安
二年已前之知行ハ舊故之家ニ付、無相違令相續、
右已後之新知・加禄者代々相續之高斟酌し可
申付候、尤、子孫抜群之功労によつてハ、舊故之家に
准し或ハ子孫之材能によつてハ強ちに世減すへからす、
新知・加禄之儀ニ付而ハ、近年申渡置候趣も有之候条、
何れも存候ため申聞置もの也

寶暦六年閏十一月　㊞（青印）

（包紙上書）「今度申し聞かせ置き候書付
（貼紙）「宝暦六年閏十一月重賢公より御家老へ旧
知・新知御定めの事
御青印有り
」」

士中（さむらいちゅう）知行、代々相続の事、大体当国の高に応じ古
代の定これ有り候ところに、中古より我等に及ぶ
迄、新知・加禄等もすべて世禄に申し付け来り候に
つき、当国不相応の高に至り、後来、勤労の者これ
有り候とも賞すべき禄乏しく、数世前代の本意に背
き候、これにより慶安二年以前の知行は旧知の家に
つき相違なく相続せしめ、右以後の新知・加禄は
代々相続の高を斟酌し申し付くべく候、尤も、子孫
抜群の功労によっては、旧故の家に准じ、或いは子
孫の才能によっては、強ちに世減すべからず、新
知・加禄の儀については、近年申し渡し置き候趣も
これ有り候条、いずれも存じ候ため申し聞かせ置く
ものなり

119-2　世減の法写　（三宅家文書42-2　竪紙）

士中知行代々相續之事、大躰当國之高に應し
古代之定有之候處ニ、中古より我ホニ及ふ迄新知・
加禄ホも総て世禄に申付来候ニ付、当国不相應之
高に至り渡来、背前代之本意候、依之慶安
二年以前之知行ハ舊故之家ニ付無相違相
續せしめ、右以後之新知・加禄ハ代々
相續之高を斟酌し可申付候、尤、子孫
抜群の功労によつてハ、旧故の家に准し、
或ハ子孫の材能によつてハ強に世減
すへからす、新知・加禄之儀ニ付而者、近年
申渡置候趣も有之候条、何れも存候
ため申聞置もの也

寶暦六年閏十一月御印

宝暦六年閏十一月　㊞（青印）

士中知行、代々相続の事、大体当国の高に応じ古代の定
これ有り候ところに、中古より我等に及ぶ迄、新知・加
禄等もすべて世禄に申し付け来り候につき、当国不相応
の高に至り渡し来り、前代の本意に背き候、これにより
慶安二年以前の知行は旧故の家につき相違無く相続せし
め、右以後の新知・加禄は代々相続の高を斟酌し申しつ
くべく候、尤も、子孫抜群の功労によっては、旧故の家
に准じ、或いは子孫の材能によっては、強ちに世減すべ
からず、新知・加禄の儀については、近年申し渡し置き
候趣もこれ有り候条、いずれも存じ候ため申し聞かせ置
くもの也

宝暦六年閏十一月　御印

120　上益城郡沼山津手永戸次・曲手村出田作左衛門殿御赦免開徳米小前帳（三宅家文書78　竪帳）

御請書之事

一、畑弐町三反弐畝
此下作畝六町七反三畝六歩　　戸次村
此徳米拾六石七斗八升弐合四勺

一、同七反四畝弐拾壱歩
同壱町壱反弐畝　　曲手村
同弐石四斗八升
徳米合拾九石弐斗三升弐合四勺
俵ニ〆五拾四俵半三斗三升弐合四勺
但、三斗五升入

外ニ
□五斗五升二合六才　　但、反掛米下作主共ゟ
直上納可仕分

御請書の事

一、畑二町三反二畝
此下作畝六町七反三畝六歩　　戸次村
この徳米十六石七斗八升二合四勺

一、同七反四畝二十一歩
同一町一反二畝　　曲手村
同二石四斗八升
徳米合せて十九石二斗三升二合四勺
俵にして五十四俵半三斗三升二合四勺
但し、三斗五升入り

外に□五斗五升二合六才　　但し、反掛米下作主どもより直に上納仕るべき分

右は、私ども村方に御座候御赦免開き下作入り立ての

右者、私共村方ニ御座候御赦免開下作入立
之儀、私共ゟ御請合申上、御蔵通之米三斗五升入
五拾四俵余定徳米ニ仕、年々豊凶ニ不抱、年々
十一月廿日限御屋敷江付越相納可申候、右之畑、自然
私入立届兼候節者、忰ゟ世話仕候歟、又者両村帳本
と茂ゟ御世話仕往々□様御請仕
受人立置申候、尤、右之畑、若、荒地等出来仕候ハヽ、
私共自勘を以開明、少も徳米ニ不抱候様相納
可申候、為後年受人相立御請書仕上申所、如件

戸次村惣地方世話人
増住孫兵衛㊞

天保十一年子八月

戸次村庄屋帳本兼勤受人
久四郎㊞

曲手村受人帳本
武助㊞

同村庄屋
安田宇學㊞

出田作左衛門様
御屋敷

儀、私どもより御請け合い申し上げ、御蔵通りの米三斗
五升入り五十四俵余、定徳米に仕り、年々豊凶に抱ら
ず、年々十一月二十日限り御屋敷へ付け越し相納め申す
べく候、右の畑自然私入り立て届き兼ね候節は、忰より
世話仕り候か、又は両村帳本どもより御世話仕りゆくゆ
く□様御請け仕り受人立て置き申し
候、尤も、右の畑、もし荒れ地など出来仕り候らわば、
私ども自勘をもって開き明け、少しも徳米に抱わらず候
様相納め申すべく候、後年のため受人相立て御請書仕上
げ申すところ、件の如し

戸次村惣地方世話人
増住孫兵衛㊞

天保十一年子八月

戸次村庄屋帳本兼勤受人
久四郎㊞

曲手村受人帳本
武助㊞

同村庄屋
安田宇學㊞

出田作左衛門様
御屋敷

121　上益城郡沼山津手永戸次・曲手村出田作左衛門殿御赦免開徳米小前帳（三宅家文書79　竪帳）

（表紙）

天保十一年
上益城沼山津手永 戸次村 曲手村 出田作左衛門殿御赦免開
徳米
小前帳
子八月
（宇学印）印　（久四郎印）印

出田作左衛門殿

一、畑弐町三反弐畝　御赦免開　戸次村　（付札1有り）
此有畝六町四反五畝
徳米拾七石弐斗
内四斗壱升七合六勺　但、本行徳米ゟ反掛米上納分引
残定拾六石七斗八升弐合四勺

御同人

一、同七反四畝弐拾壱歩　右同断　曲手村　（付札2有り）

此有畝壱町壱反弐畝
　徳米弐石四斗□升
外ニ
□壱斗三升四合四勺六才　但、本行徳米□□地主共ゟ
　反掛米上納可仕分
徳米合拾九石弐斗三升弐合四勺
「（付札1）本行有畝之儀、津久礼御引渡之節之しらへ□方ニ而□□しらへ畝方ゟ
弐反八畝六歩少ク御座候得共、野表々々□越、坪々竿入不分ニ而者何坪ニ而
増方可仕儀、見込難成御座候間、近日中現実之しらへ仕□□仕直可□事　」
「（付札2）本行地方戸次村・町村・下町村ゟ
作廻居候分者、現実之しらへニ而
御座候、曲手村之儀右同様之事　」
弓場□□畑数四枚、四百拾番
一、畑六畝　　久平
　此有畝壱反五畝
　徳米□斗七升五合
□□畑壱枚、八百九番

一、同弐畝拾五歩　町村　宇七
此有畝五反
此徳米壱石四斗
一、同拾五歩　下町　新兵衛
此有畝□□
□□壱斗九升
一、同壱反　同人
此有畝弐反三畝
徳米四斗八升
駄飼所畑数弐枚、九百九拾七番
一、畑三畝　下町　新兵衛
此有畝壱反壱畝
徳米弐斗三升
同所□□枚、千四拾三番　当時□枚
一、同壱反□畝　戸次　久平
此有畝六反
徳米壱石六斗□升□合
同所壱枚、千四拾四番
一、同四畝　同人
有畝弐反八畝

徳米七斗

同所畑数三枚、千五拾壱番

一、同壱反壱畝　同人

有畝四反

徳米壱石

同所畑数壱枚、千九拾八番

一、同弐畝　下代　清四郎　（付札3有り）

此有畝五畝

徳米□斗三升

「本行坪々畝番之儀、見圖帳之通相違無之候得共、中□□(付札3)
ゟ之しらへ見圖帳ニ不拘、地面[　　]しらへ方仕候ニ付、
見圖帳反寄ニ引合兼、坪々有畝[　　]入込難成、中積
を以一紙之米高ニ合候様、□□元ニ帳面堅[　]現□□
しらへニ当兼中、□□地方世話[　　　　　　　]
坪々引合不申候而者□□難成御座候へとも、同人病中ニて此節之
間ニ合不申、追而立會右之手数□□帳面調候上可申事
」

同所壱枚、千九拾九番

一、同壱畝　同人

此有畝壱反弐畝

徳米三斗四升
同所畑壱枚、千百番　　松右衛門
一、同三畝
此有畝□反□畝
徳米三［　　］
同所畑壱枚、千百壱番
一、同五畝　　両助
同弐反
同五斗四升
駄飼所畑数三枚、千百弐番、当時四枚
一、畑七畝九歩　　吉助
有畝□反七畝
徳米［　　］
同所畑数弐枚、千百三番
一、同弐［　　］　　龍平
同五畝
同壱斗三升
同所畑壱枚、千百四番、当時三枚
一、同五畝弐拾四歩　　同人
同壱反弐畝

同三斗弐升

同所畑数□枚、千百五番

一、同四反　両助
　　同八反　清四郎
　　同弐石弐斗五升　新次
　　　　　　　　　　次助

同所畑壱枚、千百六番

一、同七畝六歩　次助
　　同弐反弐畝
　　同□斗弐升

同所畑壱枚、千百七番

一、同六畝　勇八
　　同弐反弐畝
　　同六斗弐升

同所畑壱枚、千百八番

一、同三畝　次助
　　同□
　　同□

同所畑数弐枚、千百拾番

一、同三畝□　両助

同□

同弐斗壱升

駄飼所畑壱枚、千百拾壱番

一、同□畝拾八歩　勇平

同九□

同弐斗五升

同所畑壱枚、千百拾弐番

一、同□　同人

同□

同□升

同所畑壱枚、千百拾三番

一、同弐畝　次助

同□畝

同壱斗四升

同所畑壱枚、千百拾四番

一、同壱畝拾五歩　同人

同五畝

同壱斗四升

同所畑壱枚、千百拾五番

一、同壱畝　同人

同四畝
同壱斗壱升
同所畑壱枚、千百拾六番
一、同壱畝　同人
同四畝
同壱斗壱升
同所畑数弐枚、千百拾七番
一、同弐畝　同人
同□畝
同弐斗
同所畑数弐枚、千百拾八番、元六反六畝拾五歩之内
一、同□反三畝拾八歩　助四郎
同□□四畝　茂七
同壱石八斗　龍七
駄飼所畑壱枚、千百拾九番
一、畑壱畝　立左衛門
□□□
徳米壱斗□升
同所畑数弐枚、千百弐拾番
一、同弐畝　同人

同□畝
同壱斗□升
同所畑壱枚、千百弐拾壱番
一、同壱畝　同人
同四畝
同壱斗壱升
同所畑数三枚、千百弐拾弐番
一、同壱反拾八歩　両七
同壱反八畝
同五斗
駄飼所畑数弐枚、千百弐拾三番
一、同壱畝三歩　同人
同壱反
同弐斗八升
同所畑数弐枚、千百弐拾四番
一、同壱畝拾五歩　同人
同壱反五畝
同四斗弐升
同所畑数弐枚、千百弐拾五番
一、同壱畝拾□歩　龍平

同壱反□畝
四斗七升
曲手村分
西原畑壱枚、壱番
一、畑弐畝弐拾七歩　武助
此有畝□畝
徳米壱斗八升
中原畑壱枚、弐番
一、同壱畝弐拾□歩　藤助
同三畝
同三升
部田畑数弐枚、三番
一、同□畝拾弐歩　同人
同七畝
同□斗五升
□□畑数弐枚、四番
一、畑七畝　武助
此有畝壱反弐畝
徳米弐斗六升

風穴畑壱枚、五番
一、同壱反拾五歩　藤助
同壱反□畝
同三斗□□
免ノ上畑壱枚、六番
一、同九畝　同人
同壱反五畝
同三斗壱升
同所畑壱枚、七番
一、同壱反壱畝　同人
同弐反五畝
同六斗壱升
同所畑数弐枚、八番
一、同壱反四畝　無延畝　藤助
此□米弐斗九升
同所畑壱枚、九番
一、同九畝　同人
同壱反□畝
同弐斗弐升

右者沼山津手永戸次村・曲手村ニ御座候御赦免開
之儀、非常之年柄者格別、平年且少々不作之年柄
たり共、反懸米之外徳米ハ何程相納候との儀ハ、帳面
を以御達申上候様被　仰付、奉得其意、両村御赦免開
坪々徳米、右書上候通之石辻少々不作之年柄たり共
相納来申候、尤、非常不作之年柄ハ、右徳米之内
御□等被成下来申候、右小前帳無相違調上
申候、以上

天保十一年八月

戸次村御開世話主
久平㊞

曲手村地主
藤助㊞

同村帳本
武助㊞

戸次村庄屋
帳本兼帯
久四郎㊞

曲手村庄屋
安田宇學㊞

右地方惣受込世話人
　増住孫兵衛㊞

（裏表紙）

=読み下し文=

（表紙）

（宇学印）印　（久四郎印）印

天保十一年

上益城沼山津手永　戸次村 曲手村　出田作左衛門殿御赦免開き　徳米

子八月　小前帳

出田作左衛門殿

一、畑二町三反二畝　御赦免開き　戸次村　（付札1有り）

この有畝六町四反五畝

徳米十七石二斗

内四斗一升七合六勺　但し、本行徳米より反掛り米上納分引き

残り定十六石七斗八升二合四勺

御同人

一、同七反四畝二十一歩　右同断　曲手村　（付札2有り）

この有畝一町一反二畝

徳米二石四斗□升

外に

□一斗三升四合四勺六才　　但し、本行徳米□□地主どもより反掛り米上納仕るべき分

徳米合せて十九石二斗三升二合四勺

「(付札1)本行有畝の儀、津久礼御引き渡しの節の調べ□方にて□□調べ畝方より二反八畝六歩少なく御座候らえども、野表野表□越え、坪々竿入れ分らずにては□□坪にて増し方仕るべき儀、見込み成り難く御座候間、近日中現実の調べ仕り□□仕直し□べき事」

「(付札2)本行地方戸次村・町村・下町村より作廻り居り候分は、現実の調べにて御座候、曲手村の儀、右同様の事」

弓場□畑数四枚、四百十番

一、畑六畝　　　　　　　　　　　　　　久平

この有畝一反五畝

徳米□斗七升五合

□□畑一枚、八百九番

一、同二畝十五歩　　　　　　　町村　宇七

この有畝五反

徳米一石四斗

一、同十五歩　　　　　　　　　下町　新兵衛

この有畝□□□

□□一斗九升

一、同一反　　　　　　　　　　　　　　　　同人
　この有畝二反三畝
　徳米四斗八升
駄飼所畑数二枚、九百九十七番
一、畑三畝　　　　　　　　　　下町　新兵衛
　この有畝一反一畝
　徳米二斗三升
同所□□枚、千四十三番　当時□枚
一、同一反□畝　　　　　　　　戸次　久平
　この有畝六反
　徳米一石六斗□升□合
同所一枚、千四十四番
一、同四畝　　　　　　　　　　　　　　同人
　有畝二反八畝
　徳米七斗
同所畑数三枚、千五十一番
一、同一反一畝　　　　　　　　　　　　同人
　有畝四反
　徳米一石
同所畑数一枚、千九十八番

一、同二畝　　　　　　　　　　　　　下代　清四郎　（付札3有り）
　この有畝五畝
　徳米□斗三升
「（付札3）本行坪々畝番の儀、見図帳の通り相違これ無く候らえども、中□□よりの調べ見図帳に拘わらず、地面□□
調べ方仕り候につき、見図帳反寄に引き合い兼ね、坪々有畝□□入り込み成り難く、申し積もりをもって
一紙の米高に合せ候様、□□元に帳面堅く□□現□□調べに当て兼ね申し、□□地方世話□□
坪々引き合い申さず候ては□□成り難く御座候らえども、同人病中にてこの節の間に合い申さず、追って
立ち会い右の手数□□帳面調え候上、申すべき事」
同所一枚、千九十九番
一、同一畝　　　　　　　　　　　　　　　同人
　この有畝一反二畝
　徳米三斗四升
同所畑一枚、千百番
一、同三畝　　　　　　　　　　　　　　　松右衛門
　この有畝□反□畝
　徳米三□
同所畑一枚、千百一番
一、同五畝　　　　　　　　　　　　　　　両助
　同二反

同五斗四升

駄飼所畑数三枚、千百二番、当時四枚

一、畑七畝九歩　吉助

有畝□反七畝

徳米［　　］

同所畑数二枚、千百三番

一、同二［　　］　龍平

同五畝

同一斗三升

同所畑一枚、千百四番、当時三枚

一、同五畝二十四歩　同人

同一反二畝

同三斗二升

同所畑数□枚、千百五番

一、同四反　両助

同八反　清四郎

同二石二斗五升　新次

次助

同所畑一枚、千百六番

一、同七畝六歩　次助

同二反二畝
同□斗二升
同所畑一枚、千百七番
一、同六畝　　　　　　　勇八
同二反二畝
同六斗二升
同所畑一枚、千百八番
一、同三畝　　　　　　　次助
同［　　　］
同［　　　］
同所畑数二枚、千百十番
一、同三畝□　　　　　　両助
同［　　　］
同二斗一升
駄飼所畑一枚、千百十一番
一、同□畝十八歩　　　　勇平
同九□
同二斗五升
同所畑一枚、千百十二番
一、同［　　　］　　　　同人

同□□

同□升

同所畑一枚、千百十三番

一、同二畝　次助

同□畝

同一斗四升

同所畑一枚、千百十四番

一、同一畝十五歩　同人

同五畝

同一斗四升

同所畑一枚、千百十五番

一、同一畝　同人

同四畝

同一斗一升

同所畑一枚、千百十六番

一、同一畝　同人

同四畝

同一斗一升

同所畑数二枚、千百十七番

一、同二畝　同人

同□畝
同二斗
同所畑数二枚、千百十八番、元六反六畝十五歩の内
一、同□反三畝十八歩　助四郎
同□□四畝　茂七
同一石八斗　龍七
駄飼所畑一枚、千百十九番
一、畑一畝　立左衛門
□□□
徳米一斗□升
同所畑数二枚、千百二十番
一、同二畝　同人
同□畝
同一斗□升
同所畑一枚、千百二十一番
一、同一畝　同人
同四畝
同一斗一升
同所畑数三枚、千百二十二番
一、同一反十八歩　両七

同一反八畝
同五斗
駄飼所畑数二枚、千百二十三番
一、同一畝三歩　同人
同一反
同二斗八升
同所畑数二枚、千百二十四番
一、同一畝十五歩　同人
同一反五畝
同四斗二升
同所畑数二枚、千百二十五番
一、同一畝十□歩　龍平
同一反□畝
四斗七升
曲手村分
西原畑一枚、一番
一、畑二畝二十七歩　武助
この有畝□畝
徳米一斗八升

中原畑一枚、二番
一、同一畝二十□歩　藤助
同三畝
同三升
部田畑数二枚、三番
一、同□畝十二歩　同人
同七畝
同□斗五升
□□畑数二枚、四番
一、畑七畝　武助
この有畝一反二畝
徳米二斗六升
風穴畑一枚、五番
一、同一反十五歩　藤助
同一反□畝
同三斗□□
免ノ上畑一枚、六番
一、同九畝　同人
同一反五畝
同三斗一升

同所畑一枚、七番
一、同一反一畝　　　　　　　　　　　同人
　同二反五畝
　同六斗一升
同所畑数二枚、八番
一、同一反四畝　延べ畝無し　　　　　藤助
　この□米二斗九升
同所畑一枚、九番
一、同九畝　　　　　　　　　　　　　同人
　同一反□畝
　同二斗二升

右は沼山津手永戸次村・曲手村に御座候御赦免開きの儀、非常の年柄は格別、平年かつ少々不作の年柄たりとも、反懸り米のほか徳米は何程相納め候との儀は、帳面をもって御達し申し上げ候様仰せ付けられ、その意を得奉り、両村御赦免坪々徳米、右書き上げ候通りの石辻、少々不作の年柄たりとも相納め来り申し候、尤も、非常不作の年柄は、右徳米の内、御□など成し下され来り申し候、右小前帳相違無く調え上げ申し候、以上

戸次村御開き世話主
久平㊞
天保十一年八月
曲手村地主
藤助㊞

同村帳本
武助㊞
戸次村庄屋
帳本兼帯
久四郎㊞
曲手村庄屋
安田宇學㊞
右地方惣受込世話人
増住孫兵衛㊞

（裏表紙）

㊞（宇学印）
㊞（久四郎印）

122　吉浦兵右衛門覚書　（三宅家文書73　切継紙）

（端裏書）
「写　嘉永三年戊戌三月写之
　本書吉浦諸兵衛家に在」

岫巖院様、元文二年十一月
御知行弐千石被遊
御拝領候、翌十二月衛士様
御家老被成御勤候節、左学様江
御出有之候様ニ申参候由、早速
御出御座候処、衛士様被仰候者、
貴殿御呼立申候儀、外之儀ニ而者
無御座、三宅平太郎儀、被對
先祖、新知弐千石被下置、座席
ともニ被
仰出之趣、結構成事ニ御座候、
右ニ付而者、吉浦左々右衛門倅
万五郎と申者、幼年ニ而居候由
承申候、今度、三宅之家御立
被下候ニ付而者、吉浦之家を茂

（端裏書）
「写し　嘉永三年戊戌三月これを写す
　本書吉浦諸兵衛家に在り　」

岫巖院様（時之）、元文二年十一月御知行二千石御拝領遊ばされ
候、翌十二月衛士様御家老御勤め成され候節、左学様へ
御出でこれ有り候様に申し参り候由、早速御出御座候と
ころ、衛士様仰せられ候は、貴殿御呼び立て申し候儀、
ほかの儀にては御座無く、三宅平太郎（時之）儀、先祖に対せら
れ、新知二千石下し置かれ、座席ともに仰せ出さるの
趣、結構成る事に御座候、右については、吉浦左々右衛
門倅万五郎と申すは、幼年にて居り候由承り申し候、今
度、三宅の家御立て下され候については、吉浦の家をも
相立てられ候様に存じ候、尤も祖父郷右衛門未だ達者に
居り申し候由、承り申し候間、郷右衛門を呼び出され、
万五郎人立ち申し候まで、後見申し付けらるべく候、尤
もこの儀は手前一人の存じ寄りにてはこれ無く、同席中
申し談じ候事に候、この段平太郎へ申し聞かさるべく
候、右の通りの御様子について、吉浦家を立て下さる旨

被相立候様ニ存候、尤、祖父郷右衛門
未達者ニ居申候由、承申候間、
郷右衛門被呼出、万五郎人立
申候迄、後見可被申付候、尤、此儀者
手前壱人之存寄ニ而者無之、
同席中申談候事ニ候、此段
平太郎江可被申聞候、右之
通之御様子ニ付而、吉浦家を
被立下旨ニ而、私六歳罷成候節、
元文三年正月十一日、瀬戸坂
御屋敷江被為
召、御知行百石被下置、先規之通
被召出候

右之通御座候、以上

寛政八年
十一月　　吉浦兵右衛門

にて、私六歳に罷り成り候節、元文三年正月十一日、瀬
戸坂御屋敷へ召させられ、御知行百石下し置かれ、先規
の通り召し出され候

右の通りに御座候、以上

寛政八年十一月　　吉浦兵右衛門

三　職務関係

123 三宅藤兵衛及び討死家臣・中間の氏名・法名の覚（三宅家文書156　切紙）

寛永十四年十一月十四日打死
龍徳院殿雪山道白居士
三宅藤兵衛
節宗道忠居士　吉浦兵右衛門
陽山以白居士　家臣　山本五郎兵衛
全宗禅定門　神浦久作
松仙禅定門　中間　瀬戸吉蔵

寛永十四年十一月十四日討死
龍徳院殿雪山道白居士
三宅藤兵衛
節宗道忠居士　吉浦兵右衛門
陽山以白居士　家臣　山本五郎兵衛
全宗禅定門　神浦久作
松仙禅定門　中間　瀬戸吉蔵

124 吉浦郷右衛門覚書（熊本県立図書館蔵「上妻文庫」137　竪帳）

（中表紙）

吉浦郷右衛門覺書

唐津以来之聞書

一、古藤兵衛様御事、天正十年六月十四日光秀様四条縄手之御合戦に御仕負被成候節者、藤兵衛様ハ二歳之御時ニ而候、其節、左馬助様ニ者美濃国安土（近江国ナリ）信長様御居城ニ被為向候處、蒲生殿御留守居ニ御在城ニ而御座候得共、御防戦難成、信長様御臺所様・御子様方共、早々城を御退散被成候故、御雑作もなく城を御乗取被成、上方之様子御到来有之ニ付、早速、安土ニ火を被成御懸、江刕坂本の御城へと御引取被成候、光秀様御持之城ハ、丹波亀山・近江坂本両所ニ而御座候、坂本御城へ者光秀様御臺様・左馬助御良様方も被成御座候、右之通左馬助様安土ゟ坂本ニ御引取被成候御様子、太閤様方へ相聞候ニ付、太閤様ゟ堀久太郎殿江左馬助儀討留候様との儀被仰付ニ而、久太郎殿瀬田橋口へ備を立、待受、合戦に及候を、左馬助様一戦ニ御切崩被成、石山寺邊迄追討被成、其競を以、大津の濱辺を御通被成、坂本の御城江御恙なく御入被成候、安土へ被成御向候節ハ、御人数三千ニ而御座候へ共、四条縄手負軍之様子相聞ニ付而落散、安土御引取被成候節ハ、漸七百程ニて、御城へ被成御入候、然ハ、太閤様方之人数段々かさみ、御城を取巻申候、城下ニも段々一騎起り、御城所々ニ火ヲ懸、焼立候ニ付、味方ハ次第ニ気後、侍中も段々落散、御重恩の衆中、又内之者共ニ漸八十人程宛を相究罷留候、籠城の躰ニ而口々を堅メ申候、其時、左馬助様御意被成候ハ、此城外ニ後詰之御味方無之、御運の極り候間、御籠城可被成様も無之、乍然、今日中者何卒敵に不敗様に被仕候様ニと御座候得者、終日堅固ニ御城を御持被成候、左候而暮方ニ及、光秀様御臺様、布袋を数多被仰付、白米・金銀を御入させ被成、侍衆を被成御寄、御意被成候者、此躰迄いつれも忠義の勤を仕候段御感悦不浅事ニ被思召上候得共、御家運、今日ニ限り候得者、御報謝可被成様も無之候、いつも義就共ニ仕られ候得共、御運を開かるへき事無之候間、此袋ものを銘々持参仕、夜ニ入、何卒、堅固ニ御城を罷出申、何方ニなり共身を寄被申候様ニと、数々の御意御座候而、一々御配被成候末ニ、又、内之もの共ハ御本丸下郭ニ御集被成、堀越ニ被仰付、袋物を御投被下候、いつれも涙なから頂戴仕、袋を首ニかけ、夜ニ紛、方々に退散仕候、当世御旗本に斉藤帯刀様も其中ニて御座候様子承傳申候、其節、左馬助様御家老安田某と申仁も其中ニて堅固ニ立退、西国ニ下り被申、天野源右衛門と改、筑後国柳川の家老二千石ニて相勤被申候、当御国山鹿隈部式部殿籠城之一乱之節も、柳川勢の中ニて一段振よろ敷、其後、朝鮮陣ニても、立花家ニて武功勝レ

申候、後ハ柳川を立退被申候を、肥前唐津寺沢志广守様へ
壱万石ニて被召寄候、左馬助様へ居被申候節ハ、定而小身ニ而
可有御座處ニ、右之通りニ御座候得者、其御主君左馬助
様御武功之程、乍恐被奉察候、能者を御持被成候儀、御名将
故と被奉存候、右之通ニ付、上々様方、段々御生害ニて御座候、
左馬助様へも御腹切可被成、御行水御場所江藤兵衛様を
御呼被成候を、御うば御意を背、いたき奉り、御城を立退申候、
推而も御呼不被成由、定而若は御長久も被成、御家を御立被成
候時も可有御座との思召ニての儀ニ御座候哉と承り傳申候、
藤兵衛様御姉様御座候被成候、是ハ御生害ニて御座候、左
候而御うばとかくいたし、御城ハ立出申候得共、乱軍之中ニて
凌かたく、大津町裏葭の茂り候中ニ隠置奉り、其身迄立
退候を、京都の町人拾ひ上奉り、京都ニて、密ニそたて上申
候、此町人ハ、定而左馬助様御用ゟ相勤候御懇意之者故、御
姥知り申候故ニ付、拾ひ上申候哉と一提申候、藤兵衛様、天
草御在世之御時ゟ、京都之町人大文字屋と申者の方へ、
五人扶持完被差登候を、一提能覚居申候、大文字屋と申
迄覚居申候而、名を覚不申候、左候而、太閤様御代ニ成り、世
も静ニ成候上ニて、藤兵衛様を三斎様伏見の御屋敷へ
御供仕、右之次第を申上ル、藤兵衛様十三才の御時ニ御座候、

三斎様被為驚、早速密ニ高野山へ被差登置候、寺院の名ハ失念仕候、御出家下地之躰ニて、御名を師様と申候、其間、折々伏見へ御越被成、秀林院様へハ必多度と御對面御座候、其砌、秀林院様ゟ被進候御文残居申候、瀬戸口へ御持参被成候、奉書紙一枚ニ御文躰さら〳〵と被遊候て、御端書ニ返ス〳〵かね五拾目まいらせ候、御合点ニて御つかひ候得と被遊候を、折々拝見仕候、師様十九才之御時、時節も押移、苦かるましくと三斎様被思召上候哉、左馬助様の御子高野山ニ忍び御座候を被聞召付候、御縁方之儀ニ御座候ニ付、如何可被遊候哉被為伺候處、太閤様上意ニ、其倅盛人仕候迚何をか可仕哉、三斎様へ被遣候間、如何様共御心の侭ニとの儀ニて御座候由傳承申候、依之、早速御元服、御名を三宅与助と被為改、三斎様ゟ三百石被遣、関ヶ原一乱之時分迄ハ御当家ニ被成御座候、其後、御家を立退被成、肥前唐津へ御越被成候處、寺沢志广守様より先知三百石被遣候、唐津へ御越被成候御様子ハ左馬助様之御家老天野源右衛門唐津へ居申ニ付、夫々御便り御越被成候哉ニ承傳候、唐津ニて、大坂乱之時分、唐津御家老何某と申仁御陣觸を背キ被申候ニ付、志广守様御立腹被成、御打果候様ニと、仕手を被差向候處ニ、此仁、武勇之人ニて、家来に被申候而屋鋪を取かため、弓・鉄炮を放し、寄手を散し、中々手ニ及ひかたく御座候ニ付、志广守様も大手御門迄御出馬被成候程の所ニ、藤兵衛様御馳付被成、宜敷御働被成候ニ付、早速三百石の御加増ニて六百石ニ御成なされ候、其後、段々御加増被成、三千石ニて、天草の押へ御役ニて冨岡城へ被成御座候、藤右衛門様にハ、御別知ニ千石ニて唐津ニ被成御座候、御番頭御勤被成候三男加右衛門様へハ、御別知千石ニて、冨岡御城代御勤被成、同御城内ニ御座被成候、是ハ藤兵衛様御老年ニ付、志广守様御懇意ニて御介添之御心持ニて、冨岡ニ加右衛門様をも被遣置哉と一提常々申候、加右衛門様御城代之御役故、一揆之時分御出陳難相成、本戸嶋子之戦場へは御出不被成候、一揆以後、藤右衛門様御当家へ御越被成候、此方之儀ハ相知レ居申儀を書不申、右之物語者宗天様・遠山与右衛門様と申仁御座候、御理發仁ニて、萬故実ニ被達、此之物語を一提常ニ承り、其外ニも、古キ衆残居申され、折々の物語を承り覚居申候、右与右衛門様御事、御重病ニて、世上躰難被成、御浪人ニて、戸次村江御在宅被成、彼所ニて御病死被成、御墓所も村之上松山際ニ御座候

一、天野源右衛門殿柳川ニ居申され候中、家中之衆中ニ、馬之中乗を初メ被申候、其時分迄者、西国方ニハ馬の小乗不存候處ニ、

柳川衆へ者右之通源右衛門殿ゟ傳被申候、武之法式品々御座候由、岡田平太夫殿と申仁物語ニ承り、平太夫儀御事ニてト柳川衆故御存知ニて御物語御座候

一、右源右衛門殿武功之中ニ者、第一覚ハ、光秀様御謀反之事、信長様を鎗付被申候、其次第ハ、光秀様御謀反之思召立ニて、御在城丹波龜山ニ御引入被成、外へ之聞ニ候、中国毛利家との御取合之為御人数を催され候分ニて、御人数御仕立被成、龜山ゟ京都へ本道を御押被成候てハ、行程遠く、間抜仕候間、御数国之中故、人夫を大勢御取寄被成、大江山の中に夜の間ニ朝道を被仰付、夜中ニ京都ニ御着被成、天正十年六月二日之未明ニ、左馬助様御先手ニて、信長様御宿陣本能寺へ御取懸被成、未夕御門開キ不申候ニ付、左馬助様ゟ仰入られ候者、城之助様御謀反ニ付、光秀御味方ニ参り申候、早々御門開き被申候様ニと有之候得者、御門番之衆中ニ驚、取あへす御門を開き候付、其侭押入、御門番之者共を一々切伏、未明と申、俄之事故、差而立向衆無之故、其侭御臺所前迄御仕込被成、其時、信長様へハ御さばき髪ニて、半弓を御持被成、御臺所口ニ御立被成候哉、世倅共と御いかり被成候、御威光ニ、覚へずハっと平腹(ママ)仕候、中ゟ源右衛門進ミ出、鎗を以信長様之左之御頬先を突被申候を、信長様源

右衛門鎗りを御握り、鎗先之血を御衣ニて御ぬくひ取、鎗ヲ
御つき放し、其侭奥へ御入被成、其跡ゟ森蘭丸切出申
され候を、是も源右衛門鎗付ケ被申、其時、親子共ニ仕舞候と
高聲ニ呼わり申され候、是ハ蘭丸を城之助様と心得違
ての儀ニ御座候、城之助様へハ、二條之御城ニ被成御座候儀
を、兼而乍存、取違被申候故、後年、武功物語之節者、自分
邊ハうろたへ、武邊毎度座興ニ被申候由御座候、源右衛門
殿終に様子ハ於唐津左之頬ニ無名の腫物出来、色々療
養被仕候得共平癒無之、有馬湯治ニ罷越、唐津發足
之時分被申候ハ、平癒仕候ハ、帰可申、平癒無之候ハ、二度帰り
申間敷と被申候處ニ、有馬湯治ニても快気無之候ニ付、彼方ニて
自害仕相果被申候、子息壱人御座候ヲ御取立、壱万石被下、
御家督被仰付候處、無程、目を相煩、盲ニ成被申候由ニ御座候

一、天草郡ハ、寺沢様関ヶ原乱之後御加増ニ被成御座候、唐津
ゟ海陸四十里余之遠方ゆへ、志广守様御大切之場所と被思
召上、城地を御念被入、所々御改被成候、初者栖本に御城御座
候而、高畑忠兵衛殿と申仁弐千石取ヲ被召置候、其後、才津
村に御城を被築、関主水殿と申、是も弐千石取を被召置
候、此仁元ハ筒井順慶老御内ニて、兵家彦之進と申て、武
功覚之仁ニて、後、家名を改被申候、右彦之進家来ニ山本

五郎兵衛と申者、主人ニ劣り不申覚の者ニて、弐千石之内ゟ二百石給居候、此者倅五郎兵衛を古藤兵衛様へ被召抱置候處ニ、一揆之節、本戸ニて首尾好御供申上、相果申候

一、才津城も解候而、冨岡ニ御城御築、此所、本ハ志岐崎と申候を御城被築候て、冨岡と名を被改候、寂初之御城代川村四郎右衛門、知行高弐千石、次ニ中村藤斎老弐千石、其跡、藤兵衛様被成御座候、右栖本御城代高畑忠兵衛殿御勤之砌、志广守様を御縁組相調候ニ付、薩广守様ゟの御使者伊勢兵庫ト申御家老之弟伊勢平左衛門と申仁唐津へ被差置候處ニ、逗留之中、寺沢家之小身をあなとり、何角兎過言被申、慮外なる様子栖本へ相聞候付、忠兵衛殿立腹被仕、唐津者其分ニて差通候儀腰抜と成、あわれ当所ニ船ゟ寄せ申候へかしと被申候處、唐津ゟ之帰りニ栖本ニ船懸被仕候付、忠兵衛殿歓被申候、唐津ゟ之当所之城代、茶を進申度候条、城江御入候様ニと申遣、呼受、振舞之上、数寄屋之中ニて何之手もなく平左衛門殿を打果被申候、供之者臺所迄切入候を、忠兵衛殿家来城付之侍衆切拂、城外へ追拂被申、船ニ退乗申候、尤、味方にも手負・死人少々有之候由、忠兵衛殿早速切腹被仕候、平左衛門殿死かひハ船場へ持出し、薩广衆

へ相渡申候、忠兵衛殿へ男子二人御座候、舎兄半兵衛殿・弟六左衛門殿と申候、嶋津家へ被對、家督不被仰付、新地五百石被遣候、子孫いつ方へそ可有御座哉、忠兵衛殿下腹ニも男子壱人御座候、盛人後、高畑久之允と申候て、八代前の佐渡様へ相勤居申候處、様子有之、山本金左衛門と申中小姓頭、外ニ壱人両人ニ打果候様ニと被仰付、久之允を八代御城檜木書院ニ召出、打果可申と仕候處、久之允一尺四五寸程之脇差ヲ抜合、金左衛門ニ渡合、漸々、久敷切合、久之允者即座に打果、金左衛門ハ深手ニて後日ニ相果申候、右切合申候内ニ久之允手の指切落され申候ニ付、後ハ無刀ニて金左衛門ニ言葉をかけ、己如きの小倅者蹴殺候ハんと申而、間内を蹴廻り申候、死骸を見申候處、足の裏ニ切疵数多有之由、折節、久之允脇差を細工屋へ遣差替へ持不申故、細工屋ゟ麁末成脇差をかりて差居申候故仕負申候由、よき道具持合居候ハヽ、中〳〵多勢ニても手ニ及かたく様子ニ御座候由、脇差短く御座候故、餘り踏込過切付、金右衛門手疵ハ切疵ゟと額ニ鋳之あたり申候處数多御座候由、中々、脇ゟ助申事も成り不申程之働ニ而御座候由、八代衆古き人珍敷事ニ何れも物語り残申候、剛ノ者子孫程有之候由との物語ニて御座候

一、唐津ゟ一里程の所ニ高崎と申嶋の上ニ天狗下り居候由、唐津へハ注進有之候ニ付、侍衆上下共、各馬上、又ハ歩行ニて馳付、礒部より見被申候へハ、いかにも繪にかきしことくの姿故、いつれも驚見候處ニ、中江新右衛門殿と申仁、馬上に鉄炮を提馳付被申、馬ゟ飛下り、波打際ニて、ヒザ臺ニて天狗のたゝ中を打被申候付、岩ゟ下ニ轉ひ落候を、漁船を乗付、取上ケ被申候得者、古き大猿を鷲取候得共、猿達者故心侭に難成、互ニ組合居申候ニ付、遠方ゟ見分かたく、右之通ニ御座候由、又、此仁、有時、自分門前ニ立居申候處ニ、筑前ゟ唐津へ必多度参り候馬口労、兼々腕立を仕、朱鞘の長キ刀ナを指廻り、其節、門前間近く通り候を、新左衛門殿つばきを態トはき被申候を、右之者咎り喧嘩ニ及、互ニ抜合、新左衛門殿ハ、大脇差ニて切合被申候中ニ、踏すべり、横ニ成なから拂切ニ切倒し被申、右横ニなり被申候處を、彼者拝打ニ仕候處ニ、能き練り之印籠を提被申ニ切付、身ニ当り不申候、新左衛門殿親父ハ、疋田文五郎弟子ニて、無隠兵法の上手ニて御座候由、新左衛門殿事ハ唐津崩レ以後、京極若狭守様へ千石ニ而被召抱候

一、天草一揆之時分、唐津御一老岡嶋次郎兵衛と申仁、高六千石、此人奸者ニ而御座候、様子ハ何某と被申者小身

なる御侍、兼て次郎兵衛殿と不和ニ而御座候、此仁武勇の覚有之仁ニて御座候得共、不宜仁ニて、常々過言被申候と、自身も次郎兵衛と不快ニ付、身上無事ニ者通間敷、御暇抔との被仰渡候ハヽ、偏ニ次郎兵衛之所意と存ルニ付、其座ゟ直ニ次郎兵衛屋敷ニ踏込、存分を遂可申と被申廻候を、次郎兵衛殿被承付、いつとなく手ニ付、懇意ニ被仕候得者、本ゟ浅智なる仁ニて、前々の悪口とハ違、殊之外懇意ニて、其後ハ、次郎兵衛殿ならでハと被申廻、何そ之節ハ、家来同前ニ勝手ニ相詰、昼夜入込居被申、次郎兵衛殿取成ニて地行(ママ)の加増をも被下候上ニ而、御前散々悪敷申上、一御暇被遣候、其節自分ニ者不存驚被申候振ニて、家来数多屋敷〳〵遣、道具片付させ、他国へ立退被申、路銀ホ合力被仕、夢々不存風情ニて、唐津拂除ケ被申候、此仁、覚有之仁ニて、無程上方ニて身上有付被申候得者、其所ニ飛脚を立て、音物ホ被仕、以来迄、疎意無之風情ニ被仕、ケ様之奸計なる仁ニて御座候故、武冥加ニつくし被申候様子ハ、男子三人御座候處ニ、一揆乱之節、壱人も用ニ立不申候、嫡子次郎左衛門殿別知三千石、番頭ニて本戸ニ向被申候處ニ、敵の時之聲を聞被申候と、其侭遁被申、冨岡へも引取得不申、直ニ長崎へ立退被申候、二男七郎左衛門殿弐千石、是も其節何之用ニも立不申、三男兵左衛門殿ハ、江戸ゟ兵庫頭様御供ニ而罷下候途中ニても、段々舎兄両人之臆病之沙汰追々ニ承り被申、無念之事ニ被存、責て自身壱人なり共、何様可被仕との存念ニ而、原之城ニ被向候處、落城の節、人並ニ出立被申候得共、眼くらミ、腰立不申ニ付、何之働きも成不申、家来ニ被申候者無是非仕合ニ候、此上者其方共平生懇意ニ召仕候、情ニ者自分を何卒敵の手へ懸け呉候様ニとの事ニ付、此仁平生情有仁ニて、家来を能被召仕候ニ付、家来とも得其意、精を出し被圍ミ本丸際迄押詰申候、其間余り鉄炮しけく、家来共進兼候節ハ、自分者腰立深手ニ当り、其時安堵致され、寂早是迄ニ候間、御本陣へ連参り候様ニとの事ニ而御座候間、御前へ被罷出何之御用ニも相立不申、無是非仕合之段被申上、無程相果被申候、臆病ハ心の外の物ニ御座被成との由、一提常々物語仕候、右手負被申以前ハ、言葉も分り兼候得共、手負被申候後ハ、本性に成り言葉も慥ニ御座候由、右之通り親父次郎兵衛殿邪智深く、正道に無之仁にて有之候故にや、子共衆如此ニ御座候哉と一提折々物語仕候

一、藤右衛門様御妹子様御一所に御座候、唐津にて陰山源左衛門様ト申に五百石御越被成、源左衛門様へハ島子ニ而御働宜敷、其後、原之城夜討之節、藤右衛門様御働之場ニ而御討

死被成候、御家来高添作左衛門ト申者、於島子働宜敷敵を鑓付候、鑓を持、冨岡に御供仕帰申候様子、祖母、并、一提能見申候而、折々物語仕候、其後、御妹子様御当国ニ御越被成、六ヶ村之中ニ御在宅被成、右作左衛門御供ニ而罷越、御奉公仕、御死去被成候御跡迄六ヶ村に居申候、法躰仕、浄蓮と名を改申候、倅高添角左衛門と申候、御当地にハ越不申、本國唐津ニ居申候、浄蓮、老病ニ而果申候處、六ヶ村へ罷越、浄連死後之萬事之事の埒を相究、唐津へ帰り申候、近年傳へを以承り候得者、唐津横町と申ニ職人に罷成候而居申候、子供二人御座候、何レも武家へ奉公仕居申候由、此子共ハ浄連ゟ五代に而可有御座候、浄連六ヶ村にて勤方宜敷、委細ハ事永ク御座候ニ付省畧仕候、御妹子様被成御死去候而、同村之中、権兵衛様百姓屋敷之内ニ而四五間程之地を自分仕置候、田開一畝程ニ替へ候而、御墓を築、廻りを不囲垣に仕候、御印に梅木を植置申候、此方の御知行、庄屋喜次左衛門屋敷中にも立福寺と申、小き阿弥陀堂御座候、御菩提之ためと申候而、御堂ニ上置候而、田開少し付置申候、三十三年之御法事料をも御寺に上置候而、病死仕候、惣躰、一生之様を当世の忠儀之臣と申候而可有御座候、御妹子様へ御男子御壱人御早世、御女子御壱人被成

御座候、松野四郎太夫様御祖父松野善右衛門様へ御越被成候

一、故新兵衛様御家来橋本惣右衛門ト申者、本戸ニ御供仕
能付添申、敵を鑓付、血之付候鑓を、冨岡に持参仕候を、一提
も見申候、原之城夜討之節、能付添働申候由、此もの男無
御座、女子一人御座候に、聟を取、鎌田㐂近右衛門と申候、九
郎兵衛様御代迄相勤病死仕候、此者男子御座候得共、
生付不調法にて、妻をも持不申、中年廻り候而病死仕候、
㐂近右衛門娘も一人御座候、仙石被縁付仕候、此子孫御座候哉
承り不申候

一、同御家来城戸半四郎と申者も、御場所ニ而能付添
相勤申候由ニ御座候、以上
右者、一提、折節物語仕候中、荒増承覚居申候通書記
置申候、以上

三宅藤兵衛家司先祖之由

元文四年五月　　吉浦郷右衛門

季行（花押）

嘉永五年壬子四月写置　　武藤政立

右者武藤嚴男取次ニテ文献雑録借用ス、其内ニ吉浦覚書有り、依之、直様筆ヲ取、明治四十参年戌十二月七日ゟ同十五日迄ニ写之

宮村典太

七十五才之筆

右吉浦覚書壱冊十一枚、宮村氏盤桓随筆巻参所載也

昭和十四年九月廿六日起筆、卅日写了　上妻博之記㊞

＝読み下し文＝

（中表紙）

吉浦郷右衛門覚え書き

唐津以来の聞き書き

一、古藤兵衛様（三宅重利）御事、天正十年六月十四日、光秀様四条縄手の御合戦に御仕負けなされ候節は、藤兵衛様は二歳の御時にて候、その節、左馬助様には美濃国安土（近江国ナリ）信長様御居城に向わせられ候ところ、蒲生殿御留守居に御在城にて御座候らえども、御防戦成り難く、信長様御台所様・御子様方とも、早々城を御退散なされ候故、御雑作も無く城を御乗っ取りなされ、上方の様子御到来これ有るにつき、早速、安土に火を御懸けなされ、江州坂本の御城へと御引き取りなされ

候、光秀様御持ちの城は、丹波亀山・近江坂本両所にて御座候、坂本御城へは光秀様御台様・左馬助(明智)御良様方も御座なされ候、右の通り左馬助様安土より坂本に御引き取りなされ候御様子、太閤様方へ相聞え候につき、太閤様より堀久太郎殿へ左馬助儀討ち留め候様にとの儀仰せ付けらるにて、久太郎殿瀬田橋口へ備えを立て待ち受け、合戦に及び候を、左馬助様一戦に御切り崩しなされ、石山寺辺迄追い討ちなされ、その競いをもって大津の浜辺を御通りなされ、坂本の御城へ御恙なく御入りなされ候、安土へ御向いなされ候節は、御人数三千にて御座候らえども、四条縄手負け軍の様子相聞くについて落ち散り、安土御引き取りなされ候節は、ようやく七百程にて、御城へ御入りなされ候、然れば、太閤様方の人数段々かさみ、御城を取り巻き申し候、城下にも段々一揆起り、御城所々に火を懸け、焼き立て候につき、味方は次第に気後れ、侍中も段々落ち散り、御重恩の衆中、又、内の者どもにようやく八十人程宛を相究め罷り留め候、籠城の体にて口々を堅め申し候、その時、左馬助様御意なされ候は、この城外に後詰めの御味方これ無く、御運の極り候間、御籠城なさるべき様もこれ無く、然しながら、今日中は何卒敵に敗けざる様に仕られ候様にと御座候らえば、終日堅固に御城を御持ちなされ候、左候て暮方に及び、光秀様御台様、布袋をあまた仰せ付けられ、白米・金銀を御入れさせられ、侍衆を御寄せなされ、御意なされ候は、この体迄いずれも忠義の勤めを仕り候段、御感悦浅からざる事に思し召し上げられ候らえども、御家運、今日に限り候らえば、御報謝なさるべき様もこれ無く候、いつも義就ともに仕られ候らえども、御運を開かるべき事これ無く候間、この袋ものを銘々持参仕り、夜に入り、何卒、堅固に御城を罷り出で申し、いず方になりとも身を寄せ申され候様にと、数々の御意御座候て、一々御配りなされ候末に、又、内のものどもは御本丸下郭に御集めなされ、堀越しに仰せ付られ、袋物を御投げ下され候、いずれも涙ながら頂戴仕り、袋を首にかけ、夜に紛れ、方々に退散仕り候、当世御旗本に斉藤帯刀様もその中にて御座候様子承り伝え申し候、その節、左馬助様御家老安田某と申す仁もその中にて堅固に立ち退き西国に下り申され、天野源右衛門と改め、筑後国柳川の家老二千石にて相勤め申され候、当御国（肥後）山鹿隈部式部殿籠城の一乱の節も、柳川勢の中にて一段振りよろしく、その後、朝鮮陣にても立花家にて武功勝れ申し候、後は柳川を立ち退き申され候を、肥前唐津寺沢志摩守様へ一万石にて召し寄せられ候、左馬助様へ居り申され候節は、定めて小身にて御座有るべきところに、右の通りに御座候らえば、その御主君左馬助様御武功の程、恐れながら察し奉られ候、能き者を御持ちなされ候儀、御名将故と存じ奉られ候、右の通りにつき、上々様方、段々御生害にて御座候、左馬助様へも御腹切りなさるべく、御行水御場所へ藤兵衛様を御呼びなされ候を、御姥御意を背き抱き奉り、御城を立ち退き申し候、推しても御呼びなされざる由、定めて若は御長久もなされ、御家を御立てなされ候時も御座有るべきとの思し召しにての儀に御座候哉と承り伝え申し候、藤兵衛様御姉様御座なされ候、これは御生害にて御座候、左候て御姥とかくいたし、御城は立ち出で申し候らえども、乱軍の中にて凌ぎがたく、大津町裏葭の茂り候中に隠し置き奉り、その身迄立ち退き候を、京都の町人拾い上げ奉り、京都にて密かに育て上げ申し候、この町人は、定めて左馬助様御用等相勤め候御懇意の者故、御姥知り申し候故につき、拾い上げ申し候哉と一提申し候、藤兵衛様、天草御在世の御時より京都の町人大文字屋と申す者の方へ、五人扶持宛差し登され候を、一提よく覚え居り申し候、大文字屋と申す迄覚え居り申し候て、名を覚え申さず候、左候て太閤様御代になり、世も静かになり候上にて、藤兵衛様を三斎様伏見の御屋敷へ御供仕り、右の次第を申し上げる、藤兵衛様十三才の御時に御座候、三斎様驚かせられ、早速密かに高野山へ差し登せ置かれ候、寺院の名は失念仕り候、御出家下地の体にて御名を帥様と申し候、その間、折々伏見へ御越しなされ、秀林院様へはひたと御対面御座候、その砌、秀林院様より進ぜられ候御文、残り居り申し候、瀬戸口へ御持参なされ候、奉書紙一枚に御文体さらさらと遊ばされ候て、御端書に返す返すかね五十日参らせ候、御合点にて御使い候らえと遊ばされ候を、折々拝見仕り候、帥様(三宅重利)十九才の御時、時節も押し移り、苦しかるまじと三斎様思し召し上げられ候哉、左馬助様の御子、高野山に忍び御座候を聞こし召し付けられ候、御縁方の儀に御座候につき、いかが遊ばさるべき候哉、伺わせられ候ところ、太閤様上意に、その倅成人仕り候とて、何をか仕るべき哉、三斎様へ遣わされ候間、いか様とも御心のままにとの儀にて御座候由伝え承り申し候、これにより、早速御元服、御名を三宅与助と改めさせられ、三斎様より三百石遣わされ、関ヶ原一乱の時分迄は御当家に御座なされ候、その後、御家を立ち退きなされ、肥前唐津へ御越しなされ候ところ、寺沢志摩守様より先知三百石遣わされ候、唐津へ御越しなされ候御様子は、左馬助様の御家老天野源右衛門唐津に居り申すにつき、それぞれ御便り御越しなされ候哉に承り伝え候、唐津にて、大坂乱の時分、唐津御家老何某と申す仁、御陣触れを背き申され候につき、志摩守様御立腹なされ、御打ち果たし候様にと、仕手を差し向けられ候ところに、この仁、武勇の人にて、家来に申され候て屋敷を取り固め、弓・鉄砲を放し、寄せ手を散らし、中々手に及びがたく御座候につき、志摩守様も大手御門迄御出馬なされ候程のところに、藤兵衛様御馳せ付けなされ、よろしく御働きなされ候につき、早速三百石の御加増にて六百石に御成りなされ候、その後、段々御加増なされ、三千石にて、天草の押え御役にて富岡城へ御座なされ候、藤右衛門様には、御別知千石にて唐津に御座なされ候、御番頭御勤めなされ候、三男加右衛門様へは御別知千石にて、富岡御城代御勤めなされ、同御城内に御座なされ候、これは藤兵衛様御老年につき、志摩守様御懇意にて御介添えの御心持ちにて、富岡に加右衛門様をも遣わし置かる哉と一提常々申し候、加右衛門様御城代の御役故、一揆の時分御出陣相成り難く、本渡島子の戦場へは御出でなされず候、一揆以後、藤右衛門様御当家へ御越しなされ候、この方の儀は相知れ居り申す儀を書き申さず、右の物語は宗天様・遠山与右衛門様と申す仁に御座候、御理発の仁にて、よろず故実に達せらる、この物語を一提常に承り、その外にも、古き衆残り居り申され、折々の物語を承り覚え居り申し候、右与右衛門様御事、御重病にて、世上体なされ難く、御浪人にて、戸次村へ御在宅なされ、彼所にて御病死なされ、御墓所も村の上、松山際に御座候

一、天野源右衛門殿柳川に居り申され候中、家中の衆中に、馬の中乗りを初め申され候、その時分迄は、西国方には馬の小乗りも存ぜず候ところに、柳川衆へは右の通り源右衛門殿より伝え申され候、武の法式品々御座候由、岡田平太夫殿と申す仁物語に承り、平太夫儀御事にてと柳川衆故御存知にて御物語り御座候

一、右源右衛門殿武功の中には、第一の覚えは、光秀様御謀反の事、信長様を鎗付き申され候、その次第は、光秀様御謀反の思し召し立てにて、御在城丹波亀山に御引き入れなされ、外への聞えに候、中国毛利家との御取り合いのため、御人数を催され候分にて、御人数御仕立てなされ、亀山より京都へ本道を御押しなされ候ては、行程遠く、間抜け仕り候間、御数国の中故、人夫を大勢御取り寄せなされ、大江山の中に夜の間に朝道を仰せ付けられ、夜中に京都に御着きなされ、天正十年六月二日の未明に、左馬助様御先手にて、信長様御宿陣本能寺へ御取り懸けなされ、未だ御門開き申さず候につき、左馬助様より仰せ入れられ候は、城之助様御謀反につき、光秀御味方に参り申し候、早々御門開き申され候様にとこれ有り候らえば、御門番の衆中に驚き、取りあえず御門を開き候につき、そのまま押し入り、御門番の者どもを一々切り伏

せ、未明と申し、俄かの事故、さして立ち向かう衆これ無き故、そのまま御台所前迄御仕込みなされ、その時、信長様へは御さばき髪にて、半弓を御持ちなされ、御台所口に御立ちなされ候哉、世倅どもと御いかり成され候御威光に、覚えずはっと平伏仕り候、中より源右衛門進み出で、鎗をもって信長様の左の御頬先を突き申され候を、信長様源右衛門鎗を御握り、鎗先の血を御衣にて御ぬぐい取り、鎗を御つき放し、そのまま奥へ御入りなされ、その跡より森蘭丸切り出し申され候を、これも源右衛門鎗付け申され、その時、親子ともに仕舞い候と高声に呼わり申され候、これは蘭丸を城之助様と心得違いての儀に御座候、城之助様へは、二条の御城に御座なされ候儀を、兼ねて存じながら、取り違え申され候故、後年、武功物語の節は、自分辺はうろたえ、武辺毎度座興に申され候由御座候、源右衛門殿終に様子は唐津において左の頬に無名の腫物出来、色々療養仕り候らえども平癒これ無く、有馬湯治に罷り越し、唐津発足の時分申され候は、平癒仕り候らわば帰り申すべし、平癒これ無く候らわば二度と帰り申すまじきと申され候ところに、有馬湯治にても快気これ無く候につき、彼方にて自害仕り相果て申され候、子息一人御座候を御取り立て、一万石下され、御家督仰せ付られ候ところ、程無く、目を相患い、盲になり申され候由に御座候

一、天草郡は寺沢様関ヶ原乱の後、御加増に御座なされ候、唐津より海陸四十里余の遠方ゆえ、志摩守様御大切の場所と思し召し上げられ、城地を御念を入れられ、所々御改めなされ候、初めは栖本に御城御座候て、高畑忠兵衛殿と申す仁、二千石取りを召し置かれ候、その後、才津村に御城を築かれ、関主水殿と申す、これも二千石取りを召し置かれ候、この仁、元は筒井順慶老御内にて、兵家彦之進と申して、武功覚えの仁にて、後、家名を改め申され候、右彦之進家来に山本五郎兵衛と申す者、主人に劣り申さざる覚えの者にて、二千石の内より二百石給わり

居り候、この者倅五郎兵衛を古藤兵衛様へ召し抱えられ置き候ところに、一揆の節、本渡にて首尾好く御供申し上げ、相果て申し候

一、才津城も解き候て、富岡に御城御築き、この所、もとは志岐崎と申し候を御城築かれ候て、富岡と名を改められ候、最初の御城代川村四郎右衛門、知行高二千石、次に中村藤斎老二千石、その跡、藤兵衛様御座なされ候、右栖本御城代高畑忠兵衛殿御勤めの砌、志摩守様を御縁組み相調い候につき、薩摩守様よりの御使者伊勢兵庫と申す御家老の弟伊勢平左衛門と申す仁、唐津へ差し置かれ候ところに、逗留の中、寺沢家の小身をあなどり、何かと過言申され、慮外なる様子栖本へ相聞え候につき、忠兵衛殿立腹仕られ、唐津はその分にて差し通し候儀、腰抜けとなり、あわれ当所に船より寄せ申し候らえかしと申され候ところ、唐津よりの帰りに栖本に船懸り仕られ候につき、忠兵衛殿歓び申され候、唐津よりの当所の城代、茶を進ぜ申し度候条、城へ御入り候様にと申し遣わし、呼び受け、振舞いの上、数寄屋の中にて何の手もなく平左衛門殿を打ち果たし申され候、供の者台所迄切り入り候を、忠兵衛殿家来城付きの侍衆切り払い、城外へ追い払い申され、船に退き乗り申し候、尤も、味方にも手負い・死人少々これ有り候由、忠兵衛殿早速切腹仕られ候、平左衛門殿死骸は船場へ持ち出し、薩摩衆へ相渡し申し候、忠兵衛殿へ男子二人御座候、舎兄半兵衛殿・弟六左衛門殿と申し候、嶋津家へ対せられ、家督仰せ付けられず、新地五百石遣わされ候、子孫いず方へぞ御座有るべき哉、忠兵衛殿下腹にも男子一人御座候、成人後、高畑久之允と申し候て、八代前の佐渡様へ相勤め居り申し候ところ、様子これ有り、山本金左衛門と申す中小姓頭、外に一人、両人に打ち果たし候様にと仰せ付けられ、久之允を八代御城檜木書院に召し出し、打ち果し申すべしと仕り候ところ、久之允一尺四五寸程の脇差を抜き合い、金左衛門に渡り合い、漸々、久しく切り合い、久之允は即

座に打ち果たし、金左衛門は深手にて後日に相果て申し候、右切り合い申し候内に、久之允手の指切り落され申し候につき、後は無刀にて金左衛門に言葉をかけ、己の如きの小倅は蹴り殺し候らわんと申して、間内を蹴り廻り申し候、死骸を見申し候ところ、足の裏に切疵あまたこれ有るの由、折節、久之允脇差を細工屋へ遣わし差し替え持ち申さざる故、細工屋より粗末なる脇差を借りて差し居り申し候故、仕負け申し候由、よき道具持ち合わせ居り候らわば、中々多勢にても手に及びがたき様子に御座候由、脇差短く御座候故、余り踏み込み過ぎ切り付け、金右衛門手疵は切り疵よりと額に鍔のあたり申し候ところ数多く御座候由、中々、脇より助け申す事もなり申さざる程の働きにて御座候由、八代衆古き人珍しき事に、いずれも物語り残り申し候、剛の者子孫程これ有り候由との物語りにて御座候

一、唐津より一里程の所に高崎と申す島の上に天狗下り居り候由、唐津へは注進これ有り候につき、侍衆上下とも、おのおの馬上、又は歩行にて馳せ付け、磯辺より見申され候らえば、いかにも絵に描きし如くの姿故、いずれも驚き見候ところに、中江新右衛門殿と申す仁、馬上に鉄砲を提げ馳け付け申され、馬より飛び下り、波打ち際にて、膝台にて天狗のただ中を打ち申されに候につき、岩より下に転び落ち候を、漁船を乗り付け、取り上げ申され候らえば、古き大猿を鷲取り候らえども、猿は達者故、心のままに成り難し、互に組合い居り申し候につき、遠方より見分けがたく、右の通りに御座候由、又、この仁、有る時、自分門前に立ち居り申し候ところに、筑前より唐津へひたと参り候馬口労、兼々腕立てを仕り、朱鞘の長き刀を指し廻り、その節、門前間近く通り候を、新左衛門殿唾をわざと吐き申され候を、右の者咎り喧嘩に及び、互いに抜き合い、新左衛門殿は大脇差にて切り合い申され候中に、踏みすべり、横になりながら払い切りに切り倒し申され、右横になり申され候ところを、彼者拝み打ちに仕り候とこ

ろに、能き練りの印籠を提げ申さるに切り付け、身に当り申さず候、新左衛門殿親父は疋田文五郎弟子にて、隠れ無き兵法の上手にて御座候由、新左衛門殿事は唐津崩れ以後、京極若狭守様へ千石にて召し抱えられ候

一、天草一揆の時分、唐津御一老岡嶋次郎兵衛と申す仁、高六千石、この人奸者にて御座候、様子は何某と申されば小身なる御侍、兼て次郎兵衛殿と不和にて御座候、この仁、武勇の覚えこれ有る仁にて御座候らえども、宜しからざる仁にて、常々過言申され候と、自身も次郎兵衛と不快につき、身上無事には通るまじく、御暇などとの仰せ渡され候らわば、偏に次郎兵衛の所意と存ずるにつき、その座より直ちに次郎兵衛屋敷に踏み込み、存分を遂げ申すべしと申し廻られ候を、次郎兵衛殿聞き付けられ、いつとなく手につき、懇意に仕られ候らえば、本より浅智なる仁にて、前々の悪口とは違い、殊の外懇意にて、その後は、次郎兵衛殿ならではと申し廻られ、何ぞの節は、家来同前に勝手に相詰め、昼夜入り込み居り申され、次郎兵衛殿取り成しにて知行の加増をも下され候上にて、御前散々悪しく申し上げ、一御暇遣わされ候、その節自分には存ぜず驚き申され候振りにて、家来数多く屋敷屋敷遣わし、道具片付けさせ、他国へ立ち退き申され、路銀等合力仕られ、夢々存ぜざる風情にて、唐津払い除け申され候、この仁、覚えこれ有る仁にて、程無く上方にて身上有り付き申され候らえば、その所に飛脚を立て、音物等仕られ、以来迄、疎意これ無き風情に仕られ、か様の奸計なる仁にて御座候故、武冥加に尽し申され候様子は、男子三人御座候ところに、一揆乱の節、一人も用に立ち申さず候、嫡子次郎左衛門殿別知三千石、番頭にて本渡に向い申され候ところに、敵の時の声を聞き申され候と、そのまま遁げ申され、富岡へも引き取り得申さず、直ちに長崎へ立ち退き申され候、二男七郎左衛門殿二千石、これもその節何の用にも立ち申さず、三男兵左衛門殿は、江戸より兵庫

頭様御供にて罷り下り候途中にても、段々舎兄両人の臆病の沙汰追々に承り申され、無念の事に存じられ、せめて自身一人なりとも、いか様仕らるべくとの存念にて、原の城に向われ候ところ、落城の節、人並みに出立申され候らえども、眼くらみ、腰立ち申さずにつき、何の働きも成り申さず、家来に申され候は、是非無き仕合せに候、この上はその方ども平生懇意に召し仕え候、情には、自分を何卒敵の手へ懸けくれ候様にとの事につき、この仁、平生情け有る仁にて、家来を能く召し仕われ候につき、家来どももその意を得、精を出し、囲まれて本丸際迄押し詰め申し候、その間余り鉄砲しげく、家来ども進み兼ね候節は、自分は腰立て深手に当たり、その時安堵致され、最早これ迄に候間、御本陣へ連れ参り候様にとの事にて御座候間、御前へ罷り出られ何の御用にも相立ち申さず、是非無き仕合わせの段申し上げられ、程無く相果て申され候、臆病は心の外の物に御座なさるとの由、一提常々物語り仕り候、右手負い申さる以前は、言葉も分り兼ね候らえども、手負い申され候後は、本性になり言葉も慥かに御座候由、右の通り親父次郎兵衛殿邪智深く、正道にこれ無き仁にてこれ有り候故にや、子ども衆かくの如くに御座候哉と、一提折々物語り仕り候

一、藤右衛門様(三宅重元)御妹子様御一所に御座候、唐津にて陰山源左衛門様と申すに、五百石御越しなされ、源左衛門様へは島子にて御働きよろしく、その後、原の城夜討ちの節、藤右衛門様御働きの場にて御討ち死になされ候、御家来高添作左衛門と申す者、島子において働きよろしく敵を鑓付け候、鑓を持ち富岡に御供仕り帰り申し候様子、祖母並びに一提能く見申し候て、折々物語り仕り候、その後、御妹子様御当国(肥後)に御越しなされ、六ヶ村の中に御在宅なされ、右作左衛門御供にて罷り越し、御奉公仕り、御死去なされ候御跡迄、六ヶ村に居り申し候、法体仕り、浄蓮と名を改め申し候、倅高添角左衛門と申し候、御当地には越し申さず、本国唐津に居り申

し候、浄蓮、老病にて果て申し候ところ、六ヶ村へ罷り越し、浄連死後の万事の事の埒を相究め、唐津へ帰り申し候、近年伝えをもって承り候らえば、唐津横町と申すに職人に罷りなり候て居り申し候、子供二人御座候、いずれも武家へ奉公仕り居り申し候由、この子供は浄連より五代にて御座有べく候、浄連六ヶ村にて勤め方よろしく、委細は事永く御座候につき省略仕り候、御妹子様御死去なされ候て、同村の中、権兵衛様百姓屋敷の内にて四、五間程の地を自分仕置き候、田開き一畝程に替え候て、御墓を築き、廻りを囲わず、垣に仕り候、御印に梅木を植え置き申し候、この方の御知行、庄屋喜次左衛門屋敷の中にも立福寺と申す小さき阿弥陀堂御座候、御菩提のためと申し候て、御堂に上げ置き候て、田開き少し付け置き申し候、三十三年の御法事料をも御寺に上げ置き候て、病死仕り候、惣体、一生の様を当世の忠儀の臣と申し候て御座有べく候、御妹子様へ御男子御一人御早世、御女子御一人御座なされ候、松野四郎太夫様御祖父松野善右衛門様へ御越しなされ候

一、故新兵衛様御家来橋本惣右衛門と申す者、本渡に御供仕り能く付き添い申し、敵を鑓付け、血の付き候鑓を富岡に持参仕り候を、一提も見申し候、原の城夜討ちの節、能く付き添い働き申し候由、この者男子御座無く、女子一人御座候に、聟を取り、鎌田喜近右衛門と申し候、九郎兵衛様御代迄相勤め病死仕り候、この者男子御座候らえども、生れ付き不調法にて、妻をも持ち申さず、中年廻り候て病死仕り候、喜近右衛門娘も一人御座候、仙石縁付け仕られ候、この子孫御座候哉承り申さず候

一、同御家来城戸半四郎と申す者も、御場所にて能く付き添い相勤め申し候由に御座候、以上

右は、一提、折節物語り仕り候中、荒まし承り覚え居り申し候通りに書き記し置き申し候、以上

三宅藤兵衛家司先祖の由
元文四年五月　吉浦郷右衛門
季行（花押）

嘉永五年壬子四月写し置く　武藤政立

右は武藤嚴男取り次ぎにて文献雑録借用す、その内に吉浦覚書有り、これにより、直ぐ様筆を取り、明治四十三年戊十二月七日より同十五日迄にこれを写す
宮村典太
七十五才の筆

右吉浦覚書一冊十一枚、宮村氏盤桓随筆巻三に所載せる也
昭和十四年九月二十六日起筆し、三十日写し了わる　上妻博之記

125 吉浦一提覚書の写（永青文庫蔵12・18・12 竪帳）

（表紙）

（朱筆）
「寅九印」
一提覺書寫

三宅 （切取り）□

寛永十四丁丑年十月七日八日之比、唐津横町之町人
名を失念仕候、彼者吉浦兵右衛門宿所ニ参申候ハ、私儀
頃日嶋原口之津ニ賣買ニ罷越候処、彼地ニ一揆起り
騒ケ敷御座候ニ付、御当地江逃退申候、口之津ニて承り候へハ、
天草之中も小々（ママ）一味仕候間、切支丹ニ立帰り候由
承り候ニ付申上候由申候ニ付、速刻御城ニ登り、藤兵衛様
江右之趣申上候ニ付、上津浦筋之在々を無御心元
被思召上、御城付之侍衆壱人御自分ゟ山本五郎兵衛を
被差添、小舟ニて様子見せニ被遣候處、大矢野・上津浦・
下村・嶋子・須地・赤崎海邊之村々の者共御舟を見懸、
鉄炮其外武道具を持海邊ニ出候て申候ハ、定而此邊

様子御巡見ニ御越候と見へ申候、此様子に御座候間、一人も陸に御上り候へハ安ク帰し申間敷候、早々御帰り候へと申候ニ付、何れも被申候ハ、如何様之儀ニてケ様ニ企候哉、殿様江對御恨申上る儀有之候哉、又藤兵衛様、其以下郡支配人ホへ之意趣にて一揆を企候哉、様子可承由申候処、郷人共申候ハ、何方ニ對候而も少も意趣無御座候、何れも切支丹宗門建立之存立ニて、此仕合ニ御座候由申候ニ付、不及是非、早々冨岡へ罷帰其通申上候、冨岡ゟ大矢野迄道のり拾二三里程御座候、ケ様之儀ハ早々相知れ可申儀ニ御座候得共、天草中所々支配所ゟ事發り候儀を、隠密ニ下ニてしつめ可申と被仕候ニ付、遅ク相知れ申候、面々手ニ及不申候段ニ成候而、懸り〳〵の衆ゟも、追々注進被仕候、然ハ、冨岡之御人数ニて御静メ可被成と被御思召立候得共、御城付衆都合三百程の御人数ニ而御座候、一揆起り候村々之人数ハ、大躰積り三千程も可有御座候、然るに右之小勢を以御取懸り被成、利を御失被成候而者如何と思召上られ、早々唐津ニ御注進被成候、唐津衆何れも天草出陳を御望被成候、兵庫守(ママ)様へ者御在江戸にて御留守故、御家老岡嶋次郎兵衛殿・熊沢

三郎右衛門殿・御奉行并川三郎兵衛殿右三人之御衆も、分而
何れを可被指向との指圖難成故、鬮取にて何れも被罷越
候、ケ様之儀ニて唐津出陣及延引申候、然ハ藤右衛門様
被仰候者、私儀ハ鬮ニ者構申間敷候、同苗藤兵衛冨岡
御城代ニて罷在候間、此節者是非御越可被成由被仰
候ニ付、家老衆も尤に被存候由ニて、鬮ニ者御構不被成、御出陣
被成候由ニ御座候、唐津勢出船十一月何日との儀ハ覚不申候、
(付札)「十一月五日唐津出帆 倉橋撰 有馬記」
天草着船ハ十一月十日の日暮ニて御座候、御越之侍衆ハ有
増覚申候分書記申候、岡嶋次郎左衛門殿・同七郎左衛門殿・関
右京殿・原田伊与殿・沢木七郎兵衛殿・佐々小左衛門殿・并川九兵衛殿・
同太左衛門殿・国枝清左衛門殿・柴田弥五兵衛殿・柳本五郎左衛門殿・
嶋田十郎右衛門殿・藤右衛門様、其外組付之侍衆上下都合
弐千余之勢之由ニ御座候、藤兵衛様唐津勢着船前ニ
冨岡御城付値賀孫左衛門殿・同市郎左衛門殿・古橋庄助殿・
同権太夫殿・九里吉右衛門殿・大槻六右衛門殿・津田五郎助殿・
草場六之允殿・値賀七左衛門殿・田代七郎左衛門殿・有浦清左衛門
殿・川添市右衛門殿・同茂左衛門殿・大槻喜左衛門殿、此衆中を
被召連、本渡に御越被成候、草場六之允殿ハ豊後渡御目附
衆牧野傳蔵様・林丹波守様へ一揆之様子御注進之

御使者ニ被遣候、唐津勢着船遅御座候ニ付、其間、冨岡近郷乃切支丹ニ組不仕村々乃人しちを御取被成、三ノ丸御廣間の前ニもかりを結ひ御入置被成候

（付札）
「一、唐津勢冨岡着船之夜者舟ニ居被申、
　翌十一日ニ舟ニて本渡ニ着陣ニ御座候
　本書ニ此通之付紙あり　」

一、天草西目の押へ河内浦ニ居住中嶋与左衛門殿・西目乃山奉行陰山仁右衛門殿・東目の山奉行呼子平右衛門殿・川崎伊右衛門殿（是ハ在番覚不申候）・秋月牢人庭田左近殿、右之人々在々の地鉄炮之者百人召連、本渡に被罷出、藤兵衛様一所に陣を取被申候、石原太郎左衛門殿ハ東目の押へニて、本ゟ栖本に住居被仕候、然者、本渡御在陣之中、所之者共内心ハ、一揆ニ組仕候而御陣所に参、御人数をあらし申候様に、色々計略を仕候ニ付、栖本、其外所々に御人数御分被成候故、合戦之時分ハ、本戸、殊外無勢ニて御座候由、以後沙汰仕候

一、本渡ニて上津浦に御寄せ被成候事、色々長僉儀にて埒明不申候ニ付、藤右衛門様被仰候者、兎角延々ニ而者如何ニ候、それかし打立、嶋子ニ越可申候、十四日の早朝上津浦ニ取懸可申候間、段々に人数を御越候様ニと御座候

間、十一月十二日之暁、嶋子ニ御越被成候、御同道之衆ニ者
古橋庄助殿・同権太夫殿・九里吉右衛門殿・庭田左近殿・
国枝清左衛門殿・林又右衛門殿・同小十郎殿・小栗杢左衛門殿・
中嶋与左衛門殿・并川九兵衛殿・陰山源左衛門殿・石川吉左衛門殿・
同理左衛門殿・呼子平右衛門殿、其外ニ茂御座候得共
覚不申候、小島子・大嶋子之間六七丁茂御座候、小嶋子
にハ誰〳〵御越候との儀者覚不申候

一、小嶋子ゟ上津浦迄壱里山越にて御座候、一揆共
方ゟ嶋子ニさか寄仕儀も可有御座候哉と、十一月十三日之
夜上津浦ニ越候、山の峠ニ呼子平右衛門殿ニ鉄炮四五
挺指添被遣、若一揆共打立候様子ニ候ハ丶、相圖ニ鉄炮を
打せ可申由ニて山ニ上り被申候処ニ、十四日之明ほのに
敵方打立候ニ付、鉄炮を打せ、平右衛門殿ハ小嶋子に
早々帰被申候処、間もなく一揆共寄申候、海手ハ嶋原
ゟ之加勢人数三千之由ニて、同時に嶋子之濱邊に
舟ゟ打て上り押寄申候、真先にいかにも甲斐〳〵
敷見へ候者壱人、大さゐをふり立、御陳ニ物申さんと
申候ニ付、鉄炮留候得者、彼之者申候者、私儀ハ神山源太夫
と申候而、加藤肥後守牢人ニて御座候、肥前高木郡に
居申候処ニ、此度一揆共ニ取籠られ、無是非一味仕候、

哀れ御たすけ被下候へかしと、頭をたれ申上候ニ付、則
生捕、本渡に早々被遣候、扨、しはらく御座候処、
中嶋与左衛門殿・国枝清左衛門殿組之鉄炮之者共を引連
一番に敗軍被仕候、林又左衛門殿・同小十郎殿・小栗杢左衛門
殿討死、并川九兵衛殿深手を負ひ、石川吉左衛門殿も手を
負、残衆本渡を差而引取被申候、大嶋子退口之殿ハ
藤右衛門様、續候而者石川理右衛門殿にて御座候、藤右衛門様
御当地ニて有折被仰候ハ、原の城夜討之場之働、世間ニ
ハほめ申候由ニ候得共、夫者左程ニ茂不被思召、大嶋子
退口のしんかりハ御自慢ニ被思召候由御座候、其節
者敵も身方も一ツに込合候程之様子ニて有之
候由、陰山源左衛門殿家来高添作左衛門常々物語仕候、
源左衛門殿嶋子ニて御働能鑓先に血を付候を、藤右衛門様
江被懸御目候由ニ御座候、扨、本戸ゟ嶋子迄道乗三里ニて
御座候、折節、本戸の瀬戸干汐ニ而御座候ニ付、惣勢、安穏
に渡り候由ニ御座候、藤右衛門様ハ濱手ニ御扣被成、藤兵衛
様ハ冣初より本戸村之上ニ御座被成、本戸の村上ゟ
濱邊迄六七丁、横二三丁程之所ニて御座候

一、藤兵衛様ハ薩摩ゟ一揆之様子御尋に被遣候御使者ハ、
十四日之朝御舟ニて御振廻被成候中ニ、一揆さか寄仕候段

嶋子ゟ注進ニ付、ヽ者へ之御挨拶早々にて、御具足を
被召御打立被成候、薩州ゟ之ヽ者ハ其場ゟ直ニ帰被申候哉、
合戦之場ニ者見へ不申候由ニ御座候、左候得者、本戸の舟津
干汐ニ成候ニ付、御船ニて退申候儀成不申候、御船頭名字ハ
失念仕候、新助と申者、船底を打ほぎ捨置候て、冨岡へ
退申候、跡にて、一揆とも右御舟を取候而、原乃城に乗
渡、本丸之下濱に繋き置候由ニ御座候

一、本渡ニ而之様子ハ嶋子ゟ引取候衆と本戸の人数と
一ツに成、兎角之備も未定り不申候中ニ、早一揆共寄
来り、鉄炮を打懸、討而懸り候ニ付、味方ゟ茂心〳〵に
鉄炮打立、廻合暫御座候て、敵方大勢討れ、少ひるミ
候て濱手の方を破り候儀難成、村上之古城ニ取上、
かさゟ鉄炮を稠敷打懸候ニ付、唐津ゟ之大将岡嶋
次郎左衛門殿早々引退候を、藤兵衛様被成御覧、次郎左衛門
敗軍被致候、青木傳(ママ)右衛門参御返し可有之、無是非様子
之由申候得と被仰付、専右衛門追付右之通申候へとも、
兎角之返事も無之候ニ付、専右衛門馬のくつわに取付、
散々悪口仕罷帰、其段藤兵衛様へ申上候、折節、岡原
彦兵衛殿馬にて乗寄、流石明智殿程御座候御武者
ふりと誉メ被申候由ニ御座候、新兵衛様者、藤兵衛様御

座所ゟ一丁程村下ニ被成御座候、藤兵衛様、新兵衛様を無御心元被思召上、専右衛門儀ハ新兵衛様へ付添申候様ニと被仰付候故、新兵衛様之御供仕候、左候へハ敵味方入乱、討つ討れつ、殿方かどれに御座候共見へ不申候、段々、敵方勢重り強ク成候ニ付、何れも引退被申候、藤右衛門様ハ濱手ゟ直ニ御引退被成候、新兵衛様ハ本戸村ゟ西の方廣瀬と申所、本戸の間に小川御座候、御越被成候処、向岸際ニて御馬鉄炮ニ当りころひ候ニ付、馬上ゟ岸に御飛上り被成候、其時、青木専右衛門諸方を見廻し候得ハ、半丁程脇に乗馬一疋中間弐人ニて引立居候を見付、走り寄奪取申候、岡嶋次郎左衛門殿乗替之由中間共申候を討払、ばい（ママ）取申候、其馬に新兵衛様御召被成、御引退被成候、其節も敵味方一ツに成、前後不知様子ニて有之候由、後に専右衛門物語仕候、新兵衛様御家来橋本惣右衛門・木戸半四郎両人も能付添、御供仕立退申候、惣右衛門ハ右御馬討れ候処ニて敵壱人鑓付候由ニ御座候

一、藤兵衛様御寂後之時分ハ味方壱人も無御座候、御供之者共も暫之廻合に所々に押隔てられ、引退候而吉浦兵右衛門・山本五郎兵衛・桑原久作・御草履取吉蔵、此四人御側ニ付居申候、久作・吉蔵両人者鉄炮ニ当り死申候、五郎兵衛・兵

右衛門両人ハ御寂期際迄付添相働申候
一、藤兵衛様御知行、財津村庄屋市右衛門と申者、後、冨岡に参り私母ニ申聞候者、藤兵衛様御寂後之様子ハ所之者とも山こもり仕候而見申候、一揆共十四五間程脇に何レも折敷居申候、御ころひ被成候御様子ニ見へ申候と、一同に一揆とも打寄申候、御切腹との御様子ハ遠方故見分不申候得とも、一揆共折敷居申候様子者、御切腹を相待、扣居申候風情かと見へ申候、兵右衛門・五郎兵衛茂其節討死仕候様子之由、右市右衛門一揆共ニ乞請、只今之御墓所廣瀬村之高みに納め申候由物語仕候、御年廻ニ付両度天草に被遣候時分御寂後之所拝見仕候、本戸村脇片下りの田之中ニて御座候、兵右衛門・五郎兵衛死骸之左右に一揆共四五人切伏置申候、如何様太刀打仕候哉之由、天草内野村観音寺物語に承り申候
一、藤兵衛様御討死之儀、藤右衛門様・新兵衛様冨岡ゟ一里志岐村上佛木と申坂ニて御聞被成候
一、一揆之大将四郎ハ、十四日之夜ハ本戸村大矢崎と申所ニ陣取、勢を休メ候由ニ御座候
一、栖本はり番岡嶋七郎左衛門殿・柳本五郎左衛門殿・天野外記殿・小笠原斎殿、四人者嶋子・本戸之身方負軍之注進ニ

付、何れも冨岡ニ引取可被申相談之処ニ、冨岡迄之道筋
本渡村ニ一揆共陣取、大将四郎ハ大矢崎ニ陣取、其外
道筋之田畑之中迄透間なく一揆共陣取居候ニ付、
此道筋を通候儀難儀ニ有之候故、舟ニて本戸之
瀬戸を通り海上を廻り、冨岡へ引取可申欤と何も
被申候処、柳本五郎左衛門殿被申候者、か様に野も山茂
敵ニて候へハ、海上を廻り候ことも敵方取懸可申候、
然者船中ニて働も難成見苦敷死を可仕候、同者
本道筋を罷通り敵懸り候ハヽ、存分ニ働討死可仕
由被申候ニ付、何れも同意ニて、十四日之夜半過程ニ
栖本を打立、五郎左衛門殿真先に馬を乗出、敵陣之
中をしつかに通り被申候ニ付、強勇なる勢に恐れ候
哉、敵方ゟ鉄炮の一放も打出し不申、安々と冨岡ニ
引取被申候、此人数之旗昇十□之朝佛木の坂之
上に見へ申候ニ付、一揆共寄申候と御城中騒き候ニ付、
天草新助殿様子を見可申候と、馬を早メ、志岐村
近邊迄乗行、栖本之味方帰り候を見届帰り被申候
ニ付、御城中しつまり申候
一、十一月十四日嶋子・本戸ゟ被引取候衆、昼さかりゟ夜ニ入迄
段々冨岡ニ引取被申候、藤右衛門様ハ冨岡町はつれ

冬切と申所にさくを付させ、夜ニ入、三ノ丸藤兵衛様
御屋敷に御入被成候、此冬切之儀者、先之志广守様
天草表御覧被成候時分、若当所に一揆起り候ハ、
此所にさくを付、冨岡之堅メニ被成可申との御出言之
由、藤右衛門様被聞召及候故、さくを付させられ候へとも、
御同意ニ、此所を持堅メ可申との衆中無御座候故、其分
ニ而御城に御入被成候

一、同夜嶋子・本戸より御引取候衆心々被成、直ニ、舟ニ而、長崎
野茂・かば嶋抔に御退候ニ付、藤右衛門様・原田伊与殿御下知
ニ而、御船一艘も町下に置申間敷、まがり崎之内浦ニ懸置候
而、敵に取られさる様ニと御船頭中ニ被仰付ニ付、御船不残
まかり崎に退候て、堅固ニ仕候故、船者一艘も敵に取られ
不申候、尤、一揆とも舟ニ者手を指不申候

一、共船ハ一艘も敵ニ取られ不申候、尤、一揆共、舟ニ者手を指不申候

一、残り留られ候衆、御城下九里六左衛門殿屋敷ニ會合被仕候而、
籠城之談合之衆ゟまを以御籠城ニ御極メ可被成哉と
被申越候、此文、関主膳殿之由追而相知候、誰との儀者
覚不申候、本戸ニ而の軍目附大竹加兵衛殿ニ而可有御座と
存候、藤右衛門様ゟ之御返事ニ、各儀者如何様とも御分別
次第ニ而候、我ホ共ハ藤兵衛居住仕候所ニ而候間、当御城ニ而

兎も角も成不申覚悟之由被仰遣候、夫ニ付、扨者別条無之、籠城一味之連判可仕と、并川太左衛門殿頭取ニ而會合之衆連判被仕、扨、当所ハ何方ニ可仕哉と何れも被申候処、太左衛門殿被申候者、此儀を申出シ候事も自分に候間、拙者ニ御当候様ニと有之候得者、何れも何心なく同意ニ而、連判状の当所を太左衛門殿ニ被仕候、此事、其以後、太左衛門殿覚の申立ニ殊外成候由ニ御座候、藤右衛門様御兄弟・原田伊与殿抔者、㝡初ゟ御城内に御座候ニ付、連判之儀者被指置、右之衆ニ會合も不被成候、九里六左衛門殿屋敷者御城下ニても、三ノ丸ゟ者はるか間御座候

一、十四日之夜、惣町中の男女不残御城中ニ籠申候、三ノ丸大門の外ニ御蔵御座候間、五斗俵の米千俵余御座候得共、足軽、其外之御家人共者籠城用意之普請仕、右之米を御城内ニ取入可申、人夫無御座候に付、藤右衛門様・伊与殿御下知にて、御蔵之米を不残町人共ニ被下候間、取かちニ仕候様ニと被仰候間、何れもはゐ（ママ）あい、千俵に余り候米十五日一日之中に、御本丸、又ハ三ノ丸ニ取入申候、其上にて、俵数御改被成、籠城之兵粮に被成候

一、右之御蔵、三間はりニ十四五間程ニて御座候、町人共

此所迄ハ一揆寄申間敷と心得、諸道具を入置候處、十九日御城責之時分、御蔵所迄責入、込置候物とも不残乱取仕候、此蔵者焼不申候を、廿日に此方より御焼被成候

一、一揆共御城を責候ハヽ、十一月十九日・廿一日両度ニて御座候、然者、十四日嶋子・本戸の負軍ゟ十八日迄日数御座候ニ付、御城廻り不残不堅固なる所ハさくを付、もかりを結せ、土俵を重、御物頭衆夫々ニ持口を定、寄来りを御待被成候処、同十八日之巳ノ刻、一揆共勢之程を御城中ニ見せ可申と存候哉、冨岡ゟ一里、ふたへ村ゟさかせ川志岐村冨岡之冬切迄二里程之間、段々ニ白昇を持せ、おひたゝ敷大勢ニて押来申候、御本丸舛形の上に石火矢を仕懸、冬切迄指度六七丁程御座候を打申候得ハ、一揆とも人数を立候下濱の砂原ニ至落候而、砂煙を打立候を、舛形ゟ見申候、是ニ恐れ申候哉、右之方の高ミを越、外濱ニ人数をくり越し、外濱の子堂を焼拂、御城の西権現山ニ取入、権現堂をも焼拂、其夜ハ其山中ニ人数を籠置候、此方ゟも藤右衛門様・伊与殿御下知にて天野新助殿・津田五郎助殿両人ニ、足軽数十人被指添、冨岡惣町・小

路・寺社不残地焼被仰付候、右一揆共籠居候処ハ、町之上にて間近く御座候処、首尾好地焼被仕、堅固ニ引入被申候

一、大将四郎者、志岐村之八幡宮を焼拂、本陣ニ仕、使者を以御城を責させ候由、後承り申候

一、十一月十九日未明より、一揆共鉄炮をしつかに打立、御城ニ責寄申候、凱哥承り覚居申候ニ付、書留置申候、たつとみよらなれ、七ツのさくらめんとうとみたつとみたまへ、ぜそうすく〵、如是惣勢同音ニ唱候て、朝六半時分ニ者、本丸・二ノ丸・三ノ丸近く責寄申候、御城中ゟも凱哥を合、面々持口ゟ鉄炮ニ而、ゑらび討に討候ニ付、大分手負死人御座候へとも、死骸を段々ニ退候ニ付、何程討取候との儀者知れ不申候、其日ハ御城内ゟ突て出候衆無御座候ニ付、此方ハ足軽之内手負小々御座候迄ニ而、死人ハ無御座候、一揆共ハ不叶夜ニ入引取申候

一、右之節、御城廻り之樹木、少の木も敵の楯ニ成候て、御城之矢かゝり、悪敷御座候ニ付、廿日ニ不残御切らせ被成候

一、一揆共、十九日之城責ニ、責道具無之、仕損し候ニ付、同廿一日ニ者、楯・竹たはねを用意仕、荒手を先に立、又々未明より押寄申候、三ノ丸藤兵衛様御屋敷下之大門を

打破り、御屋敷之西桜馬場ニ責入、南之方ハ大槻喜右衛門
殿屋敷ニ込入、東水之手迄責入申候、御屋敷西権現
山ゟ御屋鋪を見卸し、夥敷鉄炮を打懸候ニ付、此方
ゟも大筒にて打拂可申と、青木専右衛門御廣間前之
屏の扣柱に上り、矢先を見積り申候ニ付、其場ニ居被申
候衆、下者敵の矢先揃居申候、あふなく候間、覗候事
無用之由被申候を、強気ものニて聞入不申、重而覗き
候処、鉄炮ニてみけんを打れ相果申候、右之様子故、三ノ丸
持堅メ候事成かね、面々持口ゟ藤右衛門様へ丈を以
三ノ丸を捨、本丸ニ引入可申との儀御座候処に、藤右衛門様
御返事ニ、各者本丸ニ引入御つほみ可有由、御勝手
次第ニ候、我ホ者藤兵衛を被召置候処ニ候得者、此三ノ丸
ニて切腹可仕との御返事ニ付、御両人を捨可申様無
之とて、三ノ丸御持堅メ被成候、然者、右之如く三ノ丸稠
敷責寄候ニ付、沢木七郎兵衛殿・原田伊与殿・柳本五郎左衛門殿
三人被申合、三方ゟ突出、追拂被申候由にて、大手
桜馬場ニ者、沢木七郎兵衛殿出被申候、組付之衆に者、岡原
彦兵衛殿・上月八助殿、其外も御座候得とも覚不申候、右之
衆突て出、即時ニ一揆冣前打破候大門之外ニ追拂
被申候、其節、岡原彦兵衛殿・上月八助殿両人討死被仕候、

沢木七郎兵衛殿者左之肩に鉄炮当り、手を負被申候、水之手ニ者、原田伊与殿・子息主馬殿・又助殿・古川傳右衛門殿・同九市郎殿、其時十六歳ニて手ニ合被申候、大槻㐂右衛門殿屋敷之敵ニ者、柳本五郎左衛門殿向被申候、組之足軽三拾人召連、水の手之屏下を廻り、㐂右衛門殿屋敷之後花畑ニ出、組之者共を何れも鉄炮膝臺ニ折敷せ、自分之筒を以膝臺ニ乗せ打出シ被申候と、組之者共一同につるへ打仕候ニ付、敵方こらへす退散仕候、敵方よりも鉄炮をきひしく打立候ニ付、足軽之中三人其場ニて鉄炮ニ当り死申候、一揆籠居候所とハ藪一重へだてヽ、夜ニ入、又々右之所ニ込入候ニ付、其節ハ火矢ニて屋敷を焼拂候ニ付、一揆共退散仕候、

ケ様之事ニて三ノ丸持堅メ申候

一、一、右㐂右衛門殿屋敷ニ寂前一揆とも込入居申候中、三ノ丸ニ稠敷鉄炮を打懸候ニ付、藤右衛門様御下知之ため、矢さま〻外を被成御覧候処、鉄炮御胸に当り、後ニ御ころひ被成候得とも、御具足を玉丈ケ打込候迄ニ而、御身ニ者別条無御座候、同所ニて藤兵衛様足軽名字覚不申候専兵衛と申者、鉄炮ニ当り死申候

一、御本丸者加右衛門様御城付衆ニて御持堅メ被成、東西

の石垣下拾間程に仕候を、鉄炮ニて稠敷打立候ニ付、
不叶引取申候、一揆共の死骸段々退申候得とも、
矢倉下漸五拾間程の場ニ残置候死骸七百三拾
有之由、天草町年寄又右衛門と申者、其節籠城
仕候、其後清甫と申候者物語仕候、一揆共之死骸
を舟ニて、段々、原之城に越候由ニ御座候、大将四郎ハ
十一月廿二日ニ、ふたへゟ直ニ原之城に越候由ニ御座候、

一、二ノ丸東之方ニ敵方ゟ仕寄・竹たはを付候所、後ニ
竿を打せ候処、屏際ゟ拾三間御座候、此所ハ私儀も
御本丸舛形ニ出見申候、間近く鉄炮之玉参り候ニ付、
其後者出見不申候、右之様子ニて敵方ゟ鉄炮を稠
敷二ノ丸ニ打懸申候、此所ハ讒之芝土手ニ屏一重迄
ニ而御座候ニ付、持堅メ何とそ竹たはを焼可申と、段
段に火矢を打懸候得者、なんなく竹たはを焼立
候ニ付、一揆共こらへす退散仕候所を、鉄炮ニて
余程打取、二ノ丸堅固ニ持申候、其後承候得ハ、竹たば
の中にハらを籠らせ、夫故一入早く火付申候

一、右両日御城を責申候刻、御城内ニ者、上下手負
死人拾七人ニ而御座候

一、御本丸ニ井無御座、御本丸下草場六之允殿屋敷

之出水を汲申候、城責之日者、右出水汲候儀成不
申候ニ付、敵引取候跡にて、夜ニ入水を汲申候、此出水ニ
敵方手負共集、水を給申候様子ニて、水際ニ死人
餘多残居、血水ニ成候を汲取、飯拵申候

一、嶋子・本戸ニて味方利を失、冨岡ニ引取、籠城ニ及
候由唐津ニ聞、重而、介勢を被指越候、人数何程之
儀者存不申候、中村藤左衛門殿・川瀬小右衛門殿両人大将
分ニて越被申候、一揆共冨岡を引取候已後、着
船ニ而御座候

一、一揆共冨岡城責利を失、又々、上津浦之古城ニ取籠
候由、在々ゟ注進有之候ニ付、冨岡籠城之衆、并
唐津ゟ之加勢、又々、大嶋子迄御出張に而、上津浦
古城ニ取懸可有との相談之座ニて、中村藤左衛門殿・川瀬
小右衛門殿喧嘩被仕候様子ハ、藤左衛門殿少々言葉を
咎メ被申候間、小左(ママ)衛門殿ヲぬき打ニ被仕候、一太刀にて
御座候得共、深手故無程果被申候、小右衛門右筆之
者次之間ゟかけ付、藤左衛門殿を切留候由ニ御座候、其時
小左(ママ)衛門殿乙名役之者ニ能者御座候而、此者申分ニゟ
小左(ママ)衛門殿ハ子息ニ家督無相違家を立被申候、夜之
事ニ而、行燈消へ、物色見へ不申騒き候処、藤右衛門様・

柳本五郎左衛門殿場を御しつめ被成候由ニ御座候、夫ゟ已後五郎左衛門殿、藤右衛門様を別而大切ニ被仕候由ニ御座候、藤左衛門殿、あまり太刀ニて五郎左衛門殿の足之大指を切被申候得とも、少之儀故無程平癒仕候

一、兵庫様十二月初ニ江戸ゟ天草ニ御下着被遊、三ノ丸に四五日御滞留、諸事被仰付、御城を上ヶ江引渡候衆迄を被召置、誰々御残被成候との儀ハ覚不申候、其外不残被召連原の城へ御向あそはされ候、藤兵衛様御内證様方・私母共、同月中旬に藤兵衛様御知行才津村ニ引越、明ル正月十日比唐津ニ御引越被成候

一、呼子平右衛門殿内方、在宅の中甲斐〳〵敷様子とも有之候由承及申候、平右衛門殿ハ在江戸ゟ直ニ本戸へ出陣被仕、夫ゟ直ニ冨岡へ籠城被仕候跡、数日之留守之間少も臆被仕候気色無之、一揆共寄来候ハヽ、家ニ火をかけ焼死可仕覚悟ニて、えんしよふ抔用意被仕、かひ〳〵敷構居被申候得共、其邊迄ハ一揆共乱入不仕候、冨岡御城を両度責、引拂候已後、平右衛門殿・藤右衛門様・伊予殿被申断、栖本ニ被帰、内方を冨岡ニ連越被申候、道之間も馬朱鞘の大小を指、はち巻被仕、御城ニ着被仕候、御城内にても、持口小屋〳〵を見分

被仕候、私母抔居申候処ニも、右之出立之伩被参候を見申候

一、藤兵衛様、御討死之御歳五十七歳之御年ニて御座候、

兵右衛門四十七歳、五郎兵衛・久作・吉蔵、此者共之年ハ

覚不申候

一、天草一揆發候村々、大矢野村・上津浦村・大浦村

三ヶ村、小嶋子村・須地村・赤崎村八ヶ村者不残一揆に

組仕候、本戸村・大嶋子村・龜野川村・財津村・岡の地村・

二重村(ママ)・さかせ川村・志岐村・御領村・才津、又ハ過半一揆

ニ組仕、残者共ハ村々を立退、山中抔ニ隠れ候而

遁れ申候、都而一揆に組仕候村立壱万千石余ニ而

御座候、天草、惣躰海山ニ添、人多き所故、村高ゟ者

人数大勢ニて御座候、右冨岡御城を責候節、十九日

ニ者、人数八千、廿一日ニ者一万弐千之着到之由ニ御座候、

其内、嶋原ゟ之加勢三千有之由、才津村市右衛門物語

ニ而承り申候

一、藤兵衛様御知行高三千五百石ハ、与力・足軽料御蔵

米ニて御請取被成候、御知行所者、天草の中才津村・

本村・下河内村・廣瀬村、右四ヶ村ニ而御座候、嘉右衛門様

御知行高千石、御知行所者、天草之内須地村・赤崎

村二ヶ所ニ而御座候

天草御在番衆知行高

一、千石　嶋子ゟ直ニ在所引取、他所ニ立退被申候　河内村居住　中嶋与左衛門殿
一、八百石　栖本ニ居住　石原太郎左衛門殿
一、七百石　在番所覚不申候　河崎伊右衛門殿
一、弐百石　陰山仁右衛門殿
一、百五拾石　唐津落、其後水野監物様弐百石ニ而被召抱候　呼子平右衛門殿

一揆ニ付唐津ゟ御越候衆

一、三千石　十一月十四日之夜冨岡ゟ野茂ニ立退被申候　岡嶋次郎左衛門殿
一、千五百石　沢木七郎兵衛殿
一、弐千石　中村茂左衛門殿
一、六百石　柴田弥五兵衛殿
一、七百石　嶋田十郎左衛門殿
一、四百石　吉田庄之助殿
一、四百石　原之城ニて夜討之節討死　陰山源左衛門殿

右之外、組付小身なる衆中ハ覚不申候

一、新兵衛様者、其比無足ニて被成御座候処ニ、天草嶋原之御働能御座候ニ付、唐津ニ御帰陣之上、新知五百石御拝領被成候、石川利左衛門殿も無足ニて御座候処、右之様子ニて新知二百石拝領被仕候

嶋子ニ而討死之衆中

一、林又左衛門殿 無足　同小十郎　小栗杢左衛門殿
　　同所ニ而手負衆中
一、并河九兵衛殿 野茂ニ退、野茂ニて死被申候　石川吉左衛門殿 野茂ニ退疵平癒也
　右嶋子ニ而雑兵討死之数ハ覚不申候
　　本戸ニ而討死之衆中
一、藤兵衛様・佐々小左衛門殿・河崎伊右衛門殿・今井十兵衛殿・
佃八郎兵衛殿
　右本戸ニ而手負之衆中も可有御座候得共覚不申候、
　雑兵討死之数弐拾人ニ而も可有御座哉と存候、
　人数ハ指而損シ不申様ニ其節も沙汰仕候
　冨岡御籠城中見聞仕候品々覚
一、十一月廿日ニ歳四十計の男、木綿花色之布子を着仕、
小脇指を差、三ノ丸ニ参り、藤右衛門様へ懸御目申上候ハ、私
儀ハ唐津ゟ御飛脚ニ罷越候、御急故御奉行衆ゟ御状者
不被遣候、此元様子唐津へ相聞へ、何とそ二三日御城を
堅固ニ御持可有之、追而細川越中守様御人数、并、筑後・
久留米・柳川ゟ後詰之大勢参候筈ニ御座候、此趣申達候
様ニと御奉行衆被仰付候由申上、左候而、此者者藤右衛門様
御小屋ゟ直ニ原田伊与殿小屋に参り、右之趣可申達とて、
伊与殿小屋ニ参りても右之趣申達候ニ付、御城中、殊之外

きほゐ、廿一日の城責ニ者、雑兵共ニ勢を出シ、御城堅固ニ持申候、彼者ハ其後何方へ参り候共知不申候、御凱陣之上、唐津ニ而御吟味有之候得共、右之飛脚を被指越候衆曽而無御座候、冨岡ゟ唐津へハ、海上数十里隔て候ニ付、其比迄ハ、冨岡籠城之様子、唐津江ハ聞へ不申程の由ニ御座候、此儀者藤右衛門様ふしんなる儀ニ被思召候由、御当地にても折々御物語被成候

一、廿一日、一揆共御城を責候節、御本丸之矢倉下之萱野に火を懸申候ニ付、折節御本丸風下ニ而、矢狭ゟ煙りを吹込、鉄炮を打出候儀難儀ニ成、下之者共早落城茂可仕とさはき候処ニ、未の刻程に、御本丸御臺所之大釜大ニ鳴出申候、同時に、三ノ丸之御臺所之大かまも鳴出申候由ニ御座候、其節、冨岡町ニ居申候傳心坊と申山伏居申候、はらい不仕候かま鳴候儀者、吉事ニて御座候由申候処、無程、風替り敵方ニ煙吹懸候ニ付、一揆共煙にむせ、しとろに成候処、鉄炮ニ而、ゑらひ討ニ討取追拂申候

一、一揆發り候年の夏之時分ゟ、御城山之烏と権現山の烏と中にむれ合、度々喰合申候、何れも不審なる儀と申候

一、草場六之允殿親甚兵衛殿、隠居ニ而、其比七拾余歳之老人ニ而御座候、右廿一日之城責之寂中ニ、甚兵衛布子

之上に紙子羽織を着被仕、御本丸之舛形の上ゟ一揆共を見下シ被申候者、扨々、おのれ〓者百姓之分ニ而、此御城を責候事にくき仕形ニ候、是をくらひ候へとて、一揆之方ニ後を向け、裾をまくりあけ、たゝき被申候処を、下ゟ鉄炮ニ而下帯之結目を打切、布子の裏ゟ羽織之せぬゐに打通申候、其侭、私共居申候所に被参、少茂驚たる気色無之、右之様子を語被笑申候、嫡子六之允殿ハ豊後ゟ罷帰られ候ニ付、天草ニて之手ニ者合不被申、明ル二月廿七日、原の城ニ而討死被仕候、其弟安兵衛被居候か、其比ハ松平越前守様へ歩行之奉公仕居られ候を御呼被成、六之允殿跡百石被拝領させ候、右之様子ハ見聞仕候故、咄之ため書記置申候

一、冨岡御城籠之節、唐津ゟ参候御船頭内山彦右衛門と申仁、知行百石ニて御座候、伊勢丸と申荷船作之御船に乗居被申候、彼仁御船を捨、籠城被仕、両度之城責ニ、御城中を能走り廻り、ふり能見へ申候、弓を持、走り廻り候を、能見申候、兼而、弓を能射被申候由承候、唐津ニ御凱陳之上、彦右衛門方右之様子故、御加増五拾石被下候、然処、小牧善左衛門と申御船頭、知行高百石ニ而御座候、御籠城之節、まかり崎ニて御船の支配仕、御城

ニ者籠不被申候、右彦右衛門ニ御加増被下候ニ付、善左衛門
被申上候者、彦右衛門儀、海艤之法を不存、御船を
捨候而籠城仕候、海艤之法者、陸ニ而何程之働を仕
候而も船を捨候而者臆病同前ニ而御座候処、御加増
被下候而、御船を堅固ニ支配仕候私儀ハ、何之御沙汰も
無御座段如何ニ奉存候、私儀ハ御暇被下候様ニと
立而申上候ニ付、兵庫様被聞召上、尤ニ被思召上、
彦右衛門ニ被下候御加増、今更可被召上様も無之、其分
ニ而善左衛門ニ一倍之御加増ニて堪忍仕候様ニと
御座候而、御加恩百石被下候

一、藤兵衛様御年廻之時分、私儀天草江被遣候者、天草
之者共申候者、戸田伊賀様天草御領知被成、天草中
御廻り被成候節、藤兵衛様御墓所を御覧被成御意
候者、此石塔悪敷、後者文字見へ申間敷候、藤兵衛
儀者、無隠者ニて候、後々不知様ニ成行候而者、残念に
被思召候間、石を吟味仕、石塔を立直し候様ニと被仰付、
銘をも深々と切付、金はくをすり付申候、薄紫色之
石ニて御座候、御供仕候御家来、吉浦兵右衛門・山本五郎兵衛・
桑原久作・吉蔵四人の石塔も同前ニ被仰付候を拝見
仕候、又々、伊賀守様被成御意候者、我𛀁久敷、天草乃

領主たる事も知れさる事ニ候、只今之墓所之
森者山續ニて、後々、木を切つくし候事も可有候間、
藤兵衛墓所ハ後々迄も遠方ゟも知候様ニ、山續之
木をこかし、森一ツに仕候様ニと被仰候ニ付、其通ニ
拾四五間四方之森一ツに仕らせ、内野村観音寺、
又、才津・廣瀬之百姓共物語仕候、夫故、只今之
御墓所拾四五間四方之大松木森にて、高ミ故、遠
方ゟも無紛能見へ申候

一、青木専右衛門倅源太郎と申者、彼者、天草一乱之前、
唐津ニ遣織人に仕付置候を、藤右衛門様・新兵衛様
唐津ニ而可被召仕と被思召候処、御当地ニ御越なされ
候付、其分ニて唐津ニ居申候、定而子孫可有御座候

一、原田太左衛門儀者、（後に渡邊太右衛門と名を改申候）一揆之時分牢人ニて居
申候を、藤兵衛様本戸に被召連、御卒後近く迄かひ〳〵敷
様子有之候ニ付冨岡へ引取候後、藤右衛門様へ被召仕、
御籠城之節者御城下を能走り廻り、其後、原乃
城御供仕、彼地ニても能御奉公仕、唐津へ御凱陣の
後、豊後久住ニ両親居候ニ付、御暇申上罷帰住居
仕申候、其後、藤右衛門様御兄弟様御当地ニ御越被成候
ニ付、折々熊本ニ罷出申候処、久住ニ而病死仕候、其

後、世倅太右衛門を久住ゟ御呼越被成被召仕候

一、久保与左衛門と申者、藤兵衛様唐津ニ被成御座候時分
ゟ被召仕候処、御知行高之支配之訳ニ付御暇被下、
牢人ニて天草の中大浦と申所ニ引込居申候、
右之様子故、本戸江之御供ニ者罷出不申候、然処、
藤右衛門様原の城御陳中ゟ御呼被成被召仕候処、一揆
方ゟ夜討之夜討死仕候、只今之穏ハ右与左衛門
孫ニ而御座候

一、藤兵衛様御知行才津村庄屋市右衛門儀、男子無
御座、娘方之子孫御座候而、才津村ニ居申候由、先年
天草に罷越候節、彼地ニて承り候得共、逢者
不仕候

右者、私九歳ニ而、冨岡籠城仕、其節
慥ニ見聞仕候事を書記申候、其已後、
唐津衆、兵庫頭様御供ニ而、原之城に
御越、彼地ニ而、敵方ゟ夜討之節、藤右衛門
様之御働、城責之節、柳本五郎左衛門殿之
先乗、續而并川源左衛門殿・新兵衛様・原田
伊与殿父子、其外ニ茂宜敷働𪜈有之候
由承傳候得共、分明ニ不存候ニ付書しるし

不申候、以上

吉浦一提
一提ハ
称吉浦諸兵衛
諱季氏

＝読み下し文＝

（表紙）

（朱筆）「寅九印」
一提覚え書き写し
三宅（切取り）□

寛永十四丁丑年十月七日、八日の頃、唐津横町の町人名を失念仕り候、彼者吉浦兵右衛門宿所に参り申し候は、私儀、頃日島原口ノ津に売買に罷り越し候ところ、彼の地に一揆起り騒がしく御座候につき、御当地へ逃れ退き申し候、口ノ津にて承り候らえば、天草の中も少々一味仕り候間、切支丹に立ち帰り候由承り候につき、申し上げ候由申し候につき、即刻御城に登り藤（三宅重利）兵衛様へ右の趣き申し上げ候につき、上津浦筋の在々を御心元無く思し召し上げられ、御城付きの侍衆一人御自分より山本五郎兵衛を差し添えられ、小舟にて様子見せに遣わされ候ところ、大矢野・上津浦・下村・島子・須子・赤崎海辺の村々の者ども御舟を見懸け、鉄砲その外武道具を持ち海辺に出で候て申し候は、定めてこの辺様子御巡見に御越し候と見え申し候、この様子に御座候間、一人も陸に御上り候らえば安く帰し申すまじく候、早々御帰り候らえと申し候につき、何れも申され候は、いか様の儀にてか様に企て候哉、殿様へ対し御恨み申し上る儀これ有り候哉、又藤兵衛様それ以下郡支配人等への意趣にて一揆を企て候哉、様子承るべき由申し候ところ、郷人ども申し候は、いず方に対し候ても少しも意趣御座無く候、いずれも切支丹宗門建立の存じ立てにて、この仕合せに御座候由申し候につき、是非に及ばず早々富岡へ罷り帰りその通り申し上げ候、富岡より大矢野迄道のり十二、三里程御座候、か様の儀は早々相知れ申すべき儀に御座候らえども、天草中所々支配所より事発り候儀を、隠密に下にて鎮め申すべしと仕られ候につき、遅く相知れ申し候、面々、手に及び申さず候段になり候て、懸りの衆よりも追々注進仕られ候、然らば富岡の御人数にて御鎮めなさるべしと御思し召し立てられ候らえども、御城付き衆都合三百程の御人数にて御座候、一揆起り候村々の人数は大体積り三千程も御座有るべく候、然るに右の小勢をもって御取り懸りなされ、利を御失いなされ候てはいかがかと思し召し上げられ、早々唐津に御注進なされ候、唐津衆いずれも天草出陣を御望みなされ候、兵庫頭様へは御在江戸にて御留守故、御家老岡嶋次郎兵衛殿・熊沢三郎右衛門殿・御奉行并川三郎兵衛殿、右三人の御衆も分けていずれを指し向けらるべしとの指図なり難き故、籤取りにていずれも罷り越され候、か様の儀にて唐津出陣延引に及び申し候、然らば藤右衛門様(三宅重元)仰せられ候は、私儀は籤には構い申すまじく候、同苗藤兵衛富岡御城代にて罷り在り候間、この節は是非御越し成さるべき由仰せられ候につき、家老衆も尤もに存ぜられ候由にて、籤には御構いなされず、御出陣なされ候由に御座候、唐津勢出船十一月何日との儀は覚え

申さず候、「（付札）十一月五日唐津出帆　倉橋撰有馬記」
天草着船は十一月十日の日暮れにて御座候、御越しの侍衆は荒まし覚え申し候分書き記し申し候、岡嶋次郎左衛門殿・同七郎左衛門殿・関右京殿・原田伊与殿・沢木七郎兵衛殿・佐々小左衛門殿・并川九兵衛殿・同太左衛門殿・国枝清左衛門殿・柴田弥五兵衛殿・柳本五郎左衛門殿・嶋田十郎右衛門殿・藤右衛門様、その外組付きの侍衆上下、都合二千余の勢の由に御座候、藤兵衛様唐津勢着船前に富岡御城付き値賀孫左衛門殿・同市郎左衛門殿・古橋庄助殿・同権太夫殿・久里吉右衛門殿・大槻六右衛門殿・津田五郎助殿・草場六之允殿・値賀七左衛門殿・田代七郎左衛門殿・有浦清左衛門殿・川添市衛門殿・同茂左衛門殿・大槻喜左衛門殿、この衆中を召し連れられ、本渡に御越しなされ候、草場六之允殿は豊後渡り御目付衆牧野傳蔵様・林丹波守様へ一揆の様子御注進の御使者に遣わされ候、唐津勢着船遅く御座候につき、その間富岡近郷の切支丹に組み仕らざる村々の人質を御取りなされ、三ノ丸御広間の前にもがりを結び御入れ置きなされ候
「（付札）一、唐津勢富岡着船の夜は舟に居り申され、翌十一日に舟にて本渡に着陣に御座候」
本書にこの通りの付紙有り

一、天草西目の押え河内浦に居住す中嶋与左衛門殿・西目の山奉行陰山仁右衛門殿・東目の山奉行呼子平右衛門殿・川崎伊右衛門殿（これは在番覚え申さず候）・秋月牢人庭田左近殿、右の人々在々の地鉄砲の者百人召し連れ本渡に罷り出られ、藤兵衛様一所に陣を取り申され候、石原太郎左衛門殿は東目の押えにて、もとより栖本に住居仕られ候、然らば本渡御在陣の中、所の者ども内心は一揆に組み仕り候て御陣所に参り、御人数をあらし申し候様に、色々計略を仕り候につき、栖本その外所々に御人数御分けなされ候故、合戦の時分は本渡殊の外無勢にて御座候由、以後沙汰

仕り候

一、本渡にて上津浦に御寄せなされ候事、色々長詮議にて埒明き申さず候につき、藤右衛門様仰せられ候は、とかく延々にてはいかがに候、それがし打立って島子に越し申すべく候、十四日の早朝上津浦に取り懸り申すべく候間、段々に人数を御越し候様にと御座候間、十一月十二日の暁島子に御越しなされ候、御同道の衆には古橋庄助殿・同権太夫殿・九里吉右衛門殿・庭田左近殿・国枝清左衛門殿・林又右衛門殿・同小十郎殿・小栗杢左衛門殿・中嶋与左衛門殿・并川九兵衛殿・陰山源左衛門殿・石川吉左衛門殿・同理左衛門殿・呼子平右衛門殿、その外にも御座候らえども覚え申さず候、小島子・大島子の間六、七丁も御座候、小島子には誰々御越し候との儀は覚え申さず候

一、小島子より上津浦迄一里山越えにて御座候、一揆どもより島子にさか寄せ仕る儀も御座有るべき候哉と、十一月十三日の夜上津浦に越し候、山の峠に呼子平右衛門殿に鉄砲四、五挺差し添え遣わされ、もし一揆ども打ち立て候様子に候らわば、合図に鉄砲を打たせ申すべき由にて山に上り申され候ところに、十四日の曙に敵方打ち立て候につき鉄砲を打たせ、平右衛門殿は小島子に早々帰り申され候ところ、間も無く一揆ども寄せ申し候、海手は島原よりの加勢人数三千の由にて、同時に島子の浜辺に舟より打ち上り押し寄せ申し候、真っ先にいかにも甲斐甲斐しく見え候者一人、大さいをふり立て御陣に物申さんと申し候につき鉄砲留め候らえば、彼の者申し候は、私儀は神山源太夫と申し候て、加藤肥後守牢人にて御座候、肥前高木郡に居り申し候ところに、この度一揆どもに取り籠められ、是非無く一味仕り候、哀れ御助け下され候らえかしと、頭を垂れ申し上げ候につき、則ち生け捕り、本渡に早々遣わされ候、さてしばらく御座候ところ、中嶋与左衛門殿・国枝清左衛門殿組の鉄砲の者どもを引き連れ一番に敗軍仕ら

れ候、林又左衛門殿・同小十郎殿・小栗杢左衛門殿討死、并川九兵衛殿深手を負い、石川吉左衛門殿も手を負い、残る衆本渡を差して引き取り申され候、大島子退き口のしんがりは藤右衛門様、続き候ては石川理右衛門殿にて御座候、藤右衛門様御当地にて有る折、仰せられ候は、原の城夜討ちの場の働き、世間には褒め申し候由に候らえども、それは左程にも思し召されず、大島子退き口のしんがりは御自慢に思し召され候由に御座候、その節は敵も味方も一つに込み合い候程の様子にてこれ有り候由、陰山源左衛門殿家来高添作左衛門常々物語り仕り候、源左衛門殿島子にて御働き能く鑓先に血を付け候を、藤右衛門様へ御目に懸けられ候由に御座候、さて本渡より島子迄の道のり三里にて御座候、折節本渡の瀬戸干汐にて御座候につき、惣勢安穏に渡り候由に御座候、藤右衛門様は浜手に御控えなされ、藤兵衛様は最初より本渡村の上に御座なされ、本渡の村上より浜辺迄六、七丁、横二、三丁程の所にて御座候

一、藤兵衛様は、薩摩より一揆の様子御尋ねに遣わされ候御使者は、十四日の朝御舟にて御振廻い成され候中に、一揆さか寄せ仕り候段島子より注進につき、使者への御挨拶早々にて御具足を召され御打ち立てなされ候、薩州よりの使者はその場より直ちに帰し申し候哉、合戦の場には見え申さず候由に御座候、左候らえば本渡の舟津干汐になり候につき、御船にて退き申し候儀なり申さず候、御船頭名字は失念仕り候、新助と申す者、船底を打ちほぎ捨て置き候て富岡へ退き申し候跡にて、一揆ども右御舟を取り候て原の城に乗り渡り、本丸の下浜に繋ぎ置き候由に御座候

一、本渡にての御様子は島子より引き取り候衆と本渡の人数と一つになり、とかくの備えも未だ定まり申さず候中に、早一揆ども寄せ来り、鉄砲を打ち懸け討って懸り候につき、味方よりも心々に鉄砲打ち立て廻し合い暫く御座候て、敵方大勢討たれ、少しひるみて浜手の方を破り候

儀なり難く、村上の古城に取り上がり、かさより鉄砲をきびしく打ち懸け候につき、唐津よりの大将岡嶋次郎左衛門殿早々引き退き候を、藤兵衛様御覧なされ、次郎左衛門敗軍致され候、青木専右衛門参り御返しこれ有るべく、是非無き様子の由申し候らえと仰せ付けられ、専右衛門追っ付け右の通り申し候らえども、とかくの返事もこれ無く候につき、専右衛門馬の轡に取り付き、散々悪口仕り罷り帰り、その段藤兵衛様へ申し上げ候、折節岡原彦兵衛殿馬にて乗り寄せ、さすが明智殿程御座候御武者ぶりと誉め申され候由に御座候、新兵衛様は藤兵衛様御座所より一丁程村下に御座なされ候、藤兵衛様、新兵衛様を御心元無く思し召し上げられ、専右衛門儀は新兵衛様へ付き添い申し候様にと仰せ付られ候故、新兵衛様の御供仕り候、左候らえば敵味方入り乱れ、討ちつ討たれつ、殿方がどれに御座候とも見え申さず候、段々敵方勢い重り強くなり候につき、いずれも引き退き申され候、藤右衛門様は浜手より直に御引き退きなされ候、新兵衛様は本渡村より西の方広瀬と申す所、本渡の間に小川御座候、御越しなされ候ところ、向う岸際にて御馬鉄砲に当り転び候につき、馬上より岸に御飛び上りなされ候、その時青木専右衛門諸方を見廻し候らえば、半丁程脇に乗り馬一疋、中間二人にて引き立て居り候を見付け、走り寄り奪い取り申し候、岡嶋次郎左衛門殿乗り替えの由、中間ども申し候を討ち払い、奪い取り申し候、その馬に新兵衛様御召しなされ御引き退きなされ候、その節も敵味方一つになり、前後知れざる様子にてこれ有り候由、後に専右衛門物語り仕り候、新兵衛様御家来橋本惣右衛門・木戸半四郎両人も能く付き添い御供仕り立ち退き申し候、惣右衛門は右御馬討たれ候ところにて、敵一人鑓付け候由に御座候

一、藤兵衛様御最後の時分は味方一人も御座無く候、御供の者どもも暫しの廻り合いに所々に押し隔てられ引き退き候て、吉浦兵右衛門・山本五郎兵衛・桑原久作・御草履取り吉蔵、この四人

御側に付き居り申し候、久作・吉蔵両人は鉄砲に当り死に申し候、五郎兵衛・兵右衛門両人は御最期の際迄付き添い相働き申し候

一、藤兵衛様御知行財津村庄屋市右衛門と申す者、後富岡に参り私母に申し聞かせ候は、藤兵衛様御最後の様子は所の者ども山ごもり仕り候て見申し候、一揆ども十四、五間程脇にいずれも折敷き居り申し候、御転びになされ候御様子に見え申し候と、一同に一揆ども打ち寄せ申し候、御切腹との御様子は遠方故見分け申さず候らえども、一揆ども折敷き居り申し候様子は、御切腹を相待ち控え居り申し候風情かと見え申し候、兵右衛門・五郎兵衛もその節討ち死に仕り候様子の由、右市右衛門一揆どもに乞い請け、只今の御墓所広瀬村の高みに納め申し候由物語り仕り候、御年廻りにつき両度天草に遣わされ候時分、御最後の所拝見仕り候、本渡村脇片下りの田の中にて御座候、兵右衛門・五郎兵衛死骸の左右に一揆ども四、五人切り伏せ置き申し候、いか様太刀打ち仕り候哉の由、天草内野村観音寺物語りに承り申し候

一、藤兵衛様御討ち死にの儀、藤右衛門様・新兵衛様富岡より一里志岐村上仏木と申す坂にて御聞きなされ候

一、一揆の大将四郎は、十四日の夜は本渡村大矢崎と申す所に陣取り、勢を休め候由に御座候

一、栖本張り番岡嶋七郎左衛門殿・柳本五郎左衛門殿・天野外記殿・小笠原斎殿、四人は島子・本渡の味方負け軍の注進につき、いずれも富岡に引き取り申さるべき相談のところに、富岡迄の道筋本渡村に一揆ども陣取り、大将四郎は大矢崎に陣取り、その外道筋の田畑の中迄透き間無く一揆ども陣取り居り候につき、この道筋を通り候儀難儀にこれ有り候故、舟にて本渡の瀬戸を通り海上を廻り、富岡へ引き取り申すべきかと何も申され候ところ、柳本五郎左衛門殿申されれ候は、か様に野も山も敵にて候らえば、海上を廻り候ことも、敵方取り懸り申すべく候、然

らば船中にて働きもなり難く見苦しき死を仕るべく候、同じくは本道筋を罷り通り敵懸り候らわば、存分に働き討ち死に仕るべき由申され候につき、いずれも同意にて十四日の夜半過程に栖本を打ち立ち、五郎左衛門殿真っ先に馬を乗り出し、敵陣の中を静かに通り申され候につき、強勇なる勢に恐れ候哉、敵方より鉄砲の一放ちも打ち出し申さず、安々と富岡に引き取り申され候、この人数の旗昇十□日の朝仏木の坂の上に見え申し候につき、一揆ども寄せ申し候と御城中騒ぎ候につき、天草新助殿様子を見申すべく候と馬を早め志岐村近辺迄乗り行き、栖本の味方帰り候を見届け帰り申され候につき、御城中静まり申し候

一、十一月十四日島子・本渡より引き取られ候衆、昼下りより夜に入る迄段々富岡に引き取り申され候、藤右衛門様は富岡町はずれ冬切と申所に柵を付けさせ、夜に入り三ノ丸藤兵衛様御屋敷に御入りなされ候、この冬切の儀は先の志摩守様天草表御覧なされ候時分、もし当所に一揆起り候らわばこの所に柵を付け、富岡の堅めになされ申すべしとの御出言の由、藤右衛門様聞こし召し及ばれ候故、柵を付けさせられ候らえども、御同意にこの所を持ち堅め申すべきとの衆中御座無く候故、その分にて御城に御入りなされ候

一、同夜島子・本渡より御引き取り候衆心々なされ、直に舟にて長崎野茂・樺島などに御退き候につき、藤右衛門様・原田伊与殿御下知にて御船一艘も町下に置き申すまじく、曲崎の内浦に懸け置き候て、敵に取られざる様にと御船頭中に仰せ付けらるにつき、御船残らず曲崎に退き候て堅固に仕り候故、船は一艘も敵に取られ申さず候、尤も一揆ども舟には手を指し申さず候

一、共船は一艘も敵に取られ申さず候、尤も一揆ども舟には手を指し申さず候

一、残り留られ候衆、御城下九里六左衛門殿屋敷に会合仕られ候て、籠城の談合の衆より使いをもって御籠城に御極めなさるべき哉と申し越され候、この文、関主膳殿の由、追って相知れ

候、誰との儀は覚え申さず候、本渡にての軍目付大竹加兵衛殿にて御座有るべきと存じ候、藤右衛門様よりの御返事に各儀はいか様とも御分別次第にて候、我等どもは藤兵衛居住仕り候所にて候間、当御城にて兎も角もなし申すべき覚悟の由仰せ遣わされ候、それにつきさては別条これ無し、籠城一味の連判仕るべしと、并川太左衛門殿頭取にて会合の衆連判仕られ、さて当所は、いず方に仕るべき哉といずれも申され候ところ、太左衛門殿申され候は、この儀を申し出し候事も自分に候間、拙者に御当て候様にとこれ有り候らえば、いずれも何心なく同意にて連判状の当所を太左衛門殿に仕られ候、この事それ以後太左衛門殿覚えの申し立てに殊の外なり候由に御座候、藤右衛門様御兄弟・原田伊与殿などは最初より御城内に御座候につき、連判の儀は差し置かれ、右の衆に会合もなされず候、九里六左衛門殿屋敷は御城下にても、三ノ丸よりは、はるか間御座候

一、十四日の夜、惣町中の男女残らず御城中に籠り申し候、三ノ丸大門の外に御蔵御座候間、五斗俵の米千俵余り御座候らえども、足軽その外の御家人どもは籠城用意の普請仕り、右の米を御城内に取り入れ申すべき人夫御座無く候につき、藤右衛門様・伊与殿御下知にて御蔵の米を残らず町人どもに下され候間、取りかちに仕り候様にと仰せられ候間、何れも奪い合い、千俵に余り候米十五日一日の中に御本丸、又は三ノ丸に取り入れ申し候、その上にて俵数御改めなされ、籠城の兵粮になされ候

一、右の御蔵三間梁に十四、五間程にて御座候、町人どもこの所迄は一揆寄せ申しまじくと心得、諸道具を入れ置き候ところ、十九日御城攻めの時分、御蔵所迄攻め入り込み置き候物ども残らず乱れ取り仕り候、この蔵は焼け申さず候を二十日に此方より御焼きなされ候

一、一揆ども御城を攻め候は、十一月十九日・二十一日両度にて御座候、然らば十四日島子・本渡

の負け軍より十八日迄日数御座候につき、御城廻り残らず不堅固なる所は柵を付け、もがりを結ばせ、土俵を重ね、御物頭衆それぞれに持ち口を定め、寄せ来るを御待ちなされ候ところ、同十八日の巳の刻一揆ども勢の程を御城中に見せ申すべく存じ候哉、富岡より一里二江村より坂瀬川・志岐村・富岡の冬切迄二里程の間、段々に白昇を持せ、夥しき大勢にて押し来り申し候、御本丸舛形の上に石火矢を仕懸け、冬切迄指度六、七丁程御座候を打ち申し候らえば、一揆ども人数を立て候下浜の砂原に至り落ち候て、砂煙を打ち立て候を舛形より見申し候、これに恐れ申し候哉、右の方の高みを越え、外浜に人数を繰り越し、外浜の子堂を焼き払い、御城の西権現山に取り入り、権現堂をも焼き払い、その夜はその山中に人数を籠め置き候、此方よりも藤右衛門様・伊与殿御下知にて天野新助殿・津田五郎助殿両人に足軽数十人差し添えられ、富岡惣町・小路・寺社残らず地焼き仰せ付られ候、右一揆ども籠もり居り候所は、町の上にて間近く御座候ところ、首尾好く地焼き仕られ堅固に引き入れ申され候

一、大将四郎は志岐村の八幡宮を焼き払い本陣に仕り、使者をもって御城を攻めさせ候由、後承り申し候

一、十一月十九日未明より一揆ども鉄砲を静かに打ち立て御城に攻め寄せ申し候、凱歌承り覚え居り申し候につき、書き留め置き申し候

たつとみよらなれ、七ツのさくらめんとうとみたつとみたまへ、ぜぞうすぜぞうす

この如く惣勢同音に唱え候て、朝六半時分には本丸・二ノ丸・三ノ丸近く攻め寄せ申し候、御城中よりも凱歌を合わせ、面々持ち口より鉄砲にて選び討ちに討ち候につき、大分手負い死人御座候らえども、死骸を段々に退け候につき、何程討ち取り候との儀は知れ申さず候、その日は御城内より突いて出で候衆御座無く候につき、此方は足軽の内手負い少々御座候迄にて、死

人は御座無く候、一揆どもは叶わず夜に入り引き取り申し候

一、右の節御城廻りの樹木、少しの木も敵の楯になり候て、御城の矢かがり悪しく御座候につき、二十日に残らず御切らせなされ候

一、一揆ども十九日の城攻めに攻め道具これ無く仕損じ候につき、同二十一日には楯・竹束等を用意仕り、荒手を先に立て、又々未明より押し寄せ申し候、三ノ丸藤兵衛様御屋敷下の大門を打ち破り、御屋敷の西桜馬場に攻め入り、南の方は大槻喜右衛門殿屋敷に込み入り、東水の手迄攻め入り申し候、御屋敷西権現山より御屋敷を見下し、夥しく鉄砲を打ち懸け候につき、此方よりも大筒にて打ち払い申すべしと青木専右衛門御広間前の塀の控え柱に上り、矢先を見積り申し候につき、その場に居り申され候衆、下は敵の矢先揃え居り申し候、危なく候間、覗き候事無用の由申され候を、強気者にて聞き入れ申さず、重ねて覗き候ところ、鉄砲にて眉間を打たれ相果て申し候、右の様子故、三ノ丸持ち堅め候事なり兼ね、面々持ち口より藤右衛門様へ使いをもって三ノ丸を捨て、本丸に引き入れ申すべしとの儀御座候ところに、藤右衛門様御返事に各者本丸に引き入れつぼみ有るべき由、御勝手次第に候、我等は藤兵衛を召し置かれ候ところに候らえば、この三ノ丸にて切腹仕るべしとの御返事につき、御両人を捨て申すべき様これ無しとて、三ノ丸御持ち堅めなされ候、然らば右の如く三ノ丸きびしく攻め寄せ候につき、沢木七郎兵衛殿・原田伊与殿・柳本五郎左衛門殿三人申し合わされ、三方より突き出し追い払い申され候由にて、大手桜馬場には沢木七郎兵衛殿出で申され候、組付きの衆には岡原彦兵衛殿・上月八助殿その外も御座候らえども覚え申さず候、右の衆突いて出で、即時に一揆最前打ち破り候大門の外に追い払い申され候、その節、岡原彦兵衛殿・上月八助殿両人討ち死に仕られ候、沢木七郎兵衛殿は左の肩に鉄砲当たり手負い申され候、水の手には原田伊与殿・子息主

馬殿・又助殿・古川傳右衛門殿・同九市郎殿、その時十六歳にて手に合い申され候、大槻喜右衛門殿屋敷の敵には柳本五郎左衛門殿向い申され候、組の足軽三十人召し連れ、水の手の塀下を廻り、喜右衛門殿屋敷の後ろ花畑に出で、組の者どもをいずれも鉄砲膝台に折り敷かせ、自分の筒をもって膝台に乗せ打ち出し申され候と、組の者ども一同につるべ打ち仕り候につき、敵方こらえず退散仕り候、敵方よりも鉄砲をきびしく打ち立て候につき、足軽の中三人その場にて鉄砲に当たり死に申し候、一揆籠もり居り候所とは藪一重隔てて、夜に入り又々右の所に込み入り候につき、その節は火矢にて屋敷を焼き払い候につき、一揆ども退散仕り候、か様の事にて三ノ丸持ち堅め申し候

一、右喜右衛門殿屋敷に最前一揆ども込み入り居り申し候なか、三ノ丸にきびしく鉄砲を打ち懸け候につき、藤右衛門様御下知のため矢ざまより外を御覧なされ候ところ、鉄砲御胸に当たり、後ろに御転び成され候らえども、御具足を玉だけ打ち込み候迄にて、御身には別条御座無く候、同所にて藤兵衛様足軽名字覚え申さず候専兵衛と申す者、鉄砲に当たり死に申し候

一、御本丸は加右衛門様御城付き衆にて御持ち堅めなされ、東西の石垣下十間程に仕り候を、鉄砲にてきびしく打ち立て候につき、叶わず引き取り申し候、一揆どもの死骸段々退き申し候らえども、矢倉下ようやく五十間程の場に残し置き候死骸七百三十これ有る由、天草町年寄又右衛門と申す者、その節籠城仕り候、その後清甫と申し候者物語り仕り候、一揆どもの死骸を舟にて段々原の城に越し候由に御座候、大将四郎は十一月二十二日に二江より直かに原の城に越し候由に御座候

一、二ノ丸東の方に敵方より仕寄せ、竹束を付け候所、後に竿を打せ候ところ、塀際より十三間御座候、この所は私儀も御本丸舛形に出で見申し候、間近く鉄砲の玉参り候につき、その後は出

で見申さず候、右の様子にて敵方より鉄砲をきびしく二ノ丸に打ち懸け申し候、この所はわずかの芝土手に塀一重迄にて御座候につき持ち堅め、何とぞ竹束を焼き申すべきと、段々に火矢を打ち懸け候らえば、難無く竹束を焼き立て候につき、一揆ども堪えず退散仕り候ところを、鉄砲にて余程打ち取り、二ノ丸堅固に持ち申し候、その後承り候らえば、竹束の中に藁を籠らせ、それ故ひとしお早く火付き申し候

一、右両日御城を攻め申し候刻、御城内には上下手負い死人十七人にて御座候

一、御本丸に井御座無く、御本丸下草場六之允殿屋敷の出水を汲み申し候、城攻めの日は右出水汲み候儀なり申さず候につき、敵引き取り候跡にて、夜に入り水を汲み申し候、この出水に敵方手負いども集まり、水をたべ申し候様子にて、水際に死人余多残り居り、血水になり候を汲み取り飯拵え申し候

一、島子・本渡にて味方利を失い富岡に引き取り、籠城に及び候由唐津に聞こえ、重ねて助勢を差し越され候、人数何程の儀は存じ申さず候、中村藤左衛門殿・川瀬小右衛門殿両人大将分にて越し申され候、一揆ども富岡を引き取り候以後、着船にて御座候

一、一揆ども富岡城攻め利を失い、又々上津浦の古城に取り籠もり候由、在々より注進これ有り候につき、富岡籠城の衆、並びに唐津よりの加勢又々大島子迄御出張にて、上津浦古城に取り懸り有るべしとの相談の座にて、中村藤左衛門殿・川瀬小右衛門殿喧嘩仕られ候様子は、藤左衛門殿少々言葉を咎め申され候間、小右衛門殿を抜き打ちに仕られ候、一太刀にて御座候らえども、深手故、程無く果て申され候、小右衛門右筆の者次の間より駆け付け、藤左衛門殿を切り留め候由に御座候、その時小右衛門殿乙名役の者に能き者御座候て、この者申す分より小右衛門殿は子息に家督相違無く家を立て申され候、夜の事にて行燈消え、物色見え申さず騒ぎ候と

ころ、藤右衛門様・柳本五郎左衛門殿場を御鎮めなされ候由に御座候、それより以後五郎左衛門殿、藤右衛門様を別けて大切に仕られ候由に御座候、藤左衛門殿あまり太刀にて五郎左衛門殿の足の大指を切り申され候らえども、少しの儀故、程無く平癒仕り候

一、兵庫様十二月初めに江戸より天草に御下着遊ばされ、三ノ丸に四、五日御滞留、諸事仰せ付けられ、御城を上使へ引き渡し候衆迄を召し置かる、誰々御残りなされ候との儀は覚え申さず候、その外残らず召し連れられ原の城へ御向い遊ばされ候、藤兵衛様御内證様方・私母ども同月中旬に藤兵衛様御知行才津村に引越し、明る正月十日頃唐津に御引越しなされ候

一、呼子平右衛門殿内方、在宅の中、甲斐甲斐しき様子どもこれ有り候由承り及び申し候、平右衛門殿は在江戸より直かに本渡へ出陣仕られ、それより直ちに富岡へ籠城仕られ候跡、数日の留守の間少しも臆し仕られ候気色これ無く、一揆ども寄せ来り候らわば、家に火をかけ焼け死に仕るべき覚悟にて、煙硝など用意仕られ、甲斐甲斐しく構い居り申され候らえども、その辺迄は一揆ども乱入仕らず候、富岡御城を両度攻め引き払い候以後、平右衛門殿・藤右衛門様・伊予殿申し断わられ、栖本に帰られ、内方を富岡に連れ越し申され候、道の間も馬・朱鞘の大小を指し、鉢巻仕られ、御城に着仕られ候、御城内にても持ち口小屋小屋を見分仕られ候、私母など居り申し候ところにも、右の出立のまま、参られ候を見申し候

一、藤兵衛様御討ち死の御歳五十七歳の御年にて御座候、兵右衛門四十七才、五郎兵衛・久作・吉蔵この者どもの年は覚え申さず候

一、天草一揆起こし候村々、大矢野村・上津浦村・大浦村三ヶ村、小島子村・須子村・赤崎村八ヶ村は残らず一揆に組み仕り候、本渡村・大島子村・亀野川村・財津村・岡の地村・二江村・坂瀬川村・志岐村・御領村・才津、又は過半一揆に組み仕り、残る者どもは村々を立ち退き山中

などに隠れ候て遁れ申し候、すべて一揆に組み仕り候村立ち、一万千石余にて御座候、天草惣体海山に添い人多き所故、村高よりは人数大勢にて御座候、右富岡御城を攻め候節、十九日には人数八千、二十一日には一万二千の着到の由に御座候、その内島原よりの加勢三千これ有る由、才津村市右衛門物語りにて承り申し候

一、藤兵衛様御知行高三千五百石は、与力・足軽料、御蔵米にて御請け取りなされ候、御知行所は天草の中、才津村・本村・下河内村・広瀬村、右四ヶ村にて御座候、嘉右衛門様御知行高千石、御知行所は天草の内、須子村・赤崎村二ヶ所にて御座候

天草御在番衆知行高

一、千石　島子より直ちに在所に引き取り、他所に立ち退き申され候　河内村居住　中嶋与左衛門殿

一、八百石　栖本に居住　石原太郎左衛門殿

一、七百石　在番所覚え申さず候　河崎伊右衛門殿

一、二百石　陰山仁右衛門殿

一、百五十石　唐津落ち、その後水野監物様に二百石にて召し抱えられ候　呼子平右衛門殿

一揆につき唐津より御越し候衆

一、三千石　十一月十四日の夜富岡より野茂に立ち退き申され候　岡嶋次郎左衛門殿

一、千五百石　沢木七郎兵衛殿

一、二千石　中村茂左衛門殿

一、六百石　柴田弥五兵衛殿

一、七百石　嶋田十郎左衛門殿

一、四百石　吉田庄之助殿

一、四百石　原の城にて夜討ちの節討ち死　　　陰山源左衛門殿

右の外、組み付き小身なる衆中は覚え申さず候

一、新兵衛様はそのころ無足にて御座なされ候ところに、天草・島原の御働き能く御座候につき、唐津に御帰陣の上、新知五百石御拝領なされ候、石川利左衛門殿も無足にて御座候ところ、右の様子にて新知二百石拝領仕られ候

島子にて討ち死の衆中

一、林又左衛門殿　無足　　同小十郎　　小栗杢左衛門殿

同所にて手負いの衆中

一、并河九兵衛殿　野茂に退き、野茂にて死に申され候　　石川吉左衛門殿　野茂に退き疵平癒也

右島子にて雑兵討ち死の数は覚え申さず候

本渡にて討ち死の衆中

一、藤兵衛様・佐々小左衛門殿・河崎伊右衛門殿・今井十兵衛殿・佃八郎兵衛殿

右本渡にて手負いの衆中も御座有るべく候らえども覚え申さず候、雑兵討ち死の数、二十人にても御座有るべき哉と存じ候、人数はさして損じ申さざる様にその節も沙汰仕り候

富岡御籠城中見聞仕り候品々覚

一、十一月二十日に歳四十計りの男、木綿花色の布子を着仕り、小脇指を差し三ノ丸に参り、藤右衛門様へ御目に懸り申し上げ候は、私儀は唐津より御飛脚に罷り越し候、御急ぎ故御奉行衆より御状は遣わされず候、ここもと様子唐津へ相聞え、何とぞ二、三日御城を堅固に御持ちこれ有るべく、追って細川越中守様御人数並びに筑後・久留米・柳川より後詰めの大勢参り候筈に御座候、この趣き申し達し候様にと、御奉行衆仰せ付けられ候由申し上げ、左候て、この者は

藤右衛門様御小屋より直ちに原田伊与殿小屋に参り、右の趣き申し達すとて、伊与殿小屋に参りても右の趣き申し達し候につき、御城中殊の外気負い、二十一日の城攻めには雑兵どもに勢を出し、御城堅固に持ち申し候、彼の者はその後何方へ参り候とも知れ申さず候、御凱陣の上唐津にて御吟味これ有り候らえども、右の飛脚を差し越され候衆、かって御座無く候、富岡より唐津へは海上数十里隔て候につき、このころ迄は富岡籠城の様子唐津へは聞え申さざる程の由に御座候、この儀は藤右衛門様不審なる儀に思し召され候由、御当地にても折々御物語りなされ候

一、二十一日一揆ども御城を攻め候節、御本丸の矢倉下の萱野に火を懸け申し候につき、折節御本丸風下にて矢ざまより煙りを吹き込み、鉄砲を打ち出し候儀難儀になり、下の者ども、早落城も仕るべしと騒ぎ候ところに、未の刻程に御本丸御台所の大釜大いに鳴り出し申し候、同時に三ノ丸の御台所の大釜も鳴り出し申し候由に御座候、その節富岡町に居り申し候傳心坊と申す山伏居り申し候、祓い等仕り候、釜鳴き候儀は吉事にて御座候由申し候ところ、程無く風替り敵方に煙吹き懸り候につき、一揆ども煙にむせ、しどろになり候ところ、鉄砲にて選び討ちに討ち取り追い払い申し候

一、一揆起こり候年の夏の時分より、御城山の烏と権現山の烏と中に群れ合い、度々喰い合い申し候、いずれも不審なる儀と申し候

一、草場六之允殿親甚兵衛殿隠居にて、その頃七十余歳の老人にて御座候、右二十一日の城攻めの最中に、甚兵衛布子の上に紙子羽織を着仕られ、御本丸の舛形の上より一揆どもを見下し申されれ候は、さてさておのれ等は百姓の分にてこの御城を攻め候事憎き仕形に候、これを喰らい候らえとて、一揆の方に後ろを向け裾をまくりあげたたき申され候ところを、下より鉄砲にて下

帯の結び目を打ち切り、布子の裏より羽織の背縫いに打ち通し申し候、そのまま私ども居り申し候所に参られ、少しも驚きたる気色これ無し、右の様子を語り笑われ申し候、嫡子六之允殿は豊後より罷り帰られ候につき、天草にての手には合い申されず、明る二月二十七日原の城にて討ち死に仕られ候、その弟安兵衛居られ候が、その頃は松平越前守様へ歩ちの奉公仕り居られ候を御呼なされ、六之允殿跡百石拝領せられ候、右の様子は見聞仕り候故、話のため書き記し置き申し候

一、富岡御城籠りの節、唐津より参り候御船頭内山彦右衛門と申す仁、知行百石にて御座候、伊勢丸と申す荷船作りの御船に乗り居り申され候、彼の仁、御船を捨て籠城仕られ、両度の城攻めに御城中を能く走り廻り、振り能く見え申し候、弓を持ち走り廻り候を能く見申し候、兼ねて弓を能く射申され候由承り候、唐津に御凱陣の上、彦右衛門方右の様子故、御加増五十石下され候、然るところ、小牧善左衛門と申す御船頭、知行高百石にて御座候、御籠城の節曲崎にて御船の支配仕り、御城には籠り申されず候、右彦右衛門に御加増下され候につき、善左衛門申し上げられ候は、彦右衛門儀海艤の法を存ぜず、御船を捨て候て籠城仕り候、海艤の法は陸にて何程の働きを仕り候ても、船を捨て候ては臆病同前にて御座候ところ、御加増下され候て、御船を堅固に支配仕り候私儀は、何の御沙汰も御座無き段いかがに存じ奉り候、私儀は御暇下され候様にと立って申し上げ候につき、兵庫様聞し召し上げられ、尤もに思し召し上げられ、彦右衛門に下され候御加増、今更召し上げられ様もこれ無く、その分にて善左衛門に一倍の御加増にて堪忍仕り候様にと御座候て、御加恩百石下され候

一、藤兵衛様御年廻りの時分、私儀天草へ遣わされ候は、天草の者ども申し候は、戸田伊賀様天草御領知なされ、天草中廻りなされ候節、藤兵衛様御墓所を御覧、御意なされ候は、この石塔悪

しく、後は文字見え申すまじく候、藤兵衛儀は隠れ無き者にて候、後々知れざる様に成り行き候ては残念に思し召され候間、石を吟味仕り、石塔を立て直し候様にと仰せ付られ、銘をも深々と切り付け、金箔をすり付け申し候、薄紫色の石にて御座候、御供仕り候御家来吉浦兵右衛門・山本五郎兵衛・桑原久作・吉蔵の四人の石塔も同前に仰せ付けられ候を拝見仕り候、又々伊賀守様御意なされ候は、我等久しく天草の領主たる事も知れざる事に候、只今の墓所の森は山続きにて、後々木を切り尽し候事も有るべく候間、藤兵衛墓所は後々迄も遠方よりも知れ候様に、山続きの木をこがし、森一つに仕り候様にと仰せられ候につき、その通りに十四、五間四方の森一つに仕らせ、内野村観音寺、又才津・広瀬の百姓ども物語り仕り候、それ故只今の御墓所十四、五間四方の大松木森にて、高み故遠方よりも紛れ無く能く見え申し候

一、青木専右衛門倅源太郎と申す者、彼の者天草一乱の前、唐津に遣わし織人に仕付け置き候を、藤右衛門様・新兵衛様唐津にて召し仕わるべしと思し召され候ところ、御当地に御越しなされ候につき、その分にて唐津に居り申し候、定めて子孫御座有るべく候

一、原田太左衛門儀は（後に渡邊太右衛門と名を改め申し候）一揆の時分牢人にて居り申し候を、藤兵衛様本渡に召し連れられ、御最後近く迄甲斐甲斐しき様子これ有り候につき、富岡へ引き取り候後、藤右衛門様へ召し仕えられ、御籠城の節は御城下を能く走り廻り、その後原の城御供仕り、彼地にても能く御奉公仕り、唐津へ御凱陣の後、豊後久住に両親居り申し候につき、御暇申し上げ罷り帰り住居仕り申し候、その後藤右衛門様御兄弟様御当地に御越しなされ候につき、折々熊本に罷り出で申し候ところ、久住にて病死仕り候、その後世倅太右衛門を久住より御呼び越しなされ召し仕われ候

一、久保与左衛門と申す者、藤兵衛様唐津に御座なされ候時分より召し仕われ候ところ、御知行高

の支配の訳につき御暇下され、牢人にて天草の中、大浦と申す所に引き込み居り申し候、右の様子故本渡への御供には罷り出で申さず候、然るところ、藤右衛門様原の城御陣中より御呼びなされ召し仕われ候ところ、一揆方より夜討ちの夜、討ち死に仕り候、只今の穏は右与左衛門孫にて御座候

一、藤兵衛様御知行才津村庄屋市右衛門儀、男子御座無く、娘方の子孫御座候て、才津村に居り申し候由、先年天草に罷り越し候節、彼地にて承り候らえども、逢いは仕らず候

右は、私九歳にて富岡籠城仕り、その節慥かに見聞仕り候事を書き記し申し候、それ以後唐津衆兵庫頭様御供にて原の城に御越し、彼地にて敵方より夜討ちの節藤右衛門様の御働き、城攻めの節柳本五郎左衛門殿の先き乗り、続いて并川源左衛門殿・新兵衛様・原田伊与殿父子、その外にも宜しき働き等これ有り候由承り伝え候らえども、分明に存ぜず候につき、書き記し申さず候、以上

吉浦一提

一提は吉浦諸兵衛と称す

諱は季氏

126

申し聞かせ置く条々写（三宅家文書91　続紙）

申聞置条々

一、我□入國已後、家中一統に無懈怠勤候段々、見□□事

一、諸事清廉に取計可申段者、先代よりの趣之事候、然處、近年まゝ不置（ママ）之輩も有之、申付候、此儀、人の撰よろからさるハ、我ホ不肖候哉、亦ハ、頭役〳〵の依怙贔屓ヨリの申立により候哉、正道を取失ひたると存候、兎角、私欲の筋専にて、申付置たる筋道たかひ候ゆへ、末方之者及迷惑候得共、末方之者ハ役頭を恐れ、無是非不訴出候付、第一、我ホ為に相成不申候、依之、此已後、軽輩たり共、志有之者者、其人の高下に不依、仕配々迄、存寄書付封印を用ひ、差出可申候、國政之儀ハ、我ホ存念計にて茂不相行候、貴賎一和を以て治國にに（ママ）至候儀ニ候、何茂相考事

一、当時、勝手向悪敷成候付、一國の撫育難叶程に成行、政整も心之儘に届兼候を相考候処に、畢竟諸工（ママ）は数年之上知、百姓者先納、課役、又者在役人共に無益之物入ホ多、町人者度々掛り物ニ而、費も有之候故か、年〳〵及衰弊と存候、然処、諸工（ママ）末々迄纔之渡シ方を以、当時迄無恙奉公相勤候段者、家久敷者共故のみと頼母敷、令満足候、何とそ、何茂勝手向□甘き候様にいたしたく、其段、役人共にも申付、我ホ令

工夫候得共、何茂存候通、連々の差支ニ付、手取米ホゆるめ
申茂難叶、苦悩之至候、惣躰、少之渡り方之節、遅速
又ハ操たる仕方有之、少身之者、別而困窮に相成
可申候、かろき者より救立候申候事

一、右之通之不渡り方の当時なから、家作・屋敷廻り
何とそあらし不申、時節なをり候迄、可也にも、弥、取續
可申を、其内にも宜敷衣類着し、又、よろしき音信・
贈投いたし候輩も有之、不都合に相見へ、不審に
存候、我ホ目通りに罷出候とても、衣類改候に不及、困
窮之内にも、文武の心懸、忘却無之様にいたし
たく存候事

一、諸目付・横目役之者共、隋分入念可申候、勝手方、其外
の目付・横目あたりさハりを存候か、又ハ怠り申候哉、其心得
我ホ為に相成申間敷存候、此已後、目付・横目役者
別而用向有躰に可申聞候、外に聞届候筋も有之
候間、不直に有之候ハヽ、越度に可申付候事

右条々、今年初而入国之儀ニ付、諸役相勤候者心得
申候、我ホ意をたて、権を争ひ、功を奪候者未練の至ニ
候間、支配有之面々ハ、此節、別而、心遣いたし、弥、無異

儀、家中押移候様にいたしたく存候
右之趣可相慎者也
寛延弐年正月十五日写直申候
十二月

＝読み下し文＝

（作成においては永青文庫蔵7・7・3「御家譜続編十八」を参照）

申し聞かせ置く条々

一、我ら入国以後、家中一統に懈怠なく勤め候段々、見聞に及び、尤もに候事

一、諸事清廉に取り計らい申すべき段は、先代よりの趣きの事に候、然るところ、近年まま不直の輩もこれ有り、差し通し難き儀につき、その段申し付け候、この儀、人の撰びよろしからざるは、我等不肖候哉、または、頭役頭役の依怙贔屓よりの申し立てにより候哉、正道を取り失いたると存じ候、とかく私欲の筋専らにて、申し付け置きたる筋道違い候ゆえ、末方の者迷惑に及び候らえども、末方の者は役頭を恐れ、是非無く訴え出ず候につき、第一、我等為に相成り申さず候、これにより、この以後、軽輩たりとも、志これある者は、其人の高下によらず、支配支配まで、存じ寄り書付け封印を用い、差し出し申すべく候、国政の儀は、我等存念計りにても相行なわれず候、貴賤一和をもって、治国に至り候儀に候、いずれも相考うべき事

一、当時、勝手向き悪しくなり候につき、一国の撫育叶い難き程に成り行き、政務も心のままに届き兼ね候を相考え候ところに、畢竟諸士は数年の上知、百姓は先納、課役又は在役人ともに無

益の物入り等多く、町人は度々掛り物にて、費えもこれ有り候故か、年々衰弊に及ぶと存じ候、然るところ、諸士末々までわずかの渡し方をもって、当時まで恙なく奉公相勤め候段は、家久しき者ども故のみと頼もしく満足せしめ候、何とぞいずれも勝手向少し成りともくつろぎ候様に致したく、その段役人共にも申し付け、我等工夫せしめ候らえども、いずれも存じ候通り、連々の差し支えにつき、手取米等ゆるめ申すも叶い難く、苦悩の至りに候、惣躰、少しの渡り方の節、遅速又は操りたる仕方これ有り、小身の者、別して困窮に相成り申すべく候、かろき者より救い立て候様に申し付け候事

一、右の通りの不渡り方の当時ながら、家作・屋敷廻り何とぞ荒らし申さず、時節直り候迄かなりにも、いよいよ取り続き申すべきを、その内にもよろしき衣類着し、又よろしき音信贈答いたし候輩もこれ有り、不都合に相見え、不審に存じ候、我等目通りに罷り出候とても、衣類改め候に及ばず、困窮の内にも、文武の心掛け、忘却これ無きように致したく存じ候事

一、諸目付・横目役の者ども、随分入念申すべく候、勝手方、その外の目付・横目当たり障りを存じ候か、又は怠り申し候哉、その心得、我等為に相成り申すまじく存じ候、これ以後、目付・横目役は別して用向き有体に申し聞かすべく候、外に聞き届け候筋もこれ有り候間、不直にこれ有り候らわば、落ち度に申し付くべく候事

右条々、今年初めて入国の儀につき、諸役相勤め候者、心得に申し候、我意をたて、権を争い、功を奪い候者は未練の至りに候間、支配これ有る面々は、この節別して心遣い致し、いよいよ、異議なく家中押し移り候様に致したく存じ候

右の趣相慎むべきもの也

寛延二年正月十五日写し直し申し候

（寛延元年）十二月

127　細川中務少輔様御出の節の覚書（某氏旧所蔵文書　竪帳）

（中表紙）

細川中務少輔様　御出之節之覚書
小堀長順自筆ニ而認有之候を写置事　三宅探山重存

細川中務少輔様、去々寅年ゟ私宅江被遊御出、拙者茶之湯に被遊御逢度旨、度々御意ニて御座候得とも、先年大風以来、臺所廻りも掘立にかりに仕置候間、卯辰ノ年ニかけ家をたてつき、数奇屋をも指圖仕置候間、出来仕候上、御出之儀御請可申上と御断申上候処に、当十月、御花畑江中務少輔様御出之砌、いつれ近日、私宅へ被遊御出旨被成御意候間、左候へ者、茅屋

其ま丶ニて茶計指上可申と御請申上候処
に、左候者、近日差かゝり可被遊御出旨御意
ニ而御座候、此儀者御断申上候、何とそ、一両日
前に被仰知被下候様ニ奉願候、兼而申上候通、
数奇屋も座敷も出来之儀者寂早無余日
御座候間、来春者　御發駕近寄申候間、家
作出来間に合申間敷と奉存候間、畳計
被成御座候所迄表替可申付候間、前以御家来
より知らせ参候様ニ奉願候處、御承知
なされ、宇土江被成御帰、十一月廿一日之
御直書ニて、十二月三日ニ被成御出旨申参候間、
御請申上候、其節之御直書、追々ニ数通
参申候内、御追書之内に懸物仕可然と存候
を、一通早速表具申付候

三日之事、呉〱大慶、必参可申候、兼而
申入候通、少も〱供之者事御構なく可被
捨置候、猶、家来共手前ゟも可申進候、くれ〱
随分かろく、茶而已ニて、萬端無御改様ニ
と存候、以上

霜月廿一日　　細中
小長サマ

右之御書を早速表具申付候処、出来仕候間、
十二月三日ニ被為入候筈ニ付、太守様より
御酒 この花 一樽、御肴一折 品々 被為拝領候、
中務少輔様御出之節ニ用申候様にと御座候而、
御水指 高取 一ツ被為拝領、重畳難有仕合之儀
難尽筆紙候、松野亀右衛門ゟ心附ニて、宇土より
御出之節ハ、御臺所御役人差越可申由被申候付、
板前之者三人頼候而、料理拵相頼候 助一・甚八 御椀方手傳仁右衛門
右之面々ニて、十二月二日ゟ諸事相拵居候處、
三日之四ツ過比ニ宇土より御飛脚ニて、中務少輔様
二三日以前ゟ御風邪之処、其朝ニ至、御發汗
強被成御座候間、とふも被押候儀成かねられ
御断申参候、昼比ニ、又々宇土ゟ御ｔ者ニて、
今日、弥、被為押候而御出候思召ニて、御用意被成
被置候よしニて、左之通

一、茶巾地　一疋　但、奈良上さらし一疋也
一、生鯛　一折　三

一、御酒　　一樽　但、下り酒ニて樽之儘一桶

此両種、長順江

一、丹後嶋　　一疋　おいよへ

一、羽帚　　二　但、此羽帚と目録ニ記有之ハ鳫ニ羽也

右、詮順江

一、紅絹ちゞミ　壱反、おいかへ長尺也

一、御重　三重　御菓子　品々

孫三郎・一之進へ

右之通被為頂戴候間、御女者ニは酒・吸物給させ礼を申遣し候

太守様ゟ拝領之御酒・御肴をわけ申候而、宇士へ差上申候而、宇土ゟ之頂戴御肴・御酒、三日之御相伴之面々江ひろめ申候

秋山儀右衛門　　吉田才兵衛　　堀内三盛

鳩野宗賢　勝手へ古市宗圓　　萱野宗斎

右之面々参被居候間、夜迄にきやかにひろめ申候也、十二月九日、中務少輔様、弥被成御快全御座候ニ付、九日可被成御出座申参候間、御請申上候、九日宇土ゟ交御肴一折　品々、今日御出ニ付、被成御祝候て頂戴させられ候、

太守様ゟ又々御酒 この花 、交御肴一折 品々、
松野亀右衛門ゟ手紙にて被為拝領段申参候、
御禮之儀ハ晩方相濟候上ニて、御花畑江罷上り
中候様ニと、亀右衛門ゟ申参候、尤、御相伴之面々
朝飯後ゟ三日之通相詰被申候、中務少輔様寒氣
之為伺御機嫌、御出かけに御花畑へ被成御出
被仰置候而、直ニ、私宅へ被成御出候旨申参候間、
長六橋へ詮順差出置、拙者者門前へ罷出
御出迎仕候

但、右之趣前晩宇土ゟ申参候段、松野亀右衛門ゟ
達　尊聴候而被仰置由ニ付、御花畑ニて御取次
之者へ御口上承申上、御扣被成候様ニ
太守様被遊　御逢度可申やの事伺御座候処、
太守様被　仰出候者、明日長順宅へ被為入候儀、
太守様へも御存知被遊候御事ニて、被遊御對面
候てハ、御吸物・御酒も出候而ハ、長順方茶ノ湯
刻限延引ニ相成可申と被　思召上候間、御對面
被遊候てハ御妨ニ候間、被仰置まゝにて御滞
無之様ニと被　仰出候間、其趣亀右衛門ゟ御小姓頭
中江沙汰有之候事

御花畑へ被成御出候注進ニ人を附置、長六橋へ
詮順差出置、町中かまいの外迄、拙者ゟ先拂
之人を両人附置 理平次・小右衛門、拙者屋敷堺きわゟ
御駕を被為居、御歩行ニて御出ニ付、拙者も
屋敷之はつれ迄罷越申候而、路次口御待合迄
御同道仕候而参申候
但、拙者と平助両人門前ニ罷出、□助・孫三郎・一之進ハ
杉かき内門の外ニ才兵衛取合にて御目見仕せ候、
宗圓・宗斎ハ路次口の際まて門内ニ罷出居候事、
御相伴ニ山川伊兵衛壱人参候ニ付、願候而相加へ申候、
吉田才兵衛ハ勝手御料理之方見繕世話仕候
御相伴
秋山儀右衛門 堀内三盛 山川伊兵衛 鳩野宗賢
御座入濟候て、白木之片木に御のし持出、御相伴へ者
塗片木ニのし出す
道具附
掛物 凌霄君御筆 御文 三日之事 くれ〱大慶
釜 織部 桐地紋
茶入 袋古金襴 能古
天目 紹鴎

臺唐物
茶筌置　高麗
茶杓　銀臺君御作　いは尾
袋　有隣君御細工
高松侯御銘書
水指　拝領　高取
小伏臺　春慶
花入　圓乗坊作
香合　爪　南京
羽帚　鶴
炭斗　ふくへ
蓋置　竹輪
雫　面桶
薄茶器　吹雪
茶碗　萩
雲州
茶杓　道安
水指　古銅
蓋置　八代
以上

但、薄茶手前ハ一之進ニたてさせ申候也

會席

鱠　きす　大こん
木くらけ　せり
針しふか

汁　松露　どうふ
よめな

飯

引而

平皿　そき薯蕷
鴨　そほろ
へきゆ

猪口　川ちしや
ひたし物

片木　かまほこ
塩さんせう

中酒

吸物　あわゆき

肴　重箱　かんひやう

蓋茶碗　そゝり麸

小皿　わさひ
たいらき
さしみ

香物　茄子

茶菓子　火とり餅
敷さとう

後菓子　こりん
紅梅糖

以上

後段

吸物　鯛ヒレ

太守様ゟ拝領之品
臺の物

久我様ゟ拝領
銀盃　　蓋茶盌　ふくろいり

重箱　もやし

大平皿　鳫
水菜

太守様ゟ八日之晩、明九日ニ用候様と御直ニ被為拝領候
皿　鮒　さしミ　いり酒

坪　ひしき
梅わん　　大硯蓋　取肴品々

太守様ゟ去年被為拝領候
御盃

御前様ゟ右同断
御土器　　向詰　うつら
やき鳥

吸物　あんかう

臺の物　品々取交

坪　酒麩
おろし大こん　　茶わん　きし
うどめ　にんしん

大猪口　おろし大こん

平皿　しき紙玉子
すりミ
はまくり　　坪　せんまい

蓋茶わん　白魚
しそほ　　吸物　あこう

御膳

向　鱠あた〻め　　　菜飯

田楽　みそやき

引而　鯛味噌漬切やき

香物　なら漬

以上

右後段之節ハ、茶相濟圍勝手を一ツ間にして、御酒

寂中に、秋山儀右衛門秀句

難波にさくやこの花冬小堀

太守様ゟ其日拝領之御酒　この花　披露申上出し候

處に、右之秀句、儀右衛門当座也

中務少輔様御帰、夜四ッ時分也、拙者門前ニ罷出、

屋敷はつれゟ御駕被為　召候、拙者ハ裏路より

向町川尻口かまいきわへ罷出、御禮申上罷帰候て、

早速御花畑へ、今朝之御禮に罷上り、御床相濟

申候故、御取次喜大夫へ申達、御用人多門江、今朝御肴・

御酒頂戴之御礼申上候、

翌十日ハ、拙者御花畑へ御用有之候付、詮順宇土へ差越、

九日之御礼申上候也

但、十一日、宇土へ

太守様御鷹野ゟ直ニ被為入候付、拙者十一日之朝、御先に御使者旁相兼申候而罷越、翌十二も滞留、十三日ニ罷帰候也、尤中務少輔様、兼々御所望之小たんす御相傳相濟候也

十三日宇土ゟ罷帰候節、御相傳相濟御満足之旨にて、御目録三百疋・干肴一折、御客屋迄御近習之者御𠀋者にて被為頂戴候事

右中務少輔様御出相濟候祝に、同十七日ニ茶ノ湯、左之通

小笠原斎　竹原清太夫　松崎夘平次

萱の宗斎

右四人、十七日之昼會相濟候、尤右之趣をも達尊聴候事也

道具附

掛物	霊雲院様御筆 御詩	釜	織部　桐地文
茶入	拾貫	茶碗	御所丸
茶杓	甫竹	花入	宗旦
水指	真手桶	炭斗	ふくへ
香合	南京爪	羽帚	鶴

雫　面桶　蓋置　竹輪

薄茶器　棗黒塗　茶わん（八代 本八代大平

茶杓　萱の隠齊

會席

皿　鯛 大こん いり酒かけて　汁　こほう 椎たけ　せん

飯

引而　下　上

蓋茶盌　こんにゃく わさひ　坪　かき せり へきゆ

重箱　鰡　色付やき

酒　この花　猪口　もづく　吸物　たいらき

香物　茄子　後菓子　巻かき

茶菓子　火とり餅 口取山いも

茶濟て鯛の吸物、中務少輔様ゟ拝領之御酒

重箱　もやし　片木　取肴 巻のし

右十七日、先達て

太守様ゟ拝領之御酒 この花 出申候處、当座

両人之秀句

小堀氏之茶席に拝領之美酒をひろめられ

しを頂戴して祝申とて

此御酒に此花咲や冬いわひ

　　松崎舛平次

　　　湖添拝

春山翁の茶席につらなり、同流の奥義を

人々に吹聴申事ゆるし給へ

色も香も冬紅梅とおほしめせ

　　萱の宗斎

　　　菊郭拝

右之通之趣ニ付、諸事無滞相済候付、尚又

其節之出精之面々へ遣し候品々左ニ記置候也

一、紺屋新七方へ　交肴品々　酒五升

一、甚八へ　木綿一反

一、仁右衛門へ　右同

一、堺屋庄次郎へ　清右衛門と同

　但、橋口ゟ構口の町中掃除ホ氣を付

　世話いたし候と承候付、礼に遣ス

一、政木喜藤次　宇土ゟ之御酒　一徳利

　但、前以何角用事相頼、張付ホ頼候礼也

一、助一へ　もめん一反　ちりめん帯一筋

　但、助一ハ両度共参候而出精

　ゆへ帯一筋添也

一、酒屋清右衛門へ　宇土ゟ被下候　御酒一徳利

　但、構外道作り頼候礼也

一、吉田文兵衛　さらしもめん一反　交肴遣ス

一、黒田武左衛門　永井金吾　此面々呼候而料理出し候也

　狩野朴仙　綾部林助

一、御路地理平次へ　もめん一反
林田小右衛門　此家来江もめん壱反宛遣ス、何れも
一、喜八　出精勤候付、御路地理平次一同ニ遣候也
又助
一、よねへ　樽代ともめん二反　一、とわへ（さらさ染帯壱筋　同あわせ一ッ　きぬうら付）
一、りやへ　樽代一包
さらさ染帯一筋
一、荒仕子　又右衛門　又助　弥兵衛　此面々呼候而酒
加助　孫七　給させ候
一、御小人藤助へ　吸物　酒
給させ候なり

中務少輔様御出、前以追々之御直書にて、御出之
節御供之面々ハ彼御方御役人ゟ下宿被仰付にて、
拙者心遣無用ニ候、近々被仰下候て、本庄村にて
四ヶ所ニ下宿被仰付候、拙者ゟ前以彼ノ方御用人へ
申遣、御侍以上之分ハ拙宅にて認出し可申段
内談仕置、詮順部屋を座敷ニ相用、料理・吸物・
酒共に、御供頭壱人其外御侍中都合八人へ、吸物・

料理・酒ホ、紺屋新七宅ゟ仕出申付、裏門より
御家来中へ者、右之仕出を仕らせ候也
　但、御供歩段之者、御供押迄ハ、酒計取肴にて
　出し申候、其砌、御侍中へ挨拶之人、左之通
一、政木㐂藤次　　　一、吉田文兵衛
一、岩佐助三　　　　一、綾部林助
右之外、平日心安き面々参候而、狩野朴仙者臺子の
方受込之事也
　但、宇土より被召連候人数、末々迄之員数本庄村
　之下宿ニ承申候處、九拾六人之由也
中務少輔様御出ニ付、○桐ノ木ニて御膳　○御刀掛（桐ノ白木二タ腰掛）
○御のし出候八寸ノ足付、此三品新規ニ申付、○御椀ハ御臺所ゟ
借用、但、御花畑御出之節出候御椀借用之処、松野
亀右衛門ゟ御臺所江沙汰有之候事

右之通首尾能、宇土侯御出相濟候付、
為後年いさゐニ書記置所也
　寶暦十年庚辰十二月吉日
　　　　　　小堀長順常春（花押）

＝読み下し文＝

（中表紙）

（宇土支藩主）
細川中務少輔様　御出の節の覚え書き

小堀長順自筆にて認めこれ有り候を写し置く事　三宅探山重存

（興文・月翁）
細川中務少輔様去々寅年より私宅へ御出で遊ばされ、拙者茶の湯に御逢い遊ばされたき旨、度々御意にて御座候らえども、先年大風以来、台所廻りも掘立てに仮りに仕置き候間、卯辰の年にかけ家を建て継ぎ、数寄屋をも指図仕り置き候間、出来仕り候上、御出での儀御請申し上ぐべきと御断り申し上げ候ところに、当十月御花畑へ中務少輔様御出での砌、いずれ近日私宅へ御出で遊ばさる旨御意に候間、左候らえば、茅屋そのままにて、茶計り差し上げ申すべしと御請け申し上げ候ところに、左候らえは、近日差しかかり御出で遊ばさるべき旨御意にて御座候、この儀は御断り申し上げ候、何とぞ一両日前に仰せ知らせ下され候様に願い奉り候、兼ねて申し上げ候通り、数寄屋も座敷も出来の儀は最早余日御座無く候間、来春は御発駕近寄り申し候間、家作出来間に合い申すまじくと存じ奉り候間、畳計り御座成され候所迄、表替え申し付くべく候間、前もって御家来より知らせ参り候様に願い奉り候ところ、御承知なされ宇土へ御帰り成され、十一月二十一日の御直書にて、十二月三日に御出で成さる旨申し参り候間、御請け申し上げ候、その節の御直書追々に数通参り申し候内、御追って書きの内に掛け物仕り然るべしと存じ候を、一通早速表具申し付け候

三日のことくれぐれ大慶、必ず参り申すべく候、兼ねて申し入れ候通り、少しも少しも供の者の事御構い無く、捨て置かるべく候、なお家来ども手前よりも申し進むべく候、くれぐれ随分軽く茶のみにて、万端御改め無きようにと存じ候、以上

霜月二十一日　　　　細中（細川興文）

小長様（小堀長順）

右の御書を早速表具申し付け候ところ、出来仕り候間、十二月三日に入らせられ候筈につき、太守様より御酒 この花 一樽、御肴一折 品々 拝領せられ候、中務少輔様御出での節に用い申し候様にと御座候て、御水指し 高取 一つ拝領せられ、重畳有り難き仕合せの儀、筆紙に尽くし難く候、松野亀右衛門より心付けにて、宇土より御出での節は御台所御役人差し越し申すべき由申され候につき、板前の者三人頼み候て、料理拵え相頼み候 助一・甚八・御椀方手伝い仁右衛門、右の面々にて十二月二日より諸事相拵え居り候ところ、三日の四ツ過ぎ頃に宇土より御飛脚にて、中務少輔様二、三日以前より御風邪のところ、その朝に至り御発汗強く御座成され候間、どうも押さえられ候儀なり兼ねられ、御断り申し参り候、昼頃に又々宇土より御使者にて、今日いよいよ押させられ候て御出で候思し召しにて、御用意成され置かれ候由にて、左の通り

一、茶巾地　　一疋　　但し、奈良上さらし一疋

一、生鯛　　一折り　　三

一、御酒　一樽　但し、下り酒にて樽の儘一桶
この両種長順へ
一、丹後嶋　一疋　おいよへ
一、羽帚　二　但し、この羽帚と目録に記しこれ有るは雁二羽也
右詮順へ
一、紅絹縮　一反　おいかへ長尺也
一、御重　三重　御菓子　品々
孫三郎・一之進へ
右の通り頂戴なされ候間、御使者には酒・吸い物給させ礼を申し遣わし候
太守様より拝領の御酒・御肴を分け申し候て、宇土へ差し上げ申し候て、宇土より頂戴の御酒・御肴、三日の御相伴の面々へ披露目申し候
秋山儀右衛門　吉田才兵衛　堀内三盛
鳩野宗賢　勝手へ古市宗圓　萱野宗齋
右の面々参り居られ候間、夜迄賑やかに披露目申し候也、十二月九日中務少輔様いよいよ御全快御座候につき、九日御出座成らるべく申し参り候間、御請け申し上げ候、九日宇土より交り御肴一折り品々、今日御出でにつき、御祝い成され候て頂戴せられ候、太守様より又々御酒この花、交り御肴一折品々、松野亀右衛門より手紙にて拝領せられ候段申し参り候、御礼の方は晩方相済み候上にて、御花畑へ罷り上り申し候様にと、亀右衛門より申し参り候、尤も御相伴の面々、朝飯後より三日の通り相詰め申され候、中務少輔様寒気の御機嫌伺いの為、御出かけに御花畑へ御出で成され仰せ置かれ候て、直に私宅へ御出でなされ候旨申し参り候間、長六橋へ詮順差し出置き、拙者は

門前へ罷り出、御出迎え仕り候

但し、右の趣き前晩宇土より申し参り候段、松野亀右衛門より尊聴に達し候て仰せ置かれ候由につき、御花畑にて御取次ぎの者へ御口上承り申し上げ、御控え成され候様に、太守様御逢い遊ばされたく申すべき哉の事伺い御座候処、太守様仰せ出され候は、明日長順宅へ入らせられ候儀、太守様へも御存知遊ばされ候御事にて、御対面遊ばされ候ては、御吸い物・御酒も出し候ては、長順方茶の湯刻限延引に相成り申すべしと思し召し上げられ候間、御対面遊ばされ候ては御妨げに候間、仰せ置かるままにて御滞りこれ無き様にと仰せ出だされ候間、その趣亀右衛門より御小姓頭中へ沙汰これ有り候事

御花畑へ御出でなされ候注進に人を付け置き、長六橋へ詮順差し出し置き、町中構いの外迄拙者より先き払いの人を両人（理平太・小右衛門）付け置き、拙者屋敷堺際より御駕を据えされられ、御歩行にて御出でにつき、拙者も屋敷の外れ迄罷り越し申し候て、路次口御待ち合い迄同道仕り候て参り申し候

但し、拙者と平助両人門前に罷り出、□助・孫三郎・一之進は杉垣内門の外に、才兵衛取り合わせにて御目見え仕らせ候、宗圓・宗斎は路次口の際迄、門内に罷り出で居り候事

御相伴に山川伊兵衛一人参り候につき、願い候て相加え申し候、吉田才兵衛は勝手御料理の方見繕い世話仕り候

御相伴
　秋山儀右衛門　堀内三盛　山川伊兵衛　鳩野宗賢

御座入り済み候て、白木の片木に御熨斗持ち出し、御相伴へは塗り片木に熨斗出す

掛け物　　道具付け
　（細川興文）凌雪君御筆　御文　三日の事、くれぐれ大慶

釜　織部　桐地紋

茶入　袋古金襴　能古

天目　紹鴎

台唐物

茶筌置　高麗

茶杓　（細川重賢）銀臺君御作　いは尾

袋　（細川由婦）有隣君御細工

（松平頼恭）高松侯御銘書

水指　拝領　高取

小伏台　春慶

花入　圓乗坊作

香合　爪　南京

羽帚　鶴

炭斗　ふくべ

蓋置　竹輪

雫　面桶

薄茶器　吹雪

茶碗　萩

雲州

茶杓　道安

水指　　古銅
蓋置　　八代
以上
但し、薄茶手前は一之進にたてさせ申し候也

会席
鱠　鱈　大根
　　木くらげ　芹
　　針生姜
汁　松露　豆腐
　　よめな
飯
引いて
平皿　そぎ薯蕷
　　鴨　そぼろ
　　へきゆ
猪口　川ちしゃ
　　浸し物
片木　蒲鉾
　　塩山椒
中酒
吸物　淡雪
肴　重箱　干瓢
蓋茶碗　そそり麩
小皿　わさび
　　たいらぎ
　　刺身

香物　茄子
茶菓子　火とり餅
敷き砂糖
後菓子　こりん
紅梅糖
以上

後段
吸物　鯛ひれ
太守様より拝領の品
台の物
久我様より拝領
銀盃　蓋茶碗　袋入り
重箱　もやし
大平皿　雁
水菜
太守様より八日の晩、明九日に用い候様にと、御直に拝領せられ候
皿　鮒　刺身　いり酒　大硯蓋　取肴品々
坪　ひじき
梅わん
太守様より去年拝領せられ候
御盃
御前様より右同断
御土器　向詰　鶉
焼き鳥
吸物　あんこう
台の物　品々取り交え

坪　酒麩 おろし大根　　茶碗　雉子 うど芽 人参

大猪口　おろし大根

平皿　敷き紙玉子 すり身 蛤　　坪　ぜんまい

蓋茶碗　白魚 紫蘇穂　　吸物　赤魚

御膳

向　鱠　温め　　菜飯

田楽　味噌焼き

引いて　鯛味噌漬切り焼き

香物　奈良漬

以上

右後段の節は、茶相済み囲い勝手を一つ間にして、御酒最中に、秋山儀右衛門秀句

難波にさくやこの花冬小堀

太守様よりその日拝領の御酒 この花 披露申し上げ出し候ところに、右の秀句、儀右衛門当座也、中務少輔様御帰り、夜四ツ時分也、拙者門前に罷り出、屋敷外れより御駕召しなされ候、拙者は裏路より向町川尻口構え際へ罷り出、御礼申し上げ罷り帰り候て、早速御花畑へ今朝の御礼に罷り上り、御床相済み申し候故、御取次ぎ喜大夫へ申し達し、御用人多門へ今朝御肴・御酒頂戴の御礼申し上げ候、翌十日は拙者御花畑へ御用これ有り候につき、詮順宇土へ差し越し、九日の御礼申し上げ候也

但し、十一日宇土へ　太守様御鷹野より直に入らせられ候につき、拙者十一日の朝、御先に

御使者かたがた相兼ね申し候て罷り越し、翌十二日も滞留、十三日に罷り帰り候也、尤も中務少輔様かねがね御所望の小簞笥、御相伝相済み候也、十三日宇土より罷り帰り候節、御相伝相済み御満足の旨にて、御目録三百疋・干肴一折、御客屋迄御近習の者御使者にて頂戴せられ候事

右中務少輔様御出で相済み候祝いに、同十七日に茶ノ湯、左の通り

小笠原斎　竹原清太夫　松崎卯平次　萱野宗斎

右四人、十七日の昼会相済み候、尤も右の趣をも尊聴に達し候事也

道具付け

掛物	霊雲院様御筆 御詩	釜	織部 桐地文
茶入	拾貫	茶碗	御所丸
茶杓	甫竹	花入	宗旦
水指	真手桶	炭斗	ふくべ
香合	南京爪	羽帚	鶴
雫	面桶	蓋置	竹輪
薄茶器	棗黒塗	茶碗	八代（本八代大平）
茶杓	萱野隠斎		

会席

皿　鯛 大根 いり酒かけて　　汁　牛蒡 椎茸 せん

引いて
飯
蓋茶碗　下 こんにやく わさび
坪　上 かき 芹 へきゆ
重箱　鰡　色付け焼き
酒　この花
猪口　もずく
吸物　たいらぎ
香物　茄子
後菓子　巻き柿
茶菓子　火とり餅 口取り山芋
茶済みて鯛の吸物、中務少輔様より拝領の御酒
重箱　もやし
片木　取肴 巻熨斗
右十七日、先達て太守様より拝領の御酒　この花　出し申し候ところ、当座両人の秀句
小堀氏の茶席に拝領の美酒をひろめられしを、頂戴して祝い申すとて
此御酒に此花咲や冬いわい
松崎夘平次　湖添拝
春山翁の茶席に連なり、同流の奥義を人々に吹聴申す事許し給え
色も香も冬紅梅とおほしめせ
萱野宗斎　菊郭拝
右の通りの趣につき、諸事滞りなく相済み候につき、尚又、その節の出精の面々へ遣わし候品々、
左に記し置き候也
一、紺屋新七方へ　交り肴品々 酒五升
一、助一へ　木綿一反 縮緬帯一筋

但し、助一は両度とも参り候て出精ゆえ、帯一筋
添え也

一、甚八へ　木綿一反　一、酒屋清右衛門へ　宇土より下され候 御酒一徳利

一、仁右衛門へ　右同　但し、構え外、道作り頼み候礼也

一、堺屋庄次郎へ　清右衛門と同じ

但し、橋口より構え口の町中掃除等、気を付け世話いたし候と承り候につき、礼に遣す

一、政木喜藤次　宇土よりの御酒 一徳利　一、吉田文兵衛　晒し木綿一反、交り肴遣す

但し、前もって何かと用事相頼み、張り付け等頼み候礼也

一、黒田武左衛門　永井金吾　この面々呼び候て料理出し候也

狩野朴仙　綾部林助

一、御路地理平次へ　木綿一反

一、林田小右衛門　この家来へ木綿一反宛遣す、何れも出精勤め候につき、御路地理平

喜八　次一同に遣す候也

又助

一、よねへ　樽代と木綿二反　一、とわへ　（更紗染め帯一筋／同袷一つ、絹裏付き）

一、りやへ　樽代一包

更紗染帯一筋

一、荒仕子　又右衛門　又助　弥兵衛　この面々呼び候て酒給させ候

加助　孫七

一、御小人藤助へ　　吸物　酒給させ候なり

中務少輔様御出で、前もって追々の御直書にて、御出での節、御供の面々は、彼の御方御役人より下宿仰せ付けらるにて、拙者心遣い無用に候、近々仰せ下され候て、本庄村にて四か所に下宿仰せ付けられ候、拙者より前もって彼の方御用人へ申し遣わし、御侍以上の分は、拙宅にて認め出し申すべき段内談仕り置き、詮順部屋を座敷に相用い、料理・吸い物・酒ともに御供頭一人、その外御侍中都合八人へ吸い物・料理・酒等、紺屋新七宅より仕出し申し付け、裏門より御家来中へは、右の仕出しを仕らせ候也

但し、御供歩段の者、御供押さえ迄は酒計り取肴にて出し申し候、その砌、御侍中へ挨拶の人、左の通り

一、政木喜藤次　　一、吉田文兵衛　　一、岩佐助三　　一、綾部林助

右の外、平日心安き面々参り候て、狩野朴仙は台子の方受け込みの事也

但し、宇土より召し連れられ候人数、末々迄の員数、本庄村の下宿に承り申し候ところ、九十六人の由也

中務少輔様御出でにつき、○桐の木にて御膳　○御刀掛 桐の白木二た腰掛　○御熨斗出し候八寸の足付け、この三品新規に申し付け、○御椀は御台所より借用、但し、御花畑御出の節御椀借用のところ、松野亀右衛門より御台所へ沙汰これ有り候事

右の通り首尾よく宇土侯御出で相済み候につき、後年のため委細に書き記し置く所也

宝暦十年庚辰十二月吉日

小堀長順常春（花押）

128　三宅重弘御奉公の覚　（三宅家文書110　切紙）

安政三年二月家督被
仰付、同年十月御番頭
被　仰付、同四年閏五月
御小姓頭被　仰付、文久
二年十一月廿四日病気ニ付、
御断願之通、被遊
御免、同十二月御小姓頭
当分助勤被　仰付、同三年
四月廿七日右当分助勤
被遊
御免、同年九月御用人
被　仰付、元治元年十一月
当御役被　仰付候事
（後筆）「家督以来当丑年迄都合十年ニ
相勤申候事」

安政三年二月家督仰せ付けられ、同年十月御番頭仰せ付けられ、同四年閏五月御小姓頭仰せ付けられ、文久二年十一月二十四日病気につき御断り、願の通り御免遊ばされ、同十二月御小姓頭当分助勤仰せ付けられ、同三年四月二十七日右当分助勤御免遊ばされ、同年九月御用人仰せ付けられ、元治元年十一月当御役仰せ付けられ候事
（後筆）「家督以来当丑年迄都合十年に相勤め申し候事」

以上

正月四日　　三宅

以上

正月四日　　三宅

129 袋物諸達の控 （三宅家文書80　竪帳）

（表紙）

弘化三年 袋物諸達之扣 午三月改

一、袋之上ハ書、左之通

宗門誓詞書物
先祖附
御奉公附
宗門覚書
差物附　　　　　　名

甲竪物幕之紋定紋附
親類縁者附
従類附
武具附

切支丹宗門就御改仕上起請文前書

私儀、切支丹宗門ニ而無御座候、従前々禅宗ニ而、
熊本坪井泰陽寺旦那紛無御座候、則、旦那坊主之
裏書判形取之差上申候、勿論被
仰出候御觸之趣、堅相守可申候、自今以後、若、切支丹
宗門之者有之、彼宗旨を勧申といふとも同心
不仕、早速其段可申上候
右之趣於違背仕者
梵天帝釋四大天王惣而日本六十餘州大小之
神祇、別而者熊野大權現・春日大明神・天満大
自在天神、當國之鎮守阿蘇大明神・藤崎八幡
大菩薩、各罷蒙　御罰、於今世者、受白癩黒
癩之重病、於来世者、隨(ママ)在無間地獄不可有
浮世者也、仍而起請文如件

右之通申上候而茂、若、心底ニ切支丹宗門を相守可申儀も
可有之哉と、彼宗旨之罰文仕上申候
ていうす・はてれん・ひいりよす・いりつさんとを
初奉り、さんたまりや、もろ〳〵のあんしよ・へあ
との御罰を蒙り、てうすのからさたへはて、しゆら
たすのことく、たのもしを失い、後悔の一念も
きさゝすして、人々の嘲りと罷成、終に頓死仕、
ゐんへるのゝ苦患にせめられ、うかふ事御座有
ましく候、仍而切支丹宗旨のしゆらめんと、如件

年号十干十二支月　名

頭当殿

右頭對面之節持参、頭之前ニ而判形之事

先祖附

私先祖三宅出雲と申者、天正之比丹波龜山之城ニ
居申候、明智日向守殿従類ニ而御座候

一、右出雲嫡子三宅弥兵次と申者、日向守殿甥ニ而、後ニ
家名を改、明知左馬助と申候、右日向守殿婿ニ而御座候

一、右左馬助嫡子三宅藤兵衛と申者、幼年之時分
三斎様御代
秀林院様御取持ニ而、於丹後被
召出、其節者三宅与平次と申候、
御家ニ暫罷在候處、訳有之、
御家罷出、其後、寛永之比肥前唐津之城主
寺沢志摩守殿江内縁有之、
三斎様江御断ニ而被引取、天草富岡之城預居申候、
寛永十四年有馬一揆之節、於彼地討死仕候

一、藤兵衛嫡子三宅藤右衛門儀、弟三宅新兵衛と一同ニ
唐津罷出、御國江罷越候處ニ、
真源院様御代被
召出、正保二年御知行千五百石被為拝領、着座被
仰付、其後、八代表薩摩境之儀候間、諸事佐渡殿と
申談候様ニと被　仰付、彼地江被差越候、左候而
真源院様御卒去以後、早速熊本江引取罷在候処、
年罷寄御断申上、隠居被
仰付、為隠居料御知行三百石被下置、寛文六年
病死仕候

一、右藤右衛門嫡子三宅藤兵衛儀、親藤右衛門御奉公相勤

居中候節ゟ被
召出、御知行三百石被為拝領、御中小姓頭被
仰付相勤、右藤右衛門隠居被　仰付候節、家督無相違
被為拝領、着座ニ被　仰付、其以後御番頭被
仰付暫相勤、延寶七年病死仕候
一、三宅藤兵衛儀、右藤右衛門弟嘉右衛門と申者之二男ニ而、
先藤兵衛従弟ニ而御座候ニ付、養子奉願跡目無相違
被為拝領、着座被　仰付、其後御番頭被
仰付、其以後御側御用人被
召加、元禄十四年御備頭列被　仰付、五百石、同十五年
旅御家老被　仰付、千石御加増、両度被為拝領、
都合三千石ニ被　仰付、正徳二年御家老被
仰付、御役料五百石被為拝領相勤、同五年病死仕候
一、三宅伊兵衛儀、右藤兵衛従弟ニ而、御知行三百石被下置
大組附被　召加置候処、右藤兵衛養子奉願、跡式無相違
被為拝領、組外之着座被　仰付置候処、病氣ニ付御奉公
難相勤御断申上、隠居被　仰付候
一、高祖父三宅藤右衛門儀、實者續弾右衛門弟ニ而御座候、伊兵衛
養子ニ奉願、享保五年二月伊兵衛ニ被下置候御知行
無相違被為拝領、着座被　仰付置候処、元文二年御知行被

召上候

一、三宅藤助儀、右伊兵衛子ニ而御座候、元文二年十一月
被對先祖右藤右衛門江被下置候御知行三千石之内
弐千石被為拝領、先規之通着座被
仰付置相勤居申候処、病氣ニ罷成、寶暦十三年四月
御奉公難相勤御断申上候処、隠居被　仰付候

一、祖父三宅藤兵衛儀、實者山本三郎右衛門弟ニ而御座候、
藤助養子ニ奉願、寶暦十三年四月養父江被下置候
御知行弐千石之内千八百石家屋敷共拝領被
仰付、着座被　仰付、組並之御奉公相勤居申候処、
明和五年被遊
御帰國候、
公義江御禮之御使者被
仰付相勤申候、同七年六月郡織衛跡御小姓頭被
仰付相勤居申候處、安永六年二月座席持懸ニ而
御用人被　仰付相勤居申候處、天明元年十一月相果申候

一、父三宅英蔵儀、天明二年五月父江被下置候御知行
之内、舊知千五百石家屋敷共ニ被下置、比着座被
仰付候処、前髪御座候ニ付、何之御奉公茂相勤不申候、
天明六年二月前髪執申候間、組並之御奉公相勤申候、

寛政六年十一月
松向寺様百五十回御忌被為当、於京都高桐院御法會
之節、為
御代香被差登相勤申候、寛政九年閏七月津田三十郎
跡御留守居御番頭被　仰付、享和元年二月有吉
万之進跡御番頭被　仰付、文化二年閏八月御小姓頭
御人少ニ付、
若殿様御在國中御小姓頭申談、御供ホ相勤候様被
仰付候、同三年正月
若殿様被遊
御發駕候迄相勤申候、文化十年九月鞆崎為御番代
被差越、同十一年九月迄相詰申候、同十二年二月数年手全
相勤候旨ニ而、御紋附御上下一具・同御小袖一被為拝領候、
文政四年六月病氣罷成、御役儀難相勤御断奉願
候處、同月願之通当御役被遊
御免、御役多年手全相勤候ニ付、座席中着座
同列被　仰付候、然処病氣快無御座候ニ付、同五年十月
御奉公難相勤御断申上候處、願之通隠居被
仰付候

右之通御座候、以上

年号月　　　　　名判

頭当殿

御奉公附

私儀、文政五年十月父三宅英蔵江被下置候御知行
無相違、家屋敷共ニ被下置、比着座被
仰付、同六年三月迄御奉公何そ相勤不申候、然處、同月
岩越椿十郎跡御留守居御番頭被　仰付、当前之
諸御用無懈怠相勤居申候処、同七年三月病氣ニ罷成
御役儀難相勤、御断願書同月差出申候処、同年閏八月
私儀病氣ニ付御役御断申上度段奉願候趣被達
尊聴候處、私儀未年若ニ茂有之候間、保養を加相勤候様
可被申聞旨被
仰出候条、此段可被申渡由、依之相達置候願書并
御條目被差返候段、於朽木内匠宅申渡御座候ニ付、
其後保養を加相勤、当前之諸御用無懈怠相勤居申候処
不勝手ニ罷成、御役儀難相勤、同八年二月御断奉願候処、
同三月願之通御役儀被遊
御免、座席元之通比着座被　仰付、当前之御奉公

無懈怠相勤居申候、同十年三月山本文右衛門跡御留守居
御番頭被　仰付、当前之諸御用無懈怠相勤申候、同十二年
十二月木下平馬跡御番頭被
仰付、当前之諸御用無懈怠相勤申候、天保三年九月為
鶴崎御番代被差越、同四年十月交代相済、熊本江
着仕、同月座席持懸ニ而御小姓頭被
仰付、当前之諸御用無懈怠相勤居申候、同五年三月用意
済次第出府被　仰付、同四月出立仕、同月江府江着仕
当前之諸御用無懈怠相勤申候、同十二月
御任官御祝御用懸被　仰付相勤申候、同六年三月
右御用懸相勤候ニ付、御紋附御上下一具・同御小袖一被為
拝領候、同五月江戸被差立、同六月熊本江着仕候、同七年
十月来年
御参勤之御供被　仰付置候処、痛所御座候而、同八年
二月右御供御断奉願候處、願之通被遊
御免候、同九年十月来年
御参勤之御供しらへ被　仰付置候処、同十一月宮村金吾跡
御番頭被　仰付、当前之諸御用無懈怠相勤居申候、同十一年
三月於御役前不呑込之儀御座候付、御役儀御断之
願書差出申候、然處、同十二年三月御用番松野匡殿ゟ

此節願之趣不容易儀ニ付、願通ニ者難被
仰付、右付而者
御沙汰之旨茂被為在候間、早々出勤仕候様有之度段
被申渡候付、同四月ゟ出勤仕、当前之諸御用無懈怠相勤
居申候処、弘化元年九月同役申談筋不熟兼候様子ニ付、
当御役被遊
御免、座席中着座同列被　仰付、御組被
召加候
右之通御座候、以上
年号月　　　名判
尾藤助之丞殿

覚

切支丹宗門之儀、従前々無懈怠、今以相改申候、
先年従
公義被　仰出候御法度書之趣奉得其意候、
弥以、私家内末々男女ニ至迄堅相改申候処、
不審成者無御座候、尤、毎歳觸状判形取置申候、
若相替儀御座候ハヽ、急度可申上候、為其如斯御座候、

以上

年号十干十二支月　　名判

頭当殿

親類縁者附

一、同姓　三宅九郎兵衛

一、小舅　平野九郎右衛門殿

一、母方之叔父　溝口蔵人殿

一、右同従弟　宮村平馬

一、右同断　十左衛門養子 木村清兵衛

一、右同断　服部弥右衛門

一、右同断　清右衛門養子 可児清大夫

一、右同断　十左衛門養子 永田三郎兵衛

一、右同断　順正寺当住

一、実弟　寺本八郎右衛門

一、甥　津田平助

一、右同断　右平助弟 津田盤三郎

一、右同断　　　　　　　　　中瀬助之進

一、右同断　　　　　　　　　右八郎右衛門嫡子
　　　　　　　　　　　　　　寺本鶴七

右之外、御國・他國共ニ身近親類縁者無御座候、

以上

　　年号月　　名判

　　頭当殿

　　　　従類附

一、家内六人

　内

壱人　　自身

壱人　　妻

壱人　　嫡子
　　　　三宅英之丞

壱人　　二男
　　　　三宅百助

壱人　　育之弟
　　　　三宅　泉

壱人　　娵

右之通御座候、以上

年号月　　　　　　　名判
頭当殿
半切折懸包
武具附

一、具足　　　　　　　弐領
内壱領着替
但、夏冬下着・陳羽織・着込小道具・陳笠共ニ
一、右同　　　　　　　三領
但、嫡子・二男・育之弟分陳羽織、其外、小道具・
陳笠共ニ
一、番具足　　　　　　八領
但、陳羽織・小道具共ニ
一、歩具足　　　　　　五領
一、籏持具足　　　　　三領
一、腹当　　　　　　　弐拾領
一、陳笠　　　　　　　三拾五蓋
但、内皮笠弐拾五蓋、網代笠拾蓋
一、幕　　　　　　　　三張
一、昇　　　　　　　　弐本

但、内壱本者替昇

一、鉄炮　拾挺

但、内五挺者替筒、早込胴乱・口薬入・皮袋共ニ

一、玉薬箱　壱荷

一、番大小　弐拾腰

一、陳桶　三荷

一、割籠弁当　壱荷

一、法被　三拾

一、股引　右同

一、蓑　連人分

一、陳鍋　三ツ

一、薬鑵　壱ツ

右之通御座候、以上

年号
月

名計

当無し

一、甲・竪物・幕之紋定紋〻之圖式、并、差物附之扣者

別紙ニ有之候事

御扶持方大豆望差出ト一同ニ相達候筈
覚　半切折懸包

一、乗馬壱疋　何毛 何歳
右者何年何月以来牽通申候
一、右同壱疋　何毛 何歳
右者何年何月牽入置申候、何毛何歳之馬と当二月
何日牽替申候
年号
月計
当なし
名

覚　半切折懸包

一、増奉公弐人
右者来午ノ二月ゟ召抱申度御座候、此段宜
御達可被下候、以上
十一月
屋敷京町本丁
名計
当なし
右者十一月五日・六日之比、頭之方江相達候事

一、譜代之家来人別差出左之通

一、譜代之家来男子拾六人

内

壱人　知行取家司役　吉浦諸兵衛

壱人　知行取　山本五郎兵衛

壱人　右五郎兵衛悴　給人　山本五郎作

壱人　右同人二男　山本末㐂

壱人　井上文太

壱人　井上彦次郎

壱人　堀部繁助

壱人　右繁助隠居　堀部□右衛門

壱人　立石彦作

壱人　右彦作悴　立石督右衛門

壱人　増住孫兵衛

壱人　右孫兵衛悴　増住直次

壱人　右同人二男　増住八十郎

壱人　　右同人三男　増住龜次

壱人　　足軽　増住夫右衛門

壱人　　右同　増住順太

右之通御座候、以上

年号十二月　　名判

頭当殿

右者十二月五日之比達之事

差出

一、五段松　　一門

右者上益城沼山津手永於戸次村・曲手村立山致所持候得共、相應之松無御座候ニ付、上益城御山之内ニ而拝領仕度奉存候、此段宜被成御達可被下候、以上

年号十二月　　名判

所付
御郡代当殿

右者十二月朔日ゟ三日迄之内、御郡代間江差出加印受取

在郷江相渡候筈之事

一、御扶持方大豆望差出之認様、左ニ記

差出　切延竪紙折懸包

知行高千五百石
高百八石之内
一、米何石何斗

内

何石　知行所 鯰手永上六ヶ村

何石　右同 同手永小池村

当八月ゟ来七月迄之御扶持方

（後筆）
「一紙算用之節書入ハ左之通
右之石辻無相違受取申候、印」

年号四月　名印

御勘定所

一、戸次・曲手茂右同様認之事

一、他村江付ヶ候節者、左之通

差出

知行高千五百石
高百八石之内
一、米何拾何石何斗何升　何手永何村

当八月ゟ来七月迄之御扶持方

但、私知行所鯰手永上六ヶ村・小池村、沼山津手永戸次村・曲手村ニ而

御座候処零落村ニ而、餘計之拂方難渋仕候間、右之村方ゟ
受取申度、御物庄屋問合申候處、拂方支不申候

年号四月　　名印

御勘定所

一、大豆望差出左之通

差出

知行高千五百石
高拾四石弐斗五升之内、乗馬弐疋分之飼料共望前

一、大豆九石七斗

知行所
鯰手永上六ヶ村
右同
同手永小池村

但、御物庄屋問合申候処、拂方支不申候

（後筆）
「一紙算用之節書入此所ニ左之通
右之石辻無相違受取申候、印」

年号四月　　名印

御勘定所

差出

一、肩書右同断
大豆四石五斗五升

知行所
沼山津手永戸次村
右同
同手永　曲手村

但、御惣庄屋問合申候處、拂方支不申候
年号四月　　　　名印
御勘定所

右者四月廿五日比頭之方江相達候事

＝読み下し文＝

（表紙）

弘化三年
袋物諸達しの控え
午三月改め

一、袋の上書き、左の通り
宗門誓詞書物
先祖付け
御奉公付け
宗門覚え書き

差物付け
甲・竪物・幕の紋・定紋付け　　　　名
親類縁者付け
従類付け
武具付け

切支丹宗門御改めについて仕上げる起請文前え書き

私儀、切支丹宗門にて御座無く候、前々より禅宗にて、熊本坪井泰陽寺旦那紛れ御座無く候、即ち旦那坊主の裏書判形取り差し上げ申し候、勿論仰せ出され候御触れの趣、堅く相守り申すべく候、自今以後、もし切支丹宗門の者これ有り、彼の宗旨を勧め申すというとも同心仕らず、早速その段申し上ぐべく候

　右の趣違背仕るにおいては

梵天・帝釈・四大天王、惣じて日本六十余州大小の神祇、別しては熊野大権現・春日大明神・天満大自在天神・当国の鎮守阿蘇大明神・藤崎八幡大菩薩、おのおの御罰を罷り蒙り、今世においては白癩・黒癩の重病を受け、来世においては無間地獄に堕ち、世に浮くこと有るべからざる者也、よって起請文件（くだん）のごとし

右の通り申し上げ候ても、もし心底に切支丹宗門を相守り申すべき儀もこれ有るべき哉と、彼の宗門の罰文仕上げ申し候

でうす・ばてれん・ひいりよす・いりつさんとを初め奉り、さんたまりあ・諸々のあんしょ・へあ

との御罰を蒙り、でうすのからさ絶え果て、しゅらたすのごとく、たのもしを失い、後悔の一念もきざさずして、人々の嘲りと罷り成り、終に頓死仕り、いんへるのの苦患に攻められ、浮かぶこと御座有まじく候、よって切支丹宗旨のしゅらめんと、件のごとし

年号十干十二支月　　名

頭当殿

右頭対面の節持参、頭の前にて判形の事

先祖付け

私先祖三宅出雲と申す者、天正の頃、丹波亀山城に居り申し候、明智日向守殿従類にて御座候

一、右出雲嫡子三宅弥兵次と申す者、日向守殿甥にて、後に家名を改め、明智左馬助と申し候、右日向守殿婿にて御座候

一、右左馬助嫡子三宅藤兵衛と申す者、幼年の時分、三斎様御代秀林院様御取り持ちにて、丹後において召し出され、その節は三宅与平次と申し候、御家に暫く罷り在り候ところ、訳これ有り、御家罷り出、その後寛永の頃、肥前唐津の城主寺沢志摩守殿へ内縁これ有り、三斎様へ御断りにて引き取られ、天草富岡の城預り居り申し候、寛永十四年有馬一揆の節、彼の地において討ち死に仕り候

一、藤兵衛嫡子三宅藤右衛門儀、弟三宅新兵衛と一同に唐津を罷り出、御国へ罷り越し候ところに、真源院様御代召し出され、正保二年御知行千五百石拝領せられ、着座仰せ付けられ、その

後八代表薩摩境の儀に候間、諸事佐渡殿と申し談じ候様にと仰せ付られ、彼の地へ差し越され候、左候て真源院様御卒去以後、早速熊本へ引き取り罷り在り候ところ、年罷り寄り御断り申し上げ、隠居仰せ付けられ、隠居料として御知行三百石下し置かれ、寛文六年病死仕り候

一、右藤右衛門嫡子三宅藤兵衛儀、親藤右衛門御奉公相勤め居り申し候節より召し出され、御知行三百石拝領せられ、御中小姓頭仰せ付けられ相勤め、右藤右衛門隠居仰せ付けられ候節、家督相違無く拝領せられ、着座に仰せ付けられ、それ以後御番頭仰せ付けられ、暫く相勤め、延宝七年病死仕り候

一、三宅藤兵衛儀、右藤右衛門弟嘉右衛門と申す者の二男にて、先藤兵衛従弟にて御座候につき、養子願い奉り、跡目相違無く拝領せられ、着座仰せ付けられ、その後御番頭に仰せ付けられ、その後御側御用人召し加えられ、元禄十四年御備頭列仰せ付けられ五百石、同十五年旅御家老仰せ付けられ千石御加増、両度拝領せられ、都合三千石に仰せ付けられる、正徳二年御家老仰せ付けられ、御役料五百石拝領せられ相勤め、同五年病死仕り候

一、三宅伊兵衛儀、右藤兵衛従弟にて、御知行三百石下し置かれ大組付き召し加え置かれ候ところ、右藤兵衛に養子願い奉り、跡式相違無く拝領せられ、組外の着座に仰せ付け置かれ候ところ、病気につき御奉公相勤め難く御断り申し上げ、隠居仰せ付られ候

一、高祖父三宅藤右衛門儀、実は続弾右衛門弟にて御座候、伊兵衛養子に願い奉り、享保五年二月伊兵衛に下し置かれ候御知行相違無く拝領せられ、着座仰せ付け置かれ候ところ、元文二年御知行召し上げられ候

一、三宅藤助儀、右伊兵衛子にて御座候、元文二年十一月先祖に対され、右藤右衛門へ下し置かれ候御知行三千石の内、二千石拝領せられ、先規の通り着座仰せ付け置かれ相勤め居り申し候と

ころ病気に罷り成り、宝暦十三年四月御奉公相勤め難く御断り申し上げ候ところ、隠居仰せ付けられ候

一、祖父三宅藤兵衛儀、実は山本三郎右衛門弟にて御座候、藤助養子に願い奉り、宝暦十三年四月養父へ下し置かれ候御知行二千石の内、千八百石家屋敷とも拝領仰せ付けられ、着座仰せ付けられ、組並みの御奉公相勤め居り申し候ところ、明和五年御帰国遊ばされ候、公儀へ御礼の使者仰せ付けられ申し候、同七年六月郡織衛跡御小姓頭仰せ付けられ相勤め居り申し候ところ、安永六年二月座席持ち懸りにて、御用人仰せ付けられ相勤め居り申し候ところ、天明元年十一月相果て申し候

一、父三宅英蔵儀、天明二年五月父へ下し置かれ候御知行の内、旧知千五百石家屋敷ともに下し置かれ、比着座仰せ付けられ候ところ、前髪御座候につき、何の御奉公も相勤め申さず候、天明六年二月前髪執り申し候間、組並みの御奉公相勤め申し候、寛政六年十一月松向寺様百五十回御忌に当たらせられ、京都高桐院において御法会の節、御代香として差し登せられ相勤め申し候、寛政九年閏七月津田三十郎跡御留守居御番頭仰せ付けられ、享和元年二月有吉万之助跡御番頭仰せ付けられ、文化二年閏八月御小姓頭御人少なにつき、若殿様御在国中御小姓頭申し談じ、御供等相勤め候様仰せ付けられ候、同三年正月若殿様御発駕候迄相勤め申し候、文化十年九月鶴崎御番代として差し越され、同十一年九月迄相詰め申し候、同十二年二月数年手全(てまっとう)相勤め候旨にて、御紋付御上下一具・同御小袖一拝領せられ候、文政四年六月病気に罷り成り、御役儀相勤め難く御断り願奉り候ところ、同月願の通り当御役御免遊ばされ、御役多年手全相勤め候につき、座席中着座同列仰せ付けられ候、然るところ病気快く御座無く候につき、同五年十月御奉公相勤め難く御断り申し上げ候ところ、願いの通りに隠居仰せ付けられ候

右の通りに御座候、以上

年号月　　　　　　　　　　名判

頭当殿

御奉公付け

私儀、文政五年十月父三宅英蔵へ下し置かれ候御知行相違無く、家屋敷ともに下し置かれ、比着座仰せ付けられ、同六年三月迄御奉公何ぞ相勤め申さず候、然るところ同月岩越椿十郎跡御留守居御番頭仰せ付けられ、当前の諸御用懈怠無く相勤め居り申し候ところ、同七年三月病気に罷り成り御役儀相勤め難く、御断りの願書同月差し出し申し候ところ、同年閏八月私儀病気につき、御役御断り申し上げたき段願い奉り候趣尊聴に達し候ところ、私儀未だ年若にもこれ有り候間、保養を加え相勤め候様申し聞かさるべき旨仰せ出され候条、この段申し渡さるべき由、これにより相違し置き候願書並びに御条目差し返され候段、朽木内匠宅において申し渡し御座候につき、その後保養を加え相勤め、当前の諸御用懈怠無く相勤め居り申し候ところ、不勝手に罷り成り御役儀相勤め難く、同八年二月御断り願い奉り候ところ、同三月願いの通り御役儀御免遊ばされ、座席元の通り比着座仰せ付けられ、当前の御奉公懈怠無く相勤め居り申し候、同十年三月山本文右衛門跡御留守居御番頭仰せ付けられ、当前の諸御用懈怠無く相勤め申し候、同十二年十二月木下平馬跡御番頭仰せ付けられ、当前の諸御用懈怠なく相勤め申し候、天保三年九月鶴崎御番代として差し越され、同四年十月交代相済み熊本へ着仕り、同月座席持ち懸りにて御小姓頭仰せ付けられ、当前の諸御用懈怠なく相勤め居り申し候、同五年三月用意済み次第出府仰せ付けられ、同四月出立仕り、同月江府へ着仕り、当前の諸御用懈怠なく相勤め申し候、同十二月御任官御祝い御用懸り仰せ付けられ相勤め申し候、同六年三月右御用懸り相勤め候につき、御紋付御上下一具・同御小袖一拝領せられ候、同五月江戸差し立てられ、同六月熊本へ着仕り候、同七年十月来年御参勤の御供仰せ付け置かれ候ところ、痛み所御座候て、同八年二月右御供御断り願い奉り候ところ、願いの通り御免遊ばされ候、同九年十月来年御参勤の御供調べ仰せ付け置かれ候ところ、同十一月宮村金吾跡御番頭仰せ付けられ、当前の諸御用懈怠なく相勤め居り申し候、同十一年三月御役前において不呑み込みの儀御座候につき、御役儀御断りの願書差し出し申し候、然るところ同十二年三月御用番松野匡殿よりこの節願いの趣容易ならざる儀につき、願い通りには仰せ付けられ難く、右については御沙汰の旨も有らせられ候間、早々出勤仕り候様これ有りたき段申し渡され候につき、同四月より出勤仕り、当前の諸御用懈怠無く相勤め居り候ところ、弘化元年九月同役申し談じ筋等熟し兼ね候様子につき、当御役御免遊ばされ、座席中着座同列仰せ付けられ、御組召し加えられ候

右の通りに御座候、以上

年号月　　　　　　　　　　　　名判

尾藤助之丞殿

覚え

切支丹宗門の儀前々より懈怠無く、今もって相改め申し候、先年公儀より仰せ出され候御法度書の趣、その意を得奉り候、いよいよもって私家内末々男女に至るまで、堅く相改め申し候ところ、不審成る者御座無く候、尤も毎年触れ状に判形取り置き申し候、もし相変わる儀御座候らわば、きっ

と申し上ぐべく候、そのためかくの如く御座候、以上

年号十干十二支月　　名判

頭当殿

親類縁者付け

一、同姓　三宅九郎兵衛
一、小舅　平野九郎右衛門殿
一、母方の叔父　溝口蔵人殿
一、右同従弟　宮村平馬
一、右同断　十左衛門養子　木村清兵衛
一、右同断　服部弥右衛門
一、右同断　清右衛門養子　可児清大夫
一、右同断　十左衛門養子　永田三郎兵衛
一、右同断　順正寺当住
一、実弟　寺本八郎右衛門
一、甥　津田平助
一、右同断　右平助弟　津田盤三郎

一、右同断　中瀬助之進

一、右同断　右八郎右衛門嫡子　寺本鶴喜

右の外、御国・他国ともに身近き親類縁者御座無く候、以上

年号月　名判

頭当殿

従類付け

一、家内六人

内

一人　自身

一人　妻

一人　嫡子　三宅英之丞

一人　二男　三宅百助

一人　育み（はぐく）の弟　三宅　泉

一人　娵（よめ）

右の通りに御座候、以上

年号月　　　　　　　　　　　名判

頭当殿

半切折懸包み
武具付け

一、具足　　　　　　　　　　　　　二領

内一領着替え

但し、夏冬下着・陣羽織・着込み小道具・陣笠ともに

一、右同　　　　　　　　　　　　　三領

但し、嫡子・二男・育みの弟分陣羽織、その外、小道具・陣笠ともに

一、番具足　　　　　　　　　　　　八領

但し、陣羽織・小道具ともに

一、歩具足　　　　　　　　　　　　五領

一、旗持具足　　　　　　　　　　　三領

一、腹当　　　　　　　　　　　　　二十領

一、陣笠　　　　　　　　　　　　　三十五蓋

但し、内皮笠二十五蓋、網代笠十蓋

一、幕　　　　　　　　　　　　　　三張り

一、昇　　　　　　　　　　　　　　二本

但し、内一本は替え昇

一、鉄砲　十挺
但し、内五挺は替え筒、早込み胴乱・口薬入れ・皮袋ともに
一、玉薬箱　一荷
一、番大小　二十腰
一、陣桶　三荷
一、割籠弁当　一荷
一、法被　三十
一、股引　右同
一、蓑　連人分
一、陣鍋　三つ
一、薬鑵　一つ

右の通りに御座候、以上

年号月　名計り

当無し

一、甲・竪物・幕の紋定紋等の図式、並びに差し物付けの控は別紙にこれ有り候事
御扶持方大豆望み差し出すと一同に相違し候筈
覚え　半切折懸包み

一、乗馬一疋　何毛 何歳
右は、何年何月以来牽き通り申し候

一、右同一疋　何毛何歳
右は、何年何月牽き入れ置き申し候、何毛何歳の馬と当二月何日牽き替え申し候
年号
月計り　　　　　　　　名
当無し

覚え　半切折懸包み

一、増し奉公二人
右は、来る午の二月より召し抱え申したく御座候、この段宜しく御達し下さるべく候、以上
十一月　　　　屋敷京町本丁
名計り
当無し
右は、十一月五日・六日の頃、頭の方へ相達し候事

一、譜代の家来人別差し出し、左の通り
一、譜代の家来男子十六人
内
一人　　　　知行取家司役
吉浦諸兵衛

一人　知行取　山本五郎兵衛

一人　右五郎兵衛倅給人　山本五郎作

一人　右同人二男　山本末喜

一人　井上文太

一人　井上彦次郎

一人　堀部繁助

一人　右繁助隠居　堀部□右衛門

一人　立石彦作

一人　右彦作倅　立石督右衛門

一人　増住孫兵衛

一人　右孫兵衛倅　増住直次

一人　右同人二男　増住八十郎

一人　右同人三男　増住龜次

一人　足軽　増住夫右衛門

一人　右同　増住順太

右の通りに御座候、以上

年号十二月　　　　　　　　　　　　名判
頭当殿

右は、十二月五日の頃、達しの事

差し出し

一、五段松　　　　　　　一門

右は、上益城沼山津手永戸次村・曲手村において立山所持致し候らえども、相応の松御座無く候につき、上益城御山の内にて拝領仕りたく存じ奉り候、この段宜しく御達し成し下さるべく候、以上

年号十二月　　　　　　　名判
所付け
御郡代当殿

右は、十二月朔日より三日迄の内、御郡代間へ差し出し、加印受け取り在郷へ相渡し候筈の事

一、御扶持方大豆望み差出の認め様、左に記す

差し出し　切延竪紙折懸包み

知行高千五百石
高百八石の内
一、米何石何斗　　　　　知行所
内　　　　　　　　　　鯰手永上六ヶ村
何石

何石　　　　　　右同
　　　　　　　　　同手永小池村
　　当八月より来る七月迄の御扶持方
（後筆）
「一紙算用の節、書き入れは左の通り
　右の石辻相違無く受け取り申し候、印」
　　年号四月　　　　　　　　　　名印
　　　御勘定所

一、戸次・曲手も右同様認めの事

一、他村へ付け候節は、左の通り
　　差し出し

一、知行高千五百石
　高百八石の内
　米何十何石何斗何升　　　何手永何村
　　当八月より来る七月迄の御扶持方
　但し、私知行所、鯰手永上六ヶ村・小池村、沼山津手永戸次村・曲手村にて御座候ところ、零落村にて、余計の払い方難渋仕り候間、右の村方より受け取り申したく、御惣庄屋問い合わせ申し候ところ、払い方支え申さず候
　年号四月　　　　　　　　　　名印
　　御勘定所

一、大豆望み差し出し、左の通り
　　差し出し

知行高千五百石
高拾四石二斗五升の内、乗馬二疋分の飼料とも望み前

一、大豆九石七斗　知行所 鯰手永上六ヶ村
右同 同手永小池村

但し、御物庄屋問合せ申し候ところ、払い方支え申さず候

（後筆）
「一紙算用の節、書き入れこの所に左の通り
右の石辻相違無く受け取り申し候、印」

年号四月　名印

御勘定所

差し出し

肩書き右同断
一、大豆四石五斗五升　知行所 沼山津手永戸次村
右同 同手永曲手村

但し、御物庄屋問合せ申し候ところ、払い方支え申さず候

年号四月　名印

御勘定所

右は四月二十五日頃、頭の方へ相達し候事

130 武具の覚（三宅家文書67 切紙）

覚

一、押懸　二
一、沓□（冽カ）　二
一、泥障緒　一懸
一、泥障　一懸
一、くつわ　一けん
一、（もめん）尻駄覆　一
一、（花もうせん）鞍覆　一
一、（とろめん）馬せん　一
一、（もめんひとへ）馬きぬ
　御紋有　一
一、（銀籠ぞうかん）鐙　一足
一、切付　一曲分
一、（火打）塩手　一曲分

覚え

一、押懸　二
一、沓□　二
一、泥障緒　一懸
一、泥障　一懸
一、轡　一けん
一、（木綿）尻駄覆　一
一、（花毛氈）鞍覆　一
一、（とろめん）馬せん　一
一、（木綿単）馬きぬ
　御紋有り　一
一、（銀籠象眼）鐙　一足
一、切付　一曲分
一、（火打ち）塩手　一曲分

右何茂古ク損シ居
申候、已上
十一月十九日

131　三宅藤右衛門具足の覚　（三宅家文書68　切継紙）

覚
一、御具足、并、御甲共ニ　三箱
　但シ、小道具品々入組、ふたニ書付有
一、簱指具足　損シ有
一、昇竿　九本
一、指物竿　五本
一、長柄鑓　拾本
一、弓　拾張
　黒ぬり
　但シ、空穂弦弓懸共ニ、先年出火之節焼失

右、いずれも古く損じ居り申し候、以上
十一月十九日

覚え
一、御具足、並びに御甲ともに　三箱
　但し、小道具品々入り組み、蓋に書付有り
一、旗指具足　損じ有り
一、昇竿　九本
一、指物竿　五本
一、長柄鑓　十本
一、弓　十張り
　黒塗り
　但し、空穂・弦・弓懸ともに、先年出火の節焼失
一、台弓　一飾り
　空穂ともに

一、臺弓　空穂共ニ　壱飾
一、陣笠　三ツ引桔梗御紋付　三十
一、矢箱　三引御紋付　壱荷
一、鞍　小道具別紙ニ有、上箱共　三曲
一、青貝馬柄杓　壱本

右之通ニ候、此外、持来候武具・馬具・家財ニ至迄、先年類焼之節、於岩立焼失、纔残リ居候を、今度引渡シ申候、以上

十一月十九日　三宅藤右衛門

三宅平太郎殿

一、陣笠　三ツ引桔梗御紋付　三十
一、矢箱　三引御紋付　一荷
一、鞍　小道具別紙に有り、上箱とも　三曲
一、青貝馬柄杓　一本

右の通りに候、この外、持ち来り候武具・馬具・家財に至る迄、先年類焼の節、岩立(熊本城外)において焼失、わずかに残り居り候を、今度引き渡し申し候、以上

(元文二年)十一月十九日　三宅藤右衛門(重貞)

三宅平太郎(時之)殿

132　甲立物昇幕紋の絵図　（三宅家文書74　続紙）

（端裏書）
「文政五年十一月三日
内藏允殿江對面之節達候袋物写㊞」

○定紋替紋分明印

甲立物昇幕紋絵圖

一、定紋

昇之紋、陳笠之紋ニも相用候
幕之紋
法被之紋

一、替紋

陣笠之紋

替紋

幕之紋ニも相用申候

黄色ニぬる

此分明之印
猩々緋ニ白紋也

番具足揃立物定紋金磨

分明之験圖之通

御留守居御番頭之節者茜、御番頭之節紺

茜、圖之通

右之通御座候、以上

茜山道
右者故藤兵衛様ヨリノ
指物也、龍徳院様也
寛永十四十一月天草御討死

＝読み下し文＝

（端裏書）「文政五年十一月三日、内藏允殿へ対面の節達し候袋物㊞写し」

〇定紋・替紋、分明印

甲立物・昇・幕紋、絵図

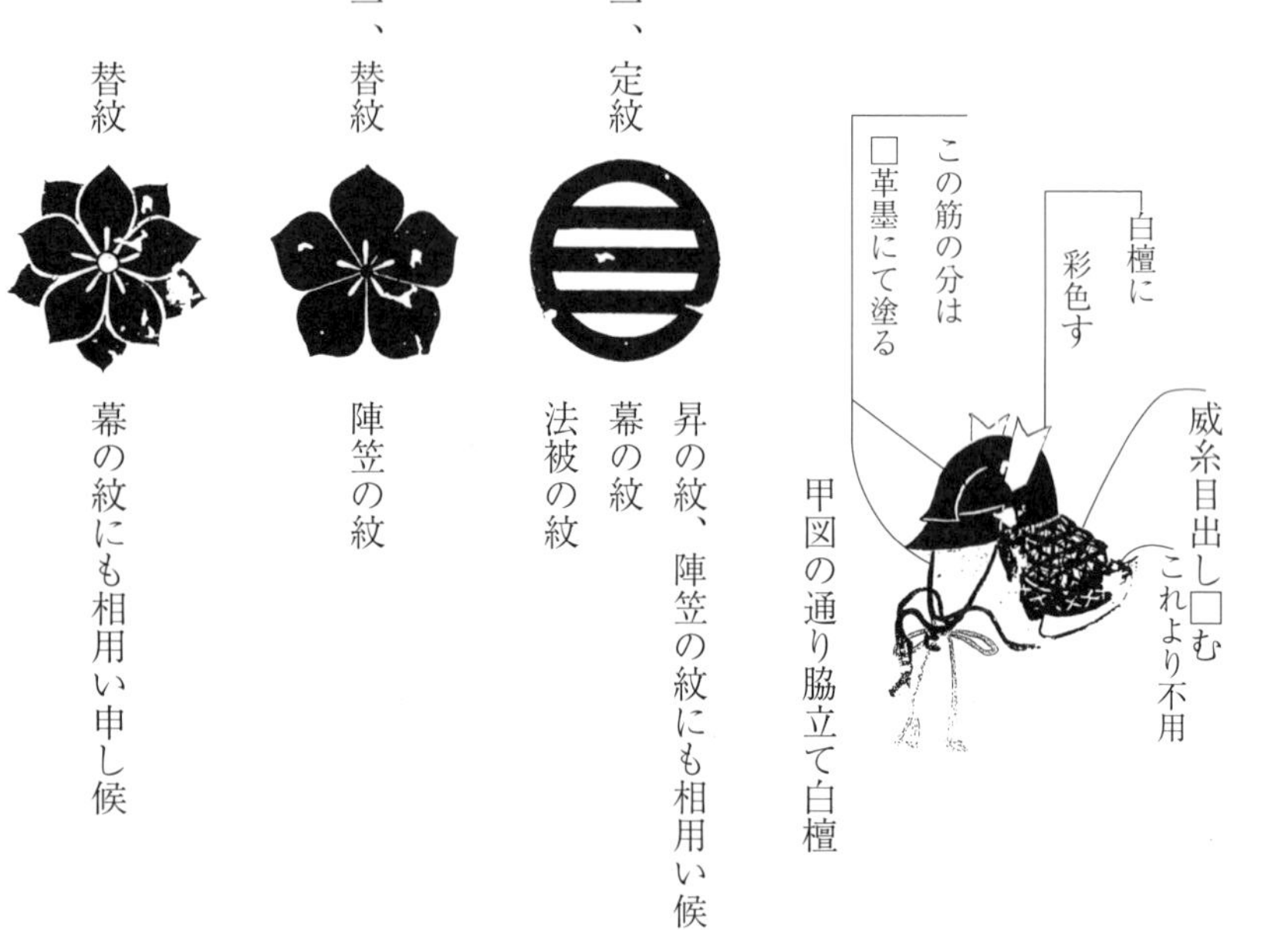

甲図の通り脇立て白檀

一、定紋

昇の紋、陣笠の紋にも相用い候
幕の紋
法被の紋

一、替紋

陣笠の紋

替紋

幕の紋にも相用い申し候

黄色に塗る

この分明の印、猩々緋に白紋也

番具足、揃立て物定紋、金磨、分明の験（しるし）図の通り

御留守居御番頭の節は茜、御番頭の節は紺

茜、図の通り

右の通りに御座候、以上

茜山道
右は、故藤兵衛様よりの指物也、龍徳院様也、
寛永十四十一月天草御討ち死

133　鶴崎御茶屋作法の覚書　（三宅家文書109　竪紙二枚）

（前欠）

御茶屋御門へ罷出ル、直ニ
御茶屋内へ御郡代ゟ案内ニ而御間へ通り、
夫より茂助を内證呼出し、萬事掛合之事
一、鶴崎着、即刻右堅メ之書付、旅服之ま〻、家司役か
小姓頭之内、口上使にて、須左三(ママ)為持遣ス、其上ニ而、
刻限〆打合、麻上下ニ而罷越ス、家頼旅服之ま〻
御番宅へ罷越、文臺へ御條目・右堅メ書付
のせ、茂助持出ル、須左三会釈ニより、御條目拝見
終り、ちよと須左美へ会釈、其上、堅メ、其前ニ懐中之
添状、須左三へ手渡し、各者御作事御目附
立合之筈、各手数濟、奥へ通り、其晩、
御茶屋へ須左三を呼、御郡代・御作事目附まて
参る何時比其表へ着いたし候段
一、於野津原着、即刻明何日須左美へ表向状仕出、且、自筆
之状ニ而船之事なと申遣ス
一○来年頭ハ
御在國ニ付、本御式之通長上下、
御在府ハ半之事
一○御参勤之節、於御茶屋、御禮ハ半上下、
右者御上下共、杭場者羽織袴

一○於霍崎、組中自然、家督・跡目ホ之封物者
　早を以、不分之ケ条、組脇へ問合
一○霍崎仮支配衆之封物者、茂助へ申付、吟味ホ
　いたし候事
（後欠）

（前欠）
一、仕舞達□七八比いたし候見合
　霍崎出立ホ之覚
一、廿五日被差出候段、御奉行所ゟ申来り、前日於御花畑
　御添状被相渡候段も申来ル、御添状須左美持帰
一、右前日、御花畑へ麻上下着罷出、召出も有之
　候事
一、堅メ之御書付入之御文箱、前々日位御奉行
　中ゟ来ル、霍崎持越、手数相濟、須左美熊本へ
　持帰、右於霍崎、須佐美立合、判形・血判
　之事
一、塩谷大四郎様へ差上候太刀・馬代箱入者、御音信
　所ゟ来ル

一、（組中小幡前迄、組中・組脇共被参候事
（出立之節

一、右同所・同役中、其外之使者来ル、駕戸引之事

一、野津原七ツ立、萩原小立、四ツ過比ゟ鶴崎入、
右之節、乙津名字有、御船頭手前之岸ニ出迎へ
御船之内ニ而、駕之戸引、船之内手数也
向の寺地濱、加子（名字有リ）・御船頭出ル、是も駕ノ戸引、
尤、左河岸こゝに、須佐美使者出ル、駕右同断、
夫より町内右河岸中程ニ、仮支配士席之衆
出迎、ここにて下乗手数濟、又駕へ乗、
御茶屋脇方少し先、士席・御作事所根取
など罷出ル、挨拶同前、御郡代・御作事御目附

（後欠）

=読み下し文=

（前欠）

御茶屋御門へ罷り出る、直に御茶屋内へ御郡代より案内にて御間へ通り、夫より茂助を内証呼び出し、万事掛け合いの事

一、鶴崎着、即刻に右堅めの書付、旅服のまま家司役か、小姓頭の内、口上使いにて、須佐美持た

せ遣わす、その上にて、刻限等打ち合わせ、麻上下にて罷り越す、家来旅服のまま御番宅へ罷り越し、文台へ御条目・右堅め書付載せ、茂助持ち出る、須佐美会釈により、御条目拝見終り、ちょっと須佐美へ会釈、その上堅め、その前に懐中の添え状、須佐美へ手渡し、おのおのは御作事御目付立合いの筈、各手数済み、奥へ通り、その晩、御茶屋へ須佐美を呼ぶ、御郡代・御作事目付迄参る

一、野津原に着き、即刻明何日何時頃、その表へ着いたし候段、須佐美へ表向き状仕出し、且つ、自筆の状にて船の事など申し遣わす

一○来年頭は御在国につき、本御式の通り長上下、御在府は半の事

一○御参勤の節、御茶屋において御礼は半上下、右は御上下とも、杭場は羽織袴

一○鶴崎において、組中自然、家督・跡目等の封物は、早をもって、不分のケ条、脇へ問い合わせ

一○鶴崎仮支配衆の封物は、茂助へ申し付け、吟味等いたし候事

（後欠）

（前欠）

一、仕舞い達し□七つ、八つ頃いたし候、見合わせ鶴崎出立等の覚え

一、二十五日差出され候段、御奉行所より申し来たり、前日御花畑において、御添え状相渡され候段も申し来る、御添え状須佐美持ち帰る

一、右前日、御花畑へ麻上下着罷り出、召し出しもこれ有り候事

一、堅めの御書付入りの御文箱、前々日位御奉行中より来る、鶴崎持ち越し、手数相済み、須佐美熊本へ持ち帰る、右鶴崎において、須佐美立会い、判形・血判の事

一、塩谷大四郎様へ差し上げ候太刀・馬代、箱入れは御音信所より来る
一、出立の節組中、小幡前迄、組中・組脇とも参られ候事
一、右同所・同役中、その外の使者来る、駕戸引きの事
一、野津原七つ立ち、萩原小立ち、四つ過ぎ頃より鶴崎入り、右の節、乙津名字有り、御船頭手前の岸に出迎え、御船の内にて、駕の戸引き、船の内手数也、向かいの寺地浜名字有り、加子・御船頭出る、これも駕も戸引き、尤も、左河岸ここに、須佐美使者出る、駕右同断、夫より町内右河岸中程に、仮支配士席の衆出迎え、ここにて下乗手数済み、又駕へ乗り、御茶屋脇方少し先、士席・御作事所根取など罷り出る、挨拶同前、御郡代・御作事御目付（後欠）

134 家老・中老就任の仕法（三宅家文書113　切継紙）

慶應二年
七月朔日、郡夷則殿・木村男吏殿
御家老職被　仰付、男吏殿江者
大目附ゟ御中老職被　仰付候、
手扣左之通
一、於
御前、麻上下着、本文之通、
御直ニ被　仰渡、九曜之御間

慶応二年七月朔日、郡夷則殿・木村男吏殿御家老職仰せ付けられ、男吏殿へは大目付より御中老職仰せ付けられ候、手控え左の通り
一、御前において麻上下着、本文の通り御直に仰せ渡され、九曜の御間御左所御請けの御家老衆列席につき御□詰めの大御目付は罷り出で申し候に及ばず候事
一、右両人衆、御家老御間において、御用番衆、堅く見

御左所御請之御家老衆
列席ニ付
御□詰之大御目附ハ罷出
申候ニ不及候事
一、右両人衆、於御家老御間ニ
御用番衆、堅被見届候ニ付、
大御目附立合、前以、誓詞
御用番衆ゟ被　相渡候付、受取置、
小頭・御家老・坊主ハ例之通、
文臺ホ差出候様申聞、御用番衆
座之向ニ臺持出申候処ニ而、
御用番と臺との間ニ南向ニ
大御目附扣居、座着之上
誓詞本紙之方茂臺之上ニ
乗せ申候処ニ而、堅メ相濟、直ニ
御用番ニ差出申候へハ、被見届候
段、被申達、直ニ誓詞請取、
写之誓詞ヲ夷則殿江
相渡申候事

届けられ候につき、大御目付立合い、前もって、誓詞御用番衆より相渡され候につき、受け取り置き、小頭・御家老・坊主は例の通り、文台等差し出し候様申し聞かせ、御用番衆座の向かいに台持ち出し申し候ところにて、御用番と台との間に南向きに大御目付控え居り、座着の上誓詞本紙の方も台の上に乗せ申し候ところにて、堅め相済み、直ちに御用番に差し出し申し候らえば、見届けられ候段、申し達せられ、直ちに誓詞請け取り、これを写し、誓詞を夷則殿へ相渡し申し候事

一、男吏殿へも前条の手数にて相済み申し候

一、右誓詞は直ちに持参、召し出し願い奉り、御覧に入れ奉り、持ち下げ上封いたし、何某殿誓詞と相認め、裏に年号月日封印を相用い、何の何某と相認め申し候事、右誓詞一封は、当番の御用人へ相渡し、御宝蔵へ相納めに相成り候事

一、男吏殿江も、前条之手数
ニ而相済申候
一、右誓詞ハ、直ニ持参
召出奉願、奉入
御覧、持下、上封いたし
何某殿誓詞と相認、裏ニ
年号月日封印を相用、何之
何某と相認申候事、
右誓詞壱封ハ、当番之
御用人江相渡、御寶蔵江
相納ニ相成候事

135 江戸における薩摩軍の動向探索（三宅家文書114 切継紙）

別紙壱通之通ニ相聞候
ニ付探索之處
於御城内も得と承合候處、
右之通ニ相違も無之、右御参
上之儀者

別紙一通の通りに相聞き候につき、探索のところ
御城内においても得と承合候ところ、右の通りに相違も
これ無く、右御参上の儀は天障院様付女中の所為にて、
長局より出火に相成り候由、右の者は、鎮火後直ちに御
召し取りに相成り候由、猶、その後雇い人の内、三百人

天障院様附女中之所為ニ而、長局ゟ出火ニ相成候由、右之者者、鎮火後直ニ御召取ニ相成候由、猶、其後雇人之内、三百人程も御討取ニ相成、中ニ者生捕も有之、薩州屋敷者大体御焼拂ニ相成候由、乍併壱と所位者残り居候様子相聞申候事

〆

尚、廿六日、大坂御城御玄関脇、床之下ニ、火仕掛ケ有之候付、直様に取消ニ相成候由、為合よく、手後レ候ハヽ危候處、無難ニ相済ノ趣、右ニ付、其後者、格別厳重ニ相成候由、大坂ゟ申越候事

〆

程も御討ち取りに相成り、中には、生け捕りもこれ有り、薩州屋敷は大体御焼き払いに相成り候由、しかしながら一と所位は残り居り候様子、相聞き申し候事

〆

尚、二十六日、大坂御城御玄関脇、床の下に、火仕掛けこれ有り候につき、すぐ様に取り消しに相成り候由、為合いよく、手遅れ候らわば危く候ところ、無難に相済むの趣、右につき、その後は、格別厳重に相成り候由、大坂より申し越し候事

〆

別紙
江戸連名の状

今五つ時、芝あたり大火の由につき、早速火元見に遣わし候ところ、全く出火にこれ無く、追々時刻相移る等と承り候ところ、二十二日、二の丸御炎上の上、㊉の付け火と申す事、それ故、昨日若年寄様㊉御屋敷へ御出馬、

別紙
江戸連名状

今五ツ時、芝邊大火之由ニ付、
早速火元見ニ遣し候処、全出
火ニ無之、追々時刻相移等
と承候處、廿二日二之丸
御炎上之上、⊕の附火と申事、
夫故、昨日若年寄様⊕
御屋敷江御出馬、馳合之處
段々入組、今日も一戦ニ及可
申風聞、然る處、今朝
⊕上屋敷ゟ出火

御公邉御打手
品川宿ニも奇兵隊
芝御旗本
惣大将庄内
其外
御譜代□五頭計
右御繰出しニ相成、今日

馳せ合いのところ段々入り組み、今日も一戦に及び申す
べきの風聞、然るところ、今朝⊕上屋敷より出火

御公辺御討手、品川宿にも奇兵隊、芝御旗本惣大将
庄内、その外御譜代□五頭計り

右御繰り出しに相成り、今日五つ時頃より合戦相始ま
り、⊕分家は御焼き払いにも相成り申すべき噂、この末
いかが相成るべきにて、日本橋往来留り候事、諸道具片
付け候者も御座候、しかし、明日にも相成り候らわば、
穏かに相成り申すべきにて、万一、これ大乱に相成り候
らわば、大心配に御座候

二十五日夕三日限、昨二十九日夜九つ時締め状の事

五ツ時比ゟ合戦相始り
㊉分家者御焼拂ひニも
相成可申噂、此末如何可相
成にて、日本橋往来留り
候事、諸道具片附
候ものも御座候、併、明日ニも
相成候ハヽ、穏ニ相成可申にて、
萬一、此大乱ニ相成候ハヽ、
大心配ニ御座候
　廿五日夕三日限、昨廿
　九日夜九ツ時〆状之事

136　勅命により官軍差し向け（三宅家文書115　切紙）

勅命之趣敬奉畏候、
就而者、官軍御差向ニ
相成候間、山崎枢要之
地ニ付、守関之義、精誠
尽力可仕、此段、御請奉
申上候、以上

勅命の趣敬してかしこみ奉り候、ついては、官軍御差し
向けに相成り候間、山崎枢要の地につき、守関の儀、精
誠尽力仕るべく、この段、御請け申し上げ奉り候、以上

137 御所評議の覚 （三宅家文書116　切紙）

（前欠）

刻迄御請申上候との事

一、右御下向之稜々御書付ホ、客□局江扣有之候事

但、右御書附渡、於御所ニ御評儀も遅々いたし候歟、引取之時分ハ彼是、翌朝六半比引取申候事

十二月九日　晴

138 諸藩兵備の覚 （三宅家文書118　切継紙）

銃隊百八拾人

司令八人

輜重掛、其外、役附八人

夫方者四拾八人

（前欠）

刻迄御請け申し上げ候との事

一、右御下向の稜々御書付等、客□局へ控えこれ有り候事

但し、右御書付渡し、御所において御評議も遅々いたし候か、引き取りの時分は彼是、翌朝六ッ半頃引き取り申し候事

十二月九日　晴

銃隊百八十人

司令八人輜重掛り

その外役付き八人

夫方は四十八人

〆弐百四拾四人
右長州
十一日
銃隊三百拾弐人
砲五挺
一、右司砲手三拾六人
小荷駄役人拾五人
陪卒出工夫百人位
〆四百六拾四人
外
持夫百人
小荷駄馬四拾疋
驛々雇人馬
薩州
大隊司令壱人
中隊司令弐人
小隊司令弐人
士官拾八人
目附壱人

〆二百四十四人
右長州
十一日
銃隊三百十二人
砲五挺
一、右司砲手三十六人
小荷駄役人十五人
陪卒出工夫百人位
〆四百六十四人
外に
持夫百人
小荷駄馬四十疋
駅々雇人馬
薩州
大隊司令一人
中隊司令二人
小隊司令二人
士官十八人
目付一人

下役五人
斥候弐人
医弐人
作事方八人
陪卒弐拾人
夫方之者百八拾人
〆四百拾人
紀州

十二日
惣帥壱人
侍銃隊七拾八人
銃隊三百六拾人
大砲六挺
司令砲手共四拾八人
〆五百拾六人
持夫百人
〆六百拾六人
右此方様

下役五人
斥候二人
医二人
作事方八人
陪卒二十人
夫方の者百八十人
〆四百十人
紀州

十二日
惣帥一人
侍銃隊七十八人
銃隊三百六十人
大砲六挺
司令砲手とも四十八人
〆五百十六人
持夫百人
〆六百十六人
右此方様

銃隊　三百五拾人
　隊長令士共
輜重隊役々醫師共
　七拾人
大砲　四挺
右司令砲手共三拾人
夫方百弐拾人
五百七拾人
　内兵粮方四拾人
　　大砲持夫五拾人
　　　備前

139 桑名藩処分の手控　（三宅家文書119　切紙）

柳原卿ゟ御渡
一、本城掃除いたし、
　朝廷江可奉差上候事
一、帯刀之者、不残、寺院江引
　退、恭順可罷在候事
〆

銃隊三百五十人
　隊長令士とも
輜重隊役々医師とも
　七十人
大砲四挺
右司令砲手とも三十人
夫方百二十人
五百七十人
　内、兵粮方四十人
　　大砲持夫五十人
　　　備前

柳原卿より御渡し
一、本城掃除いたし、朝廷へ差し上げ奉るべく候事
一、帯刀の者、残らず寺院へ引き退き、恭順罷り在るべ
　く候事
〆
橋本卿より御渡し

橋本卿ゟ御渡

一、松平越中反逆顕然、
大逆無道、今更申迄も無之、
為征討發向之処、歎願
之次第有之候ニ付、書面之通
可心得候、謹而御受可申上候

松平萬之助
松平帯刀
三輪権左衛門
吉村又右衛門
酒井孫八郎

右

一、石川宗十郎
松平萬之助并重臣之者共
別紙性名之通其方江
被成御預候間、厳重守衛
可有之候事

手扣

桑城御所置之間、四日市
驛諸兵屯集整列

一、松平越中反逆顕然、大逆無道、今更申す迄もこれ無く、征討のため発向のところ、歎願の次第これ有り候につき、書面の通り心得べく候、謹んで御受け申し上ぐべく候

松平萬之助
松平帯刀
三輪権左衛門
吉村又右衛門
酒井孫八郎

右

一、石川宗十郎
松平萬之助並びに重臣の者ども、別紙姓名の通り、その方へ御預け成され候間、厳重守衛これ有るべく候事

手控え

桑城御所置の間、四日市駅諸兵屯集整列整い難く候につき、村落へ分配致し候、尤も差し向かい攻撃と申す訳にはこれ無き段、承知もこれ有るべく候らえども、猶、懸念致さざるよう、彼藩へ申し達すべし

難調候ニ付、村落江分配
致候、尤差向攻撃と申
譯ニ者無之段承知も
可有之候得共、猶懸念
不致候様、彼藩江可申達
との事

140　大政奉還の控　（三宅家文書120　切紙）

今般、幕府より大権被
差上候茂、於
朝廷、其儀被
聞召候茂、只々
神州之世運、御一新之
御趣意と奉存候得者、一刻茂
右之御趣意致貫徹、屹度
御國躰相立候様、公平・正大、
條理之所帰を以、兼而之
親懇・疎濶之無差別、共ニ
御尽力可被為在

との事

今般、幕府より大権差上げられ候も、朝廷において、その儀聞こし召され候も、ただただ神州の世運、御一新の御趣意と存じ奉り候らえば、一刻も右の御趣意貫徹致し、きっと御国体相立ち候様、公平・正大、条理の帰するところをもって、かねての親懇・疎濶の差別無く、ともに御尽力在らせらるべき思し召しに候事

思召候事

141 三宅藤爽江戸での名代稜書 （三宅家文書134 切継紙）

（端裏書）
「稜書」

壱番
着即下、溝口家江参り、於三衛様
御弔儀、畢而、下宿所之事抔と
貞武殿を相頼、濱町近邊ニ宜敷
所ニ宿を取極メ可申事
二番
翌日、高田御邸江参殿、
御前様御始、皆々様江伺御機嫌、
差上物ホ、家扶・家従之内江相頼、
差上可申事、尤、藤爽名代ニ罷出候
段も申述候事、又、自然、
御棺拜ホ被　仰付候ハヽ、御間内御敷居
外壱畳目ゟ奉拜、引取、若、別段
御前様被　召出も有之候ハヽ、右之釣合ニ而、御間内江

（端裏書）
「稜書」

一番
着即下、溝口家へ参り、お三衛様御弔儀、おわって、下
宿所の事等と貞武殿を相頼み、浜町近辺に宜しき所に、
宿を取極め申すべき事
二番
翌日高田御邸へ参殿、御前様御始め、皆々様へ御機嫌伺
い、差し上げ物等、家扶・家従の内へ相頼み、差し上げ
申すべき事、尤も、藤爽名代に罷り出候段も申し述べ候
事、又、自然、御棺拝等仰せ付けられ候らわば、御間内
御敷居外一畳目より拝し奉り、引き取り、もし別段御前
様召し出しもこれ有り候らわば、右の釣り合いにて、御
間内へすり込み、この節柄恐れ入り奉り候段申し上げ候
事
三番

すり込、此節柄奉恐入候段申上候事

三番

高田御邸引取後、今戸御邸江罷出、御附役綾部迄、奉伺大御前様御機嫌、自然、被　召出も有之候ハヽ、所(ママ)事綾部迄打合、大略、前文之振合ニ而可有之、自然、被　召出候ハヽ、御前下り後、被　召出之御礼、御附役迄可申上候事、引取かけ、綾部・寺嶋宿ニも参申候而、同苗隠居儀も宜敷申上候様申付候、此節、隠居罷上り、奉伺候筈ニ御座候処、近来者手足痛ミ、散々相脳(ママ)ミ大不氣力ニ御座候間、為名代罷出候段も申達候事、夫レゟ従四位様江罷出、奉伺御機嫌、是も此節之御事柄ニ付、藤爽者名代罷出候段、御附役まて申達候事

四番

高縄東海寺中妙解院江御参拝、正四位様御霊前罷出、藤爽名代之心得ニ而、奉拝上候事

高田御邸引取り後、今戸御邸へ罷り出、御付役綾部迄伺い奉り、大御所様御機嫌、自然、召し出さるもこれ有り候らわば、諸事綾部迄打ち合わせ、大略、前文の振り合いにてこれ有るべく、自然、召し出され候らわば、御前下がり後、召し出しの御礼、御付役迄申し上ぐべく候事、引き取りかけ、綾部・寺嶋宿にも参り候て、同苗隠居儀も宜しく申し上げ候様、申し付け候、この節、隠居罷り上り、伺い奉り候筈に御座候ところ、近来は手足痛み、散々相悩み、大不気力に御座候間、名代として罷り出候段も申し達し候事、それより従四位様へ罷り出、御機嫌伺い奉り、これもこの節の御事柄につき、藤爽は名代罷り出候段、御付き役まで申し達し候事

四番

高輪東海寺中妙解院へ御参拝、正四位様御霊前罷り出、藤爽名代の心得にて、拝み上げ奉り候事

五番

駿河台へ罷り越し、竹雲殿・虎雄殿へも宜しく、この節の御事柄、誠に恐れ入り奉り候段申し述べ、お三衛様へも、先達て御死去の段も重畳残念奉り候、父母よりも、呉々も宜しく申し上げ候様申し付け候、長雄殿にも宜し

五番
駿河臺江罷越、竹雲殿・虎雄殿江も
宜敷、此節之御事柄、誠奉恐入候段申述、
於三衛様江も、先達御死去之段も重畳
奉残念候、父母ゟも、呉々も宜敷申上候様
中付候、長雄殿ニ茂宜敷と、先、大略
心覚稜書右之通候事

142 紛失品の覚（三宅家文書151-1 竪紙）

寺本品
具足　壱領
衣裳　五、六品
三宅品
子供空色紋付帷子
唐木綿模様付解放シ表　一ツ
備前刀弐尺五寸余　壱本
無銘子供刀　壱本
後ノ度
寺本品　衣裳七、八品

くと、先ず、大略心覚え稜(かど)書、右の通りに候事

寺本品
具足　一領
衣裳　五、六品
三宅品
子供空色紋付帷子
唐木綿模様付解き放し表　一つ
備前刀二尺五寸余　一本
無銘子供刀　一本
後の度
寺本品　衣裳七、八品

三宅
蚊帳　壱ツ　袴　唐奥縞
　　　　　　　　裏付
子供袴仙臺ヒラ　壱具
同　奥縞袴裏付
上下壱具　上下仕立無壱具

三宅
蚊帳　一つ　袴　唐奥縞、裏付き
子供袴仙台平　一具
同　奥縞袴裏付き
上下一具　上下仕立て無し一具

143　紛失品届けの控（三宅家文書151-2　切紙）

紛失品御届

一、兜、并、佩立腦当小袴　壱着分
一、結城紬縞万筋小袖　壱
一、右同格子縞袷　壱
一、メイセン紬縞袷　◯　壱　㊉
一、晒　帷子　壱
一、格子太織八丈縞カイマキ壱
一、木綿紺カスリ反物　壱反
一、絽紋附万筋単形付　壱
一、川色博多帯男物　壱筋
一、二タ子紬格子縞羽織　壱
一、上ニ同格子袷　壱
一、紬縞単物　弐ツ　十
一、地紺大名縞越子帷子　壱
一、越後縞肌着　三ツ
一、紬縞蒲團　壱
一、木綿糸入縞単物　壱　廿
一、蚊帳五六　壱張　(廿)
一、黒地ニ縞八丈　壱反

一、紋紗羽織　壱
一、鼡織色羽織　壱
一、奉書紬五本字紋附袷　壱
一、紋附小袖　壱
一、九曜紋附空色小袖　壱
一、唐サン縞袷　壱
一、唐サン縞単女物　壱
一、糸入縞袷女物　壱
一、棒縞単女物　壱
一、花色三筋格子帷子男物壱
一、鳴海絞長肌着　壱
一、納戸色紬五本字綿入　壱
一、納戸色紬紋附

〆三拾六品

右者此節変動ニ付、第一大区八小区京町本丁弐百九拾四番屋敷三宅重雄土蔵ノ内江預置候品々ニテ、鎮静後及吟味候處、戸前破損盗賊入込居ものト相見、本行之品物紛失仕候間、此段御届仕候事

第二大区三小区津浦村弐百六拾弐番屋敷

明治十年五月　士族 ―― 印

＝読み下し文＝

紛失品の御届け

一、兜並びに佩立胴当小袴　一着分　一、双子紬格子縞羽織　一

一、結城紬縞万筋小袖　一　　一、上に同格子袷　一
一、右同格子縞袷　一　　一、紬縞単物　二つ　十
一、銘仙紬縞袷　◯　一　⊕　　一、地紺大名縞越後帷子　一
一、晒　帷子　一　　一、越後縞肌着　三つ
一、格子太織八丈縞掻巻　一　　一、紬縞蒲団　一
一、木綿紺絣反物　一反　　一、木綿糸入り縞単物　一　二十
一、絽紋付き万筋丱形付き　一　　一、蚊帳五六　一張り　二十
一、川色博多帯男物　一筋　　一、黒地に縞八丈　一反
一、紋紗羽織　一　　一、丱織色羽織　一
一、奉書紬五本字紋付き袷　一　　一、紋付き小袖　一
一、九曜紋付き空色小袖　一　　一、唐桟縞袷　一
一、唐桟縞単女物　一　　一、糸入り縞袷女物　一
一、棒縞単女物　一　　一、花色三筋格子帷子男物　一
一、鳴海絞り長肌着　一　　一、納戸色紬五本字綿入れ　一
一、納戸色紬紋付

〆て三十六品

右は、この節変動につき、第一大区八小区京町本丁二百九十四番屋敷、三宅重雄土蔵の内へ預け置き候品々にて、鎮静後吟味に及び候ところ戸前破損、盗賊入り込み居るものと相見え、本行の品物紛失仕り候間、この段御届け仕り候事

第二大区三小区津浦村二百六十二番屋敷

明治十年五月

士族　――――　印

144　別稜紛失品変動後露顕の稜書　（三宅家文書152　罫紙）

別稜紛失品変動後相顕申候稜書

一、火事羽織　但、黄羅紗桔梗紋付　壱ツ
一、越後ヒラ袴　壱具
一、小夜着　壱ツ
一、大夜着紺紋付、但、木綿　壱ツ
右者本紙稜付品之内、尤、火事羽織・大夜着者
解崩シ、大夜着者蒲團ニ仕立直シ有之候儘受取申候
一、木綿幕　半張
一、座蒲團　壱枚
一、ハキノ子供袖無シ羽織　壱ツ
一、長上下袴迄　壱ツ
一、ケンホヲ上下上斗　壱ツ
一、飛色紋付肩衣　壱ツ
一、黒絽夏肩衣　壱ツ
一、真綿抜綿　壱枚
一、布萌黄夏羽織　壱ツ

一、渋布解キ切レ　壱ツ
右者第二大區五小区五町豆ノ尾村百四十五番地喜右衛門と歟申者之宅
寄留元出京町重平と申者ゟ、私土蔵中より取出申候右品々六月一日元柳川丁大里角次長屋
居住之由、千蔵と申者同道、右豆ノ尾村江罷越、直ニ当人ゟ差返シ受取申候、
尤右之品者、右千蔵と申者依頼ニ付、土蔵中ゟ取出申候由ニハ御座候得共、
其砌ハ当りニ千蔵茂居不申、壱人ニ而取出申候由申出候事
一、茶釜　弐ツ
右者元柳川丁大里角次長屋居住之由ニ而、当時中ノ丁邊ニ仮居住
仕居申候由千蔵と申者、私土蔵中ゟ取出、豆ノ尾喜右衛門宅ニ而預置候右品六月一日右豆ノ尾村江同道罷越候節、
右豆ノ尾村喜右衛門と申者宅ニ預ケ有之候、本行之茶釜、右千蔵ゟ
直ニ差帰シ受取申候
一、無銘備前刀弐尺五寸余　但、青漆紋砂ノ鞘拵無シ　壱本
一、無銘子供刀壱尺九寸位　但、鞘インテン　壱本
一、空色紋付子供帷子　壱ツ
一、唐木綿模様付解放シ表　壱ツ
右刀以下品々ハ熊本変動ニ付、沼山津郷戸次村増住貞俊宅寄留罷在申候内、
三月十七日比、右千蔵と申者持参、私土蔵中ゟ取出シ候段申出候ニ付其儘受取、
尤是ゟ依頼仕取出候品々者無御座、右之品々持参之節、浅山文九郎と
申者同道罷越、両人ニ而米俵壱俵完取出置候段申出候ニ付、是ハ右同人共江
品物之礼ニ遣候段申向候、且、其節織色木綿単羽織、右千蔵着用いたし居候付、

其品見知り有之、如何之品ニ有之哉と尋問仕候処、私裏丁筋ニ落シ有之品ニ而、直ニ相用
中候段申出候付、直ニ同人江遣申候

一、蚊帳　壱張
一、唐奥縞裏付袴　壱具
一、仙台ヒラ子供袴　壱具
一、奥縞裏付袴　壱具
一、上下　壱具
一、上下仕立無シ　壱具
一、ニラ山笠　壱ツ

右者私土蔵中ゟ取出、三月廿五日第四大區八小區戸次村居住
増住貞俊宅寄留中、右千蔵持参遣候付、請取申
右之通御座候事

第一大區八小區京町本丁
弐百九十四番地
士族　三宅重雄　印

明治十年六月六日

＝読み下し文＝

別稜紛失品変動後相顕れ申し候稜書

一、火事羽織　但し、黄羅紗桔梗紋付き　一つ
一、越後平袴　一具
一、小夜着　一つ
一、大夜着紺紋付き　一つ
右は、本紙稜付け品の内、尤も、火事羽織・大夜着は解き崩し、大夜着は蒲団に仕立て直し
これ有り候まま、受け取り申し候
一、木綿幕　半張り
一、座蒲団　一枚
一、剥ぎの子供袖無し羽織　一つ
一、長上下袴迄　一つ
一、憲房上下上ばかり　一つ
一、飛色紋付き肩衣　一つ
一、黒絽夏肩衣　一つ
一、真綿抜綿　一枚
一、布萠黄夏羽織　一つ
一、渋布解き切れ　一つ
右は、第二大区五小区五町豆尾村百四十五番地、喜右衛門とか申す者の宅寄留、元出京町重平と申す者より、私土蔵中より取り出し申し候、右品々六月一日元柳川丁大里角次長屋居住の由、千蔵と申す者同道、右豆尾村へ罷り越し、直ちに当人より差し返し受け取り申し候、尤も右の品は、右千蔵と申す者依頼につき、土蔵中より取り出し申し候由には御座候らえども、そ

の砌はあたりに千蔵も居り申さず、一人にて取り出し申し候由、申し出候事

一、茶釜　一

右は、元柳川丁大里角次長屋居住の由にて、当時中の丁辺に仮り居住仕り居り候千蔵と申す者、私土蔵中より取り出し、豆尾喜右衛門宅にて預け置き候、右品、六月一日右豆尾村へ同道罷り越し候節、右豆尾村喜右衛門と申す者宅へ預けこれ有り候、本行の茶釜、右千蔵より直ちに差し帰し受け取り申し候

一、無銘備前刀二尺五寸余　但し、青漆紋砂の鞘拵え無し　一本

一、無銘子供刀一尺九寸位　但し、鞘印伝　一本

一、空色紋付き子供帷子　一つ

一、唐木綿模様付解き放し表　一つ

右刀以下品々は、熊本変動につき、沼山津郷戸次村増住貞俊宅寄留罷り在り申し候内、三月十七日頃、右千蔵と申す者持参、私土蔵中より取り出し候段申し出候につき、そのまま受け取り、尤もこれより依頼仕り取り出し候品々は御座無く、右の品々持参の節、浅山文九郎と申す者同道罷り越し、両人にて米俵一俵宛取り出し置き候段申し出候につき、これは同人どもへ品物の礼に遣わし候段申し向け候、且つ、その節織色木綿単羽織、右千蔵着用いたし居り候につき、その品見知りこれ有り、いかがの品にこれ有る哉と尋問仕り候ところ、私裏丁筋に落としこれ有る品にて、直に相用い申し候段申し出候につき、直に同人に遣わし申し候

一、蚊帳　一張り

一、唐奥縞裏付き袴　一具

一、仙台平子供袴　一具

一、奥縞裏付き袴　一具
一、上下　一具
一、上下仕立無し　一具
一、韮山笠　一つ

右は、私土蔵中より取り出し、三月二十五日第四大区八小区戸次村居住増住貞俊宅寄留中、右千蔵持参遣わし候につき、請け取り申す

右の通りに御座候

第一大区八小区京町本丁二百九十四番地

明治十年六月六日　士族　三宅重雄　印

145　刀剣・砲器・茶器の覚　（三宅家文書153　竪帳　仮綴）

（桐三ツナキ）村正刀一本、弐尺三寸五歩　但、拵付、鉄縁頭鐺鍔金目貫
関兼則刀一本、弐尺五分　鉄金具拵付、金目貫
関兼貞刀一本、弐尺三分　拵付、岸頭キサミサヤ
来國光刀一本、壱尺九寸五歩　拵付、但、銀金具
関兼春刀一本、壱尺九寸　拵付、但、銀金具

相州物綱廣（弐尺弐寸）、但、拵付、岸頭鉄鍔
同　行光（弐尺三寸）、但、拵付、鉄金具
大和包真無銘（弐尺三寸）、拵付、鉄金具
備前清光（弐尺）、但、無銘、拵付、鉄金具金象眼
豊後高田物刀（弐尺壱寸）一本、拵付、鉄金具
（菊池延壽國時短刀（壱尺弐歩）一本、拵付、赤銅桐
金鋸物小柄、笄、赤銅金桐鋸物
（ハセヘ國重短刀（九寸八歩）一本、拵付、銀金具雲ノ雕
小柄、笄、銀飛雲ノ雕
相州物短刀（壱尺壱寸）一本、拵付、赤銅金具、沈雕
（備前無銘廣直刃脇差（壱尺八寸）、拵付、赤銅
定紋金鋸物　「一」
関兼則短刀（八寸三分）一本、拵付、赤銅金具金象眼
無銘直刃短刀（壱尺壱寸）一本、拵付、銀金具沈雕
小道具箱、大小二ツ、小柄、笄、縁頭類、鍔入組

炮器

雷フル　弐「挺」（抹消）

スナイトル　壱「挺」（抹消）

猟筒　弐「挺」（抹消）○

但、銀象眼入

茶器

唐金瓢箪形上手獅子鈕水次

紫泥後手水次　一ツ

茶碗南京赤暦手　十人前

南京唐草手　五人前

京焼蓮手　十人前

九谷赤絵　五人前

南京焼蓋茶碗松竹梅絵　十人前

右同魚染付手塩皿　十人前　「二」

南京焼白地桔梗形香炉　一ツ　「三」

交趾焼耳附香炉　一ツ

龍文堂鉄瓶　一ツ

十錦手向皿　十人前

朝鮮焼向皿　五人前

南京焼丸龍染付向皿　五人前

人形手濃茶々碗　一ツ
朝鮮御本手濃茶碗　一ツ
安南薄茶碗　二ツ
イラホ濃茶碗　一ツ
高麗堅手濃茶碗　一ツ
赤絵大□　一ツ
青磁盃臺　一ツ
竹根筆筒山水彫　一ツ
小硯網袋入筆入添
芥子園十竹齋画傳　二帙
画撰紙・小画撰紙　百五十枚位
七合入大盃梅ノ蒔絵　「四」
木具ノ膳　二ツ
錫徳利　二ツ　○　未タ
宇留美糸目脇取盆　二ツ
木地横長脇取盆　一ツ
廓朱漆中木地大廣蓋
朱漆角硯蓋中蒔絵枝花
小さけ重唐草蒔絵中朱
同木地水筒付弁当　一ツ

しんちゆう三ツ足燭臺　二
向皿水仙模様　十人前　○
一、錫茶壷　壱ツ
一、錫水呑　弐ツ△
一、
蚊屋　一張七の九の　「三」
同　六の七の
同　越よこ
同　五の六の
同
大中小五ツ
ふとん　十ツ（九）内四幅ふとん四ツ
十ツ
大夜着　紺紋付
○
大夜着　白地かた
小寝巻　久留米かすり
中夜着　浅黄布
△黒ニ而中朱吸物碗　弐十人前

黒ニ而中朱寶珠玉蒔絵　十人前
黒ニ而中朱亀ノ蒔絵　十人前
木地六寸金縁四段重之重箱一組
三組盃　三組
南京焼六方蝌ノ染付香合　○
コマノ香合　一ツ
推朱横方人物ノ香合
黒ノ類
周尺五寸　五「挺」（抹消）
御賜金覧　一「挺」（抹消）
君子ノ風　二「挺」（抹消）
金山圖　一挺

＝読み下し文＝

（村正刀一本、二尺三寸五歩但し、拵え付き、鉄縁頭鐺鍔金目貫
桐三つなぎ）
関兼則刀一本、二尺五分鉄金具拵え付き、金目貫
関兼貞刀一本、二尺三分拵え付き、岸頭刻み鞘

来國光刀（一尺九寸五歩）一本、拵え付き、但し、銀金具

関兼春刀（一尺九寸）一本、拵え付き、但し、銀金具

相州物綱廣（二尺二寸）、但し、拵え付き、頭鉄鍔

同　行光（二尺三寸）、但し、拵え付き、鉄金具

大和包真無銘（二尺三寸）、拵え付き、鉄金具

備前清光（二尺）、但し、無銘、拵え付き、鉄金具金象眼

豊後高田物刀（二尺一寸）一本、拵え付き、鉄金具

菊池延壽國時短刀（一尺二歩）一本、拵え付き、赤銅桐
金鋸物小柄、笄赤銅金桐鋸物

長谷部國重短刀（九寸八歩）一本、拵え付き、銀金具雲の雕
小柄、笄、銀飛雲の雕

相州物短刀（一尺一寸）一本、拵え付き、赤銅金具沈雕

備前無銘廣直刃脇差（一尺八寸）、拵え付き、赤銅
定紋金鋸物

「一」

関兼則短刀（八寸三分）一本、拵え付き、赤銅金具金象眼

無銘直刃短刀（一尺一寸）一本、拵え付き、銀金具沈雕
小道具箱大小二つ、小柄、笄、縁頭類鍔入り組み

砲器
ライフル　二「挺」（抹消）
スナイドル　一「挺」（抹消）
猟筒　二「挺」（抹消）○
但し、銀象眼入り

茶器
唐金瓢箪形上手獅子鈕水次
紫泥後手水次　一つ
茶碗南京赤髫手　十人前
南京唐草手　五人前
京焼蓮手　十人前
九谷赤絵　五人前
南京焼蓋茶碗松竹梅絵　十人前
右同魚染付け手塩皿　十人前　「二」
南京焼白地桔梗形香炉　一つ　「三」
交趾焼耳付き香炉　一つ

龍文堂鉄瓶　　　一つ
十錦手向皿　　　十人前
朝鮮焼向皿　　　五人前
南京焼丸龍染付け向皿　五人前
人形手濃茶々碗　　一つ
朝鮮御本手濃茶碗　　一つ
安南薄茶碗　二つ
伊良保濃茶碗　一つ
高麗堅手濃茶碗　一つ
赤絵大□　一つ
青磁盃台　一つ
竹根筆筒山水彫　一つ
小硯網袋入り筆入れ添え
芥子園十竹斎画伝　二帙
画撰紙・小画撰紙　　百五十枚位
七合入り大盃梅の蒔絵
「四」
木具の膳　二つ
錫徳利　二つ　○　未だ
宇留美糸目脇取盆　二つ
木地横長脇取盆　一つ

廓朱漆中木地大広蓋
朱漆角硯蓋中蒔絵枝花
小提げ重唐草蒔絵中朱
同木地水筒付き弁当　一つ
真鍮三つ足燭台　二
向皿水仙模様　十人前　○

一、錫茶壷　一つ
一、錫水呑　二つ△
一、

蚊帳　一張り七の九の　「三」
同　六の七の
同　越よこ
同　五の六の
同
　大中小五つ
蒲団　十 九つ　内四幅蒲団四つ
　十
大夜着　○紺紋付き

大夜着　　白地かた
小寝巻　　久留米絣
中夜着　　浅黄布
黒にて中朱宝珠玉蒔絵　十人前
△黒にて中朱吸物碗　二十人前
黒にて中朱亀の蒔絵　十人前
木地六寸金縁四段重ねの重箱一組
三組盃　　三組
南京焼六方蟹の染付け香合　○
駒の香合　一つ
推朱横方人物の香合

黒の類
周尺五寸　　　五「挺」(抹消)
御賜金覧　　　一「挺」(抹消)
君子の風　　　二「挺」(抹消)
金山図　　　　一挺

146　三宅藤兵衛石灯籠建立の趣意書　（三宅家文書154　続紙）

夫レ、三宅藤兵衛重則（ママ）ハ、寛永ノ頃、天草郡富岡之
城ヲ預リ、禄石四千五百石ヲ領シ、該地ノ人民保護ヲ受ルヿ少
カラサリシニ、寛永十四年一揆蜂起、大矢野四郎ヲ巨魁
トシテ、既ニ富岡ノ城ニ迫ラントスルノ風聞有ケレハ、手勢
引率シ、本戸ノ濱ニ出張防戦、終ニ利アラス、同年十一月
十四日同郡廣瀬村ノ辺ニ戦歿セリ、其遺骸、同村上松山
ノ中ニ埋葬ス、尓後、歳月荏苒、已ニ客年十一月二百五十
回遠忌相當ニ付、重則十代ノ孫三宅藤爽、及當
代三宅重雄追悼供養ノタメ墓参有リケルニ、
碑碣星霜古リ、題銘、雨露ノタメニ剥キ分明ナラス、
遺感少ナカラス、此回、一石ヲ刻シテ、墓碑ヲ換ント欲スレ𪜈、
當時ノ遺蹤モ亦廃スルニ堪ヘス、因テ、別ニ石燈篭
一碁ヲ建立シ、永ク重則ノ墳墓タルヲ誌ス、（然𪜈、未ダ以テ全額ニ充ツルニ足ラズ）其資金ヲ
送附シ、建立ノ周旋我等ニ依頼セリ、因テ吾輩モ當時ヲ追
想スルニ、祖先ハ本重則ノ恩顧ノ者ニ付、重則ノタメ
聊金員ヲ寄附シ、（吾輩ト共ニ）周旋セント欲ス、
有志ノ人ハ多少ヲ論セス、助力アラン事ヲ希望ス

明治廿年七月

発起人
松山某

＝読み下し文＝

それ三宅藤兵衛重利は、寛永の頃、天草郡富岡の城を預かり、禄石四千五百石を領し、該地の人民保護を受ける事少なからざりしに、寛永十四年一揆蜂起、大矢野四郎を巨魁として、既に富岡の城に迫らんとするの風聞有りければ、手勢引率し、本渡の浜に出張防戦、終に利あらず、同年十一月十四日同郡広瀬村のあたりに戦死せり、その遺骸、同村上松山の中に埋葬す、尓後、歳月荏苒、すでに客年十二月二百五十回遠忌相当たるにつき、重利十代の孫三宅藤爽、当代三宅重雄に及び追悼供養のため墓参有りけるに、碑碣星霜古く、題銘、雨露のために剥がれ分明ならず、遺憾少なからず、今回、一石を刻して、墓碑を換えんと欲すれども、当時の遺蹤もまた廃するに堪えず、よって、別に石燈篭一基を建立し、永く重利の墳墓たるを誌す、その資金を送付し建立の周旋我等に依頼せり、然れども、未だもって全額に充つるに足らず、よって吾輩も当時を追想するに、祖先は本重利の恩顧の者につき、重利のため聊か金員を寄付し、周旋せんと欲す有志の人は、吾輩とともに多少を論ぜず、助力有らん事を希望す

明治二十年七月

発起人
松山某

147　茶道皆伝の証の包紙（三宅家文書85）

（包紙上書）「茶道皆傳之証」

147-1　茶道皆伝の証（三宅家文書85-1　竪紙）

茶道皆傳之証
多年茶事依御出精、
今般、古流傳来之極真
臺子、其外共、皆傳仕候、
然ル上者、茶道ヲ以、己カ任ト
被致度候、仍而証書、如件
利休十一世之外遠孫
明治二十五年九月廿六日　小堀長十（花押）
三宅藤爽殿

147-2　茶道皆伝の答証（三宅家文書85-2　竪紙）

茶道皆傳之答証

（包紙上書）「茶道皆伝の証」

茶道皆伝の証
多年茶事御出精により、今般、古流伝来の極真の台子、
その他とも、皆伝仕り候、然る上は、茶道をもって己が
任と致されたく候、よって証書、件（くだん）の如し
利休十一世の外遠孫
明治二十五年九月二十六日　小堀長十（花押）
三宅藤爽殿

茶道皆伝の答証

多年茶事依出精、今般、
古流傳来之極真臺子、
其外共、御皆傳被下、忝仕合ニ
存候、然上者、茶道ヲ以己カ任
ト致シ可申候、仍而答證、
如件
若於茶道違背仕候ハヽ、可蒙
神罰者也

多年茶事出精により、今般、古流伝来の極真の台子、その他とも、御皆伝下され、忝なき仕合せに存じ候、然る上は、茶道をもって己が任と致し申すべく候、よって答証、件の如し
もし茶道において違背仕り候らわば、神罰を蒙るべきもの也

148　三宅家譜代家臣関係文書入りの袋　（三宅家文書83）

（袋表書）
「明治三午六月廿九日弁務局録事江忠を以
御達之事　右者同役安東角之允江内々右之咄ニ
有之候末ニ、右之通及手数候事
譜代之家来家筋并手取附　三宅藤右衛門
藩廳ゟ御達雛形写在中」

（袋表書）
「明治三午六月二十九日、弁務局録事へ忠をもって御達しの事
右は同役安東角之允へ内々右の咄にこれ有り候末に、
右の通りに手数及び候事
譜代の家来家筋、並びに手取り付け　三宅藤右衛門
藩庁より御達し雛形写し在中」

148-1

譜代の家来家筋並びに手取り付（三宅家文書83-1　竪帳）

（表紙）

譜代之家来家筋并手取附 （抹消） 覚　三宅藤右衛門

一、百石　　　　　　　　　　　　知行取
　　　　　　　　　　　　　　　吉浦郷右衛門
　　　　　　　　　　　　　　　　　廿二歳

現手取弐拾俵と銭五百目

但、兵員仮伍長役料内家召仕心附共

兵員仮伍長申付候役料
拾五俵

内家ニ召仕候ニ付
五俵

心附
銭五百目

一、五俵　　　　　　　　　　郷右衛門隠居
　　　　　　　　　　　　　吉浦諸兵衛
　　　　　　　　　　　　　　六十八歳

先祖藤瀬右近儀者、筑前國原田
(貼消)□藤瀬右近と申者
ニ而御座候、此者、軍功有数多由ニ而、原田種直之一族ニ而彼
没落以後、数代筑前國ニ浪人仕居、
藤瀬兵右衛門尉と申者、私先祖
三宅藤兵衛ニ勤仕、吉浦と改、
寛永十四年、天草一揆之節、私先祖一同ニ
打死仕申候、其子吉浦諸兵衛九歳ニ而
私先祖供仕御国エ参りニ、家督
(貼消)□□申付、代々知行百石遣、手取者拾八石
にして遣置候処、三宅英蔵代ニ勝手向難渋
に付、減少いたし、本行之通ニ而、
兵右衛門尉ゟ当郷右衛門迄八代相續いたし候

一、七拾石　　　　　　　　知行取
　　　　　　　　　　　　　山本五郎兵衛
　　　　　　　　　　　　　　　廿三歳
　現手取十四俵
　　但、寂前三人扶持ニ三百目遣申候処、
　　兵員召仕申候ニ付、本文之通ニ御座候
　(付札)「先祖ヶ様々々」
　(付札)「合知行取弐人」

先祖山本五郎兵衛と申者ハ、私先祖一同、天草にて打死仕及断絶、(ママ)先祖三宅藤助 元文之比 白木平右衛門家来松尾吉郎右衛門と申者同方ゟ所望仕、譜代ニ召仕申候処、手全之者ニ付、安永五年山本之名跡相續申付、当五郎兵衛迄五代相續いたし候

知行取

合弐人

一、弐人扶持　給人段　立石金兵衛　五十三歳

現手取拾俵と銭壱〆目

一、兵具料 拾四俵　金兵衛悴 中小姓 立石　忠　廿八歳

但、寂前壱人扶持三百目遣置申候処、当時兵具申付候付、本文之通ニ而、尤内家ニも召仕申候

先祖立石何某と申者、大友之幕下にて、永禄之比迄豊後国立石之主ニ而御座候由、彼家没落以後子孫英彦山へ罷越、

延宝之比、鶴田徳右衛門と申者、後ニ立石
金兵衛と改名、座主江勤仕之内、座主より
松野家江養子ニ罷越候附人ニ参り、右金兵衛
孫金兵衛を
私先祖三宅平太郎代、松野主殿江元文二年
所望仕、直ニ譜代ニ召仕、弐人扶持ニ切米五石遣、
二代目金兵衛
依勤功
給人段申付、諸事知行取同様ニ相心得候様申付、
三代彦作、父同様相續申付置候処、
様子有之、中小姓申付、其子当代
金兵衛迄四代相續いたし候
「(付札)明治三年十二月、病気ニ付、
隠居家督願之通、嫡子
立石競江無相違、家禄
弐拾五俵被下置、家督
相續被　仰付候」
右給人段壱人

一、兵具料拾四俵
代々中小姓
井上勝三
三十五歳

但、前条同様
寂前弐人扶(ママ)ニ弐百三十目遣置申候処、当時兵員
申付候ニ付、本文之通ニ而、尤内家ニも召仕申候

先祖井上与三右衛門と申者、摂刕大坂産にて
寛永九年十一月、御國ニ罷越居、
七代孫井上恵大夫儀、私先祖三宅藤助代
宝暦五年三月中小姓召抱、倅恵助、父同様
相續申付、隠居後茂
在勤同様手全ニ精勤仕、主家之為合宜様
誠実ニ心盡し候段被賞、銀五両被下置旨、
選挙方御奉行中ゟ文政十二年二月
(貼消)□御達御座候、三代目文太儀茂
(貼消)□中小姓申付、其後、
依勤功、給人段申付、当勝三迄
(貼消)□四代相続いたし候

一、弐人扶持　代々中小姓 堀部八十郎 四十八歳
現手取拾俵と銭壱〆目

一、兵員料 拾四俵　八十郎養子 中小姓 堀部茂九郎 十六歳

但、弐人扶持遣置召仕候処、兵員料ニ引直し
内家ニも召仕申候

先祖堀部茂右衛門と申者、私先祖、於天草、家来筋之家及断絶居候付、三宅藤兵衛代寶暦二年、小池村茂右衛門と申者を一季ニ召抱、手全之者ニ付、譜代ニ召直、右名跡相立、中小姓申付、
其後、依勤功、給人段申付、
二代目繁右衛門、以後当八十郎迄中小姓申付、四代相續いたし候

（付札）「明治三年十二月病気ニ付
隠居、家督願之通養子
茂九郎江無相違、家禄弐拾
五俵被下置、家督相續被
仰付候」

兵員料
一、拾四俵　中小姓　山本　巌　十七歳

但、寂前壱人扶持と三百目遣召仕
申候処、当年ゟ別禄ニ申付、当時兵員
申付候ニ付、本文之通ニ而、尤、内家ニも召仕申候

「（付札）一、拾四俵　山本　巌

右者山本五弟ニ而、明治三年
三月本行之通別禄
申付置候処、合併被
仰付、救恤米五俵被下置候
旧陪臣召抱年月給禄、右之
通相違無御座候事

明治四年六月　三宅平太郎」

一、弐人扶持　中小姓　増住直治　五十歳

現手取拾俵

一、兵員料 拾四俵　直治忰 中小姓　増住門兵衛　十九歳

但、㝡前壱人扶持ニ百五拾目遣召仕候処、当時兵員申付候ニ付、本文之通ニ而御座候、尤、内家ニも召仕申候

先祖増住孫兵衛ト申者、延寶年中譜代足軽ニ召抱、
三代目迄同様ニ申付、四代目孫右衛門
依勤功、役人段申付、五代目孫兵衛
依勤功、歩段申付、其後、中小姓ニ申付、

六代目当直治相續いたし候

「(付札)合中小姓四人」

中小姓

合七人

一、(兵具料)拾俵　　歩　吉本次兵衛
二十九歳

元南関手永相之谷村之者を、

明治二年八月、足軽ニ召抱、同三年

正月、手全之者ニ付、歩段申付置候

合歩壱人

「(付札)此現五石、現米五石
ならハ餘り高給ニ
相見へ如何哉」

一、現五石　　足軽　池田儀左衛門
廿五歳

但、弐石六斗弐升五合者足軽扶持、壱石弐斗三升七合五勺者
隠居附引除分、壱石壱斗三升七合五勺者
塩置物見抔申付候心附ケニ遣申候、
合而本文之通御座候

元池田手永上代村之者を、

明治二年譜代足軽ニ召抱申候

一、無禄

足軽
飯川権右衛門
三十六歳

元中村手永相良村之者を、
慶應三年九月譜代足軽ニ召抱申候

足軽
合而弐人

捴合
拾四人

右之通御座候、以上

明治三年六月　御名御判

＝読み下し文＝

（表紙）

譜代の家来家筋並びに手取り付け
三宅藤右衛門

一、百石　　知行取
吉浦郷右衛門
二十二歳

現手取り二十俵と銭五百目

但し、兵員仮伍長役料、内家召し仕え心付けとも

兵員仮伍長申し付け候役料
十五俵

内家に召し仕え候につき
五俵

心付け
銭五百目

一、五俵　　郷右衛門隠居
吉浦諸兵衛
六十八歳

先祖藤瀬右近儀は、筑前国原田藤瀬右近と申す者にて御座候、この者、軍功あまた有る由にて、原田種直の一族にて彼没落以後、数代筑前国に浪人仕り居り、藤瀬兵右衛門尉と申者、私先祖三宅藤兵衛に勤め仕り、吉浦と改め、寛永十四年、天草一揆の節、私先祖一同に討ち死に仕り申し候、その子吉浦諸兵衛儀九歳にて私先祖供仕り、御国へ参りに、家督申し付け、代々知行百石遣わし、手取りは十八石にして遣わし置き候ところ、三宅英蔵代に勝手向き難渋につき減少いたし、本行の通りにて、兵右衛門尉より当郷右衛門迄八代相続いたし候

一、七十石　知行取 山本五郎兵衛 二十三歳

現手取り十四俵

但し、最前三人扶持に三百目遣わし申し候ところ、兵員召し仕え申し候につき、本文の通りに御座候

（付札）「先祖かようかよう」

（付札）「合せて知行取二人」

先祖山本五郎兵衛と申す者は、私先祖一同、天草にて討ち死に仕り断絶に及び、先祖三宅藤助元文の頃白木平右衛門家来松尾吉郎右衛門と申す者同方より所望仕り、譜代に召し仕え申し候ところ、手全（てまっとう）の者につき、安永五年山本の名跡相続申し付け、当五郎兵衛迄五代相続いたし候

知行取

合わせて二人

一、二人扶持　給人段 立石金兵衛 五十三歳

現手取り十俵と銭一貫目

一、兵員料十四俵　　金兵衛倅 中小姓 立石　忠　二十八歳

但し、最前一人扶持三百目遣わし置き申し候ところ、当時兵員申し付け候につき、本文の通りにて、尤も、内家にも召し仕え申し候

先祖立石何某と申者、大友の幕下にて、永禄の頃迄豊後国立石の主にて御座候由、彼家没落以後、子孫英彦山へ罷り越し、延宝の頃、鶴田徳右衛門と申す者、後に立石金兵衛と名を改め、座主へ勤仕の内、座主より松野家へ養子に罷り越し候付け人に参り、右金兵衛孫金兵衛を私先祖三宅平太郎代、松野主殿へ元文二年所望仕り、直ちに譜代に召し仕え、二人扶持に切米五石遣わす、二代目金兵衛、勤功により給人段申し付け、諸事知行取り同様に相心得候様申し付け、三代彦作、父同様相続申し付け置き候ところ、様子これ有り、中小姓申し付け、その子当代金兵衛迄四代相続いたし候

(付札)「明治三年十二月、病気につき隠居、家督願いの通り嫡子立石競へ相違無く、家禄二十五俵下し置かれ、家督相続仰せ付けられ候」

右給人段一人

一、兵員料十四俵　　代々中小姓 井上勝三　三十五歳

但し、前条同様、最前二人扶持に二百三十目遣わし置き申し候ところ、当時兵員申し付け候につき、本文の通りにて、尤も、内家にも召し仕え申し候

先祖井上与三右衛門と申す者、摂州大坂産にて、寛永九年十一月御国に罷り越し居り、七代孫

井上恵大夫儀、私先祖三宅藤助代、宝暦五年三月中小姓に召し抱え、倅恵助、父同様相続申し付け、隠居後も在勤同様手全に精勤仕り、主家の為合い宜しき様誠実に心尽し候段賞せられ、銀五両下し置かる旨、選挙方御奉行中より文政十二年二月御達し御座候、三代目文太儀も中小姓申し付け、その後、勤功によって、給人段申し付け、当勝三迄四代相続いたし候

一、二人扶持　　代々中小姓　堀部八十郎　四十八歳
　現手取り十俵と銭一貫目

一、兵員料十四俵　　八十郎養子 中小姓　堀部茂九郎　十六歳
　但し、二人扶持遣わし置き召し仕え候ところ、兵員料に引き直し、内家にも召し仕え申し候

先祖堀部茂右衛門と申す者、私先祖、天草において、家来筋の家断絶に及び居り候につき、三宅藤兵衛代宝暦二年、小池村茂右衛門と申す者を一季に召し抱え、手全の者につき、譜代に召し直し、右名跡相立て、中小姓申し付け、その後、勤功によって給人段申し付け、二代目繁右衛門以後、当八十郎迄中小姓申し付け、四代相続いたし候

（付札）
「明治三年十二月病気につき隠居、家督願いの通り養子茂九郎へ相違無く家禄二十五俵下し置かれ、家督相続仰せ付けられ候」

一、兵員料十四俵　　中小姓　山本　巌　十七歳
　但し、最前一人扶持と三百目遣わし召し仕え申し候ところ、当年より別禄に申し付け、当時兵員申し付け候につき、本文の通りにて、尤も、内家にも召し仕え申し候

「（付札）一、十四俵　山本　巌

右は山本五弟にて、明治三年三月本行の通り別禄申し付け置き候ところ、合併仰せ付けられ、救恤米五俵下し置かれ候、旧陪臣召し抱え年月給禄、右の通り相違無く御座候事

明治四年六月　三宅平太郎」

一、二人扶持　中小姓　増住直治　五十歳

現手取り十俵

一、（兵員料）十四俵　直治倅　中小姓　増住門兵衛　十九歳

但し、最前一人扶持に百五十目遣わし召し仕え候ところ、当時兵員申し付け候につき、本文の通りにて御座候、尤も、内家にも召し仕え申し候

先祖増住孫兵衛と申す者、延宝年中譜代足軽に召し抱え、三代目迄同様に申し付け、四代目孫右衛門勤功によって、役人段申し付け、五代目孫兵衛勤功によって、歩段申し付け、その後中小姓に申し付け、六代目当直治相続いたし候

「（付札）合中小姓四人」

中小姓

合わせて七人

一、（兵員料）十俵　歩　吉本次兵衛　二十九歳

元南関手永相之谷村の者を、明治二年八月足軽に召し抱え、同三年正月手全の者につき、歩段

申し付け置き候

合わせて歩一人

「(付札)この現五石、現米五石ならば余り
高給に相見え、いかが哉」

一、現五石　足軽　池田儀左衛門　二十五歳

但し、二石六斗二升五合は足軽扶持、一石二斗三升七合五勺は隠居付引き除け分、一石一斗三升七合五勺
は塩置物見払申し付け候心付けに遣わし申し候、合わせて本文の通りに御座候

元池田手永上代村の者を、明治二年譜代足軽に召し抱え申し候

一、無禄　足軽　飯川権右衛門　三十六歳

元中村手永相良村の者を、慶応三年九月譜代足軽に召し抱え申し候

足軽合わせて二人

総じて合わせて十四人

右の通りに御座候、以上

明治三年六月　御名御判

148-2　御改革以来諸差し出しの控　（三宅家文書83-2　竪帳）

（表紙）

明治三年
御改革以来
諸差出　扣
午七月十日より

覚

一、私儀、今度御布告之趣ニ付而、三宅平太郎と
改名仕度、此段宜御達可被下候、以上

七月　　　三宅藤右衛門

松山権兵衛殿

右小紙打掛ケ包ニ〆松山方江頼遣候事

覚

今度御布告之通ニ而

郷右衛門事
吉浦次郎

（表紙）

明治三年
御改革以来諸差し出し控え
午七月十日より

覚え

一、私儀、今度御布告の趣について、三宅平太郎と改名
仕り度、この段宜しく御達し下さるべく候、以上

七月　　　三宅藤右衛門

松山権兵衛殿

右小紙打掛け包みにして松山方へ頼み遣わし候事

覚え

今度御布告の通りにて右の通り

郷右衛門事
吉浦次郎

右之通改名仕候事、以上

七月　　三宅藤右衛門

少参事間

　当直

郷右衛門隠居ニて
諸兵衛事　吉浦一提

五郎兵衛事　山本　五

金兵衛事　立石弥十

金兵衛忰
忠事　立石　競

衛三事　井上文三

八十郎差合御座候ニ付
堀部壽八

門兵衛事　増住弥吉

次兵衛事　吉本次八

儀左衛門事　池田儀八

別紙添紙

今度御布告之通ニ而、当時私支配ニ被附置候面々改名、別紙帳冊之通ニ而御座候、此段相達申候、以上

七月十二日　　三宅藤右衛門

り改名仕り候事、以上

七月　　三宅藤右衛門

少参事間

　当直

郷右衛門隠居にて
諸兵衛事　吉浦一提

五郎兵衛事　山本　五

金兵衛事　立石弥十

金兵衛倅
忠事　立石　競

衛三事　井上文三

八十郎差し合せ御座候
につき　堀部壽八

門兵衛事　増住弥吉

次兵衛事　吉本次八

儀左衛門事　池田儀八

別紙添え紙

今度御布告の通りにて、当時私支配に付け置かれ候面々名を改め、別紙帳冊の通りにて御座候、この段相達し申し候、以上

少参事間　被改藩掌衆中
当直

同十六日

覚

育之叔父
三宅　泉

御布告之通ニ而、三宅捨作と改名仕度、
未タ御目見不申候
此段宜御達可被下候、以上

七月十六日　三宅藤右衛門

松山　繁殿

人口御改ニ付草稿

御名　操壽院様
御隠居様　御位様
捨作様　お綱様
清熊様　お真木様
敬三郎様　お田鶴様
合拾人

七月十二日　三宅藤右衛門

少参事間　被改藩掌衆中
当直

同十六日

覚え

育みの叔父
三宅　泉

御布告の通りにて三宅捨作と改名仕りたく、いまだ御目見え申さず候、この段宜しく御達し下さるべく候、以上

七月十六日　三宅藤右衛門

松山　繁殿

人口御改めにつき草稿

御名　操壽院様
御隠居様　御位様
捨作様　お綱様
清熊様　お真木様
敬三郎様　お田鶴様
合わせて十人

人戸　捨作様共ニ弐軒

御支配之面々

一、五人　内 弐人男子 女子三人　吉浦次郎
一、弐人　内 壱人男 女子壱人　山本　五
一、五人　内 弐人男 三人女　立石弥十
一、五人　内 三人男 弐人女　井上文三
一、五人　内 弐人男 三人女　堀部壽八
一、壱人　山本　巌
一、十二人　増住直治
一、弐人　内 四人男 八人女　吉本次八
一、壱人　内 壱人男 壱人女　池田儀八

人戸　捨作様ともに二軒

御支配の面々

一、五人　内 二人男子 女子三人　吉浦次郎
一、二人　内 一人男 女子一人　山本　五
一、五人　内 二人男 三人女　立石弥十
一、五人　内 三人男 二人女　井上文三
一、五人　内 二人男 三人女　堀部壽八
一、一人　山本　巌
一、十二人　増住直治
一、二人　内 四人男 八人女　吉本次八
一、一人　内 一人男 一人女　池田儀八

合　男子　拾七人
合　女子　弐拾壱人
右之稜々取縮左之通
御達之事
御名

一、家内人口十人
内　五人　男子
五人　女子

支配士族
一、三拾八人
内　拾七人　男子
弐拾壱人　女子

捴戸数　支配共拾壱軒
捴士族　支配男女共四拾八人
右之通ニ御座候事
庚午八月　三宅平太郎
八月廿五日ニ来ル
一、切支丹宗門、毎年七月一統江之御觸置候

合わせて　男子　十七人
合わせて　女子　二十一人
右の稜々取り縮め、左の通り御達しの事
御名

一、家内人口十人
内　五人　男子
五人　女子

支配士族
一、三十八人
内　十七人　男子
二十一人　女子

総戸数　支配とも十一軒
総士族　支配男女とも四十八人
右の通りに御座候事
庚午（明治三年）八月　三宅平太郎
八月二十五日に来る
一、切支丹宗門、毎年七月一統への御触れ置き候は止め、向後、三月中、遅滞無く相達し候様との旨御触

止、向後、三月中、無遅滞相達候様との旨御觸
来ル、委者御觸状扣ニ写之候事

148-3　旧臣の内禄高現手取り請け調べ　（三宅家文書83-3　竪帳）

（表紙）

舊臣之内禄高現手取
請調
三宅平太郎

覚

私舊臣手取高・代数之儀、寂前
御達仕置候通ニ相違無御座候得共、
此節御達之趣ニ付、得斗見究仕候得者、
左ニ認申候面々手取高、不分之様ニ奉存
候間、此節、猶、取調、御達仕申候、尤、
其外之面々者、寂前御達仕置申候
通ニ御座候、兵員料として遣置申候面々、兵員御解放ニ

れ来る、くわしくは御触れ状控えに写し候事

相成候得共、其儘渡来申候、尤、代数ホも寂前御達仕
置申候通、聊相違無御座候、以上
　　十月　　　　　　三宅平太郎

一、百石　　　　知行取郷右衛門事
　　　　　　　　　　　　吉浦次郎
　現手取　弐拾俵
　外ニ五百目
　　但、兵員仮伍長料、内家召仕候心付にて
　　御座候、当時兵員御解放ニ相成候得共、
　　其侭渡来申候

一、五俵　　　　次郎隠居諸兵衛事
　　　　　　　　　　　　吉浦一提

一、七拾石　　　知行取五郎兵衛事
　　　　　　　　　　　　山本　五
　現手取拾俵
　外ニ四俵
　　但、兵員ニ召仕申候心附ニ遣置申候、以前者
　　　五俵之心付ケを遣置申候処、弟山本巌儀
　　　別禄ニ召仕居、兵員申付、右之壱俵を
　　　巌ニ分遣申候間、五儀、心附者壱俵減申候而
　　　本文之通ニ御座候

一、弐人扶持　　給人段金兵衛事
　　　　　　　　　　　　立石弥十
　現手取　拾俵

外ニ心付銭壱〆目

中小姓八十郎事
堀部壽八

一、弐人扶持

現手取　拾俵

外ニ心付銭壱〆目

（後筆）「不用」
「右之面々現手取高之儀、寂前御達

仕置申候通ニ相違無御座候得共、此節

御達之趣ニ付而、得斗見究仕候得者、

少し不分之様ニ奉存候間、猶、取調御達

仕申候、右外之面々手取之儀者、寂前

御達仕置候通ニ御座候、兵員料として

渡置申候面々、兵員御解放ニ相成

候得共、其侭渡来申候、尤、代数ホも

寂前御達仕置申候通、聊、相違

無御座候、以上

」

明治三年十月　　三宅平太郎（花押）

＝読み下し文＝

（表紙）

旧臣の内、禄高現手取り
請け調べ
三宅平太郎

覚え

私旧臣手取り高・代数の儀、最前御達し仕り置き候通りに相違御座無く候らえども、この節御達しの趣につき、得と見究わめ仕り候らえば、左に認め申し候面々の手取り高、不分の様に存じ奉り候間、この節、なお、取り調べ御達し仕り申し候、尤も、その外の面々は、最前御達し仕り置き申し候通りに御座候、兵員料として遣わし置き申し候面々は、兵員御解放に相成り候らえども、そのまま渡し来り申し候、尤も、代数等も最前御達し仕り置き申し候通り、聊か相違御座無く候、以上

十月　　三宅平太郎

知行取郷右衛門事
吉浦次郎

一、百石
現手取り　二十俵
外に五百目

但し、兵員仮伍長料、内家召し仕え候心付けにて御座候、当時兵員御解放に相成り候らえども、そのまま渡し来り申し候

次郎隠居諸兵衛事
吉浦一提

一、五俵

知行取五郎兵衛事
山本　五

一、七十石
現手取り十俵
外に四俵
但し、兵員に召し仕え申し候心付けに遣わし置き申し候、以前は五俵の心付けを遣わし置き申し候ところ、弟山本巌儀別禄に召し仕え居り兵員申し付け、右の一俵を巌に分け遣わし申し候間、五儀（五郎兵衛）、心付けは一俵減し申し候て、本文の通りに御座候

給人段金兵衛事
立石弥十

一、二人扶持
現手取り　十俵
外に心付け銭一貫目

中小姓八十郎事
堀部壽八

一、二人扶持
現手取り　十俵
外に心付け銭一貫目
（後筆）「不用」
「右の面々、現手取り高の儀、最前御達し仕り置き申し候通りに相違御座無く候らえども、この節御達しの趣きについて得と見究め仕り候らえば、少し不分の様に存じ奉り候間、なお、取り調べ御達し仕り申し候、右外の面々手取りの儀は、最前御達し仕り置き候通りに

御座候、兵員料として渡し置き申し候面々、兵員御解放に相成り候らえども、そのまま渡し来り申し候、尤も、代数等も最前御達し仕り置き申し候通り、些か、相違御座無く候、以上」

明治三年十月　　三宅平太郎（花押）

148-4 扶持取り家臣の氏名（三宅家文書83-4　竪帳　仮綴）

一、四人扶持 外ニ米壱俵　吉浦一提
一、壱人扶持 外ニ銭三百目　一提養子 吉浦次郎
一、三人扶持 外ニ米壱俵ト三百目　山本　五
一、壱人扶持 外ニ銭三百目　五弟 山本　巌
一、三人扶持 外ニ米壱俵ト三百目　立石弥十
一、壱人扶持 外ニ銭三百目　弥十忰 立石　競

一、四人扶持 外に米一俵　吉浦一提
一、一人扶持 外に銭三百目　一提養子 吉浦次郎
一、三人扶持 外に米一俵と三百目　山本　五
一、一人扶持 外に銭三百目　五弟 山本　巌
一、三人扶持 外に米一俵と三百目　立石弥十
一、一人扶持 外に銭三百目　弥十倅 立石　競

一、弐人扶持 外ニ米壱俵ト三百目　井上文三

一、弐人扶持 外ニ米壱俵ト三百目　堀部壽八

一、弐人扶持 外三百目　壽八養子 堀部茂九郎

一、弐人扶持　増住直次

一、壱人扶持 外ニ百五拾目　直次悴 増住弥吉

右之通ニ御座候処、去ル三月ゟ為兵員料差遣候節、左之通引改申候

一、四人扶持 外ニ銭五百目　吉浦次郎

一、壱人扶持　吉浦一提

一、拾四俵　山本　五

右者去ル四月隠居家督申付候

一、拾四俵　五弟 山本　巖

一、二人扶持 外に米一俵と三百目　井上文三

一、二人扶持 外に米一俵と三百目　堀部壽八

一、二人扶持 外に三百目　壽八養子 堀部茂九郎

一、二人扶持　増住直次

一、一人扶持 外に百五十目　直次倅 増住弥吉

右の通りに御座候ところ、去る三月より兵員料として差し遣わし候節、左の通りに引き改め申し候

一、四人扶持 外に銭五百目　吉浦次郎

一、一人扶持　吉浦一提

一、十四俵　山本　五

右は去る四月隠居家督申し付け候

一、十四俵　五弟 山本　巖

一、弐人扶持
　外ニ銭壱〆目　立石弥十
一、拾四俵　弥十悴　立石　競
一、拾四俵　井上文三
一、拾俵
　外ニ銭壱〆目　堀部壽八
一、拾四俵　壽八養子　堀部茂九郎
一、弐人扶持　増住直次
一、拾四俵　増住弥吉
　右之通御座候
一、㝡前御布告之趣ニ付、暇差遣申筈之者共左之通
一、拾俵　吉本次八
　但、明治二年八月足軽召抱、同三年歩段申付候者
一、拾四俵壱斗　池田儀八
　但、明治二年譜代足軽ニ召抱申候者
一、弐人扶持　杉原安次

一、二人扶持
　外に銭一貫目　立石弥十
一、十四俵　弥十倅　立石　競
一、十四俵　井上文三
一、十俵
　外に銭一貫目　堀部壽八
一、十四俵　壽八養子　堀部茂九郎
一、二人扶持　増住直次
一、十四俵　増住弥吉
　右の通りに御座候
一、最前御布告の趣につき、暇差し遣わし申す筈の者ども左の通り
一、十俵　吉本次八
　但し、明治二年八月足軽召し抱え、同三年歩段申し付け候
一、十四俵一斗　池田儀八
　但し、明治二年譜代足軽に召し抱え申し候者
一、二人扶持
　外に銭一貫目　杉原安次
　但し、元治元年より譜代同様にして召し仕え来り候者

外ニ銭壱〆目
但、元治元年ゟ譜代同様ニして召仕来候者

明治三年十一月十四日　三宅平太郎

津田平士様江御頼御達之事

148-5　家臣井上氏の相続の覚（三宅家83-5　続紙）

覚

初代
井上恵大夫

岫巖院様御代、宝暦五年三月、弐人扶持切米現三石五斗
被下置被召抱候

井上恵大夫悴二代目
井上恵助

父恵大夫同様無相違、明和六年八月、家督相續被　仰付候
切米差上申候処、右之内銭弐百三拾目被下置候

井上恵助悴三代目
井上文太

明治三年十一月十四日　三宅平太郎

津田平士様へ御頼み御達しの事

父恵助同様無相違、文政七年九月、家督相續被　仰付候

井上文太悴四代目
井上文三

嘉永四年正月、表見習として被召出、壱人扶持・銭八拾目被下置候、
文久三年十一月、壱人扶持・銭百五拾目加増被　仰付候ニ付、都合弐人
扶持・銭弐百三拾目被下置候、明治二年五月、米壱俵・銭七拾目
御加増被　仰付候ニ付、都合弐人扶持ト米壱俵・銭三百目被下置候、
明治三年二月、家督相續被　仰付、兵員料米拾四俵被下置候事

=読み下し文=

覚え

初代
井上恵大夫

岫巖院様御代、宝暦五年三月、二人扶持切米現三石五斗下し置かれ召し抱えられ候

井上恵大夫倅二代目
井上恵助

父恵大夫同様相違無く、明和六年八月、家督相続仰せ付けられ候
　切米差上げ申し候ところ、右の内銭二百三十目下し置かれ候

井上恵助倅三代目
井上文太

父恵助同様相違無く、文政七年九月、家督相続仰せ付けられ候

井上文太倅四代目
井上文三

嘉永四年正月、表見習いとして召し出され、一人扶持・銭八十目下し置かれ候、文久三年十一月、一人扶持・銭百五十目加増仰せ付けられ候につき、都合二人扶持・銭二百三十目下し置かれ候、明治二年五月、米一俵・銭七十目御加増仰せ付けられ候につき、都合二人扶持と米一俵・銭三百目下し置かれ候、明治三年二月、家督相続仰せ付けられ、兵員料米十四俵下し置かれ候事

148-6 家臣吉浦次郎相続の覚（三宅家文書83-6 切継紙）

一、百石　現手取弐拾俵　外ニ銭五百目　知行取　吉浦次郎

右先祖藤瀬右近儀、原田種直之一族ニ而御座候処、彼者没落以後、数代筑前國ニ浪人仕居、藤瀬兵右衛門尉と申者、私先祖三宅藤右衛門ニ

一、百石　現手取り二十俵　外に銭五百目　知行取り　吉浦次郎

右先祖藤瀬右近儀、原田種直の一族にて御座候ところ、彼の者没落以後、数代筑前国に浪人仕り居り、藤瀬兵右衛門尉と申す者、私先祖三宅藤右衛門に勤め仕り、吉浦と改め、寛永十四年天草一揆の節、私先祖一同に討ち死に仕り申し候、その子吉浦諸兵衛

勤仕、吉浦と改、寛永十四
年、天草一揆之節、私先祖一同ニ打死
仕申候、其子吉浦諸兵衛九歳
ニ而、私先祖供仕、
御國江参り、家督申付、
代々無相違、知行百石、現手取
拾八石遣置申候処、文政
五年、祖父代、勝手向
難渋ニ付減少仕せ、其代
より四人扶持と銭三百目
完、年々遣申候、七代吉浦
諸兵衛、父同様無相違家督
申付候、八代吉浦次郎、
明治三年四月、父同様
無相違家督申付、其後、
銭弐百目増遣し候、合五百目
遣し候、本行之通ニ而
兵右衛門尉ゟ当次郎迄
八代相續いたし候

九歳にて、私先祖供仕り御国へ参り家督申し付け、
代々相違無く知行百石・現手取り十八石遣わし置き
申し候ところ、文政五年祖父代勝手向き難渋につき
減少仕らせ、その代より四人扶持と銭三百目ずつ、
年々遣わし申し候、七代吉浦諸兵衛父同様相違無く
家督申し付け候、八代吉浦次郎、明治三年四月父同
様相違無く家督申し付け、その後銭二百目増し遣わ
し候、合せて五百目遣わし候、本行の通りにて兵右
衛門尉より当次郎迄八代相続いたし候

未六月

未六月

149-1　大塚仙之助一件申し渡しの控　（三宅家文書99-1　切継紙）

「（端裏書）此事之發覚者去未九月之事也
鎌田答次父子被　仰付之書付」

申渡

鎌田答次

其方嫡子鎌田新三郎儀、
大塚仙之助列之者と企ニ
与黨いたし候儀付而、今日
重御咎被
仰付候、此節之一件、不容易
儀ニ候処、及發覚候迄、無心附
罷在候次第、畢竟、追々
被　仰出置候子弟教育筋
之儀、等閑ニ相心得候所より
右之通ニ成行、不行届儀ニ付、

「（端裏書）この事の発覚は去る未九月の事也、鎌田答次父子に仰
せ付けらる書付」

申し渡し

鎌田答次

その方嫡子鎌田新三郎儀、大塚仙之助列の者と企みに与
党いたし候儀について、今日重き御咎仰せ付けられ候、
この節の一件、容易ならざる儀に候ところ、発覚に及び
候迄、心付き無く罷り在り候次第、畢竟、追々仰せ出し
置かれ候子弟教育筋の儀、等閑に相心得候ところより、
右の通りに成り行き、不行届きの儀につき、その方儀、
当御役差し除き、御番方仰せ付けられ、谷助兵衛組召し
加えられ、逼塞仰せ付けらる旨、仰せ出さる

鎌田答次嫡子
鎌田新三郎

其方儀、当御役差除、御番方
被　仰付、谷助兵衛組被
召加、逼塞被
仰付旨被
仰出之

鎌田答次嫡子
鎌田新三郎

右者大塚仙之助列之者
意趣討之企ニ与黨いたし
未練之心底ゟ、一旦、御國
可立去との申談ニ相加、打寄
不埒之咄合ホ、頻々、仙之助江
追従いたし候処ゟ、同人企
猶、相募候而已ならす、卑
劣之所行も有之、彼是、士道
忘却いたし、不届之至ニ候、
士席被差放、苗字・大小
御差上、禁足被
仰付旨、今日申渡候、此段
相達申候、以上

右は大塚仙之助列の者、意趣討ちの企てに与党いたし、未練の心底より、一旦、御国立ち去るべきとの申し談じに相加わり打ち寄り、不埒の咄合い等、頻々、仙之助へ追従いたし候ところより、同人企て、猶、相募り候のみならず、卑劣の所行もこれ有り、彼これ、士道忘却いたし、不届きの至りに候、士席差し放され、苗字・大小御差し上げ、禁足仰せ付けらる旨、今日申し渡し候、この段相達し申し候、以上

（天保七年）八月二十七日

八月廿七日

149-2 大塚仙之助一件申し渡しの控 （三宅家文書99-2 切継紙）

（端裏書）「天保七年八月廿七日大塚仙之助列与黨
語らひ、騒動を起し候、御仕置筋之書付
但、刎首・梟首ホ被 仰付候事
父兄其身共御咎之人数三十六人 」

大塚仙之助

右者、師江對シ、遺恨を含、
伊藤石之助申合、意趣討
之企ニ及、未練之心底より
一旦、御國可立去との申談
いたし候付而者、与黨を語
らい、打寄、種々咄合候内ニ者
不埒之雑言等ニ及ひ、不得
遽儀とハ乍申、士道忘却
いたし、重畳不埒之至ニ付、
苗字・大小御取上、今日、於高麗

（端裏書）「天保七年八月二十七日大塚仙之助列与党を語らい、騒
動を起こし候、御仕置き筋の書付
但し、刎首・梟首等仰せ付けられ候事、父兄その身と
も御咎めの人数三十六人 」

大塚仙之助

右は、師へ対し遺恨を含み、伊藤石之助と申し合わせ、
意趣討ちの企てに及び、未練の心底より、一旦、御国立
ち去るべしとの申し談じいたし候については、与党を語
らい、打ち寄り、種々咄し合い候内には、不埒の雑言等
に及び、遽（きょ）を得ざる儀とは申しながら、士道忘却いた
し、重畳不埒の至りにつき、苗字・大小御取り上げ、今
日、高麗門新牢囲い内において、刎首仰せ付けらる

申し渡し

大塚五郎右衛門

門新牢囲内、刎首被
仰付之

申渡

大塚五郎右衛門

其方嫡子大塚仙之助儀、
不届之罪状有之候付、今日
死刑被
仰付候、同人儀、此節之一件、
最前ゟ首立申談、不容易
儀ニ候処、及發覚候迄之内、
同意之者共、必多度、集会
いたし、且、百姓共を茂呼集、
不穏儀ニ有之候付而ハ、三井
三郎衛(ママ)ゟ心を付候儀も有之由
に候得者、屹ト處分之筋も可有之
候処、其儀無之、忽ニ相心得、
罷在候次第、畢竟、追々、被
仰出置候子弟教育筋之儀、
聊心を用不申、等閑ニ押移

その方嫡子大塚仙之助儀、不届きの罪状これ有り候につき、今日死刑仰せ付けられ候、同人儀、この節の一件、最前より首立ち申し談じ、容易ならざる儀に候ところ、発覚に及び候迄の内、同意の者ども、ひたと集会いたし、且つ、百姓どもをも呼び集め、穏かならざる儀にこれ有り候については、三井三郎兵衛より心を付け候儀もこれ有る由に候らえば、きっと処分の筋もこれ有るべく候ところ、その儀これ無く、ゆるがせに相心得、罷り在り候次第、畢竟、追々、仰せ出し置かれ候子弟教育筋の儀、聊か心を用い申さず、等閑に押し移り候ところより、重き御仕置きをも仰せ付けらる様に成り行き、重畳不埒の至りにつき、きっと仰せ付けらる筋これ有る筈に候ところ、御家御家筋につき、御宥恕をもって、下し置かる御知行の内、百石召し上げられ、御留守居御番方鎌田平七組召し加わえらる旨、仰せ出さる

申し渡し

伊藤楯之助

その方弟伊藤石之助儀、不届きの罪状これ有り候間、今日、死刑仰せ付けられ候、同人儀、この節の一件首立ち

候所ゟ、重御仕置を茂被
仰付様ニ成行、重畳、不埒
之至ニ付、屹ト被
仰付筋有之筈候処、
御家御家筋ニ付、
御愈恕を以被下置御知行
之内、百石被
召上、御留守居御番方鎌田
平七組被　召加旨被
仰出之

申渡

伊藤楯之助

其方弟伊藤石之助儀、不届之
罪状有之候間、今日、死刑被
仰付候、同人儀、此節之一件
首立申談、其末、師家江火を
付候ニも至り、不容易儀ニ候処、
及發覚候迄、無心附罷在候
次第、畢竟、追々被

申し談じ、その末、師家へ火を付け候にも至り、容易な
らざる儀に候ところ、発覚に及び候迄、心付き無く罷り
在り候次第、畢竟、追々仰せ出で置かれ候、子弟教育筋
の儀、聊か心を用い申さず、等閑に押し移り候ところよ
り、重き御仕置きをも仰せ付けられ候様に成り行き、重
畳、不埒の至りにつき、きっと仰せ付けられ候筋もこれ
有る筈に候ところ、御家御家筋につき、御宥恕をもって
下し置かれ候御知行の内、百二十五石召し上げられ、御
留守居御番方仰せ付けられ、鎌田平七組召し加える旨、
仰せ出さる

伊藤楯之助弟
伊藤石之助

右は、師へ対し遺恨を含み、大塚仙之助列の者と申し合
わせ、意趣討ちの企てに及び、未練の心底より、一旦、
御国立ち去るべしとの申し談じいたし、打ち寄り、種々
不埒の雑言等、主になり相誘うのみならず、横山清十郎
列を語らい、師家へ火を付け候次第、彼これ、士道忘却
いたし、重畳不届きの至りにつき、苗字・大小御取り上

仰出置候子弟教育筋之儀、
聊、心を用不申、等閑ニ押移
候処ゟ、重御仕置を茂被
仰付候様ニ成行、重畳、不埒
之至ニ付、屹ト被
仰付候筋も有之筈候処、
御家御家筋ニ付、
御愈恕を以、被下置候御知行
之内、百弐拾五石被
召上、御留守居御番方被
仰付、鎌田平七組被
召加旨被
仰出之

伊藤楯之助弟
伊藤石之助

右者、師江對シ、遺恨を含、大塚
仙之助列之者申合、意趣討
之企ニ及ひ、未練之心底ゟ、
一旦、御國可立去との申談
いたし、打寄り、種々不埒之

げ、今日、高麗門新牢囲い内、刎首の上、梟首仰せ付け
られ候、この段申し達し候、以上
八月二十七日

水野清左衛門嫡子
水野熊太郎

右は、御侍の内へ遺恨含み候ところより、大塚仙之助列
の者、意趣討ちの企てに与党いたし、未練の心底より、
一旦、御国立ち去るべしとの申談に相加わり、打ち寄
り、不埒の咄し合い等いたし候につき、仙之助企て相募
り候次第、遽を得ざる儀とは申しながら、士道忘却いた
し、不届きの至りにつき、士席差し放たれ、苗字・大小
御取り上げ、宿もとにおいて、手堅く仰せ付けらる旨、
仰せ出され候、尤も、囲い出来る迄の内は、今迄の通
り、明間へ留め置かれ候段、今日申し渡し候条、左様御
心得、早々囲い出来の上、その段達しこれ有り候様、清
左衛門へ御達し有らるべく候、以上
八月二十七日

申し渡し

水野清左衛門

雑言ゟ、主ニ成相倡、而已
ならす、横山清十郎列を
語らひ、師家江火を付候次第、
彼是、士道忘却いたし
重畳、不届之至ニ付、苗字・大小
御取上、今日、高麗門新牢
囲内、刎首之上、梟首被
仰付候、此段申達候、以上
八月廿七日

水野清左衛門嫡子
水野熊太郎

右者御侍之内江遺恨含
候処ゟ、大塚仙之助列之者
意趣討之企ニ与黨いたし、
未練之心底ゟ、一旦、御國
可立去との申談ニ相加、打寄
不埒之咄合等いたし候付、仙之助
企相募候次第、不得遽儀
とハ乍申、士道忘却いたし、
不届之至ニ付、士席被差放、

その方嫡子水野熊太郎儀、大塚仙之助列の者の企てに与党いたし候儀について、今日、重き御咎仰せ付けられ候、この節の一件、容易ならざる儀に候ところ、発覚に及び候迄、心付き無く罷り在り候次第、畢竟、追々仰せ出で置かれ候子弟教育筋の儀、等閑に相心得候ところより、右の通りに成り行き、不行届きの儀につき、その方儀、御留守居御番方仰せ付けられ、藤崎喜八郎元組に召し加えられ、逼塞仰せ付けられ候旨、仰せ出さる
以上
八月二十七日

苗字・大小御取上、於宿許、
手堅被
仰付旨、被
仰出候、尤、囲出来迄之内ハ、
今迄之通、明間江被留置候段、
今日申渡候条、左様御心得、
早々囲出来之上、其段達
有之候様、清左衛門江可被有
御達候、以上
　八月廿七日

　　　　　　　　　　水野清左衛門
　　申渡

其方嫡子水野熊太郎儀、
大塚仙之助列之者企ニ与黨
いたし候儀付而、今日、重御咎
被　仰付候、此節之一件、
不容易儀ニ候処、及發覚
候迄、無心附罷在候次第、
畢竟、追々、被

仰出置候子弟教育筋
之儀、等閑ニ相心得候所より
右之通ニ成行、不行届儀ニ付、
其方儀、御留守居御番方被
仰付、藤崎㐂八郎元組被
召加、逼塞被
仰付候旨被
仰出之
　　以上
八月廿七日

150　交友者の名前札（三宅家文書158　切紙7枚）

「溝口誠之進家老
　　窪田平兵衛」

「溝口誠之進内
　　寺田惣次郎」

「溝口誠之進家老
　　窪田平兵衛」

「溝口誠之進の内
　　寺田惣次郎」

「□□但馬守内
須田内蔵丞」

「津軽越中守様御用人
西館平馬　」

「霊洞院代
暢蔵主」

「永源庵代
範蔵主」

「鶏卵一籠　伊藤弥惣右衛門」

151　高橋閑吾差出物の袋（永青文庫蔵14・3・33甲）

（袋表書）「系圖　一紙　（異筆）「智八十六」

家景附録　一冊

（抹消）「先祖附」　一冊

「□□但馬守の内
須田内蔵丞」

「津軽越中守様御用人
西館平馬　」

「霊洞院代
暢蔵主」

「永源庵代
範蔵主」

「鶏卵一籠　伊藤弥惣右衛門」

（袋表書）「系図　一紙　（異筆）「智八十六」

家系付録　一冊

（抹消）「先祖付け」　一冊

拝領物御品附　一通
諸將書翰写　三通
高橋閑吾
（朱書）「寅九印」
」
（袋裏書）「封」

151-1 高橋閑吾覚書（永青文庫蔵14・3・33甲　切紙）

（包紙上書）「（朱筆）「寅九印」
覚　　高橋閑吾」

覚

一、系圖　一紙
一、家系附録　一紙
一、先祖附　一冊
一、拝領物御品附　一通
一、諸將書翰写　一通

拝領物御品付け　一通
諸将書翰写し　三通
高橋閑吾
（朱書）「寅九印」
」
（袋裏書）「封」

（包紙上書）「（朱筆）「寅九印」
覚え　　高橋閑吾」

覚え

一、系図　一紙
一、家系付録　一紙
一、先祖付け　一冊
一、拝領物御品付け　一通
一、諸将書翰写し　一通

右之通御座候、以上

六月　高橋閑吾

右の通りに御座候、以上

六月　高橋閑吾

151-2　高橋家系図（永青文庫蔵14・3・33甲　折本）（翻刻文の―は朱線、┆は同一人物）

（表紙）

（朱筆）「寅九印」
系圖

大祖
明智日向守┆光秀―末子

初代
明智内治

当歳ニ而坂本落城之後、外祖㐂多村家ニ
忍ひ居申候ニ付、㐂多村源馬と名を改、出羽守
死去之節迄者、右明智内治至而幼少ニ而、漸
家臣ニ被育立候、十九歳ニ相成候時、㐂多村弥平兵衛

と相改、關ヶ原御陣ニおゐて、松平薩摩守忠吉公
御手ニ属し武功有之、公義　被召出、追々に
三千石被下置候、其後、右薩摩守様尾州
名護屋御拝領御入部之節、先年關ヶ原
戦功之儀御眼前ニ而御存之儀ニ付、
両御所様江御所望有之、六千石ニ而被召
抱、彼御方ニ相勤申候内、私之闘諍仕出、相手
を討果立退申候、其後茂、薩摩守様ゟ内々
御懇之仰を蒙、方々と隠れ忍ひ、生涯無
難ニ罷過病死仕候、右弥平兵衛両人之子供
御座候、嫡子を乞多村市之進と申候而、松平
下総守様ニ仕官仕候、二男者高橋弥一右衛門、
則、私先祖ニ而御座候

二代
高橋弥一右衛門……光尚

嫡子　高橋久左衛門

二女　末藤新右衛門嫁

三男　高橋太郎左衛門
　後三郎兵衛と改名仕、嶋原
御陣之節、依軍功ニ御知行三百石

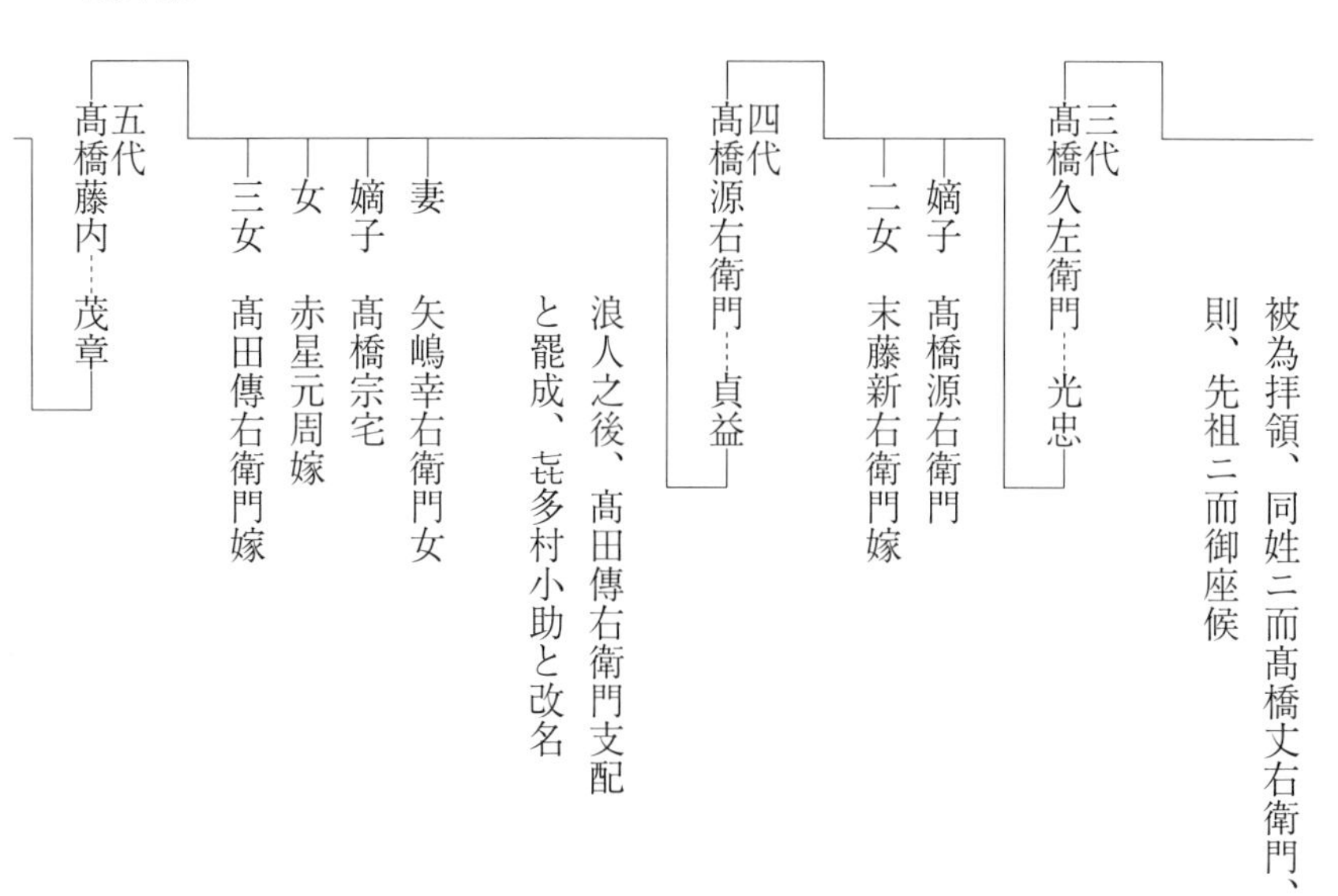
被為拝領、同姓ニ而高橋丈右衛門、
則、先祖ニ而御座候
三代
高橋久左衛門……光忠
嫡子　高橋源右衛門
二女　末藤新右衛門嫁
四代
高橋源右衛門……貞益
浪人之後、高田傳右衛門支配
と罷成、㐂多村小助と改名
妻　矢嶋幸右衛門女
嫡子　高橋宗宅
女　赤星元周嫁
三女　高田傳右衛門嫁
五代
高橋藤内……茂章

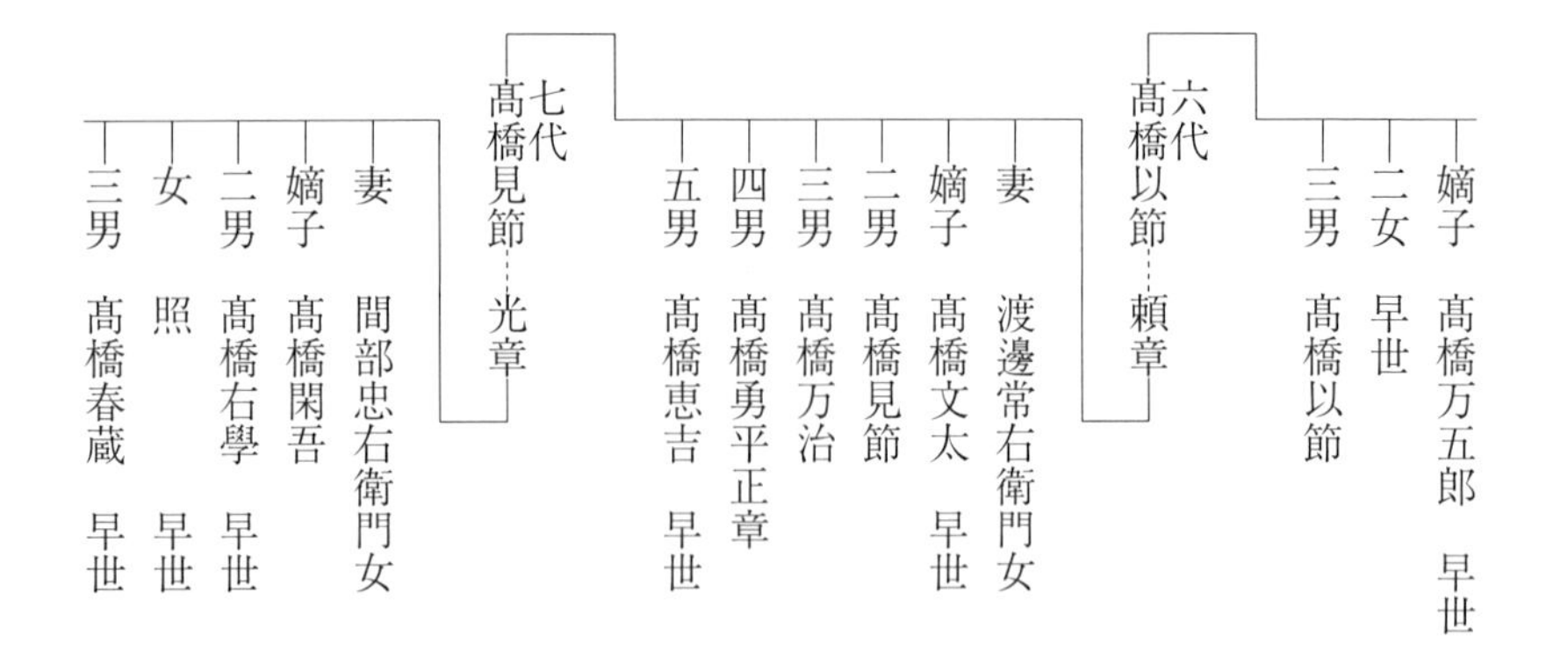
嫡子　高橋万五郎　早世
二女　早世
三男　高橋以節
六代
高橋以節…頼章
妻　渡邊常右衛門女
嫡子　高橋文太　早世
二男　高橋見節
三男　高橋万治
四男　高橋勇平正章
五男　高橋恵吉　早世
七代
高橋見節…光章
妻　間部忠右衛門女
嫡子　高橋閑吾
二男　高橋右學　早世
女　照　早世
三男　高橋春蔵　早世

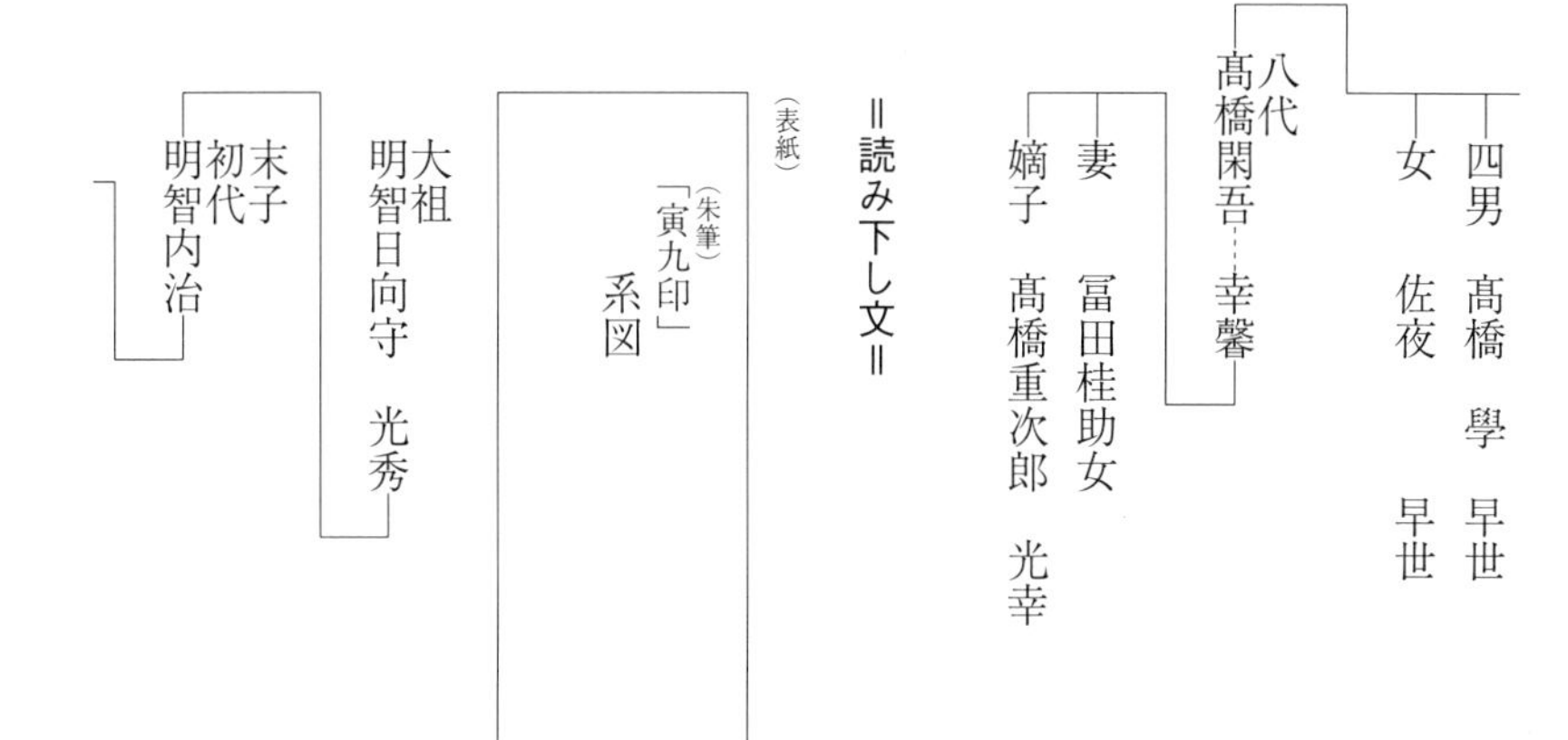
四男　高橋　學　早世
女　佐夜　早世
八代
高橋閑吾……幸馨
妻　冨田桂助女
嫡子　高橋重次郎　光幸
＝読み下し文＝
（表紙）
（朱筆）
「寅九印」
系図
大祖
明智日向守　光秀
末子
初代
明智内治

当歳にて坂本落城の後、外祖喜多村家に忍び居り申し候につき、喜多村源馬と名を改め、出羽守死去の節迄は、右明智内治至って幼少にて、漸く家臣に育て立てられ候、十九歳に相成り候時、喜多村弥平兵衛と相改め、関ヶ原御陣において松平薩摩守忠吉公御手に属し武功これ有り、公儀に召し出され、追々に三千石下し置かれ候、その後右薩摩守様尾州名護屋御拝領、御入部の節、先年関ヶ原戦功の儀御眼前にて御存じの儀につき、両御所様へ御所望これ有り、六千石にて召し抱えられ、彼御方に相勤め申し候内、私の闘争仕出し、相手を討ち果たし立ち退き申し候、その後も薩摩守様より内々御懇ろの仰せを蒙り、方々と隠れ忍び生涯無難に罷り過ごし、病死仕り候、右弥平兵衛両人の子供御座候、嫡子を喜多村市之進と申し候て、松平下総守様に仕官仕り候、二男は高橋弥一右衛門、則ち私先祖にて御座候

二代
高橋弥一右衛門　光尚

嫡子　高橋久左衛門

二女　末藤新右衛門の嫁

三男　高橋太郎左衛門
後に三郎兵衛と改名仕り、島原御陣の節、軍功により御知行三百石拝領せられ、同姓にて高橋丈右衛、則ち先祖にて御座候

三代
高橋久左衛門　光忠

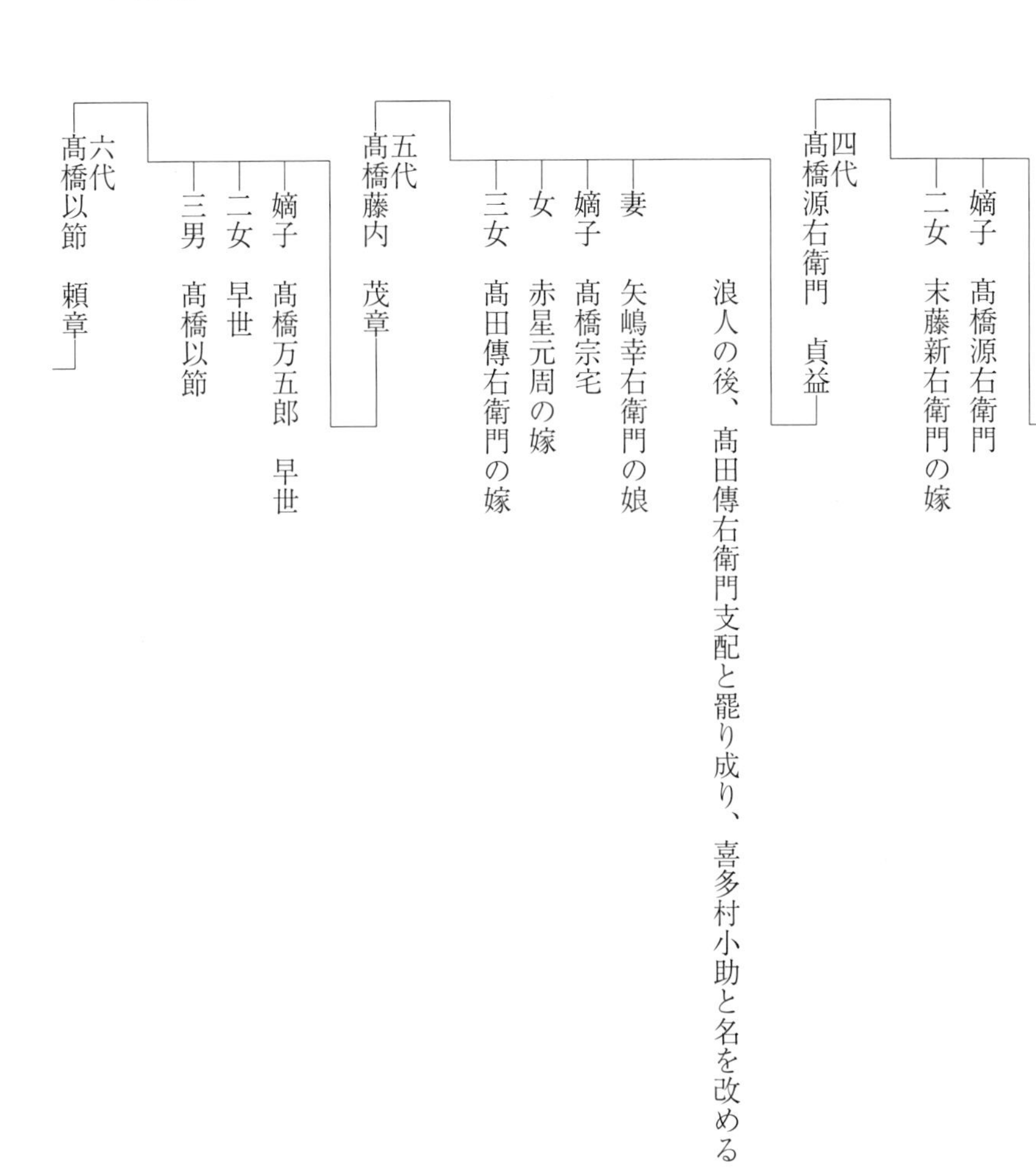
嫡子　高橋源右衛門
二女　末藤新右衛門の嫁
四代
高橋源右衛門　貞益
浪人の後、高田傳右衛門支配と罷り成り、喜多村小助と名を改める
妻　矢嶋幸右衛門の娘
嫡子　高橋宗宅
女　赤星元周の嫁
三女　高田傳右衛門の嫁
五代
高橋藤内　茂章
嫡子　高橋万五郎　早世
二女　早世
三男　高橋以節
六代
高橋以節　頼章

七代
高橋見節　光章

妻　渡邊常右衛門の娘
嫡子　高橋文太　早世
二男　高橋見節
三男　高橋万治
四男　高橋勇平正章
五男　高橋恵吉　早世

八代
高橋閑吾　幸馨

妻　間部忠右衛門の娘
嫡子　高橋閑吾
二男　高橋右學　早世
女　照　早世
三男　高橋春蔵　早世
四男　高橋　學　早世
女　佐夜　早世

妻　冨田桂助の娘
嫡子　髙橋重次郎　光幸

151-3　喜多村家家系付録（永青文庫蔵14・3・33甲　竪帳）

（表紙）

（朱筆）「寅九印」
喜多村家
家系附録
髙橋閑吾先祖ナリ

家系附録

先祖㐂多村弥平兵衛事、明智日向守殿末子ニ而、光秀之後妻伊賀国㐂多村出羽守娘腹ニ出生仕、幼名を内治と申候、信長公御滅亡之節、光秀之息男女共ニ江州坂本之城ニ被差置候、佐々木義郷者信長公御孫たるに依、為吊合戦、軍兵を被差向、坂本之城被責崩、城代を初光秀之子供衆数多討捕、首共柳ヶ崎江獄門ニ被懸候、其時、内治当

歳ニ而、乳母ニ被懐居候を、義郷之旗頭鯰江帯刀
由緒有之候ニ付、光秀之内室共ニ隠シ置、城外ニ出シ、
山越ニ而伊賀江落行候處、途中ニ而、服部蛇鬼破
と申侍ニ行逢、出羽守館ニ送届候、其後、出羽守嫡子
相果、二男者出家を遂、外ニ嗣子無御座候間、為相續之、
内治を出羽守養子ニ定メ、㐂多村源馬と名を改、其
以後、弥平兵衛ニ者相成申候、無程、出羽守病死致、孤ニ
罷成、家来之者ニ被養育、十九歳之時、自分として
關ヶ原御陣ニ立、 松平薩摩守様御先備ニ而、軽
井沢遠江と申勇士を討取申候得共、敵之性名相知レ
不申、先当分為御褒美、御知行千五百石被
下置候、然處、討取候敵者軽井沢と申儀相分リ、追而
達 上聞ニ候處、一倍之御加増ニ而、三千石被宛行、
与力五十人御預之内、弐百石取廿五人、与力知行
八千七百五十石、自分知行共合壱万千七百五
十石之身躰ニ被 仰付、番町ニ而、屋敷被下置
江戸ニ罷在候

右遠江義武者修行仕、度々手柄有之ニ
よつて、従 太閤様御預被成候御代官所之
内ニ而、壱万石被遣、石田治部少輔旗下ニ御

付ケ、關ヶ原ニ而三成召連候由

一、尾州名護屋御城普請被仰付、成就之上へ、
台徳院様御連枝薩摩守様御拝領ニ而、御入
城之上、弥平兵衛働、猶、關ヶ原薩摩守様御覧被
成候故、
両御所様江御所望被成候、弥平兵衛尾州江罷越
候上ニ而、一倍之御加増ニ而、六千石薩摩守様ゟ被下、
其節ゟ与力知行共壱万六千石余之身躰ニ
罷成、尾州枇杷崎（今枇杷嶋と申候由）弥平兵衛上下之
屋敷、与力・同心屋鋪茂程近キ所ニ而被為拝領、
江戸江罷下候節者番町之屋鋪ニ罷在候、右之
通御加増被下候節、粟田口久国有銘之御刀
薩摩守様ゟ被下置候

一、右之比迄者、織田常真公・同上野助殿・有楽老
等、其外信長公之御子孫多ク御座候故、弥平兵衛
光秀之末子と申候事深く隠シ居候ニ付、出羽守養
子と申儀沙汰無之候、且、其以前、光秀之息出家
を遂、洛外妙心寺塔頭ニ被居候源琳（ママ）者、光秀之
実子たる事存知候人無之間、無事ニ遷化被致候、
嵯峨天竜寺境内ニ不立と申出家者、光秀之実

子ニ而御座候を、織田左門殿御聞付、信長公御追善ニ
可然と被仰、京音羽橋ニ而、彼僧を左門殿自身ニ
首を被刎候、今壱人明智之實子有之由、居
所知レ次第闇討可被成と、織田家之衆御巧ミ候間、
弥平兵衛深く忍ひ、不討様ニ用心仕候得と、織田
刑部少輔殿御母堂龍樹院殿ゟ、江州彦根之
住沢村源底方江御内通有之候由

右龍樹院殿と申候方者、源底母方之伯母ニ而有之たる由

一、乇多村出羽守二男ニ傳廓と申候者、弥平兵衛叔父之
僧ニ而、江刕敏満寺住職ニ而、大僧正ニ被叙候、其比、
多賀神領五万石、敏満寺領弐万石、総而七万
石之支配仕、寺辺ニ城を構、兵士数百人抱置、傳廓
旌を取、諸方江打出、度々致合戦候、出羽守武具・
感状等、傳廓敏満寺ニ取入置申候、因茲、
大権現様ゟ出羽守江被成下御感状ニ、被添被下置候
備前大兼光之御刀、信長公ゟ日向守江被遣候
御書、光源院殿之御感状、其外、極上作之
刀・脇差、大かた傳廓預置候間、出羽守子孫ニ相渡候へと
同人書置候旨ニ而、多賀成就院ゟ乇多村市之進江
相渡候段、市之進書付ニ相見江申候

一、権現様江之出羽守御忠節者、信長公御滅亡之
刻、泉州ヨリ伊賀路を被経、参河江御披之節、
一揆發相支候砌、御援合申上、自身茂相働、家老
ニ而五千石遣置候服部兵部と申者、伊賀路御退口之
御前ニ而討死仕候ニ付、筒井順慶殿ゟ出羽守江
之書翰ニ茂兵部討死、偖々惜キ事と被載候段、
写ニ相見江申候
権現様ニ者、勢州白子ゟ御船ニ被　召、無恙御帰国、其
節白子ゟ御自筆を以、今度之厚恩御忘被成
間敷と御誓言を被加候御書ニ、有銘天國圓棟之御
脇差を出羽守江被下候（追而尚又御使者を以被下候御書別段写出し候）
一、㐂多村弥平兵衛意趣討之次第、前後之様子濃州
池田白樫之住ニ而、以前關ヶ原陳散候時、宇㐂田
秀家卿を介抱致候矢野五右衛門、委細其節之儀
存知居候故、江戸江被召寄御吟味之處、弥平兵衛意趣
書ニ少茂相違無之候由、扨、弥平兵衛儀者右討果之
場所美濃山中ゟ直ニ伊賀江立退候、其後、伏見江
罷出候處、御連枝松平上総介様江御附被成候八千
石取何某、上総介様御流罪之後浪人致、京都ニ
居住致し候仁ニ藤森谷出羽守殿御屋鋪近所ニ於而、

其人ニ弥平兵衛出會、不慮ニ喧嘩起、其場ニ向方を切殺、又々山中ニ引籠申候、彼仁之嫡子者越前之宰相様一柏様なり御家中ニ而三千石取罷在候、二男者京誓願寺之住僧ニ而、其次ニ茂弟四人有之、兄之助成を受ケ何茂諸国ニ打散り、弥平兵衛を認申候、美濃山中ニ而同人江被討候、其子弟茂本國を立去、家来々々と茂諸国江差廻シねらひ申候ニ付、敵多ク相成候間、名を替、姿を替、様々と致シ、諸国を経廻、運ニ叶ひ、終ニ被討不申病死仕候、弥平兵衛武篇男道之聞江、右之外ニ茂数々有之たる由ニ御座候事

権現様ゟ㐂多村出羽守江

御書写

猶以今度之御厚恩可令報謝様無御座候、我尓代々末葉迄、此御芳意不可致忘却候、貴様御子々孫々ニ到まて、可為徳川氏者共、聊疎略申間敷候、以上

先年伊賀越仕候節、一揆發、取塞道路、軍兵指置、太以成敵、依難儀、御介抱之義貴様頼入候處、急速御人数被召連、御出馬、道中於所々被遂御防戦、就中、伊勢・堺・鹿伏鬼山越ニ而、大勢支候処、及合戦、首数多御討捕、御家来餘多令討死、剰、

御自身御手砕被竭、粉骨敵追崩、無比類御働故、
遁大事令帰国候事、偏、御深志難懸筆紙候、然而、
穴山梅雪義於途中被討雑兵、残念無極存候、
仍、備前大兼光無双之利剪之刀一腰・奥州育之
八寸八分之黒之駿馬、并、時服代金百両令進入
候、此馬、於關東無隠名馬ニ而候、谷峯乗越、大河游
申儀、依如平地行、号不知山川、如形秘蔵ニ而候得共
為牽相送候、打續乱戟取紛御礼杳遅引失実
儀申候、心緒使者申含候、恐惶謹言

八月十三日

徳川三河守
家康 御書判

喜多村出羽守様
御宿所

＝読み下し文＝

（表紙）

（朱筆）「寅九印」
喜多村家
家系付録
髙橋閑吾先祖なり

家系付録

先祖喜多村弥平兵衛事、明智日向守殿末子にて、光秀の後妻伊賀国喜多村出羽守娘腹に出生仕り、幼名を内治と申し候、信長公御滅亡の節、光秀の息男女ともに江州坂本の城に差し置かれ候、佐々木義郷は信長公御孫たるによって弔い合戦として、軍兵を差し向けられ、坂本の城攻め崩され、城代を初め光秀の子供衆数多く討ち捕え、首とも柳ヶ崎へ獄門に懸けられ候、その時内治当歳にて、乳母に懐居られ候を、義郷の旗頭鯰江帯刀由緒これ有り候につき、光秀の内室ともに隠し置き城外に出し、山越えにて伊賀へ落ち行き候ところ、途中にて服部蛇鬼破と申す侍に行き逢い、出羽守館に送り届け候、その後出羽守嫡子相果て、二男は出家を遂げ、外に嗣子御座無く候間、相続のため内治を出羽守養子に定め、喜多村源馬と名を改め、それ以後弥平兵衛には相成り申し候、程なく出羽守病死いたし、孤児に罷り成り、家来の者に養育せられ、十九歳の時、自分として関ヶ原御陣に立ち、松平薩摩守様御先備えにて軽井沢遠江と申す勇士を討ち取り申し候らえども、敵の姓名相知れ申さず、先ず当分御褒美として御知行千五百石下し置かれ候、然るところ、討ち取り候敵は軽井沢と申す儀相分り、追って上聞に達し候ところ、一倍の御加増にて三千石宛行われ、与力五十人御預りの内二百石取り二十五人、与力知行八千七百五十石、自分知行とも合せて一万千七百五十石の身代仰せ付けられ、番町にて屋敷下し置かれ、江戸に罷り在り候

右遠江儀、武者修行仕り、度々手柄これ有るによって、太閤様より御預けなされ候御代官所の内にて一万石遣わされ、石田治部少輔旗下に御付け、関ヶ原にて三成召し連れ候由

一、尾州名護屋御城普請仰せ付けられ、成就の上、台徳院様御連枝薩摩守様御拝領にて御入城の上、弥平兵衛働き、猶、関ヶ原薩摩守様御覧なされ候故、両御所様へ御所望なされ候、弥平兵衛尾州へ罷り越し候上にて、一倍の御加増にて六千石薩摩守様より下され、その節より与力知行とも一万六千石余の身代に罷り成り、尾州枇杷崎（今枇杷嶋と申し候由）弥平兵衛上下の屋敷、与力・同心屋敷も程近き所にて拝領せられ、江戸へ罷り下り候節は番町の屋敷に罷り在り候、右の通りに御加増下され候節、粟田口久国銘有るの御刀、薩摩守様より下し置かれ候

一、右の頃迄は、織田常真公・同上野助殿・有楽老等、その外信長公の御子孫多く御座候故、弥平兵衛光秀の末子と申し候事深く隠し居り候につき、出羽守養子と申す儀沙汰これ無く候、且つそれ以前、光秀の息出家を遂げ、洛外妙心寺塔頭に居られ候玄琳は、光秀の実子たる事存知候人これ無き間、無事に遷化致され候、嵯峨天竜寺境内に不立と申す出家は、光秀の実子にて御座候を、織田左門殿御聞き付け、信長公御追善に然るべしと仰せられ、京音羽橋にて彼の僧を左門殿自身に首を刎られ候、今一人明智の実子これ有る由、居所知れ次第、闇討ち成さるべしと織田家の衆御巧らみ候間、弥平兵衛深く忍び、討たれざる様に用心仕り候らえと、織田刑部

少輔殿御母堂龍樹院殿より、江州彦根の住沢村源底方へ御内通これ有り候由

右龍樹院殿と申し候方は、源底母方の伯母にてこれ有りたる由

一、喜多村出羽守二男に傳廓と申し候は、弥平兵衛叔父の僧にて、江州敏満寺住職にて大僧正に叙され候、その頃多賀神領五万石、敏満寺領二万石、総じて七万石の支配仕り、寺辺に城を構え兵士数百人を抱え置き、傳廓旗を取り諸方へ打ち出し、度々合戦いたし候、出羽守武具・感状等傳廓敏満寺に取り入れ置き申し候、これにより、大権現様より出羽守へ成し下さる御感状に、添えられ下し置かれ候備前大兼光の御刀、信長公より日向守へ遣され候御書、光源院殿の御感状、その外、極上作の刀・脇差、大方傳廓預け置き候間、出羽守子孫に相渡し候らえと同人書き置き候旨にて、多賀成就院より喜多村市之進へ相渡し候段、市之進書付に相見え申し候

一、権現様への出羽守御忠節は、信長公御滅亡の刻、泉州より伊賀路を経られ三河へ御抜きの節、一揆起こり、相支え候砌御援合申し上げ、自身も相働き、家老にて五千石遣わし置き候服部兵部と申す者、伊賀路御退口の御前にて討ち死に仕り候につき、筒井順慶殿より出羽守への書翰にも兵部討ち死、さてさて惜しき事と載せられ候段、写しに相見え申し候、権現様には勢州白子より御船に召され、恙なく御帰国、その節白子より御自筆をもって今度の厚恩御忘れ成されまじきと御誓言を加えられ候御書に、天國圓棟の銘有る御脇差を出羽守へ下され候

追って尚又、御使者をもって下され候御書、別段写し出し候

一、喜多村弥平兵衛意趣討ちの次第、前後の様子、濃州池田白樫の住にて、以前関ヶ原陣散り候時、宇喜田秀家卿を介抱いたし候矢野五右衛門、委細その節の儀存知居り候故、江戸へ召し寄せられ御吟味のところ、弥平兵衛意趣書に少しも相違これ無く候由、さて弥平兵衛儀は右討ち果しの場所、美濃山中より直ちに伊賀へ立ち退き候、その後伏見へ罷り出候ところ、御連枝松

平上総介様へ御付けなされ候八千石取り何某、上総介様御流罪の後浪人いたし、京都に居住いたし候仁に、藤森谷出羽守殿御屋敷近所において、その人に弥平兵衛出会い、不慮に喧嘩起こり、その場に向こう方を切り殺し、又々山中に引き籠もり申し候、彼仁の嫡子は越前の宰相様（一柏様なり）御家中にて三千石取り罷り在り候、二男は京誓願寺の住僧にて、その次にも弟四人これ有り、兄の助成を受け、いずれも諸国に打ち散り、弥平兵衛を認め申し候、美濃山中にて同人へ討たれ候、その子弟も本国を立ち去り、家来家来ども諸国へ差し廻し狙い申し候につき、敵多く相成り候間、名を変え、姿を替え、様々といたし、諸国を経て廻り、運に叶い終に討たれ申さず、病死仕り候、弥平兵衛武篇男道の聞こえ、右の外にも数々これ有りたる由に御座候事

権現様より喜多村出羽守へ、御書の写し

　猶もって今度の御厚恩報謝せしむべく様御座無く候、我等代々末葉迄、この御芳意忘却いたすべからず候、貴様子々孫々に至るまで徳川氏たるべき者ども聊か疎略申すまじく候、

　以上

先年伊賀越え仕り候節、一揆起こり道路取り塞ぎ、軍兵差し置き、はなはだもって敵と成り、難儀により、御介抱の儀貴様頼み入り候ところ、急ぎ速かに御人数召し連れられ御出馬、道中所々において御防戦遂げられ、なかんずく、伊勢・堺・鹿伏鬼山越えにて大勢支え候ところ、合戦に及び、首数多く御討ち捕え、御家来あまた討ち死にせしめ、あまつさえ、御自身御手を砕きつくされ、粉骨敵を追い崩し、比類無き御働き故、大事を遁れ帰国せしめ候事、偏に御深志筆紙に懸け難く候、然して穴山梅雪儀、途中において雑兵に討たれ、残念極まり無く存じ候、よって備前大兼光無双の利剪の刀一腰・奥州育ちの八寸八分の黒の駿馬、並びに時服代金

百両進ぜ入れ候、この馬関東において隠れ無き名馬にて候、谷峯乗り越し大河泳ぎ申す儀、平地の如く行くによって、山川を知らずと号す、形の如く秘蔵にて候らえども牽かせ相送り候、打ち續く乱戦に取り紛れ御礼はるかに遅引し、実儀を失い申し候、心緒使者申し含め候、恐惶謹言

徳川三河守
家康 御書判

八月十三日

喜多村出羽守様
御宿所

151-4　喜多村家先祖付（永青文庫蔵14・3・33甲　竪帳）

（表紙）

（朱筆）「寅九印」
先祖附
高橋閑吾

先祖書

私元祖を㐂多村出羽守と申候、伊賀之国を
領居申候、出羽守両人之男子御座候、惣領者
早世仕、二男者遂出家、相續之子無御座候處、
明智日向守殿江遣置候息女腹ニ出生有之候
内治、当歳ニ而坂本落城之後、外祖㐂多村家ニ
忍ひ居申候ニ付、㐂多村源馬と名を改、出羽守
養子ニ相定申候、然共出羽守死去之節迄者、
右明智内治至而幼少ニ御座候得者、漸、家臣ニ
被育立候、十九歳ニ相成候時、㐂多村弥平兵衛と
改名仕、關ヶ原御陳ニおひて、松平薩摩守

忠吉公御手ニ属し武功有之、
公義ニ被　召出、追々ニ三千石被下置候、其後
右薩摩守様尾州名護屋御拝領、御入部
之節、先年關ヶ原戦功之儀御眼前ニ而御存知
之儀ニ付、両御所様江御所望有之、六千石
ニ而被召抱、彼御方江相勤居申候内、私之闘諍
仕出し相手を打果し立退申候、其後茂薩摩
守様ゟ内々御懇之仰を蒙り、方々と隠れ
忍ひ、生涯無難ニ罷過病死仕候、右弥平兵衛
子供両人御座候、嫡子を𠮷多村市之進と申候而、
松平下総守様江仕官仕候、二男者高橋弥一右衛門、
則私先祖ニ而御座候

一、先祖高橋弥一右衛門儀、立花左近将監様御
肝煎ニ而、於豊前国　御家江被　召出、御知行
弐百五拾石被下置、御奉公相勤申候、尤、被　召
出候節遠慮仕、子細御座候而、左近将監様ゟ姓を
高橋と御改被下候由ニ而御座候、右弥一右衛門老衰
仕、御奉公御断申上候節、
三斎様御諱之御一字被為拜領、高柏院宗静と
改申候、右高柏院江被下候　御直書、并

妙解院様御直書共ニ、于今、所持仕候、
二代目高橋久左衛門儀、父弥一右衛門江被下置候御知行
無相違被為拝領、有馬御陣ニ茂御供仕候、其後、
江戸　御参勤御供仕候節、御船中ニ而、
御座船後江茂先江茂不相動、被為及
御難儀候節、水主・楫取十方ニ暮申候處、私壱人ニ
御任せ被遊候ハヽ、存寄有之段申上候處、存寄次第
相働可申旨蒙
御意、工夫を以力を盡し申候得者、忽　御船
動揺仕、無事ニ棹出申候節、
御満足ニ被　思召上、ういやつと被遊
御賞詞被下置、　御指之御小柄御直ニ被下置、
桜御紋被為拝領候ニ付、相續之者代々附来
御品、于今、所持仕候、其後、存寄之筋有之、御
知行差上申候、左候而、他国江立越候心組ニ而、離國
願を茂不申上、此御許罷立候處、南之關口江御達
迫居、他國江罷出候儀不被為叶旨ニ而、御差留ニ付
引返申候處、御扶持方被下置、其儘ニ而被差
置、其後病死仕候

一、高祖父高橋源右衛門儀、始弥一郎と申候、幼年ニ而

御側ニ被召出、数年相勤居申候處、其後、改名仕
高橋源右衛門と相改、持懸ニ而御中小姓之勤方
追々轉役仕、御蔵御目附相勤居申候内、輪
番之定日取誤、一日闕勤仕候、不調法ニ而御合
力米御扶持方共ニ被召上、浪人仕候、高田傳右衛門者
縁類ニ而御座候間、右傳右衛門支配ニ罷成、喜多村小助と
相改、山本郡正院手永荻迫村ニ在宅仕、其後
所縁ニ付而、上益城矢部手永濱町江居住仕候
　但、右源右衛門在勤中被為拜領候品之内、
　御紋附御上下・同御小袖、于今、所持
　仕候
一、曽祖父高橋藤内儀、浪人ニ而居申候故、矢部御郡
醫赤星元周門弟ニ罷成、醫業稽古仕候而、
高橋養的と名を相改申候
一、祖父高橋以節儀、幼少之内親高橋養的茂
病死仕、七歳未満之事故、縁類赤星元周育ニ
相成申候處、濱町内出火有之、類焼仕、従
御先代様先祖江被為拜領候
御書出者、奥深納置候ニ付急ニ取出相成兼、
焼失仕たるにても可有御座哉と奉恐入候儀ニ

御座候、然處、先祖高橋弥一右衛門江従
三斎様慶長六年十月被為拝領候
御書出、天保六年三月見出シ申候ニ付、右
御書出之写壱通相添、筋々御達仕置候

一、親高橋見節、私共ニ醫を産業ニ仕、矢部手永
下市村ニ居住仕候
右之通ニ御座候、尤、大先祖迄多村弥平兵衛ゟ
血脈連綿仕、私迄八代ニ罷成申候

一、私儀、文政二年夘六月七日、御奉行所御用
ニ而罷出申候處、先祖江御知行と茂被下置、且、家
業之透々文武藝出精致候ニ付、旁ニ被對、二
人扶持被下置、諸役人段ニ被　召出、御切米取
醫師ニ被仰付、御醫師觸役之支配ニ被　召加
旨被　仰付候

一、嘉永元年申九月七日、於御奉行所江、閑吾義
先祖之譯ニ被對、御扶持方持懸ニ而御留守
居御中小姓列被　仰付、直ニ御醫師觸
役之支配ニ而被　差置旨被　仰出之

一、同年十一月廿八日、於御奉行所ニ、其元儀願
之通還俗被　仰付、弐人扶持被増下置、御留

守居御中小姓觸頭之觸ニ被　召加之

高橋閑吾

＝読み下し文＝

（表紙）

（朱筆）
「寅九印」
先祖付け

高橋閑吾

先祖書き

私元祖を喜多村出羽守と申し候、伊賀の国を領し居り申し候、出羽守両人の男子御座候、惣領は早世仕り、二男は出家を遂げ、相続の子御座無く候ところ、明智日向守殿へ遣わし置き候息女、腹に出生これ有り候、内治、当歳にて坂本落城の後、外祖喜多村家に忍び居り申し候につき、喜多村源馬と名を改め、出羽守養子に相定め申し候、然れども出羽守死去の節迄は、右明智内治至って幼少に御座候らえば、漸く家臣に育て立られ候、十九歳に相成り候時、喜多村弥平兵衛と改名仕り、関ヶ原御陣において松平薩摩守忠吉公の御手に属し武功これ有り、公儀に召し出され、追々に三千石下し置かれ候、その後右薩摩守様尾州名護屋御拝領、御入部の節、先年関ヶ原戦功の儀御眼前にて御存知の儀につき、両御所様へ御所望これ有り、六千石にて召し抱えられ、彼の御方へ相勤め居り申し候内、私の闘争仕出し、相手を打ち果し立ち退き申し候、その後も薩摩守様より内々御懇ろの仰せを蒙り、方々と隠れ忍び、生涯無難に罷り過し、病死仕り候、右弥平兵衛子供両人御座候、嫡子を喜多村市之進と申し候て、松平下総守様へ仕官仕り候、二男は高橋弥一右衛門、則ち私先祖にて御座候

一、先祖高橋弥一右衛門儀、立花左近将監様御肝煎にて豊前国において御家へ召し出され、御知行二百五十石下し置かれ、御奉公相勤め申し候、尤も召し出され候節遠慮仕り、子細御座候て、左近将監様より姓を高橋と御改め下され候由にて御座候、右弥一右衛門老衰仕り、御奉公御断り申し上げ候節、三斎様御諱の御一字拝領せられ、高柏院宗静と改め申し候、右高柏院へ下され候御直書、並びに妙解院様御直書ともに今に所持仕り候

二代目高橋久左衛門儀、父弥一右衛門へ下し置かれ候御知行相違無く拝領せられ、有馬御陣にも御供仕り候、その後江戸御参勤御供仕り候節、御船中にて御座船後へも先へも相動かず、御難儀に及ばされ候節、水主・楫取り途方に暮れ申し候ところ、私一人に御任せ遊ばされ候らわば、存じ寄りこれ有る段申し上げ候ところ、存じ寄り次第相働き申すべき旨御意を蒙り、工夫をもって力を尽くし申し候らえば、忽ち御船動揺仕り、無事に棹出し申し候節、御満足に思し召し上げられ、愛い奴と御賞詞遊ばされ、下げ置かれ、御差しの御小柄御直に下し置かれ、桜御紋拝領せられ候につき、相続の者代々付け来たる御品、今に所持仕り候、その後存じ寄りの筋これ有り、御知行差し上げ申し候、左候て他国へ立ち越し候心組みにて、離国願いをも申し上げず、この御もと罷り立ち候ところ、南の関口へ御達し迫り居り、他国へ罷り出候儀叶わされざる旨にて、御差し留めにつき引き返し申し候ところ、御扶持方下し置かれ、そのままにて

差し置かれ、その後病死仕り候

一、高祖父高橋源右衛門儀、始め弥一郎と申し候、幼年にて御側に召し出され、数年相勤め居り申し候ところ、その後改名仕り、高橋源右衛門と相改め、持ち懸りにて御中小姓の勤め方追々転役仕り、御蔵御目付相勤め居り申し候内、輪番の定日取り誤り、一日欠勤仕り候、不調法にて御合力米・御扶持方ともに召し上げられ、浪人仕り候、髙田傳右衛門は縁類にて御座候間、右傳右衛門支配に罷り成り、喜多村小助と相改め、山本郡正院手永荻迫村に在宅仕り、その後所縁について上益城矢部手永浜町へ居住仕り候

但し、右源右衛門在勤中拝領せられ候品の内、御紋付御上下・同御小袖、今に所持仕り候

一、曽祖父高橋藤内儀、浪人にて居り申し候故、矢部御郡医赤星元周門弟に罷り成り、医業稽古仕り候て、髙橋養的と名を相改め申し候

一、祖父高橋以節儀、幼少の内親髙橋養的も病死仕り、七歳未満の事故、縁類赤星元周育みに相成り申し候ところ、浜町内出火これ有り、類焼仕り、御先代様より先祖へ拝領せられ候御書出は、奥深く納め置き候につき、急に取り出し相成り兼ね、焼失仕りたるにても御座有るべき哉と、恐れ入り奉り候儀に御座候、然るところ、先祖髙橋弥一右衛門へ三斎様より慶長六年十月拝領せられ候御書出、天保六年三月見出し申し候につき、右御書出の写し一通相添え、筋々御達し仕り置き候

一、親高橋見節、私どもに医を産業に仕り、矢部手永下市村に居住仕り候

右の通りに御座候、尤も、大先祖喜多村弥平兵衛より血脈連綿仕り、私迄八代に罷り成り申し候

一、私儀、文政二年夘六月七日御奉行所御用にて罷り出で申し候ところ、先祖へ御知行とも下し置

かれ、且つ家業のひまひま文武芸出精いたし候につき、傍に対せられ二人扶持下し置かれ、諸役人段に召し出され、御切米取り医師に仰せ付けられ、御医師触れ役の支配に召し加えらる旨仰せ付けられ候

一、嘉永元年申九月七日御奉行所へおいて、閑吾儀先祖の訳に対せられ、御扶持方持ち懸りにて御留守居御中小姓列仰せ付けられ、直に御医師触れ役の支配にて差し置かる旨仰せ出さる

一、同年十一月二十八日御奉行所において、そこもと儀、願の通りに還俗仰せ付けられ、二人扶持増し下し置かれ、御留守居御中小姓触れ頭の触れに召し加えらる

髙橋閑吾

151-5　高橋家先祖の拝領物諸品付（永青文庫蔵14・3・33甲　切継紙）

（包紙上書）「拝領物
御品附　」
（朱筆）「寅九印」
（包紙裏書）「〆」

覺

一、松向寺様於豊前國御知行被為拝領候御書出　一通

（包紙上書）「拝領物
御品付け　」
（朱筆）「寅九印」
（包紙裏書）「〆」

覚え

一、松向寺様豊前国において御知行拝領せられ候御書出し　一通

一、松向寺様 御直書　一通

一、松向寺様ゟ被為拝領候 白菊御伽羅

一、妙解院様 御直書　一通

右者先祖高橋弥一右衛門
御船之御用被　仰付候節、
御催促之御書旨傳承
仕候

一、妙解院様ゟ被為拝領候 御盃　壱

但、梨子地ニ蔦之蒔繪
小盃ニ而御座候

右者御船御用出精
相勤候由ニ而、同人江被為
拝領候

先祖
高橋弥一右衛門江

一、妙解院様ゟ被為拝領候 御小柄

一、松向寺様 御直書　一通

一、松向寺様より拝領せられ候 白菊御伽羅

一、妙解院様 御直書　一通

右は先祖高橋弥一右衛門御船の御用仰せ付けられ
候節、御催促の御書旨、伝承仕り候

一、妙解院様より拝領せられ候 御盃　一

但し、梨子地に蔦の蒔絵小盃にて御座候

右は御船御用出精相勤め候由にて、同人へ拝領せ
られ候

先祖
高橋弥一右衛門へ

一、妙解院様より拝領せられ候 御小柄

但し、銀台にして浪に蟹の金居紋、裏金くくみ

右は先祖高橋久左衛門江戸御供の節、御船中にて
御座船後へも先へも相動かず、御難儀に及ばせら
れ候節、水主・楫取り途方に暮れ申し候ところ、
私一人に御任せ遊ばされ候らわば、存じ寄りこれ

但、銀臺ニして浪ニ
蝌之金居紋、裏金
くゝミ

右者先祖髙橋久左衛門
江戸御供之節御船中
ニ而
御座船後江茂先江茂
不相動、被為及御難儀
候節、水主・楫取十方ニ
暮申候處、私壱人ニ
御任被遊候ハヽ、存寄
有之段申上候処、存寄次第
相働可申旨蒙
御意、工夫を以力を盡し
申候得者、忽御船動揺
仕、無事ニ棹出申候節
御満足ニ被思召上、うい
やつと被遊
御賞詞、御小柄直ニ被為
拝領候

有る段申し上げ候ところ、存じ寄り次第相働き申すべき旨御意を蒙り、工夫をもって力を尽し申し候らえば、忽ち船動揺仕り、無事に棹出し申し候節、御満足に思し召し上げられ、愛い奴と御賞詞遊ばされ、御小柄直に拝領せられ候

髙橋閑吾

一、桜御紋（妙解院様より拝領せられ候）
　但し、妙解院様御意にて、先祖髙橋久左衛門へ拝領せられ候、相続の者、代々付け来り申し候
一、御紋付御上下一具（妙應院様より拝領せられ候）
　但し、花色小紋
一、桜御小袖（妙應院様より拝領せられ候）
　但し、黒羽二重
一、御意に紋所以来土台角に引き両付け申すべき旨（妙應院様より拝領せられ候）
　但し、以前は花輪違いを定紋に用い申し候
　右髙橋源右衛門へ
右の品々、今に所持仕り居り申し候、以上

一、妙解院様ゟ被為拜領候
桜御紋

但、
妙解院様御意ニ而、
先祖髙橋久左衛門江
被為拜領候、相續之者
代々附来申候

一、妙應院様ゟ被為拜領候
御紋附御上下一具

但、花色小紋

一、妙應院様ゟ被為拜領候
同御小袖

但、黒羽二重

一、妙應院様ゟ被為拜領候
御意ニ紋所以来
土臺角ニ引両附可
申旨

但、以前者花輪違を
定紋ニ用申候

右髙橋源右衛門江
右之品々、于今
所持仕居申候、以上

高橋閑吾

151-6　織田信長書状写　（永青文庫蔵14・3・33甲　切継紙）

（包紙上書）
「信長公
　書翰之写
（朱筆）
「寅九印」　」
（包紙裏書）
「〆」

其方、近年、打續抽
軍功、於所々、智謀・高名
依諸將超、数度之合戦
得勝利、感悦不斜候、西國
手入次第、数箇国可宛行候
条、無退屈可勵軍忠候、
仍、細川兵部太輔専守忠
儀、文武兼備候、同氏与一郎
事、秀器量、志勝抜群
候、以後者可為武門之棟梁候、

（包紙上書）
「信長公
　書翰の写し
（朱筆）
「寅九印」　」
（包紙裏書）
「〆」

その方近年打ち続き軍功に抽んで、所々において智
謀高名諸将を超ゆるにより、数度の合戦勝利を得、
感悦斜めならず候、西国手入れ次第、数か国宛行う
べく候条、退屈無く軍忠に励むべく候、よって細川
兵部太輔専ら忠儀を守り、文武兼ね備え候、同氏与
一郎事、器量に秀で、志抜群に勝れ候、以後は武門
の棟梁たるべく候、隣国と云い剛勇と云い、尤もの
縁組幸いの仕合せに候也

八月十一日　信長　御書判

云隣国云剛勇、尤之縁
組幸之仕合候也
八月十一日　信長 御書判
惟任日向守殿

此御書武井肥後守筆跡之由候

(端裏書、朱筆)
「文久元酉三月
上妻ゟ問合之返書」

一、高橋家傳来之御感状之儀ニ付、
上妻様ゟ御問合之趣、高橋久左衛門殿江
及問合申候処、右高橋家之儀者
二男家ニ而、
御当家ニ奉仕候家筋ニ而、傳
来之御感状者寫ニ而御座候、
御本書者嫡子方ニ伝来
之由、申伝ニ而御座候、右嫡子方

惟任日向守殿

この御書、武井肥後守筆跡の由に候

(端裏書、朱筆)
「文久元酉三月
上妻より問合せの返書」

一、高橋家伝来の御感状の儀につき、上妻様より御問合せの趣、高橋久左衛門殿へ問合せに及び申し候ところ、右高橋家の儀は二男家にて、御当家に仕え奉り候家筋にて、伝来の御感状は写しにて御座候、御本書は嫡子方に伝来の由、申し伝えにて御座候、右嫡子方江戸居住の由申し伝えも御座候らえども、治定相分り申さざる由に御座候、当代高橋久左衛門殿儀

江戸居住之由申伝茂御座候へ共、
治定相分り不申由ニ御座候、
当代高橋久左衛門殿儀者、閑吾殿
嫡子ニ而御座候、右之趣を以御
返書御仕出被仰付度奉存上候

は、閑吾殿嫡子にて御座候、右の趣をもって御返書
御仕出し仰せ付けられたく存じ上げ奉り候

151-7　明智光秀書状写（永青文庫蔵14・3・33甲　切継紙）

（包紙上書）
「日向守殿
　　書翰写」
（朱筆）
「寅九印」
（包紙裏書）
「〆」

御飛札・塩・松茸・雉子
御恵餽忝奉存候、弥、御平
寛悦入申候、将又、内治事
被仰下候面躰、貴老様ニ
正似申候、懸御目申度候、武名
天運共あやからせ度存候、

（包紙上書）
「日向守殿
　　書翰写し」
（朱筆）
「寅九印」
（包紙裏書）
「〆」

御飛札・塩・松茸・雉子御恵贈、忝なく存じ奉り候、い
よいよ御平寛悦び入り申し候、はたまた内治事仰せ下さ
れ候面体、貴老様に正に似申し候、御目に懸け申したく
候、武名天運とも、あやからせたく存じ候、恐惶不備

恐惶不備

惟任日向守

光秀（書判）

二月十一日

㐂多村出羽守様

貴報

151-8　筒井順慶書状写　（永青文庫蔵14・3・33甲　切継紙）

（包紙上書）「筒井順慶殿

書翰之写

（朱筆）「寅九印」

」

（包紙裏書）「〆」

態以飛札申入候、先日
徳川三河守殿伊賀越之節、
貴様御願被成、御人数被
召連御出、於両国、御働承
之候、其節、服部兵部討

惟任日向守

光秀（書判）

二月十一日

喜多村出羽守様

貴報

（包紙上書）「筒井順慶殿

書翰の写し

（朱筆）「寅九印」

」

（包紙裏書）「〆」

態と飛札をもって申し入れ候、先日徳川三河守殿伊賀越
えの節、貴様御願い成され、御人数召し連れられ御出
で、両国においての御働き承り候、その節、服部兵部討
ち死に候由、さてさて惜き事に候、徳川殿恙無く御通
り、偏に貴様御知謀故と存じ候、この表別条御座無く

死候由、扨々惜事候、徳川殿
無恙御通、偏、貴様御知
謀故と存候、此表別条
無御座候、恐惶謹言

六月八日　　筒井大和入道
　　　　　　　　順慶（判書）

㐂（ママ）多出羽守様

候、恐惶謹言

六月八日　　筒井大和入道
　　　　　　　　順慶（判書）

喜多村出羽守様

四　家譜・系図・先祖付

152　三宅家系譜（永青文庫蔵12・11・19　竪帳）（翻刻文の―は朱線、……は同一人物）

（表紙）

（朱筆）「寅九印」
三宅家系譜

清和源氏美濃国住土岐明智一族三宅家系譜

人皇五十六代清和天皇第六皇子貞純親王ノ子六孫王経基
嫡子正四位上陸奥守兼鎮守府将軍摂津守源満仲長男
摂津守源頼光

頼光
左馬頭正四位上陸奥守兼鎮守将軍摂津守

頼国　従四位下　美濃守　摂津守　讃岐守

国房　美濃七郎　伊豆守　正四位下昇殿
頼国六男

光國　始名師時　左エ門大夫　出羽守　従四位下
国房嫡男

光信　土佐判官　出羽守　従四位下昇殿

光基　藏人左エ門尉　伊賀守　従五位上

光衡　土岐左ヱ門尉　美濃守　信濃守　従四位下　郷戸判官
實光長三男、光長ハ光基ノ弟

光行　民部少輔　土岐左ヱ門尉　出羽守
従五位下　淺野判官代　入道向山

光定　始名光守　土岐五郎　讃岐守　隠岐守
従五位下　隠岐入道　法名定光
光行五男

光包　隠岐太郎　土岐伊豫守

頼貞
始名頼包　隠岐孫四郎　土岐六郎　土岐伯耆守
左エ門尉藏人　従四位上　昇殿　伯耆入道存孝

頼清
始名頼宗　土岐次郎　中務丞　左馬頭　民部大輔
左近大夫　伊豫守　従五位下　土岐西池田嫡流家

頼基
土岐九郎　伯耆守　明智九郎　明智元祖也
頼貞三男

頼兼
始名頼則　土岐明智次郎　兵庫助　下野守　従五位下　入道浄孝

頼篤
始名頼言　童名氏王丸　明智十郎　駿河守　従五位下
入道法名宗観

国篤
明智刑部少輔　或修理大夫　従五位下

頼秋
童名長壽丸　明智十郎　式部少輔　従五位下

頼秀
明智十郎　民部少輔　後式部少輔　従五位下
頼篤二男

頼弘
十郎太郎　彦太郎　明智民部大輔
左京大夫　従五位下
頼秀嫡男　又頼秋末子ト云

光継
始名頼典　明智千代壽丸　兵庫頭　駿河守
従五位下　入道一関齋宗善

光綱
始名光隆　童名千代壽丸　彦太郎　明智十兵衛
従五位下　玄蕃頭

土岐系圖ニ存孝ハ日向殿十二世ノ祖ト有テ、實ヲ得タリト見エ
タリ、又頼兼ノ事ハ太平記ニ土岐ノ十郎頼兼ト見エ、其従兄弟同隠岐
孫二郎頼員・同藏人孫三郎頼春ト共ニ　後醍醐帝ノ御味方
ニ参リ、元弘ノ初六波羅ノ討手ヲ引請、三人共ニ京ノ宿所ニテ自害
致サレシ也、新篇纂圖ニハ頼兼ハ土岐ノ惣領伯耆入道存孝ノ
末子ニテ、頼員ハ存孝ノ兄隠岐孫太郎頼親ノ子、頼春ハ存孝ノ

弟右近将監頼重ノ子ト有リ、土岐惣領ノ正統ハ、天文十六年斎藤山城入道々三ガ為ニ毒殺セラレ斷滅ニ及バレシ、美濃守頼元ハ存孝ノ十二世ノ孫ニテ、日向殿モ同十二世ノ孫ニ當ラレシカバ、代数モヨク叶タル故、明智系圖ニ日向殿ヲ右ノ頼兼ノ四世ノ孫トシタルハ大ニ疎謬也、右両主共ニ十二世ノ孫トシテハ其間両主有ガ如クナレド、其正統連綿シタルハ頼元ニテ、日向殿ハ明智ノ城斷滅シ程経テ後勃興イタサレ、明智家再興ノ主ナレバ共ニ十二世ニ當ル也、然レバ山岸系圖ニ云所ノ光綱（明智系圖ニハ光隆ト有リテ、日向殿實父トス、山岸系圖ニハ光隆ハ光綱ノ始名トシ、日向殿ノ養父トス）ニハ、左馬助ノ父光安ハ次（ジ）弟ナレハ、日向殿ト左馬助ハ従弟ニ當レリ、日向殿養實ノ疑ハ外ニ弁シ置ケリ、山岸系圖ニ前ノ頼元ヲ脱シヌレハ、深ク考ガタシ、又明智系圖ニ頼兼ヲ明智氏ノ始祖トシ、下野守ト見エシハ、覺束ナキㇳニテ、纂圖ニハ存孝ノ三男頼基ヲ明智氏ノ始祖ト見エ、頼兼ハ纂圖ニモ太平記ニモ受領セラレシㇳモ官途カケラレシㇳモ見エスシテ、唯土岐ノ十郎ニテ世ヲ果サレシト見ユレハ、頼兼ヲ明智氏ノ始祖トセシハ明智系圖ノ説誤ナルニハ違ベカラス、然レ共前ノ頼兼ヨリ後ニ、存孝ニ六世ノ孫土岐中興興善寺美濃守頼營ノ庶兄ニ又頼兼ト云人見エレ共、此頼兼ハ大須氏ノ祖ニテ、明智氏ヨリ遥後ノ（貼付）「支流也、明智系圖ニハ此頼兼ヲ」存孝ニ六世頼營ノ男ナレバ、四五代ノ下ニ引誤リタルト思フ也、全體土岐明智ノ系圖異同アレバ、何レヲ善本トモ定メ難ケレ共、土岐家惣領ノ正統一筋ハ慥ニ見エタリ、サシヨリ山岸系圖ニハ頼重ヲ頼兼ノ嫡男トシタレ共、太平記ニハ藏人孫三郎頼春ノ父ヲ、纂圖ニハ存孝ノ弟右近将監頼重ト見エテ、頼兼ノ叔父ニ當リシ方、委クモ慥ニモ見エタリ、然レハ山岸系圖ニ載スル所誤ナルニハ違ヘカラス、サレド纂圖ノ説モ庶流ノ事ハ漏脱モ有シト見エテ、太平記建武三年九条東寺合戦ニ高名シタル存孝ノ子、土岐ノ悪源太ハ纂圖ニハ其名漏タレドモ、珠生系圖ニ悪源太ハ存孝ノ五男、實名ヲ頼氏ト云、存孝ノ家督ニ立レシ頼宗ヲ纂圖ニハ存孝ノ六男ト見ユレハ、頼宗ノ庶兄ニテ、頼宗ハ嫡腹故ニ第六男ナガラ家督ニ立レシト見エタリ、又纂圖ニ頼兼ヲ存孝ノ十一男ト見エタレ共、第五男ノ頼氏建武東寺合戦ノ比未タ廿餘ノ弱冠ノ様子ニ見ユレハ、十一男ノ頼兼元弘ノ宼初ニ父兄ヲ踰テ一番ニ宮方ニ参ラレシ事ヲ考レハ、頼兼年多クトモ六七歳ノ幼童ニテ有タルト見ユレハ、十一男ノ説ハ疑モナク纂圖ノ誤ニテ、實ハ頼宗ナドニモ兄ニ當リタルヘシ、ケ様ニ異同踈誤少カラス侍レハ、諸本ヲ得テ校考セザレハ實ヲ得ガタシ、依テ纂圖等ノ説ニツキテ暫其次第ヲ起ス、

右ノ頼氏ハ珠生系圖ニ童名土岐ノ五郎、号悪源太、建武三年六月十三日東寺ノ軍功ニ依テ従尊氏賜御所作太刀 丸虹

人皇八十八代　後鳥院青江次家ヲ召テ、被合搥刃堅無彫物銘帯裏打勅帯表被切長三寸五尺反一寸五分直刃也、建保三年院ヨリ賜平義時至高時元弘ノ乱ニ鬼丸ヲ名越高家ニ虹丸ヲ賜尊氏

又賜西美濃三千丁、別賜駿河國入江庄始為別旗、應永十二年八月卒、年九十、法名清光院道孝、葬于北山等持寺子孫後ニ柴山ト称シ、又津山ト称ス、當主津山勘右エ門ト云、岡ノ

藩中ニ有リ、虹丸其家ニ傳ヘリ、此珠生ノ支流沾書述テ、子孫ノ
追考ヲ祈ル

光安

明智彌次郎　兵庫頭　従五位下　入道宗寂

明應九年庚申十月生ル、母ハ小栗木新左エ門冬廣女也、兄光綱
死後光秀幼少故ニ、父宗善入道ノ命ニ依テ光秀ヲ後見シ、
明智ノ城ニ住シ一家ヲ治ム、光秀成長ノ後、城ヲ譲ベシト申
サレシニ、光秀固辞アリ、因テ終始明智ノ城ニ居ル、弘治二年ノ比
齋藤山城入道々三カ嫡男義龍ヲシテ明智ノ城ヲ攻ム、義龍ガ
軍勢ヲ引請防戦シ、遂ニ防矢射サセテ自害ス、年五十六、法号
等不詳、可考、此時ニ至テ明智ノ城永ク断滅ス、康永年中
城ヲ築カレシヨリ二百有余年ニ及ヒキ

光俊

童名岩千代　彦三郎　三宅彌平次　明智左馬助

始名光治　又光春　（金吾中納言秀秋ノ矢部ノ赤星左馬エ送ラレシ書翰ニ、秀詮ト自書致サレシ類ニテ、左馬助モ光春ト自書致サレシヿ有ヘシ）

天文六年丁酉九月十六日明智ノ城ニ生ル、母ハ齋藤和泉守利胤ノ
女也、始室ハ三宅大膳入道長閑齋女、後妻ハ惟任日向守殿長女（秀子後ニ）

於岸ノ方ト申ス 弘治二年ノ比齋藤山城入道々三ガ嫡男斎藤義龍ガ為ニ明智ノ城滅サレシ時、左馬助父兵庫頭光安遺言ニ依テ明智ノ城ヲ立退キ、(付札、朱筆)「光俊廿才」三河国加茂郡梅ケ坪 此時塗師屋ノ家ニ叔父三宅大膳入道長閑斎ト共ニ閑居シ、長リテ長閑ノ女ヲ配シテ聟トセラレシナリ ニ閑居シ、其後日向守殿ノ許ニ来リ二萬石ヲ賜リ、天正十年丹波国桑田郡周山ノ城 周山トハ日向殿亀山ヲ改ラレシ也 五萬石ヲ賜リ、明智家ノ長臣タリ、天正十年六月十五日於江州志賀郡坂本城生害、年四十六

法号 国泰院殿前左典厩俊山雲龍大居士 位牌坂本阿野西教寺ニアリ

重利 始名帥(ソツ) 三宅 與助 與平次 藤兵衛

母ハ惟任日向守殿嫡女 於岸ノ方、始荒木摂津守嫡男荒木新五郎村安ニ嫁セラレ、天正七年荒木家滅亡之後左馬助ニ再嫁セラル、秀林院殿ノ御姉也、天文二十年九月生、天正十年六月十六(ママ)日丹波国周山(ママ)ノ城ニ於テ生害、母ハ妻木勘解由左ヱ門尉範熙女於牧ノ方

天正十年六月十五日江州坂本城落城ノ砌、左馬助自截ノ時、三宅六郎大夫懐而蟄居于鞍馬之菴室、既十年及十二歳携来于丹後託 忠興公ノ内室潜養育之、是家譜ノ所誌世ノ明智系圖ニ所依也、又米田家 監物

是容ノ家 所傳ノ三宅系圖ニハ、左馬助自截ノ時藤兵衛
二歳、乳母抱キ坂本ヲ欠落潜ニ育、七歳ノ時乳
母　秀林院殿エ忍ヒ参上仕候ニ付、乳母ニハ引出物被
下、彼少人ハ分ケハ何トモ不被　仰、髄ナル女房達ニ被　仰付、十歳
餘迠奥方ニ而御育被成、其後丹後宮津エ御下被成、
御能様御同前ニ下々迠崇メ申候、丹後ニテ與平次ト申、慶長
五年八月九月北(ママ)御家ヲ退、寺澤志摩守殿 志广守殿ハ紀ノ淑望ノ後武内大臣ノ末孫トゾ
聞ケル、世々美濃国ニ有リテ、寺沢ヲ称セシ人々其後胤トゾ、志广殿御父ヲ越中守殿 廣正宿禰
織田殿ニ仕ヘ、後ニ父子共ニ太閤ニ仕ヘ唐津ヲ賜ル 藩翰譜ニ出ル 其外妻木等ノ人々明智
ノ一族ニテ、天野源右エ門ハ左馬助家老ニテ有シ由ナレハ、カタ々々所縁ニ付テ唐津エ御参リ有シト見エタリ
エ内縁有之、　三斎様エ御断ニテ被引取、天草冨岡ノ城預リ
居申候ト有リ、又家ノ長臣吉浦郷右エ門李行ガ聞書ニ 郷右エ門ハ、天草廣瀬ニテ討死
セシ吉浦兵右エ門尉季良ガ孫也、季行ガ父ヲ吉浦諸兵衛季氏ト云 一号一提 一提寛永ノ度冨岡ニ
アリ、于時年九歳、鳥銃ノ音モ小耳ニ能覚居タル由、折ニ觸物語セシ由ヲ傳、一提覚書一巻ヲ誌シ置ケリ
坂本落城之時上略 上々様段々御生害被成候、左馬助様へも御切腹可被成と御行水
場へ藤兵衛様を御呼被成候を、御うば御意を背き、いたき奉り
御城を立退申候、強ても不被為呼候由、定而君ハ御長久も被成、御家
を御立被成御時節も可有御座哉との思召にての御儀ニ御座候哉と
承傳候、藤兵衛様御姉様御座被成候、是ハ御生害ニ而御座候、左候而
御うば兎角仕、御城ハ立出候へ共、乱軍之中故難凌大津町

裏の葭の繁り候中に奉隠置、其身迄立退候を、京都の町人
拾ひ奉り密にそたて上申候、此町人ハ定而左馬助様御用ホ
相勤御懇意の者故、御うば知せ申候付、ひろひ申候哉と
一提申候、藤兵衛様天草御在世之御時、京都の町人
大文字屋と申者方へ五人扶持宛被為差登候を、一提能覚居
申候、大文字屋と迄覚申候而、名を覚不申候、左候而太閤様御代ニ
成、世上も静に成候上ニ而、藤兵衛様ヲ　三斎様之伏見之御屋敷へ
右之町人御供仕、次第を申上候、藤兵衛様十三歳之御時ニ御座候、
三斎様被為驚、早速高野山ニ密ニ被指登置候、寺院之名も
承候得とも失念仕候、御出家下地ニ而御名を師様と申候、其時分
折々忍、伏見に御越被成、　秀林院様へ混（ママ）と御對面御座候、
秀林院様ゟ其砌被進候御文一通残居申候、そつ様十九歳
之御時、寂早時節も推移、苦有間鋪と、　三斎様被思召
上候哉、左馬助様御子高野山ニ忍御座候を被聞召付候、御縁方
之儀ニ御座候、如何可被成哉と被伺候処、　太閤様上意ニ、其世倅
成人仕候とて何程之叓を可仕哉、　三斎様へ被遣候間、いか様
とも御心儘にとの儀にて御座候由、依之早速被成御元服、御名を
三宅与助様と被為改、　三斎様より三百石被進、関ヶ原
乱之時分迄ハ御当家ニ御座被成、其後御家を御立退被成、肥前
唐津へ御越被成候処ニ、寺澤志摩守様ゟ御先知三百石被進候、
唐津へ御越被成候御様子ハ、左馬助様御家老右之天野源右衛門
唐津へ居被申候付、それに御たより被成御越被成候哉と被存候、

於唐津大坂乱之時分、御家中何某とか申仁、御陣觸を背被申候ニ付、志广守様御腹立被成、討果候様ニと仕手を被差向候処ニ、此人武勇之仁ニ而、家来をも能持居被申候付、屋鋪を取堅め、弓・鉄炮を放し、寄手を討散し、中々手に及かたく御座候付、志广守様へも御門迄御出馬被成候程之處ニ、藤兵衛様御馳付被成、宜敷御働御座候付、三百石御加増ニ而六百石ニ被為成候、其以後段々御加増被成、三千石ニ而天草押へ之御役ニ而冨岡城ニ御座被成候、藤右衛門様へハ御別知千石ニ而御番頭役御勤被成候、嘉右衛門様へハ御別知千石ニ而冨岡御城代御勤被成御座候、是ハ藤兵衛様御老年ニ御座被成候ニ付、志广守様御懇意にて御かいそへの御心持にて嘉右衛門様も被遣置候哉と、

一提常々申候、以下略、

右ノ三書ヲ合テ、重利、坂本以来ノ事蹟詳也、本文ノ儀ニ依テ三書ノ肝要ナル所ヲ約〆撰定スヘケレ共、一字一句ノ轉語ヨリ其時ノ模様ヲ誤ルニ至レハ、其侭ヲ書載テ其實ヲ明ス、皆大同小異ニシテ、彼ニ委キ者是ニ疎サレハナリ重利、天正九年十一月生、寛永十四年天草大矢野ニ耶蘓ノ一揆起リ、賊ヲ防キ、同年十一月十四日天草廣瀬村ニテ討死、身ノ届ヲナサレシ也、年五十七、

法号龍徳院殿雪山道伯（ママ）居士　墓所廣瀬上在松山、従本戸行程四合

三宅　兵六　藤右衛門

重元

母ハ妻木氏（妻木氏ハ土岐明智ノ一族ニテ、頼秀ノ三男長門守頼範、妻木ノ祖也、明智氏ト互ニ婚嫁ノ事有リテ、寺沢家モ世々美濃ニ住セシ人ナレハ、天正ノ比妻木モ寺沢家ヲ慕イ唐津エ有リ故ニ、所縁ニ付テ縁約ノ事有リト見エタリ、寛永ノ乱後、家記散亡セシヤ、其家サダカナラス、猶考證ヲ續ベシ、墓天草冨岡瑞林寺ニアリ、）
墓碣銘磨滅、難讀、因テ法号ヲ追謚ス、○妻木氏ハ假名ヲ妻木勘左エ門ト云シ由ヲ傳フ

法号　天心院殿機山如應大姉

寺澤志摩守殿（廣高宿禰）ニ仕フ、志广殿卒後、嫡男兵庫頭殿（忠高宿禰竪高ハ始名ナルヘシ）恩遇如初、耶蘇ノ一揆起リシ寂初、兵庫頭殿在府ナレハ、重元唐津ノ人馬若干ヲ率テ直チニ天草ニ到ル、重利討死ノ後、賊ノ勢日ニ増ノ勢イニテ、冨岡ノ城ヲ十重廿重ニ取圍、軍難儀ニ及ヒシニ、重元次（ジ）弟重信・同重豊・同重行賊ヲ防キ、重元喉ノ傍ヲ鳥銃ニテ打セシニ不厭血戦ニ及ヒ、兄弟四人水火ニナレト防キ戦シ程ニ、賊利アラズシテ有馬ニ走ル、摩（ママ）旗下追テ有馬ニ到ル、明ル十五年二月二十一日ノ夜、賊、寺沢ノ營ヲ襲フ、重元諸士ニ先達テ奮戦シ、部下ノ士死傷多シ、此役重元戦功不少、同十九年有故唐津ヲ去リ、筑後国瀬高邑ニ居ル、頓テ　真源院殿ノ命ニ依テ玉名郡高瀬ニ来リ、正保二年采地千五百石ヲ賜リ、後八代ノ城ヲ監ス（此時真源院殿ノ御手書ニ、三宅藤右衛門儀、

新参之者ニ而候へとも、と云御序文ノ御手書傳へシ由、家譜ニ誌タレ共、世ニ云
京畀廻録ニ焼失セシ由ヲ傳フ、正保年賜リシ所ノ今氏家甚左エ門屋鋪ナリ、　其後
正保年中　　大猷院殿御所労ノ処、御平癒、其尊躰ノ恙
ナキヲ賀シ奉ラレシ時、重元ヲ御使ニ當給イシニ、
真源院殿ヨリ、時ノ閣老榊原飛騨守殿エ遣サレシ御副簡、
飛騨守殿手前ニ閣レテ詮ナキ次第ニテ、其方家ニ取テハ末代ノ
重寶也トテ、重元エ賜リ、今ニ家ニ傳ヘリ、
御手書
此度差下候ㄆ者、先年天草ニ而討死仕候三宅藤兵衛子ニ而御座候、
寺沢手ニ而夜うちの時も、此者手ニあい申候、明知日向守ためニ、
ひ孫子、明知左馬介孫子ニ而御座候ゆへ、我らとものかれさる者ニ御座候、
不調法ニ御座候へとも、つらを御ミしり候て可被下候、以上
肥後守
ひた様
(付札)「京畀新堀屋鋪大火後諸記録焼失、因而
生年生日ㄊ不詳、以下效之」
寛文六年丙午十一月十八日卒
法号　鐵樹院殿固菴常堅居士

重信
三宅　徳助　後改假名称吉田庄之助
唐津藩中嗣吉田家、有故其家ヲ退キ、與重元同肥後ニ来リ、

不幾卒、法号　孝菴正忠居士、生卒年月不詳

女子　登岐　生母婦家不詳　爲重次妻

重清　母同上　三宅善左衛門

真源院殿ニ奉仕、始十口ヲ賜イ、後別禄三百石ヲ賜イ、炮手ノ長ニナサル、元禄三年庚午八月十三日卒

法号　清光院殿孤山元輪居士

重光　母賤シ生卒不詳　三宅勝之進

墓益城郡戸次村上ノ松山ニアリ、墓標松ノ木、土俗松ドノト云、三宅定次ト刃傷ニ及ヒシ由ヲ傳フ、定次ハ庶族ノ由傳レ𪜈不詳

重豊　三宅嘉右衛門

兄重元ト同ク寺澤殿ニ仕フ、采地千石冨岡城代ノ副監、與重元同肥後ニ来リ、寛文元年辛丑三月朔日卒、法号　一心院殿明岩貞称居士

重長
三宅新兵衛
母ハ生母（ママ）重行無子故為養子家ヲ嗣シム

重矩
三宅庄太郎　藤兵衛　後嗣本家、御家老職ヲ勤ス

重行
三宅新兵衛　同姓三宅九郎兵衛義廉カ祖也
正保二年兄藤右衛門召出サレシ時、
真源院殿ヨリ采地七百石ヲ賜ル、
妙應院殿炮手五十人ノ長ニナサレ、後ニ御番頭ニ移ル（旗下ノ士分テ十二隊トス、各有長御番頭ト云）
此新兵衛ヨリ別ニ系有リ、此下ニ略系ヲ出ス

女子（母同上）
陰山源左エ門室
寺澤殿藩中陰山家ニ嫁ス、兵庫殿罪蒙ラレシ時歸家、一男一女
有リ、男子ハ夭、女子ハ松野善右エ門室（屋鋪千葉城、高屋鋪）、禅尼ハ益城郡六ケ村
（知行所）ニ住ス、陰山ガ家人乗連ト云者忠義篤實、禅尼ヲ奉養シ老テ終ル

三宅　百助　藤兵衛

重次

内室重信女、宝永四年丁亥二月二十五日卒

法号　永壽院殿妙遠日了昭儀

真源院殿ニ奉仕、十五歳ニテ采地三百石ヲ賜リ、二十二歳ニテ御中小姓頭
ヲ勤シ、其後藤右衛門致仕、重次嗣家、御左座ノ着座ニ列スル〕如舊、
二十七歳ニテ御番頭ヲ勤シ、延宝七年七月二十九日病ニ羅テ卒、年四十七

法号　元陽院殿徳應宗天居士、母ハ盛(シゲ)子片岡九郎左エ門正祐
養女ト云フ、實ハ一條権之助大江輝世カ女也、延宝二年甲寅六月十九日卒

法号　正壽院殿心岳妙性大姉

（※参考　三宅家文書54（仮題）「三宅家系譜草稿」）

「△正壽院殿ノ事ハ以前ヨリ家ニ誤傳有リテ、南條左近殿（妙解院殿ノ妾腹ノ男、母ハ遠山氏ト云傳フ）
△此ケ条ハ今度記録局ニハ書出スニ不及シテ、只其事ヲ綴リテ子孫ニ示ス
御裏エ宮仕シ、此左近殿ヲ設ラル、其後慶安元年　同姓三宅新兵衛重行ト縁組
願之通被　仰出由、米田家ノ記録ニ有リ（米田家ハ監物是容ノ家）法名仙光院ト云、此人ヲ重次
ノ室ト云傳ヘナレドモ、米田家ノ記録モ慥ニ見エテ、其上同姓菩提寺蓮生寺ニ
墓碣モ有テ、祭モ絶サデ有ケレハ、無疑右ノ傳ハ誤也、□依テ以前ヨリ因ミニ
ヨリテ偏ク探索セシニ、永田輝世　代ノ孫ノ永田輝　ノ家ノ作法トシテ、祖先ノ

人々他家ニ嫁シ養子ニ参リシ人ノ年忌ニハ必法會ヲ営マン、追遠ノ孝ヲ盡セシ由、
其時ノ扣ト云物ニ、松壽院トアリテ、享保八年五十回ニ當ルト有□、正壽院殿ハ延宝
二年ニ卒去也シカハ、年暦ヲ推スニ全ク五十回忌ニ當レリ、輝　ト驚キ□手ヲ
打テ奇隅ノ一快事ト歓ヒアヘリ、数年ノ不審一時ニ解テ神助ノ程コソ難有キ、右ノ
松壽院ト誌サレ松ノ壽□云、氣取テ其原ヲ尋スシテカク傳ヘシト
見エタリ、其事ニハ心岳妙性大姉トハ誌サレ□ナリ、誌サレシニテ知べシ、

□此印
注ニス、同姓カ家記ニモ重行妻仙光院ナル由ヲ申セドモ、實否不詳ト誌テ有レハ
此等ノ委キ事ハ得知ザリシト見ユレハ、追而右ノ次第ヲ誌シテ知ラスヘシ

重之　三宅　伊兵衛
妙應院殿ニ奉仕、重元ニ所賜ノ養老ノ料三百石ヲ賜リテ、
炮手ノ長ニナサレ、此役ヲ勤シ一代ニテ絶ル、享保十年乙巳正月廿五日卒、
法号　本了院殿覺峰元心居士

重安　三宅　平太郎　伊兵衛　嗣本家
生母下林森平女 炮手小頭 元文元年丙辰十二月二十二日卒
法号　三壽院玄室妙機信女

女子　牧左學相久後室　三宅九郎兵衛養女ニテ嫁ス
母同上、享保八年七月廿九日卒、法号　本光院殿妙照日輝　昭儀

女子
母同上、一旦婚嫁有テ夫家不詳歸家、安永三年正月十三日卒、法号圓明院殿
梅屋清香大姉

重矩　三宅　庄太郎　藤助　藤兵衛
實ハ重豊二男、重次無子因テ養子トシ嗣家、　（付札1～4有り）
妙應院殿ニ奉仕、二十六歳御番頭ヲ勤シ、三十五歳御側御
用人ヲ勤シ、元禄十四年三月御備頭ノ列ニナサレ、禄五百石ヲ加へ
賜ル、同十五年四十六歳ニテ旅御家老ニナサレ千石加エ賜リ、
合三千石ヲ賜ル、正徳二年御家老職ニナサレ、勤料五百石ヲ
賜ル、今年正月晦日於別園西爽園ト云、京町龍崩へニ有リ、両度御入ノ由ヲ傳フ

（付札1）「千五百石相續とハ相見へ候得共」
（付札2）「此通之系之引様初而拝見仕候」
（付札3）「御家督之年月御禄高」
（付札4）「采地千五百石無相違下賜リ

妙應院殿ニ奉仕、家督年月ハ自記之
趣不同有之、機密間江問合置申候」

妙應院殿ヲ饗シ奉リ、田畑ノ池ニ御舟ヲ泛ラレ終日御興
有リテ　御歸殿、又元禄十四年三月淺野内匠頭殿長矩朝臣
營中ニテ、吉良上野介殿義央朝臣ヲ刃傷セラレシ不敬ノ罪ヲ御咎ア
ツテ、内匠頭殿ニ腹切セ、所領召放サレシカバ、赤穂ノ老臣大石良雄
以下義ヲ守テ復讐セシ時、良雄等仙石越前守殿政朝朝臣ノ許ニ囚人ト
ナリテ有シヲ、良雄以下十七人ヲ御當家ノ分ニ當ラレシ折、越前守
殿ニテ受取濟タル上、路次三嶋丁ニテ訛言起リ、御人數ソバヘ
タル時、重矩惣押ニテ有シ程ニ、訛言ノ騒動ヲ鎮メラレシ振舞ヲ、
永田輝望(ナカ)ガ其男九郎ニ云ヤリシ書翰左ニ記ス

上略右請取相済候而、夜半計芝御屋敷へ参り候路次三嶋丁邊
ニ而、誰云ともなく上杉家なとより奪取候人数馳付候との物音
有之、行列殊之外あやふミ、覚悟もいたし候躰ニ而押たゝよひ候處、
惣おし三宅藤兵衛馬上より大音ニ而泉岳寺へ押懸さる
上杉殿之御人数
公義囚人に成候後、國家之大事をも弁へなく、理不尽ニ奪取候
事は有まし、是程之訳合存不申人計ハ上杉家にハ有ましき
ぞ、若、夫にも狼籍の事あらば、各うで太刀之継候迄働候而、
公義に御奉公いたし候までなり、とても諫動無用

たるへしと響渡り申されけれバ、にへ湯に水をさしたる様にしつまりて、もとの様に押行しに、はたして何事もなく、右等の事ハ平日之威望による物に候得とも、時に当り即妙之言にあらされは、大勢之心を打静る事、寂なりかたく、また其時の言辞容貌も雄偉になくハ、いかで即時の功あらまし、戦場に臨まれても、不覚の軍はあるましきよし取さたいたし申候、我等も左様に存候

正徳五年乙未八月六日卒

法号　月仙院殿明菴宗光大居士

〇（朱丸）

女子　房

有吉清九郎直春室

明和五戊子年十一月八日卒、法号安壽院殿詳外妙永禅尼

母ハ溝口藏人政登第五女、享保十七年十月二十七日卒、法号圓心院殿松岩庭柏大姉、好ニ依テ葬于安国寺

〇（朱丸）

重慶　三宅　百助　早世

母同上、正徳五年八月十日卒、法号玉光院殿白輪浄桂居士

（付札1・2有り）

（付札1）「御兄弟之御順此通ニ而御座候哉」
（付札2）「御不審之通兄弟之順間違居申候ニ付、
朱丸を用ひ置申候」

重安
三宅　庄太郎　伊兵衛
實ハ重之嫡男（重之ハ重元二男、三百石ニテ勤仕）別禄部屋住ニテ三百石賜リ大組附ニ
ナサレシニ、重矩無子依テ為養子嗣家、組外ノ着座ナサル、其後病
氣ニヨツテ致仕、享保十四年正月十六日卒
法号　元浄院殿陽山宗春居士

重貞
三宅藤右エ門
實ハ續弾右エ門弟、重安爲養子享保五年二月嗣家、三千
石ヲ賜リ着座ニナサル、其後病氣ニ依テ御知行召上ラル、纖悉ハ別
記ニ誌ス、延享二年乙丑四月二日卒
法号　露桂院殿如幻是睡居士
内室　三宅九郎兵衛女、享保二十年十一月二十五日卒
法号　浄空院殿節岩智貞大姉

時之　三宅　藤助

時之　三宅　藤助

實ハ重安長男、元文二年十一月先祖ニ對セラレ藤右エ門エ賜リシ
俸禄ノ内二千石ヲ賜リ、先規ノ如ク着座ニナサレ、其後寶暦十三年
四月致仕、安永九年八月五日卒
法号　岫巖院殿桂峰道林居士
生母　高瀬屋次右エ門女、宝暦九年己卯正月十六日卒
法号　榮泉院松菴利貞大姉

（付札1〜3有り）

（付札1）「御卒去ノ年月不御書入」
（付札2）「書落申候ニ付、本書ニ認込置申候」
（付札3）「養子ニ奉願候年月、家督之
　年月共不分明之儀御座候付、
　機密間江吟味頼置申候付、追而
　書加可申候、禄高者三千石ニて御座候
事」

女子　榮　慶和室
寛延元年八月生、文政十二年癸丑十一月六日卒
法号　真珠院殿瓊室壽光大姉
母ハ澤村衛士雅準女、寶暦九年己卯十二月十二日卒
法号　圓珠院殿明室慧昭大姉
（※参考　三宅家文書54（仮題）「三宅家系譜草稿」）
「童名　岩三郎
始友常　衛士法号　崇心院智覺義觀大居士　此稜ハ此節書出シニハ省ク也、嘉三年六月（ママ）」

○（朱丸）

女子　豊子　阿蘇大宮司宇治宿禰惟典室
母同上　文政七年甲申二月五日卒

女子 ヱカ 母同上　兼坂文右エ門　室
文政九年丙戌四月十九日卒

法号　智定院殿圓譽慧妙大姉

○(朱丸)未称諱　万太郎　夭
母同上

宝暦十年庚申正月廿八日卒

法号　花月禅芳童子

慶和　三宅藤兵衛

實ハ山本三郎右エ門正良弟、藤助無子故爲養子嗣家、寶暦　（付札1有り）

十三年藤助ニ賜リシ二千石ノ内千八百石ヲ賜リ着座ニナサレ、明和五年

御歸國ニ付、公義エ御禮ノ御使者ヲ勤シ、同七年六月御小姓頭ヲ

勤シ、安永六年二月御側御用人ヲ勤シ、延享四年三月十四日生、

天明元年十一月六日卒

法号　不識院殿直指寂性居士

（付札1）「御養子ニ被成御究候年月、且又

御家督之年月・御禄高御書加　」

女子　母清時之女榮　堀尾義三郎　室

有故歸家、寛政十二年庚申十一月十六日卒
法号　浄光院殿真相妙珠大姉

元智
三宅英蔵
母同上

天明二年五月舊知千五百石ヲ賜リ着座ニナサレ嗣家前髪有リ同六年
加冠、寛政六年十二月　　松向寺殿百五十回御忌ニ當セラレ、於京師
高桐院御法會御執行御代香ヲ勤シ、寛政九年御留守居御番頭
ヲ勤シ、享和元年二月御番頭ヲ勤シ、其後　若殿様諦觀院殿
御在國中御小姓頭助役ヲ勤シ、文化十年ヨリ同十一年迠鶴﨑
御番代ヲ勤シ、同年數年手全ニ勤仕セシ旨ヲ以テ、御紋附御上下
御小袖ヲ賜ル、文政四年六月病氣ニ依テ役ヲ辞シ、多年手全ニ勤仕
セシ旨ヲ以テ中着座ノ列ニナサレ、同五年致仕、明和六年己丑十一月
十三日生、文政十年丁亥正月二十七日卒
法號　渕玄院殿渓谷流泉居士

重存始名元陳
三宅　盈喜　藤兵衛

寛政九年丁巳十月八日生、母ハ溝口藏人政勝嫡女竿、後チヲ、安永七年十一月十二日生
天保九年戊戌三月十六日卒
法号　窈闗院殿桃屋妙悟大姉

文政五年十月嗣家、父之禄千五百石賜リテ比着座ニナサレ　御左座七番如舊　（付札1・2有り）
明ル六年三月御留守居御番頭ヲ勤シ、同七年恙有テ辞表ス、同閏
八月年若ナル故ヲ以勤仕スヘキ由ノ　仰ヲ蒙リ、同八年二月不如意
ニ付辞表ス、同三月願ノマ、ニ當職　御免有テ座配如元、同十年
三月元ノ職ニナサレ、同十二年十二月御番頭ニナサレ、天保三年九月ヨリ
同四年九月迠靏崎御番代ヲ勤シ、同四年十月御小姓頭ヲ勤シ、同五年
ヨリ江府エ勤シ、同六年三月　御任官御祝御用ヲ勤シ、御紋附
御上下・御小袖ヲ賜リ、同六月熊本ニ着府、同七年十月来春
御参府御供ノ旨ヲ蒙リシ處、恙有テ辞ス、同九年十月来春
御参府御供調ベノ仰ヲ蒙リシ處、同十一月御番頭ニナサル、同十一年
三月職前不呑込ノ儀アリテ辞表ス、因テ同十二年三月辞表ノ
旨趣不容易ノ儀ニ付、其趣ニハ被　仰付カタキ旨ヲ傳ラル、弘化元年
六月靏崎御番代ノ　仰ヲ蒙リシ處、同九月同僚申談筋熟
兼候様子ニ付、當職　御免有リ、中着座ニナサレ、同三年五月
御拝領物御歓御家中惣代トシテ江府ニ勤シ、同七月熊本エ着府、
即日花殿ニ於テ今度ノ御祝トシテ御紋附御帷子一頂戴、同
十月御留守居御番頭ニナサル

（付札1）「御兄弟之御順此通ニ而御座候哉」

（付札2）「御不審之通兄弟之順間違居申候、朱丸を
用ひ置申候」

女子　織
三野四郎左エ門橘實風室
母同上、寛政十二年正月十六日生

未称諱
母同上
三宅猪貞　夭
享和元年八月十三日生、文化二年乙丑九月二十九日卒
法号　容顔珠光童子

女子　政
津田三十郎平長告室
母同上、享和三年十一月朔日生

重全
始名元長
三宅　還治　泉
母同上、文化四年九月十一日生

元晴　三宅　亀傳

母同上、文化七年二月二十五日生、天保五年為寺本亀藏源直逸養子、天保六年九月嗣家、改寺本八郎右エ門源直竪

女子　鶴　中瀬助三郎

母同上、文化九年正月元日生

重世始名元隆　三宅　盈喜　盈之亟　英之亟

母八平野九郎右エ門長幸女、文政七年甲申八月二十二日生

重明始名元朝　三宅　次郎　百助

母同上、文政十年丁亥正月二十五日生

未称諱　又作

母同上、天保三年壬辰六月十七日生、同五年甲午八月十六日卒
法号　月峯秋圓童子

未称諱　祥之助
母ハ稲津九兵衛女、弘化三年丙午正月十二日生、同七月二日卒
法号　秋露禅童子

女子　縫
母同上、弘(ママ)四年丁未四月二十九日生

女子　鉄
母同上、嘉永元年戊申六月廿二日生、同二年閏四月二日卒
法号　如鐵禅童女

同姓三宅九郎兵衛源義廉系圖

重長
實ハ重豊カ男、重行無子養之為子、當九郎兵衛義廉重行ヨリ傳ヘテ十世ニ至ル、家系漏脱モ有ル由ナレハ、其全ヲ得テ爰ニ附スベシ
重豊ハ嘉右衛門ト称セシ事ナリ

家譜

重時
三宅出雲

光俊
明智左馬助

重利
三宅藤兵衛
寛永ノ度討死

家系

光秀　惟任日向守

光俊　明智左馬助

重利　三宅藤兵衛
寛永ノ度討死

局本明智系圖

頼兼　明智下野守

光綱　明智十兵衛

光隆　明智玄蕃　光隆ハ光綱始名也ト山岸系圖ニ有リ

光秀　始名彦太郎　十兵衛　後改惟任日向守

世ニ明智ト称スル別本モ是ニ同シ

右家譜・家系・明智系圖ノ誌ス所大ニ異同有テ系統難定、因テ新篇纂圖・山岸系圖等ニ依テ全系ヲ撰定シ、中世光継ヨリ系統ヲ出シテ、子孫ノ便覧ニ示ス、別ニ家傳ヲ誌シ世系ノ然ルベキ所以由ヲ明ス

撰定三宅系圖

光継　明智下野守

光綱　明智十兵衛

光安　明智彌次郎　兵庫頭　従五位下　入道宗寂

光俊　明智左馬助

重利　三宅藤兵衛　寛永ノ度討死

光秀

晴元
始名光舎　山岸勘解由　玄琳和尚　大僧都
高橋文書ニハ織田家ヲ忍ヒ、妙心寺塔頭ニ住シ、無事ニ遷化ト有リ

此系譜家傳共ニ
松向寺殿ト誌シ　御代々殿ノ字ヲ用イシ事ハ、尊氏卿ノ〢ヲ
等持院殿、義詮卿ノ〢ヲ宝筐院殿ト誌セシ室町比ノ記録ノ文
體ニ效イテ誌セシ也、又子孫トシテ祖先ノ諱ヲ称スル〢憚アレ共、同
假名有ル故、其事蹟ノ見安カラン為マヽ諱ヲ用イシ也
家傳ニ云、三宅出雲重時ト先祖附ニ誌セシハ、實ハ日向守殿ヲ申タル
事ニテ、日向守殿、天正十年ノ事アリシ後ハ、明智ノ称号ヲ唱ヘシ人世ニ
忌諱アリテ、カク假名シテ、暗ニ日向殿ヲサシテ申ス由ヲ傳フ、又日向殿ヲ
左馬助養父ト誌セシハ誤ニテ、其事ハ下ニ云ベシ、局本ノ（府ノ記録局）明智系圖ニ
（上略）光春ヲ光秀為養子改家名、号明智左馬助、實ハ日向守甥也ト
有ヲ取出シテ、此一本ニヨリテ誌セシト見ユ、然ルニ出雲重時ト云人名、

其比ノ傳記・系譜ノ類遍ク探索シ、物シレル人ニモ問モシ、尋モシ、江府・京師ノ間ニモ因ニヨリテ索捜セシカド、三宅氏ニ出雲重時ト云ハ、似タル人ノ名ダニ絶テナケレハ、假托ノ名タル事シルカリ、又家譜ニ

源姓三宅氏中興家傳　重時

称二出雲守一重時、其妻ハ明智日向守姉也、居二濃州一、到二重時一始移二住丹波国亀山一、天正十年六月十四日為二豊臣秀吉一被レ害、此時家譜等悉散失也、故祖先之事蹟今無所考焉、

（頭注）「亀山以前ヨリ公方領ニテ、地侍多ク有シ所ニテ、霊陽院殿流落ノ後ハ主ナキ国ニテ、内藤五郎左エ門忠行城主タリ、天正三年日向殿信長ノ仰ヲ受テ発向セラル、其時忠行カ家臣内藤忠次郎以下降ヲ乞御家人トナル、以後日向殿御居城也、因テ其比三宅出雲ト云人亀山ニ住セシ事ナカリシハシルカリ」

光俊

室ハ明智光秀姉、初称弥平次、後改左馬助、光俊養之、以其女妻之授、采地二萬石、天正十年六月十五日於江州坂本城自截ト有ルニテ考レハ、差ヨリ天正ノ事アリシ時、日向殿モ出雲ト云人モ為豊臣被害ト有テハ両主同事・同害ニ逢レシ〻如何有ヘキ、其上出雲ト云人モ本

能寺ニ同ク夜ガケヲイタサレ、織田殿ニ同恨有シ人両人ト究ル時ハ、甚タ浮タルヿニテ、重時濃州ニ居ト云ヨリ以下日向殿ト出雲ト両人一事ニテ、左馬助ヲ日向殿ノ養子トシ、又出雲ニモ同様ト有テハ、是又一子両父ナルヿ弁ヲ待ズ、彼是附托ノ事ニテ、詮スル処、明智氏ニ忌諱有テ、出雲重時ト云ハ日向殿ニ假托ノ名タル事シルカリ、又左馬助ヲ日向殿甥也ト先祖附ニ誌セシ事、右ノ明智系圖ニモ見エタレド心得ガタキ叓ニテ、其誤ハ下ニ云ベシ、右ノ家系ニ出雲内室ハ日向殿姉トシ、左馬助内室モ同様トアレ共、日向殿ニ姉妹ノ有シ事ハ諸本ノ系圖ニ見エサル上ニ、倫理ニ違タレハ何レニ誤ト見エテ、正シク誌タレハ傳寫ノ誤トハ見エズ、其上左馬助先妻ハ三宅光廉入道ノ（左馬助叔父）女、後妻ハ　秀林院殿ノ御姉於岸ノ方ナレバ、兎角ノ弁ヲ待ズ、又日向殿ハ男女ノ御子息達十五人迠ヲハセシナレバ、物好ニナド甥ヲハ養子ニハ成レマシキ也、出雲ト云人實有シ人ナランニハ、天正十年ノ叓有シ時、其名モ、其働モ有ヌヘシ、又藩翰譜土岐山城守殿（定政朝臣）ノ傳ニ、始メ土岐ト名乗ラザリシ叓、養父ノ氏（菅沼常陸美濃ニ住ス）ヲ称シ、又明智親戚タルヿヲ憚シ故也ト云ト有リ、又公義御外戚傳ヲ閲ルニ、服部出羽守保章天正十年ノ乱後、江州北村ニ蟄居シ北村ト称ズ、其孫　常憲院殿ノ御代故有テ、松平美濃守殿（保明朝臣）ニ付テ奉仕ノヿヲ頻ニ歎願スト雖モ、出羽守ハ服部ガ傳来ノ者ニテ、光秀が幼息ニシテ嫡孫ナレバトテ、實父明智障リトナリテ事不調、依之松平右近将監清武ノ家老某ガ養子トナルト有ル、高橋文書

ニハ松平下総守殿ニ奉仕ト有ル、何レニ文書ノ事實ヲ傳ヘシト見ヘシ、
左レハ高橋彌一右エ衛門が兄市之進ナルヘシ、出羽守養子ハ、日向殿ノ第
十五男内治ト申シ、母ハ出羽守女也、天正十年正月出生アリテ坂本落
城ノ時當歳也（高橋文書上下略ス）佐々木義郷ノ旗頭鯰江帯刀由緒有リテ、
日向殿内室共ニ城ヲ出、伊賀越ノ途中服部蚫鬼破ト申侍ニ行
逢イ、出羽守カ館ニ送リ、其後内治ヲ出羽守養子ニナシ、北村源馬ト
改メ、後改彌平兵衛ト日向殿御末子ト云ヲ深ク隠シ居タル程ニ、出羽
守養子ノ沙汰ナク、此以前妙心寺塔頭ニ居住ノ日向殿第九男
玄琳ハ實子タルヿ知ル人ナクテ、無事ニ僊化、又嵯峨天竜寺ニ不立
ヲ立申出家ハ、日向殿實子トアリテ、織田左門殿京ノ音羽橋ニテ信長
公ノ御追善ニ彼僧ヲ自身首ヲ刎ラレ、今一人實子有之由、闇討イタス
ヘシト織田家ノ衆申サルニ付、彌平兵衛深ク忍ヒ申ベシト、織田刑ア少輔
殿御母堂龍樹院殿ヨリ、彦根ノ沢村源底方エ内通有シ由、龍樹院
殿ハ源底母方ノ伯母ノ由、右等ノ事共合セ考レハ、新井筑後守（君美）ノ申サ
レシヤウニ、明暦・万治ノ比迠モ猶忌諱ノ㕝有シニヤ、然レ共荒木善兵衛
カ弟左馬助ヲ（此善兵衛兄弟ハ荒木摂津守村重カ男、荒木新五良村安カ男也、左馬助ハ根元徳川殿ニ荒木ト申女房有テ、此人ノ養子ニナリテ有ケルガ、アラキ女房罪有テ遠嶋ニ處セラレシ時、正保元年御ユカリニ付テ真源院殿ニ御預有シ也、以上善兵衛家記ニ出ズ）
アラキト申女房、左馬助（荒木）ヲ養子ニシタリシ事上ノ段ノ様ヲ以勘考
スレハ、受ガタキ事ニテ、高橋市之進ガ　常憲院殿ニ奉仕ヲ望タリ

シ時、其乞タリシ模様モイカヾシタリケン、肝煎シ人ノ意向ニ依テハ申事モ左右ノ弁ニヨリテハ叶フ叓叶ズ成行クハ世ノ姿也、可考、善兵衛母ハ日向殿ノ嫡女、始右ノ村安ニ嫁ラレ二人ノ男ヲ設ラル、則善兵衛兄弟也、藤兵衛重利ニ異父同母ノ兄弟也、右ヲ以考ルニ、家譜ヲ誌サレシ時、天正ヲ去ルヿモ近シト云ヘク、忌諱有シヨリ出雲ニ假托シテ祖先ノ事蹟今無所考ト致サレシハ、其誌サレシ時ノ意ヲ深クモ尋見ルニ、前ニ云シ如ク明智系圖ニ依テ、日向殿ハ左馬助ノ養父ト見エシヨリ、カクハ誌サレシナレド、若又忌諱ヲ専ニシ時勢ニ付テ一ツトハ假托ニヨセ、一ツハ今無所考ト事ヲ朧ゲニシテ誌サレタルヤト了解スルトキハ、強チニ出雲ト有ヲ研究スルハ、先人ノ御心ニ背ク道理ニモ至ンカ、然レ共子孫トシテハ祖先ノ祭ハ絶サデ有ベキ事ナルニ、追々申タル如ク、出雲ハ假托ノ名ニテ、又假托ノ日向殿ハ家ノ系統ニアラズ、何ト心得テ遠ヲ追ベキ、多クノ星霜モ移リ變リ、今此太平ニ至リテハ當時ノ忌諱有ベシトモ覚ザレバ、其筋ヲ得テ祖先ノ系統モ明ニ傳ヘ、如在ノ禮奠モ薦メ度事ナレバ、猶其次第ヲ此下ニ書付テ子孫ノ考證ニ示ス、抑、左馬助ハ明智駿河守光継殿ノ二男明智兵庫頭光安殿ノ嫡男也、童名岩千代、加冠シテ彦三郎ト称セラル、此間、土岐明智ノ一族、弘治二年九月斎藤山城入道々三ガ為ニ明智ノ城ヲ滅サレシカバ、左馬助ハ同国大野郡結城村ニ居タリシガ、コヽヲモ敵ノ地ナレハ、叔父三宅大膳入道長閑斎ト共ニ三河国加茂郡梅ケ坪ト云所ノ塗師屋ノ家ニ蟄居シ此塗師屋モ所縁ニ付テ忍ヒヲハセシ

由ヲ申也　其所以ヲ尋ルニ、始明智駿河守光継ニ弟頼定ト申人有リ、其男頼明、其男定明、定明ノ嫡女菅沼新八郎定盈ニ嫁シ、其弟定政童名愛菊丸菅沼藤蔵ト称ス、後ニ土岐山城守定政ト改ム、室ハ鳥井彦右エ門元忠ノ女ト山岸系圖ニ見エタレハ、三河ノ御衆モ或ハヨキニカシヅケラレシト見エテ、其故有シ事共也、長閑斎塗師屋ノ家ヲ我家ノ様ニシテ閑居有ケレハ、其許ニテ左馬助長リ長閑ノ女ヲ配シテ、左馬助ヲ聟トセラレ、三宅弾平次ト改ラレシハ其比ニヤ、此長閑入道ノ事山岸系圖ヲ按スルニ、明智修理大夫国篤ノ三男三宅越後守国朝美濃国池田郡三宅村ニ在住有テ、三宅ヲ以テ氏ト称セラル、是三宅氏祖也ト見エタリ、三宅ハ諸国ニ屯倉ヲミヤケト唱ルヨリ、家ノ字宅ノ字ヤカヤケノヨミ有ルヨリ、ヤケトモ転シテ三宅トモ書ケリ、三宅河床ナト、近江ノ朝ノ人名ニモ見ヱタルハ姓ニテ、児嶋三宅ノ如キハ我三宅ニハ異ナルナリ　此越後守始テ三宅ヲ名乗シ也、同書ニ土岐兵ア少輔定明ニハ四男光綱ノ次弟兵庫頭光安　左馬助親父　ニ舎弟ニ當ラレシ、右ノ三宅光廉入道長閑斎ハ、左馬助ト共ニ坂本ノ城ニテ自害ス、年六十七ト有リ、此人前ノ越後守国朝ノ家ヲ嗣レタルニハアラヌニカ、試ニイハ、国朝ノ舎兄頼秀ハ應永二十四年ニ出生有テ、夫ヨリ天正十年迠ノ年暦ヲ推スニ、百六十年ニ餘リテ中一代ヲ置時ハ世次モ序ヲ得ベシ、サレ共其人見エザレハ、系圖ニ脱漏セシニヤト覚ユレバ、此国朝ノ家ヲ嗣レシニハウツナカルベシ、左馬助長閑ノ女ノ腹ニ四女一男アリ　男子ハ夭、女子婚嫁ノヿ略ス　又右長閑ト云ハ后ニ大膳入道ト見エタレハ、日向殿御取持ニテ大膳亮ニナラレシニヤ、其比私ニ官途拝任ノ様ニ称スル、當時ノ習ナレハ、其類ニモアルベシ　大膳入道ハ正シキ左馬助ノ叔父ニテ明智ノ家ニ付テハ親シキ一族ナレハ、カタヽヽ左馬助

ヲ聟ニモセラレタルベシ、然ヲ左馬助ヲ　松向寺殿ノ仰ニ塗師屋ノ子ニモ
アレ程ノ者ガアツタ程ニト、御賞誉アリシ事御年譜ニ見エタレハ、疑フ人モ
アルベケレ共、明智モ三宅モ土岐ノ一族ニテ、明智ノ城滅タリシ后ハ、共ニ散々ニ
成果タリシガ、其後日向殿ハ勃興イタサレ、三宅ノ家ハ衰エシマヽニテ、終ニ
日向殿家人トナサレシカバ、其家ノ系統モ聞エザル様ニ成行キ、始ニ見エ
タル如ク其前大膳入道モ三河ノ梅坪ニ有シ時潜匿ノ内ニハ様子有テ、
髹ユノ叓モ有シニヤ、世ニ左馬助ヲ塗師屋ノ子ナド、雑説有シヲ
松向寺殿モ聞傳ヘ玉ヒテ、右等ノ御物語モ有シナルベシ、是等ノタメシ
世ニ多ク有ル事ニテ、若耶弁署ニ日向殿ヲ若狭ノ鍛治冬廣ガ子ナリシガ、
鍛治ノ業ヲ嫌イ武士トナリ、佐々木家ニ仕、明智十兵衛ト名乗リ、此
時織田家ヘ使者ニ参リシヲ、信長彼振舞言語分明ナルヲ見テ、佐々
木家ヘ所望アリテ、次第ニ大禄ヲ賜リ、明智日向守ト名乗ル、是光秀ノ素
性ヲ知ラズ、丹波亀山ヲ領ズル時、冬廣ヲ招テ多クノ太刀ヲ作ラセ、家人
ニ與フ、依テ丹波ニ冬廣カ作多シ、此時ノ冬廣ハ光秀ノ甥也ト云、光秀ノ
助力ヲ受テ授領シ、若狭大椽藤原冬廣ト打、代々五郎左エ門ト打、
元ハ鎌倉ノ秋廣ヨリ出タリ（鍛治備考ヲ按スルニ若狭守ト打高橋五郎左エ門ト見エタリ）ト有リ、又井澤
亭斎カ俗説弁ニ引タル明智系圖ニハ、日向殿兄弟三人、次（ジ）第筒井
順慶、々々ガ弟佐藤某ト見エタル如ク、後人ノ造（ママ）説挙ニ遑アラズ、然ルニ
右ノ両条絶テ所以由無キ事ニアラズ、山岸系圖ニ日向殿第八ノ男
光泰ヲ筒井陽舜房順慶ノ養子トシ、又第十二女ヲ筒井伊賀守

定次ノ室トス、又第十九ノ男若狭大椽冬廣ト号ス、母ハ若州遠敷郡小濱住人刀鍛治冬廣女也、明智大乱ノ後外祖父冬廣養之為子、一説左馬助子𪜈云ト見エタリ、（藩翰譜ニハ多門院日記ヲ引テ、四郎定次ハ順慶ガ妹箸尾ガ妻トナリテ生シ所也ト云、大和記ニハ順慶カ妹ノ夫箸尾宮内少輔只一子有ト見エタレハ、此説實ヲ得タルカ、按スルニ、光泰ヲ養子スベキ由約セラレシ事アリテ、未ダ順慶ガ許ニ迎ルニ不及シテ、天正十年ノヿ有テ坂本ニテ光泰ハ自害致サレシト見エタリ、又第十二女ヲ定次ガ妻トセシヿハ、諸本ノ系圖ニ見エタレハ、ウツナカルベシ、又第十九男冬廣日向殿ノ男ト云ヿハイブカシ、日向殿ニハ御子息達十五人ト見エテ、高橋閑吾ガ先祖内治ハ、天正十年當歳ナレハ内治限リニ出生ナキヿシルカリ、左レハ若耶弁畧ノ冬廣ハ日向殿ノ甥ト有ル方實ト見エタレ共、證トスベキ事ナケレハ、如何アルベキ、明智ノ一族多キ事ナレハ、追テ考テン）

此等ニ拠テ考レハ、訛傳スル所、其元有ガ如クナレ共、左馬助ノ事ヲ塗師屋ノ子ニモト仰有シ事、松向寺殿ハ左馬助ト正（マサ）シク同時ニヲハセシ上、親シキ御外戚ノ御親族タルノミナラズ、左馬助又世ニ鳴タル人ナレハ、其世系ノ次第傳聞給ハザルモ、イト朧ゲニモ聞ユレ共、其比姓氏ナキモ主将トナリ、門地世系ノ事ハ心ニ留ヌ風習ナレバ、今文運隆起ノ時勢ヲ以テ論ズベキニアラズ、三宅ノ家ノ一旦世ニ知レズ成シ証ハ、松向寺殿未タ　與一郎殿ト申奉リシ時、日向殿ノ許ヲ御訪有テ、御對顔ニ及バレザル以前、年少ノ侍日向殿居間ノ通ヲ恭ク敬禮シテ通リタリシヲ、奇特ノ者ト御感心ナサレ、御對面ノ上、右ノ侍ガ振舞ヲ御物語ナサレ、御内ニハ誰ト申者ニ候ヤト御尋ナサレシニ、ソレハ三宅弥平次ト申者ニテ有ベシ、其外ニハ左様ノ振舞イタス者覺候ハズト申サレシ事、御年譜ニ見エタレハ、左馬助ハ日向殿甥ニテハ無クテ、一族ノ寒微ニ成タル當時ノ様知ベシ、左馬助正（マサ）シキ甥タラハナド御見知ハ

ナカルヘシ、然ルニ偃武以後姓系ノ叓稍顕レテ、
真源院殿ノ御自書ニ

此度差下申候义者、先年天草本渡ニ而討死仕候三宅藤兵衛子ニ而御座候、寺沢手ニ而夜討之時も此者手ニ合申候明智日向守ためニひ孫子明智左馬助孫子ニ御座候故、我らとものかれさる者ニ御座候、不調法ニ御座候得とも、つらを御見しり候て可被下候、已上

肥後守

ひた様

右ノ通ニテ、今ニ家ニ傳ヘリ、是ハ正保年中　大猷院殿御所労ノ処、御平癒ニ付、御歓トシテ三宅藤右衛門重元ヲ御使者ニ當ラレ、時ノ閣老榊原飛騨守殿エ遣サレシ御副簡ナリシニ、飛騨殿ヨリ右御副簡此方ニ閣キテハ詮ナキ事ニテ、三宅ノ家ニトリテハ末代ノ重寶ナルベシト、御懇ノ儀ニテ下シ賜シ所也、重元ヲ左馬助孫日向殿曾（ヒ）孫ト御申有シハ、左馬助初三宅大膳入道長閑斎ノ女ヲ（左馬助従弟ニテアリシ也）嫁ラレ、早世有ケレハ、日向殿長女ニテ、妻木勘解由左エ門尉範熙ノ女ノ腹ニ出生アリシ秀子、後ニ於岸ノ方ト申セシハ、初荒木摂津守村重ガ嫡男荒木新五郎村安ニ嫁セラレ、男子二人設ラレシガ、天正七年摂津有岡ノ城攻落サレ、荒木家断滅ノ時日向殿モ有岡ニ御向有テ、右二人ノ遺孤見殺ニスルモ情ナシトテ、二人ノ遺孤ト於岸ノ方ヲ、（此遺孤二人ノ事ハ前ニ注シ置ケリ、兄善兵衛ハ日向殿ヨリ松向寺殿エ御頼有テ、其後慶長五年田邉ニ籠ル、）携ヘ歸城有リ、程無左馬助エ再嫁有リ、天正九年十一月男子ヲ設ラル、

是則三宅藤兵衛重利也、童名ハ帥(ソツ)、又與平次ト改ラル、後ニ三宅
藤兵衛ト名乗ラル、父光俊自截ノ時僅ニ二歳、家臣三宅六郎大夫
懐ニシテ坂本ヲ遁レ、　松向寺殿　秀林院殿ノ御愛育ヲ
受テ長リ、以下本譜ニ委シケレバ、前後ヲ略ス　　秀林院殿ニハ正
シキ御甥ニ當ラセラレケレバ、御愛育他ニ異リテ、其時分金子ナト帥(ソツ)エ
賜リシ御自筆ノ御文今ニ傳ヘリ、　　秀林院殿慶長五年七月
十七日玉造ニテ御生害ノ節モ、三宅藤兵衛事厚ク御頼ミマシマストノ
御遺言モ第一ニ仰ラレシ叓御年譜ニ見エタリ、其后重利寺澤志广守
殿エ仕ヘ、耶蘇一揆ノ時身ノ届ヲナサレシ也、重利ノ嫡男重元、則左馬助ノ
嫡孫也、前ノ　　松向寺殿ノ御様子ヲ以テ明智系圖ニ左馬助ヲ
日向殿ノ甥トシタル非ヲ明シ、　秀林院殿ノ様子
真源院殿ノ御自書ヲ以テ重利ハ左馬助ノ嫡男ニテ、正(マサ)シキ御親族
タル事ヲ證シ、山岸系圖ノ重利ヲ日向殿ノ十一男トシ、母ハ三宅藤兵衛
綱朝女ナド誌シタル誤ハ、弁ヲ待ズシテシルカリ、我家世系ノ確證是ニ
過タル叓ナケレバ、今改テ系圖家譜一巻ヲ撰定シ、子孫ニ傳フ、其庶蘖
ノ如キ考據ナキ者ハ姑ク疑ヲ存シ、後ノ精竅ヲ待、淺見ノ及ハザル処
失誤少カラス覚ユレ共、此緒ヲ續テ探索校考シ、世々此事ヲ失ハズ
追遠ノ孝ヲ全スベシ、又
松向寺殿 秀林院殿 ノ御事ハ、三宅ガ家ニ取テハ御恩顧別テ盡シ難キ事ナ
レハ、世々子孫忘却スヘカズ(ママ)

秀林院殿玉造ニテノ御事ニ付テハ、毎年七月十七日以前ヨリ
公義ニテ御祭リ有リ由、元陳、天保六乙未年御小姓組頭ヲ勤シ、征夷府エ
マカリシ時、垣屋弁之允カ物語ニテ承キ、
因ニ云、永禄十一年比ヨリ天正十年迠ノ間ニ、三宅藤兵衛ト云假名ヲ
繪入太閤記・同真顕記ナドニ書出シテ、永禄ニハ　霊陽院殿
　惣見院殿ヲ御頼ノ段ニ、溝尾・三宅ヲ何々ト有リ、天正十年ニハ
青龍寺城代三宅藤兵衛綱朝ト書テ討死ノ由ヲ、太閤真顕記ニ誌スヿ
受難キ事共也、サシヨリ小瀬甫菴ガ太閤記ニ、三宅孫十郎（光景左馬助次弟ナリ）
ト有テ、青龍寺ニテ働ノ様モ誌タレドモ、藤兵衛綱朝ト云ハ全部ニ見エスシテ、
其比ノ諸本ノ系圖ニモ、實録ニモ見エサル假名ナレハ、右諸本ノ誌ス所誤ニ
アラスヤ、甫菴ハ其比世ニ有シ人ナレハ證スヘキノ一也、其上、日向殿
惣見院殿ニ奉仕ノヿハ、永禄九年十年ノ間ニテ、　霊陽院殿佐々
木承禎ヲ御頼有シ比、　惣見院殿ノ許ニ日向殿使者ニ参ラレ、其
振舞ノ見事ナルニメテラレ、　惣見院殿承禎エ所望アリシ事、若耶
弁略ニ載タレハ、永禄十一年日向殿ニ付テ、　霊陽院殿ノ事ヲ
泰勝院殿ヨリ御申入有リ、日向殿為御迎トシテ、溝尾勝兵衛・三宅
藤兵衛ヲ阿波ガ口迠出サレシヿ何程ニヤ、思フニ、其比ハ日向殿今参リ
ニテ、長臣丹羽・羽柴ニコソ付テ兎角ノ御申入モ有ベキ時分ト見エ
タリ、全躰、繪入太閤記・同真顕記ナドハ世ニ面白ク書タル物語ノ
本ナレハ、若、錦考揖録（ママ）（ママ）ヲ誌セシ小野氏、右等ノ物語本ニヨリテ揖録セ

シ共ナラバ、益疑ナキニアラズ、然レ共、錦考揖録ハ御記録ノ全本ナレハ引證スル所有テ誌サレシニヤ、尋ヘシ、只、真顕記ノ如キハ、三宅モ明智ノ一族ナレハ、苗字ハ三宅ヲ取リ、藤兵衛ハ其後三宅藤兵衛重利アレハ、日向殿親族カタ々々ニテ、昔ヲ今ニ下ゲ、今ヲ昔ニ當テ聞シマヽニ押合テ、物語本ニ誌セシモ知ルヘカラス、右青龍寺城代ノ事、神足掃部カ自記ヲ挙テ、猶夫ト覚シキ物ヲ載テ後考ニ示ス

天正十年六月朔日勝龍寺にて之書付

一、勝龍寺之城、其時ハ矢ア善七殿・いのこ参助殿両人預リニて御座候

一、六月朔日夜あけ候へハ、二日京大分ニやけ申候ヿニて、二日早天ニ東之川はたへ掃ア見ニ罷越候へハ、いのこ参助殿・矢ア善七殿・内山甚六と申人京ゟ罷下り、掃アニ申候様ハ、今迄萬事申談候間、身上之儀ハ其方ニまかせ候儘、外聞うしない不申様仕可給之由申候、是ハふしんなる儀被申候、何事ニ不寄申合候上ハ、今更別儀不可有之由掃ア申候、此上ハかくして不入儀ニ候、信長様御はらめし候間、此儀ニて如何可仕哉と、右両人申候、掃ア申候ハ、天下をひきうけ、うんのひらき申事ニてハなく候へとも、成程かせき籠城可仕と別心無之上、女子ハ城へ上ケ可申候、あいてハ何かしと見候哉と申候へハ、あけち殿と右両人衆被申候、左候ハヽ、心安被存候へと、何事候とも気遣なき事を申候而、籠城用意仕候、矢ア善七殿ハ其時分さかひへ信長様御使ニ被参候留守ニて御座候故、人数無御座候事

一、六月二日巳之刻計ニ、あけち勝兵衛・佐竹出羽・いかい半左衛門三人の大将ニて人数六百計被参、神足掃ア父子ニあけち殿ゟ申渡儀御座候間、早々被罷出候へと申候付、如何可仕と談合仕候処、先出候而様子可承と申候而罷出申候、右三人之衆申候ハ、勝龍寺之城をせめ可申哉、又ハ其方父子存分次第ニ可仕哉と、あけち殿ゟ被仰出候と申候付、掃ア申候ハ我ホ爰元ニ父子居申候とても預人候間、其由可申と申候て、城へ参申候間ニ、はや神足村之百姓五十人程首をとられ申候、其儘掃ア罷出、はや、かやうニ百姓之首とりし事沙汰之限りニ候、いかい半左衛門とはたし可申候由申候而しつまり、弥城あつかい仕候事

一、私曽祖父神足かもん儀、山城国西岡ニ居候時分、御先祖ゆうさひ様ならひニせうりうしへ御打入被成候刻、別而御出入申上候、其比らんせひニて、其邊并方々一き共はうきとうニ及候由、然をかもんを御頼被成候付御かせい仕、無事ニ罷成候由、就夫ゆうさひ様常々被仰候ハ、自然之儀御さ候ハヽ、一方を御頼可被成との御やくそく御座候由及承申候

一、あけち殿、秀吉と宝寺ニて御取合之時、ひうかどの打まけ被成候付、右なしミ御座候故、かもんニミつき可遣由御頼ニ付、かもんてせひニて水の手迄はせむかひ、たいこう様相さゝへ申候間、伏見迄御ひらき被成候由承傳候、三斎様右之通御座候故、掃ア子三郎左エ門・庄五郎・半七三人召出され、御奉公罷出申候

一、半七儀、後ニハ八郎左エ門と申候、原の城討死仕候、以上

右神足浅之助書出ニて御座候由、申傳候ひかへ
此掃部ガ記ヲ以テ考ルニ、明智勝兵衛・佐竹出羽・猪飼半左エ門
ナドノ内、青龍寺城代ノ様ニシテ有シト思フ也、明智勝兵衛ハ溝尾
勝兵衛ガ事ニテ、明智ノ称号ヲ賜イシ也

此山岸系圖ヲ抜書シ、爰ニ便覧ニイダセシハ、日向殿養實ノ
疑ヲ弁シ、後ノ精簌ヲ待ツ、又日向殿御子息達十五人
ナル事ハ證ヲ明シ置タレドモ、猶其所以由ヲ私考ノ上ニ
圏ヲ用イテ弁シ置ナリ

光秀
童名熊千代　彦太郎　明智十兵衛　後惟任日向守　山陰道追補使
従五位下丹波侍従後舁殿　従三位中將惟任將軍

享禄元年戊子八月十七日生於可兒郡明智城、母ハ山岸加賀左衛門
尉信連女也、實ハ光綱ノ妹山岸勘解由左エ門信周ノ妻也、實此
信周ノ子也トアリ以下畧　天正十年六月十四日伏見小栗栖ノ里
ニ於テ生害、年五十五

法號　長存寺殿前丹江両州太守兼日州刺吏明窓玄智大禅定門
〇(朱丸)山岸系圖ニ日向殿ヲ光綱ノ養子トセシ〡如何アルヘキ、
光綱病身無子由ヲ載テ、山岸勘解由左衛門尉信周光綱ノ
妹ヲ娶リテ神ニ祈リ、日向殿ヲ出生セシヲ、光綱養テ子トシ、
光綱ノ次弟光安(ジ)　左馬助ノ父ナリ　後見サセテ云々トアリ、此間實光
綱ハ病身ナルヘケレ𪜈、日向殿出生ノ所以由モ神ニ祈ルトアリ
テ、色々ニ辨ヲ加ヘ、其趣ヲ事々神ニ託シテ綴リナセシ事
イト受難キ〡ナレハ、結句ハ光綱ノ一子ニハアラヌニカ、左レハ
光安ニハ甥ニ當ラレテ、年ノ程モ甥ト云ヘキ齢ト見エ後見
モアリ、後ニ明智ノ城ヲ譲ラント有シニ、日向殿固辞有テ、其
後弘治ノ比斎藤義龍カ為ニ明智ノ城ヲ落サレシ時、光安ハ
生害致サレ、夫迠後見アリト見エタルハ、都合ハ能ク得シ事ナリ、
然レ𪜈新篇纂圖ニ、天文十六年斎藤山城入道道三カ為ニ毒殺
セラレタリシ土岐伯耆入道存孝ニ十二世ノ孫頼元云々トアリ
テ、其時明智家断滅シテ散々ニ成果タリ、右ノ天文十六年ハ
弘治ヨリハ少シ前ノ事ナリ、左レハ頼元毒殺ノ事アリテ、明智
家次第ニ微弱ニナリシ程ニ、道三嫡子ノ義龍ヲシテ、弘治ノ
比明智ノ城迠滅セシト見エタリ、因テ明智ノ一族三河・若
狭ノ邊ニ散在シ、所縁ニ付テ閑居セシト見ユ、山岸系圖モ
日向殿以下ハ受難キ事多ケレハ、右ノ神ニ托シ、或ハ光綱祖

父ノ命ニ依テ日向殿ヲ養子ニセシナト、事ヲ東西ニ假テ虵足ノ辨ヲ成シ、系統ヲ誇耀セシニハアラヌニカ、又右ノ系圖ニ土岐要人助カ女ヲ日向殿養女トシ、日向殿ノ男晴光 諸本ノ系圖ニ日向殿第八ノ男ト有リ、妙心寺塔頭ニ住ス、玄琳和尚是也 ノ妻トスト有リ、日向殿天正十年ノ前夫等ノ事定メ置レタルヿ諸本ニ見エサル上、養女ヲ我男ニ配寓ノ事イカニ乱世ナレ𪜈、人倫ノ名義左程ニハ違フマシ、又日向殿将軍拝任ノ時、晴光官途ノヿナドナカルヘキ、然レ𪜈諸本不自由ニテ、求得サレハ深クカンガヘガタシ、都而山岸系圖ヲ案スルニ、諸本参考セシトハ見エテ、實ヲ得シヿ多ケレ𪜈、日向殿養實ノ事ハ疑ナキニアラズ、又御子息達ノヿハ誤失少カラズ、因テ山岸系圖ノ下ニ據アルハ註シ置テ、子孫ヲ驚シ置也

―女子 丹波国桑田郡周山城主 明智左馬助光俊室　幼名秀子、後ニ於岸ノ方ト云

天文二十一年壬子九月二日生、母ハ妻木勘解由左エ門尉範熙ノ女也、於牧ノ方ト云、永禄十二年七月嫁光秀（ママ）於岸ノ方天正十年六月十六日於丹（ママ）刕周山城生害、年三十一歳

―女子 同国多記郡八上城主 明智治右エ門光忠室　幼名花子、後於里ノ方ト云

天文二十三年甲寅十二月二十四日生、母ハ同婦、同時光忠ニ嫁ス、天正十年六月十六日於丹刕八上生害、年二十九歳

晴光 童名山岸熊太郎 明智作十郎 �斐作之進 後改山岸勘解由 始名光舎 桂屈斬宗山 法名玄琳和尚 京師妙心寺塔頭ニ住ス

弘治三年丁巳三月五日生、於淡刕可兒郡伊河山岸ノ舘 中略

寛永八年辛未六月十三日亡父日向殿及ヒ其外戦死ノ人々五十回忌ニ付、為追福於妙心寺自ラ大法事ヲ執行シ、同十五日大往生遷化、年七十三

○(朱丸)玄琳ノ事ヲ此系圖ニ日向殿嫡男トシ、晴光ト名乗ラセシ事不審

ナレハ、高橋家ノ文書ヲ引證シテ其事ヲ明ス

高橋文書上略 右之比迄者織田常真公・同上野介殿・有楽老ホ、其外信長公之御子孫秀御座候故、弥平兵衛光秀之末子と申事深く隠し居候ニ付、出羽守養子と申儀沙汰無之候、且其以前光秀之息出家を遂、洛外妙心寺塔頭ニ被居候源琳者、光秀之実子たる事存知候人無之候間、無事に被致遷化候、嵯峨天竜寺之境内に不立を立申出家者、光秀之実子ニ而御座候を、織田左近殿御聞付、信長公御追善ニ可然と被仰、京音羽橋に而彼之僧を左近殿自身に首を被刎候、今壱人明

智之実子有之由、居所知れ次第に闇討可被成と、織田
家之衆御巧ミ候間、弥平兵衛深く忍ひ不討様に用心
仕候得と、織田形ア殿御母堂龍樹院殿ゟ江州彦根之
住澤村源底江御内通有之候由
　右龍樹院殿と申候方者、源底母方之伯母之由

（朱丸）
○右文書ノ所記、源琳（源ト玄ト同音寫誤也）日向殿男子タルヿ希有ニ世ニ
不知、生涯無事ニ僊化ト有レハ、武士ニ成シ事ハナク生涯妙心寺
（これより乱丁、正しくは①→②→③）
②有シ時、乳母ノ介抱ニ依テ越後ノ國天輪寺ニ匿シ（安国寺記録）其
後（松向寺殿秀林院殿）ノ御愛育ヲ受、安國寺ノ開祖トナサレ
シト覺ユ、安國寺ハ秀林院ト寺号ヲ賜ハルヘキ處、同寺ハ
一國ニ一ヶ寺有ヘキ訳ニテ、サテ止ヌト云フヲ聞傳フ也、梵徹
和尚ハ天正九年ノ生ナレハ、高橋閑吾先祖ニハ舎兄ニ當リ、
嵯峨天竜寺不立（織田左近殿ニ被害）ノ弟ト見ヱテ、童名称
於靏丸ト、此次弟ニ乙壽丸ト云アリ、此人豊前ニテ
御内佛ヲ御預ケアリ、國家安全ノ御祈禱ヲ修シ
タリシ寶仙院ト思フ也、兄弟年次叶イタレハ、梵徹
寶仙院ニハ違フヘカラス、梵徹寛文七年十一月二十一日

遷化、年八十三、其時黄檗山曇瑞ガ偈有リ曰

長老年登八十三　蹈飜古月落空潭
従前照徹娘生面　直證梵天透頂龕
歳丁未臘月二日偈寄挽　廣壽侒曇瑞
梵徹長老　霊次

梵徹寛文七八十三ナルヿハ、曇瑞カ偈ヲ以テ證スヘシ、然ルニ寛文七ヨリ逆ニ算レハ天正十三年ニ當リ、日向殿戦死後ニ當リシカハ、天正十年正月ニ内治出生アレハ、其前天正九年ニシテモ年八十七ニテ遷化ナクテハ

①塔頭ニテ菩提ヲ營、後ニハ大僧都トモ有テ、達識ノ僧ニナラレシト見ユ、然ルニ玄琳ハ局本明智系圖、世ニ有ル明智系圖共ニ日向殿第九ノ男、遁世為僧号玄琳ト有テ、天正十年六月十五日坂本ニテ生害有シ光泰ニハ次弟ニ當ラレ、其時光泰年十二歳トアレハ、玄琳ハ十カ、十一ニテ有シト覚ユレハ、此山岸系圖ニ玄琳和尚ヲ晴光ト誌シ、弘治三年ニ生ルト有ル事心得カタキ事也、弘治三年ヨリ天正十年迠ハ二十五年ニナリテ、年数ヲ押テモ如是ナレハ、益疑ナキニアラス、其上晴光弘治三年ノ生レト定テモ二十五歳ナレハ、日向殿天正ノ事有シ時、先途ヲモ見届ケラレ、孝ヲモ、義ヲモ立テ、其名モ世ニ聞ユベカリシヲ、第一ニ其事サヘ諸本ニ跡カタモナク、イカニモ受難キノヿナリ、又諸系圖ニ日向殿第九男玄琳ト見エタレハ、年次大ニ違フノミナラス、信雄達モ世ニ有シ程ニ、晴光ト名乗武士ヲ立シヿ叶ハサル由ハ、時勢ヲ以テシルカリ、又妙心寺ハ敵ノ真中ニテ居住ノヿ無覚束、遥後ニ塔頭ニ

住シ明智家ノ菩薩ヲ営マレシト見ユ、其比不立ハ嵯峨、梵徹ハ越後ニ忍ハレシヿナレハ、山岸系圖ヲ作リシ人取合テ其系ヲ立、門地ヲ張リテカク拵エシト見ユレハ、追テノ考證ヲ起ス、因ニ云、安國寺開祖梵徹和尚ハ小侍従ノ弟（小侍従ハ秀林院殿ノ御別腹ノ御妹、此小侍従ノ家ヲ被立シハ平田彦三也、今府ノ新町ニアリ家系アリ）梵徹和尚天正十年ノヿ

（ここまで乱丁）

③年次不合、依テ四年ノ違イニスレハ年次叶フ事ナレハ、天正九年ノ生レト見ユ、或ハ其始越後ニ匿レテアリシ時、幻穉（ママ）ノヿナレハ、自身ニモ生年ヲ誤マラレシニヤ、又様子アリテ少シニテモ年少ニ申唱シナルヘシ

女子（丹後国加佐郡田邊城主細川越中守忠興室）　幼名　春子、後於玉ノ方ト云

永禄七年甲子正月生ル、母ハ牧ノ方、天正七年己卯二月二十六日忠興ニ嫁ス、慶長五年庚子七月十七日於大坂自害、年三十七

女子（平右府信長甥攝刕大坂城主織田七兵衛信澄室）　幼名繁子、後ニ於辰ノ方ト云

永禄九年丙寅三月生、母同上、天正七年己卯二月二十九日信澄ニ嫁ス、文禄二年癸巳八月　日病死、年二十八

女子　山岸物領　勘解由晴光継室　盛姫ト云
永禄九年丙寅十月生於濃州榑斐、是女子實ハ土岐要人助頼盛ノ女也、為光秀養女、天下無雙ノ猛女也

光慶　童名明智千代壽丸　又自然丸ト　惟任十兵衛
永禄十二年己巳十二月七日生於濃州大野郡久郷村、母ハ於牧ノ方也、住丹州亀山城、天正十年壬午六月十三日夜病死、年十四歳

光泰　童名吉壽丸　或十次郎　明智十郎次
元亀元年辛未十月二日生於濃州、母ハ同上、為筒井陽舜房順慶ノ養子、天正十年壬午六月十五日於江州志賀郡坂本城生害、年十二歳

某　童名乙壽丸　或安古丸
天正三年乙亥八月十二日生於江州坂本、母ハ同上、同十年壬午六月十五日於坂本城生害、年八歳

某　童名松壽丸　妾腹ノ男　又ハ称壽丸
天正八年庚辰十一月十二日生於丹州亀山雨觸、母ハ同國舩井郡田能

住人田能駿河守女也、山崎亂後舩井郡山中ニ蟄居、子孫郷士ト
ナリテ明田氏ト云也

某　童名秀壽丸　妾腹ノ男也　号三宅藤兵衛
天正九年辛巳十二月生於江州坂本、母ハ三宅藤兵衛綱朝ノ女、山崎乱後乳母
ノ介抱ニ因テ存命シ、成長而后安田作兵衛國継ニ扶助セラレ肥前唐津ニ移
住ス、子孫ハ細川越中守忠興ニ仕ヘ、肥後熊本ニアリ

○此藤兵衛(朱丸)トアルヲ重利ノヤウニ作リナシテアレ㕝、妾腹ノ男ト有テ、此
誤ハ　真源院殿ノ御自書ニ重利ハ左馬助孫ト遊サレタルニテ
證スヘシ、此綱朝カ事ハ家傳ノ内ニモ疑イヲ存シ置タリ、其比三宅ト名
乗シハ三宅大膳光廉・三宅孫十郎光景ナドハ有レ㕝、三宅藤兵衛ト
假名セシ人諸本ノ系圖・實録ニ不見、唯繪入大閤記・真顕記ナドノ
外見ル処ナク、真顕記ナトノ事ヲ以テ證トハナシ難シ、根本此山岸系圖
疎鹵多ケレハ、聞シ儘ニ其生年其外御當國ニ仕ヘ奉リシ事ナド考合テ、
原書ニ某ト計有シヲ後ニ名苗氏取合テ、カク誌セシト見エタリ、右ノ
重利母ハ　秀林院殿ノ御姉於岸ノ方ト云事ハ世ニモ知レタル
事ニテ、於岸ノ方始荒木村安ニ嫁セラレ、天正七年荒木家断滅ノ後、
左馬助ニ再嫁アリ、天正九年ニ重利出生ナリ、彼ト云、是ト云、山岸系圖ノ誤ヲ知ヘシ

女子　順慶養子　筒井伊賀守藤原定次室

出生年月不詳、日向守養女ト云リ

某　出家　法名　號不立
洛西嵯峨天龍寺ニ閑居

出生ノ年月日不詳、一説ニハ濃州武儀郡洞戸村佛光山西洞寺ニ閑居ト云々、京都東山音羽川ノ邊ニ於テ横死スト云々
（朱丸）○織田左近殿京ノ音羽橋ニテ不立カ首ヲ自ラ刎ラルト
高橋文書ニ有レハ、横死トハ此事ヲ差ス

某　童名於鶴丸　十内
号時田十大夫

出生ノ年月及母ト不詳、明智家没落而后丹州桑田郡宮田村ニ蟄居ス、或ハ天田郡福知山領ノ内ニ住スト云々、子孫ハ郷士ト成テ在之由

女子　川勝丹波守　室

女子　井戸左馬助利政室
同新右衛門利親母

此女子、實ハ進士美作守晴舎ノ女ニ而光秀ノ姪也、光秀養女ト而嫁利政、井戸ハ和州筒井ノ一族ニ而、山城国久世郡宇治槙嶋ノ城主也、利親ハ関東御旗本ニ召出サル

光保　童名　内治丸　服部平大夫ト云　號戸塚
　　後ニ改蓑笠之助

天正十年壬午正月生、母ハ伊賀國名張郡柘植城主服部
伊賀守保光ノ女也、但、同出羽守保章ノ妹也、服部保光・
保章ト日向守ニ仕、明智没落ノ砌、保章ハ妹並ニ内治丸ヲ
伴イテ、江州野洲郡北村ニ蟄居シ、後ニ内治丸ヲ養イテ、
我子ニ而服部半大夫光保ト名乗シム、其後関東ニ召出
サレ地ノ代官ト成リ、蓑笠之助ト改ム
〇此光保天正十年正月生ルト云〻、高橋文書ヲ以（朱丸）
テ實ヲ證スヘシ、以後六月迠ノ間、日向殿男女共ニ
出生ナカリシ事知ヘシ、是ヨリ上下ノ間養女
又左馬助子ナトト有レハ、明智ノ一族多キ中ナレハ、
誰ノ男女トモ難定、其餘ハ日向殿ノ勢ニ従テ
附シナルヘシ、日向殿子息達十五人ナル〻、此光保ヲ
以テ考證スヘシ

某　號淺野内藏助　淺野甲斐正秀父也

母ハ日向殿ノ臣堀田孫左右門正種女也、明智家大乱ノ砌、乳
父大石平左右門ト云者、是ヲ介抱シ、我カ在所江州志賀郡
大石村ニ落行、密ニ是ヲ養育ス、然而后外祖父堀田正種
是ヲ我子ト而、堀田十郎兵衛ト名乗シム、其後仕淺野左京

大夫幸長、淺野ノ氏ヲ譲ラレ賜一万石、子孫藝州ニアリ、大石良雄ノ祖父是也
○今ノ大石十郎右エ門エ内藏助カ事ヲ尋タリシニ、彼家ニモ其所以由傳ザル由申キ（朱丸）

冬廣　童名 於熊丸　刀剣鍛冶師　後号若狭大椽
出生ノ年月不詳、母ハ若州遠敷郡小濱ノ住人、刀剣鍛冶師冬廣ノ女也、明智大乱ノ後外祖父冬廣養之我子トスト云一説、是ハ左馬助光俊ノ子卜云々

女子　原隠岐守 源久頼室卜云　久頼ハ原紀伊守光廣ノ子ニ而、参州岡﨑ノ城主也

某　童名明智彦丸
出生年月及母トモ未詳、明智家滅亡ノ後江𠘑志賀郡高木村ニ蟄居ス、或ハ高城村ニ住ス卜云々、今高城氏ノ者是子孫ノ由

嘉永三年庚戌六月　三宅藤兵衛

＝読み下し文＝

（表紙）

三宅家系譜

「寅九印」（朱筆）

清和源氏美濃国住、土岐明智一族三宅家系譜

人皇五十六代清和天皇第六皇子貞純親王の子六孫王経基嫡子、正四位上陸奥守兼鎮守府将軍摂津守源満仲長男摂津守源頼光

頼光　左馬頭正四位上陸奥守兼鎮守将軍摂津守

頼国　従四位下　美濃守　摂津守　讃岐守

国房　美濃七郎　伊豆守　正四位下昇殿
頼国六男

光國　始めの名は師時　左衛門大夫　出羽守　従四位下
国房嫡男

光信　土佐判官　出羽守　従四位下昇殿

光基　藏人左衛門尉　伊賀守　従五位上

光衡　土岐左衛門尉　美濃守　信濃守　従四位下　郷戸判官
実は光長三男　光長は光基の弟

光行

民部少輔　土岐左衛門尉　出羽守
従五位下　淺野判官代　入道向山

光定

始めの名は光守　土岐五郎　讃岐守　隠岐守
従五位下　隠岐入道　法名定光
光行五男

光包

隠岐太郎　土岐伊予守

頼貞

始めの名は頼包　隠岐孫四郎　土岐六郎　土岐伯耆守
左衛門尉藏人　従四位上　昇殿　伯耆入道存孝

頼清
始めの名は頼宗　土岐次郎　中務丞　左馬頭　民部大輔
左近大夫　伊予守　従五位下　土岐西池田嫡流家

頼基
土岐九郎　伯耆守　明智九郎　明智元祖也
頼貞三男

頼兼
始めの名は頼則　土岐明智次郎　兵庫助　下野守　従五位下　入道浄孝

頼篤
始めの名は頼言　童名は氏王丸　明智十郎　駿河守　従五位下
入道法名宗観

国篤
明智刑部少輔　或いは修理大夫　従五位下

頼秋
童名は長壽丸　明智十郎　式部少輔　従五位下

頼秀
明智十郎　民部少輔　後に式部少輔　従五位下
頼篤二男

頼弘
十郎太郎　彦太郎　明智民部大輔
左京大夫　従五位下
頼秀の嫡男　又頼秋の末子とも云う

光継
始めの名は頼典　明智千代壽丸　兵庫頭　駿河守
従五位下　入道一関斎宗善

光綱

始めの名は光隆　童名は千代壽丸　彦太郎　明智十兵衛
従五位下　玄蕃頭

土岐系図に、存孝は日向殿十二世の祖と有りて、実を得たりと見えたり、又頼兼の事は太平記に土岐の十郎頼兼と見え、その従兄弟同隠岐孫二郎頼員・同藏人孫三郎頼春とともに、後醍醐帝の御味方に参り、元弘の初め六波羅の討手を引き請け、三人ともに京の宿所にて自害致されし也

新篇纂図には、頼兼は土岐の惣領伯耆入道存孝の末子にて、頼員は存孝の兄隠岐孫太郎頼親の子、頼春は存孝の弟右近将監頼重の子と有り、土岐惣領の正統は、天文十六年斎藤山城入道道三が為に毒殺せられ断滅に及ばれし、美濃守頼元は存孝の十二世の孫にて、日向殿も同十二世の孫に当たられしかば、代数もよく叶えたる故、明智系図に日向殿を右の頼兼の四世の孫としたるは大いに疎謬也、右両主ともに十二世の孫としてはその間両主有るが如くなれど、その正統連綿したるは頼元にて、日向殿は明智の城断滅し、程経て後勃興致され、明智家再興の主なれば、ともに十二世に当たる也、然れば山岸系図に云うところの光綱（明智系図には光隆と有りて、日向殿実父とす、山岸系図には光隆は光綱の始めの名とし、日向殿の養父とす）には、左馬助の父光安は次弟なれば、日向殿と左馬助は従弟に当たれり、日向殿養実の疑いは外に弁じ置けり、山岸系図に前の頼元を脱しぬれば、深く考えがたし

又明智系図に頼兼を明智氏の始祖とし、下野守と見えしは、覚束無き事にて、纂図には存孝の三男頼基を明智氏の始祖と見え、頼兼は纂図にも太平記にも、受領せられし事も、官途かけられし事も見えずして、ただ土岐の十郎にて世を果たされしと見ゆれば、頼兼を明智氏の始祖と

せしは、明智系図の説、誤なるには違うべからず、然れども、前の頼兼より後に、存孝に六世の孫土岐中興、興善寺美濃守頼營の庶兄に、又頼兼と云う人見ゆれども、この頼兼は大須氏の祖にて、明智氏より遥か後の支流也、明智系図にはこの頼兼を存孝に六世頼營の男なれば、四、五代の下に引き誤りたると思う也

全体土岐明智の系図異同有れば、いずれを善本とも定め難けれども、土岐家惣領の正統一筋は慥かに見えたり、差し寄り山岸系図には頼重を頼兼の嫡男としたれども、太平記には藏人孫三郎頼春の父を、纂図には存孝の弟右近将監頼重と見えて、頼兼の叔父に当たりし方、委しくも慥かにも見えたり、然れば山岸系図に載するところ、誤りなるには違うべからず、されど纂図の説も庶流の事は漏脱も有りしと見えて、太平記建武三年九条東寺合戦に高名したる存孝の子、土岐の悪源太は纂図にはその名漏れたれども、珠生系図に悪源太は存孝の五男、実名を頼氏と云う、存孝の家督に立たれし頼宗を纂図には存孝の六男と見ゆれば、頼宗の庶兄にて、頼宗は嫡腹故に第六男ながら家督に立たれしと見えたり、又纂図に頼兼を存孝の十一男と見えたれども、第五男の頼氏建武東寺合戦の頃、未だ二十余の弱冠の様子に見ゆれば、十一男の頼兼元弘の最初に父兄を越えて一番に宮方に参られし事を考えれば、頼兼年多くとも六、七歳の幼童にて有りたると見ゆれば、十一男の説は疑いもなく纂図の誤りにて、実は頼宗などにも兄に当たりたるべし

か様に異同疎誤少なからず、侍れば諸本を得て校考せざれば実を得がたし、依って纂図等の説につきて暫くその次第を起こす、右の頼氏は珠生系図に童名土岐の五郎、号悪源太、建武三年六月十三日東寺の軍功に依って尊氏より御所作太刀 虹丸 を賜う、人皇八十八代後鳥院青江次家を召して、搥刃を堅く合わせられ、無彫物銘帯裏打ち勅帯表を切る、長さ三寸五尺反一寸五分直刃也、建保三年院より平義時を賜う、高時に至り元弘の乱に鬼丸を名越高家に、虹丸を尊氏に賜う 又西美濃三千丁を賜う、別に駿河国入江庄を賜い、始めて別旗となす

応永十二年八月卒す、年九十
法名　清光院道孝
北山等持寺に葬る、子孫後に柴山と称し、又津山と称す、当主津山勘右衛門と云う、岡の藩中に有り、虹丸その家に伝えり、この珠生の支流まで書きあつめて、子孫の追考を祈る

光安

明智彌次郎　兵庫頭　従五位下　入道宗寂

明応九年庚申十月に生まれる、母は小栗木新左衛門冬廣の娘也、兄光綱死後、光秀幼少故に、父宗善入道の命に依って光秀を後見し、明智の城に住し一家を治む、光秀成長の後、城を譲るべしと申されしに、光秀固辞有り、よって終始明智の城に居る、弘治二年の頃、齋藤山城入道道三が嫡男義龍をして明智の城を攻む、義龍が軍勢を引き請け防戦し、遂に防矢を射させて自害す、年五十六
法号等不詳、考るべし、この時に至って明智の城永く断滅す、康永年中城を築かれしより二百有余年に及びき

光俊

童名は岩千代　彦三郎　三宅彌平次　明智左馬助

始名は光治　又光春（金吾中納言秀秋の矢部の赤星左馬へ送られし書翰に、秀詮と自書致されし類にて、左馬助も光春とも自書致されし事有るべし）天文六年丁酉九月十六日明智の城に生まれる、母は齋藤和泉守利胤の娘也、始めの室は三宅大膳入道長閑齋の娘、後妻は惟任日向守殿長女（秀子、後に於岸の方と申す）弘治二年の頃、齋藤山城入道道三の嫡男斎藤義龍

の為に明智の城滅ぼされし時、左馬助父兵庫頭光安遺言に依って明智の城を立ち退き、三河国

（付札、朱筆）「光俊二十才」

加茂郡梅ケ坪（この時塗師屋の家に叔父三宅大膳入道長閑斎とともに閑居し、長じて長閑の娘を配して聟とせられしなり）に閑居し、その後日向守殿の許に来たり、二万石を賜り、天正十年丹波国桑田郡周山の城（周山とは日向殿、亀山を改められし也）五万石を賜り、明智家の長臣たり

天正十年六月十五日江州志賀郡坂本城において生害、年四十六

法号　国泰院殿前左典厩俊山雲龍大居士（位牌は坂本阿野西教寺に有り）

重利

始めの名は師（ソツ）　三宅與助　與平次　藤兵衛

母は惟任日向守殿の嫡女（於岸の方、始め荒木摂津守嫡男、荒木新五郎村安に嫁せられ、天正七年荒木家滅亡の後、左馬助に再嫁せらる、秀林院殿の御姉也、天文二十年九月生まれ、天正十年六月十五日近江国坂本の城において生害、母は妻木勘解由左衛門尉範熙の娘お牧の方）　天正十年六月十五日江州坂本城落城のみぎり、左馬助自裁の時、三宅六郎大夫抱いて鞍馬の庵室に蟄居、既に十年に及び、十二歳にて丹後に携え来り、忠興公の内室（細川ガラシャ、秀林院）に託して潜かに養育す、この家譜の誌すところ、世の明智系図に依る所也

又米田家（監物是容の家）所伝の三宅系図には、左馬助自裁の時藤兵衛二歳、乳母抱き坂本を欠落、潜かに育てる、七歳の時乳母秀林院殿へ忍び参上仕り候につき、乳母には引出物下され、彼の少人は訳は何とも仰せられず、慥かなる女房達に仰せ付けられ、十歳余まで奥方にて御育て成され、その後丹後宮津へ御下り成され、御能様御同前に下々まで崇め申し候、丹後にて與平次と申す、慶長五年八月九月この御家を退き、寺澤志摩守殿（志摩守殿は紀の淑望の後武内大臣の末孫とぞ聞ける、世々美濃国に有りて、寺沢を称

せし人々、その後胤とぞ、志摩殿御父を越中守殿 廣正宿禰 織田殿に仕え、後に父子ともに太閤に仕え唐津を賜る、藩翰譜に出る、その外妻木等の人々明智の一族にて、天野源右エ門は、左馬助家老にて有し由なれば、方々所縁について唐津へ御参り有りしと見えたり へ内縁これ有り、三斎様へ御断りにて引き取られ、天草富岡の城預り居り申し候と有り

又家の長臣吉浦郷右衛門李行が聞書に 郷右衛門は天草広瀬にて討死せし吉浦兵右衛門尉季良の孫也、季行の父を吉浦諸兵衛季氏と云う、号一提、一提寛永の度富岡に有り、時に年九歳、鳥銃の音も小耳に能覚え居りたる由、折に触れ物語せし由を伝う、一提覚書一巻を誌し置けり 坂本落城之時上略 上々様段々御生害成され候、左馬助様へも御切腹成さるべしと、御行水場へ藤兵衛様を御呼ばれ候を、御乳母御意を背き、抱き奉り御城を立ち退き申し候、強ても呼ばせられず候由、定めて君は御長久もをなされ、御家を御立て成さる御時節も御座有るべし哉との思し召しにての御儀に御座候哉と承り伝え候、藤兵衛様御姉様御座成され候、これは御生害にて御座候、左候て御乳母とかく仕り、御城は立ち出で候らえども、乱軍の中故凌ぎ難く、大津町裏の葭の繁り候中に隠し置き奉り、その身まで立ち退き候を、京都の町人拾い奉り、密かに育て上げ申し候、この町人は定めて左馬助様御用等相勤め御懇意の者故、御乳母知せ申し候につき、拾い申し候哉と一提申し候、

藤兵衛様天草御在世の御時、京都の町人大文字屋と申す者方へ五人扶持宛差し登らせ候を、一提能く覚え居り申し候、大文字屋と迄覚え申し候て、名を覚え申さず候、さ候て太閤様御代に成り、世上も静かに成り候上にて、藤兵衛様を三斎様の伏見の御屋敷へ右の町人御供仕り、次第を申し上げ候、藤兵衛様十三歳の御時に御座候、三斎様驚かれ、早速高野山に密かに差し登せ置かれ候、寺院の名も承り候らえども失念仕り候、御出家下地にて御名を師様と申し候、その時分折々忍び、伏見に御越し成され、秀林院様へ懇ろに御対面御座候、秀林院様よりそのみぎり、進められ候御文一通残り居り申し候、師様十九歳の御時、もはや時節も推し移り、苦しく有るまじくと、三斎様思し召し上げ候哉、左馬助様御子高野山に忍び御座候を聞こし召し付け

られ候、御縁方の儀に御座候、いかが成さるべき哉と伺われ候ところ、太閤様上意に、その世倅成人仕り候とて何程の事を仕るべく哉、三斎様へ遣され候間、いか様とも御心儘にとの儀にて御座候由、これに依り早速御元服成され、御名を三宅与助様と改めさせられ、三斎様より三百石進ぜられ、関ヶ原乱の時分迄は御当家に御座成され、その後御家を御立ち退き成され、肥前唐津へ御越し成され候ところに、寺澤志摩守様より御先知三百石進ぜられ候、

唐津へ御越し成され候御様子は、左馬助様御家老、右の天野源右衛門唐津へ居り申され候につき、それに御便り御越し成され候哉と存ぜられ候、唐津において大坂乱の時分、御家中何某とか申す仁、御陣触を背き申され候につき、志摩守様御腹立成され、討ち果たし候様にと仕手を差し向けられ候ところに、この人武勇の仁にて、家来をも能く持ち居り申され候につき、屋敷を取り堅め、弓・鉄砲を放し、寄せ手を討ち散し、中々手に及び難く御座候につき、志摩守様へも御門迄御出馬成され候程のところに、藤兵衛様御馳せ付け成され、宜しく御働き御座候につき、三百石御加増にて六百石に成させられ候、その以後段々御加増成され、三千石にて天草押えの御役にて富岡城に御座成され候、藤右衛門様へは御別知千石にて御番頭役御勤め成され候、嘉右衛門様へは御別知千石にて富岡御城代御勤め成され御座候、これは藤兵衛様御老年に御座成され候につき、志摩守様御懇意にて御介添えの御心持ちにて嘉右衛門様も遣し置かれ候哉と、一提常々申し候、以下略

右の三書を合せて、重利、坂本以来の事蹟詳しき也、本文の儀によって三書の肝要なる所を約して撰定すべけれども、一字一句の転語よりその時の模様を誤るに至れば、その侭を書き載せてその実を明かす、皆大同小異にして、彼に委しきはこれに疎ざればなり　重利、天正九年十一月生れ

寛永十四年天草大矢野に耶蘇の一揆起こり、賊を防ぎ、同年十一月十四日天草広瀬村にて討ち死、身の届けを成されし也、年五十七

法号　龍徳院殿雪山道白居士（墓所広瀬上松山に有り、本渡より行程四合）

重元

三宅兵六　藤右衛門

母は妻木氏、（妻木氏は土岐明智の一族にて、頼秀の三男長門守頼範、妻木の祖也、明智氏と互いに婚嫁の事有りて、寺沢家も世々美濃に住せし人なれば、天正の頃妻木も寺沢家を慕い唐津へ有り、故に、所縁について縁約の事有りと見えたり、寛永の乱後、家記散亡せしや、その家定かならず、猶考証を続くべし、墓天草富岡瑞林寺に有り、墓碑銘磨滅、読み難し、よって法号を追諡す、○妻木氏は仮名を妻木勘左衛門と云いし由を伝う）

法号　天心院殿機山如應大姉

寺澤志摩守殿（廣高宿禰）に仕う、志摩殿卒後、嫡男兵庫頭殿の恩遇初めのごとし（忠高宿禰堅高は始めの名なるべし）

耶蘇の一揆起りし最初、兵庫頭殿在府なれば、重元唐津の人馬若干を率いて直ちに天草に到る、重利討死の後、賊の勢い日に増すの勢いにて、富岡の城を十重、二十重に取り囲み、軍難儀に及びしに、重元、次弟重信・同重豊・同重行賊を防ぎ、重元喉の傍らを鳥銃にて打たれしに、いとわず血戦に及び、兄弟四人水火になれと防ぎ戦いし程に、賊利有らずして有馬に走る、旗下を追って有馬に到る、明くる十五年二月二十一日の夜、賊寺沢の営を襲う、重元諸士に先達って奮戦し、部下の士死傷多し、この役重元戦功少なからず、同十九年故有り唐津を去り、筑後国瀬高村に居る、やがて真源院殿の命に依って玉名郡高瀬に来たり、正保二年采地千五百石を賜り、後八代の城を監す（この時真源院殿の御手書に、三宅藤右衛門儀、新参の者にて候らえども、と云う御序文の御手書伝えし由、家譜に誌したれども、世に云う京町回禄に焼失せし由、を伝う、正保年賜りし所の、今の氏家甚左衛門屋敷なり）その後正保年中大猷院殿（徳川家光）御所労のところ、御平癒、その尊体の恙無きを賀し奉られし時、重元を御使いに当て給いしに、真源院殿より時の閣老榊原飛騨守殿へ遣わされし御副簡、飛騨守殿手前において詮無き次第にて、その方家に取りては末代の重宝也とて、重元へ賜り、今に家に伝えり

御手書に

この度差し下し候使者、先年天草にて討死仕り候三宅藤兵衛子にて御座候、寺沢手にて夜討ちの時も、この者手に合い申し候、明智日向守ために、ひ孫子、明智左馬介孫子にて御座候ゆえ、我らども遁れざる者に御座候、不調法に御座候らえども、つらを御見知り候て下さるべく候、以上

肥後守

飛騨様

「(付札)京町新堀屋敷大火の後、諸記録焼失す、よって生年生日等不詳、以下これにならう」

寛文六年丙午十一月十八日卒す

法号　鐵樹院殿固菴常堅居士

―重信

三宅徳助　後に改め仮名吉田庄之助と称す

唐津藩中吉田家を嗣ぐ、故有りてその家を退き、重元と同じく肥後に来たり、いくばくもなく卒す

法号　孝菴正忠居士、生卒年月不詳

―女子

登岐

生母の婦家は不詳

重次の妻たり

重清　三宅善左衛門
母は上に同じ
真源院殿に仕え奉り、始め十口を賜い、後別禄三百石を賜い砲手の長になさる、元禄三年庚午八月十三日卒す
法号　清光院殿孤山元輪居士

重光　三宅勝之進
母は賤し、生卒不詳
墓は益城郡戸次村上の松山に有り、墓標松の木、土俗に松どのと云う、三宅定次と刃傷に及びし由を伝う、定次は庶族の由伝われども不詳

重豊　三宅嘉右衛門
兄重元と同じく寺澤殿に仕う、采地千石富岡城代の副監、重元と同じく肥後に来たり
寛文元年辛丑三月朔日卒す
法号　一心院殿明岩貞称居士

重長　三宅新兵衛
母は生母（ママ）、重行子無き故、養子として家を嗣がしむ

重矩　三宅庄太郎　藤兵衛　後に本家を嗣ぐ、御家老職を勤ず

重行　三宅新兵衛　同姓三宅九郎兵衛義廉の祖也
正保二年兄藤右衛門召し出だされし時、真源院殿より采地七百石を賜る、妙應院殿砲手五十人の長になされ、後に御番頭に移る（旗下の士分けて十二隊とす、各長有り、御番頭と云う）この新兵衛より別に系有り、この下に略系を出す

女子　母は上に同じ
陰山源左衛門の室
寺澤殿藩中陰山家に嫁す、兵庫殿罪を蒙られし時帰家、一男一女有り、男子は夭、女子は松野善右衛門室（屋敷千葉、城高屋敷）、禅尼は益城郡六ケ村（知行所）に住す、陰山の家人乗連と云う者、忠義篤実、禅尼を養い奉り老いて終える

重次　三宅百助　藤兵衛
内室は重信の娘、宝永四年丁亥二月二十五日卒す
法号　永壽院殿妙遠日了昭儀

真源院殿に仕え奉り、十五歳にて采地三百石を賜り、二十二歳にて御中小姓頭を勤じ、その後藤右衛門致仕、重次家を嗣ぐ、御左座の着座に列する事旧の如し、二十七歳にて御番頭を勤じ、延宝七年七月二十九日病に罹りて卒す、年四十七

法号　元陽院殿徳應宗天居士

母は 盛子 片岡九郎左衛門正祐の養女と云う、実は一條権之助大江輝世の娘也

延宝二年甲寅六月十九日卒す

法号　正壽院殿心岳妙性大姉

（※参考　三宅家文書54（仮題）「三宅家系譜草稿」）

「△正壽院殿の事は、以前より家に誤伝有りて、南條左近殿（妙解院殿の妾腹の男、母は遠山氏と云い伝う）御裏へ宮仕えし、この左近殿を設けらる、その後慶安元年同姓三宅新兵衛重行と縁組願いの通り仰せ出されし由、米田家の記録に有り（米田家は監物是容の家）法名仙光院と云う、この人を重次の室と云い伝えなれども、米田家の記録にも慥かに見えて、その上同姓菩提寺蓮生寺に墓碑も有りて、祭も絶やさで有りければ、疑い無く右の伝は誤り也、□依って以前より因みによりて、あまねく探索せしに、永田輝世　代の孫の永田輝　の家の作法として、祖先の人々他家に嫁し養子に参りし人の年忌には必ず法会を営み、追遠の孝を尽せし由、その時の控え云う物に、松壽院と有りて、享保八年五十回に当ると有り、正壽院殿（三宅重次母、盛子）は延宝二年に卒去也しかば、年暦を推すに全く五十回忌に当れり、輝と驚き　手を打ちて奇隅の一快事と歓びあえり、数年の不審一時に解けて、神助の程こそ有り難き、右の松壽院と誌るされ松の壽と云う、気取ってその原を尋ねずして、かく伝えしと見えたり、その事には心岳妙性大姉とは

（頭注）「△このか条は今度記録局には書き出すに及ばずして、只その事を綴りて子孫に示す」

誌るされ□□なり、誌るされしにて知るべし
「この印
注にす、同姓が家記にも重行妻仙光院なる由を申せども、実否不詳と誌るして有れば
この等の委しき事は知り得ざりしと見ゆれば、追って右の次第を誌るして知らすべし」

重之
三宅伊兵衛
妙應院殿に仕え奉り、重元に賜う所の養老の料三百石を賜りて、砲手の長になされ、この
役を勤じ一代にて絶える
享保十年乙巳正月二十五日卒す
法号　本了院殿覺峰元心居士

重安
三宅平太郎　伊兵衛　本家を嗣ぐ
生母は下林森平の娘　砲手、小頭、元文元年丙辰十二月二十二日卒す
法号　三壽院玄室妙機信女

女子　牧左學相久の後室　三宅九郎兵衛養女にて嫁す
母は上に同じ
享保八年七月二十九日卒す
法号　本光院殿妙照日輝昭儀

女子

母は上に同じ、一旦婚嫁有りて（夫家不詳）帰家、安永三年正月十三日卒す

法号　圓明院殿梅屋清香大姉

重矩

三宅庄太郎　藤助　藤兵衛

実は重豊の二男、重次子無く、よって養子とし家を嗣ぐ　（付札1～4有り）

妙應院殿に仕え奉り、二十六歳御番頭を勤じ、三十五歳御側御用人を勤じ、元禄十四年三月御備頭の列になされ、禄五百石を加え賜る、同十五年四十六歳にて旅御家老になされ千石加え賜り、合三千石を賜る、正徳二年御家老職になされ、勤料五百石を賜る、今年正月晦日別園において（西爽園と云う、京町龍崩えに有り、両度御入りの由を伝う）妙應院殿を饗し奉り、田畑の池に御舟を浮べられ終日の御興有りて　御帰殿、又元禄十四年三月浅野内匠頭殿（長矩朝臣）営中にて、吉良上野介殿（義央朝臣）を刃傷せられし不敬の罪を御咎めあって、内匠頭殿に腹切らせ、所領召し放たれしかば、赤穂の老臣大石良雄以下義を守って復讐せし時、良雄等仙石越前守殿（政朝朝臣）のもとに囚人となりて有りしを、良雄以下十七人を御当家の分に当たられし折、越前守殿にて受け取り済みたる上、路次三嶋丁にて訛言起こり、御人数そばえたる時、重矩惣押しにて有りし程に、訛言の騒動を鎮められし振舞を、永田輝望がその男九郎に云いやりし書翰、左に記す

（付札1）「千五百石相続とは相見え候らえども」
（付札2）「この通りの系の引き様、初めて拝見仕り候」
（付札3）「御家督の年月御禄高」
（付札4）「采地千五百石相違無く下し賜る、妙應院殿に仕え奉る、家督年月は自記の趣、
不同これ有り、機密間へ問合せ置き申し候　」

上略　右請け取り相済み候て、夜半計り芝御屋敷へ参り候路次三嶋丁辺にて、誰云うともなく上杉家などより奪い取り候人数馳せ付け候との物音これ有り、行列殊の外危ぶみ、覚悟もいたし候体にて押したたよい候ところ、惣押し三宅藤兵衛馬上より大音にて泉岳寺へ押し懸けざる上杉殿の御人数公儀囚人に成り候後、国家の大事をも弁え無く、理不尽に奪い取り候事は有るまじ、これ程の訳合い存じ申さざる人計りは上杉家には有るまじきぞ、若、それにも狼籍の事あらば、各腕太刀の継ぎ候迄働き候て、公儀に御奉公致し候までなり、とても、騒動無用たるべしと響き渡り申されければ、煮え湯に水を差したる様に静まり、元の様に押し行きしに、果たして何事も無く、右等の事は平日の威望による物に候らえども、時に当り即妙の言に有らざれば、大勢の心を打ち静むる事、最もなり難く、またその時の言辞容貌も雄偉に無くば、いかで即時の功あらまし、戦場に臨まれても、不覚の軍は有るまじきよし取沙汰致し申し候、我等も左様に存じ候
正徳五年乙未八月六日卒す
法号　月仙院殿明菴宗光大居士

○（朱丸）

女子　房　有吉清九郎直春の室
明和五戊子年十一月八日卒す
法号安壽院殿詳外妙永禅尼
母は溝口藏人政登の第五女
享保十七年十月二十七日卒す
法号圓心院殿松岩庭柏大姉、よしみによって安国寺に葬る

（朱丸）
○重慶　三宅百助　早世
母は上に同じ　（付札1・2有り）
正徳五年八月十日卒す
法号玉光院殿白輪浄桂居士
（付札1）「御兄弟の御順、この通りにて御座候哉」
（付札2）「御不審の通り兄弟の順、間違い居り申し候につき、朱丸を用ひ置き申し候」

重安　三宅庄太郎　伊兵衛
実は重之の嫡男（重之は重元二男、別禄三百石にて勤仕）部屋住みにて三百石賜り大組付きになされしに、重矩子無きによって養子として家を嗣ぐ、組外の着座となる、その後病気によって致仕

享保十四年正月十六日卒す
法号　元浄院殿陽山宗春居士

重貞　三宅藤右衛門
実は續弾右衛門の弟、重安の養子として享保五年二月家を嗣ぐ、三千石を賜り着座になさる、その後病気によって御知行召し上げらる、詳細は別記に誌す
延享二年乙丑四月二日卒す
法号　露桂院殿如幻是睡居士
内室　三宅九郎兵衛の娘、享保二十年十一月二十五日卒す
法号　浄空院殿節岩智貞大姉

時之　三宅藤助

時之　三宅藤助
実は重安の長男、元文二年十一月先祖に対せられ、藤右衛門へ賜りし俸禄の内、二千石を賜り、先規の如く着座になされ、その後宝暦十三年四月致仕　（付札1～3有り）
安永九年八月五日卒す
法号　岫巖院殿桂峰道林居士

生母　高瀬屋次右衛門の娘、宝暦九年己卯年正月十六日卒す
法号　榮泉院松菴利貞大姉　（付札1・2・3有り）
（付札1）「御卒去の年月等御書き入れ」
（付札2）「書き落とし申し候につき、本書に認め込み置き申し候」
（付札3）「養子に願い奉り候年月、家督の年月とも不分明の儀御座候につき、機密間へ吟味頼み置き申し候につき、追って書き加え申すべく候、禄高は三千石にて御座候事」

女子　榮　慶和の室
寛延元年八月生、文政十二年癸丑十一月六日卒す
法号　真珠院殿瓊室壽光大姉
母は沢村衛士雅準の娘、宝暦九年己夘十二月十二日卒す
法号　圓珠院殿明室慧昭大姉

○（朱丸）
（※参考　三宅家文書54（仮題）「三宅家系譜草稿」）
「童名　岩二郎（沢村）衛士法号　崇心院智覺義觀大居士
始め友常　この稜はこの節書き出しには省く也、嘉永三年六月」

女子　豊子　阿蘇大宮司宇治宿禰惟典の室
母は上に同じ、文政七年甲申二月五日卒す

女子　ヱカ　母は上に同じ　兼坂文右衛門の室
文政九年丙戌四月十九日卒す
法号　智定院殿圓譽慧妙大姉

○（朱丸）　諱は未称　母は上に同じ　万太郎　夭
宝暦十年庚申正月二十八日卒す
法号　花月禅芳童子

慶和　三宅藤兵衛
実は山本三郎右衛門正良の弟、藤助子無き故、養子として家を嗣ぐ、宝暦十三年藤助に賜りし二千石の内、千八百石を賜り着座になされ、明和五年御帰国につき、公儀へ御礼の御使者を勤じ、同七年六月御小姓頭を勤じ、安永六年二月御側御用人を勤じ、延享四年三月十四日生まれ（付札1有り）
天明元年十一月六日卒す
法号　不識院殿直指寂性居士

（付札1）「御養子に御究め成され候年月、且又、御家督の年月・御禄高御書き加え」

女子清　母は時之の娘榮　堀尾義三郎の室
故有り帰家、寛政十二年庚申十一月十六日卒す
法号　浄光院殿真相妙珠大姉

元智　三宅英蔵　母は上に同じ
天明二年五月旧知千五百石を賜り着座になされ家を嗣ぐ前髪有り、同六年加冠、寛政六年十二月松向寺殿百五十回御忌に当たられ、京師において高桐院御法会御執行御代香を勤じ、寛政九年御留守居御番頭を勤じ、享和元年二月御番頭を勤じ、その後若殿様諦観院殿御在国中御小姓頭助役を勤じ、文化十年より同十一年迄鶴崎御番代を勤じ、同年数年手全に勤仕せし旨をもって、御紋付御上下御小袖を賜る、文政四年六月病気によって役を辞し、多年手全に勤仕せし旨をもって中着座の列になされ、同五年致仕、明和六年己丑十一月十三日生まれ
文政十年丁亥正月二十七日卒す
法号　渕玄院殿渓谷流泉居士

三宅盈喜　藤兵衛
重存　始めの名は元陳
寛政九年丁巳十月八日生まれ、母は溝口藏人政勝の嫡女竿、後にチヲ、安永七年十一月十二日生まれ
天保九年戊戌三月十六日卒す
法号　窈闞院殿桃屋妙悟大姉

文政五年十月家を嗣ぐ、父の禄千五百石を賜りて比着座になされ（御左座七番旧の如し）明くる六年三月御留守居御番頭を勤じ、同七年恙（つつが）有りて辞表す、同閏八月年若なる故をもって勤仕すべき由の仰せを蒙り、同八年二月不如意につき辞表す、同三月願いのままに当職御免有りて座配元の如し、同十年三月元の職になされ、同十二年十二月御番頭になされ、天保三年九月より同四年九月迄鶴崎御番代を勤じ、同四年十月御小姓頭を勤じ、同五年より江府へ勤じ、同六年三月御任官御祝い御用を勤じ、御紋付御上下・御小袖を賜り、同六月熊本に着府、同七年十月来春御参府御供の旨を蒙りしところ、恙有りて辞す、同九年十月来春、御参府御供調べの仰せを蒙りしところ、同十一月御番頭になさる、同十一年三月職前不呑込みの儀有りて辞表す、よって同十二年三月辞表の旨趣不容易の儀につき、その趣には仰せ付けられ難き旨を伝えらる、弘化元年六月鶴崎御番代の仰せを蒙りしところ、同九月同僚申し談じ筋熟し兼ね候様子につき、当職御免有り、中着座になされ、同三年五月御拝領物御歓び御家中惣代として江府に勤じ、同七月熊本へ着府、即日花畑御殿において今度の御祝として御紋付御帷子一つ頂戴、同十月御留守居御番頭になさる

（付札1・2有り）

（付札1）「御兄弟の御順、この通りにて御座候哉」

（付札2）「御不審の通り兄弟の順、間違い居り申し候、朱丸を用い置き申し候」

女子　織三野四郎左衛門橘實風の室
母は上に同じ、寛政十二年正月十六日生まれ
諱は未称
母は上に同じ
三宅猪貞　夭
享和元年八月十三日生まれ
文化二年乙丑九月二十九日卒す
法号　容顔珠光童子

女子　政
津田三十郎平長告の室
母は上に同じ、享和三年十一月朔日生まれ

重全
始めの名は元長
三宅還治　泉
母は上に同じ、文化四年九月十一日生まれ

元晴　三宅亀傳
母は上に同じ、文化七年二月二十五日生まれ、天保五年寺本亀藏源直逸の養子となり、天保六年九月家を嗣ぐ、寺本八郎右衛門源直竪と改める

女子　靍　中瀬助三郎
母は上に同じ、文化九年正月元日生まれ

重世　三宅盈喜　盈之亟　英之亟
始めの名は元隆
母は平野九郎右衛門長幸の娘、文政七年甲申八月二十二日生まれ

重明　三宅次郎　百助
始めの名は元朝
母は上に同じ、文政十年丁亥正月二十五日生まれ

諱は未称　又作
母は上に同じ、天保三年壬辰六月十七日生まれ
同五年甲午八月十六日卒す

法号　月峯秋圓童子

諱は未称　祥之助
母は稲津九兵衛の娘、弘化三年丙午正月十二日生まれ
同七月二日卒す
法号　秋露禅童子

女子　縫
母は上に同じ、弘化四年丁未四月二十九日生まれ

女子　鉄
母は上に同じ、嘉永元年戊申六月二十二日生まれ
同二年閏四月二日卒す
法号　如鐵禅童女

同姓三宅九郎兵衛源義廉系図

重長

実は重豊が男、重行子無くこれを養い子とす、当九郎兵衛義廉重行より伝えて十世に至る、家系漏脱も有る由なれば、その全きを得、ここに付すべし 重豊は嘉右衛門と称せし事なり

家譜

重時　三宅出雲

光俊　明智左馬助

重利　三宅藤兵衛　寛永の度討ち死

家系

光秀　惟任日向守

光俊　明智左馬助

重利　三宅藤兵衛
寛永の度討ち死

局本明智系図

頼兼　明智下野守

光綱　明智十兵衛

光隆　明智玄蕃　光隆は光綱始めの名也と山岸系図に有り

光秀　始めの名は彦太郎　十兵衛　後に惟任日向守と改む

世に明智と称する別本も、これに同じ

右家譜・家系・明智系図の誌すところ大いに異同有りて系統定め難し、よって新篇纂図・山岸系図等によって全系を撰定し、中世光継より系統を出して、子孫の便覧に示す、別に家伝を誌し世系の然るべき所以由を明す

撰定三宅家系図

光継　明智下野守

光綱　明智十兵衛

光安　明智彌次郎　兵庫頭　従五位下　入道宗寂

光俊　明智左馬助

重利　三宅藤兵衛
寛永の度討ち死

光秀

晴元　始めの名は光舎　山岸勘解由　玄琳和尚　大僧都
高橋文書には織田家を忍び、妙心寺塔頭に住し、無事に遷化と有り

この系譜・家伝ともに松向寺殿と誌し、御代々殿の字を用いし事は、尊氏卿の事を等持院殿、義詮卿の事を宝篋院殿と誌せし室町頃の記録の文体にならいて誌せし也、又子孫として祖先の諱を称する事憚りあれども、同じき仮名有る故、その事蹟の見安からしめんがため、まま諱を用いし也

家伝に云う、三宅出雲重時と先祖付に誌せしは、実は日向守殿を申したる事にて、日向守殿、天正十年の事有りし後は、明智の称号を唱えし人、世に忌諱有りて、かく仮名して、暗に日向殿をさして申す由を伝う、又日向殿を左馬助養父と誌せしは誤りにて、その事は下に云うべし、局本（府の記録局）の明智系図に（上略）、光春を光秀養子として家名を改め、明智左馬助と号す、実は日向守甥也と有るを取り出して、この一本によりて誌せしと見ゆ、然るに出雲重時と云う人名、その頃伝記・系譜の類あまねく探索し、物知れる人にも問いもし、尋ねもし、江府・京師の間にも因り

によりて捜索せしかど、三宅氏に出雲重時と云うは、似たる人の名だに絶えてなければ、仮託の名たる事知れたり

又家譜に

源姓三宅氏中興家伝　重時

出雲守重時と称す、その妻は明智日向守の姉也、濃州に居り、重時に到り始めて丹波国亀山に移住す、天正十年六月十四日豊臣秀吉のため害せらる、この時家譜等悉く散失也、故に祖先の事蹟、今考える所無きや

「(頭注)亀山は以前より公方領にて、地侍多く有りし所にて、霊陽院殿流落の後は主無き国にて、内藤五郎左衛門忠行城主たり、天正三年日向殿信長の仰せを受けて発向せらる、その時忠行が家臣内藤忠次郎以下降を乞い御家人となる、以後日向殿御居城也、よってその頃三宅出雲と云う人、亀山に住せし事無かりしと知れたり」

光俊

室は明智光秀姉、初め弥平次と称す、後に左馬助光俊と改む、光秀これを養う、その娘をもってこれを妻に授ける、采地二万石、天正十年六月十五日江州坂本城において自裁と有るにて、考えればさしより天正の事有りし時、日向殿も出雲と云う人も豊臣のため害せられと有りては両主同じ事、同害に逢われし事いかが有るべき、その上出雲と云う人も本能寺に同じく夜駈けを致され、織田殿に同じ恨み有りし人両人と究める時は、甚だ浮きたる事にて、重時濃州に居ると云うより以下、日向殿と出雲と両人一事にて、左馬助を日向殿の養子とし、又出雲にも同様と有りて

は、これ又一子両父なる事弁を待たず、彼これ付托の事にて、詮するところ、明智氏に忌諱有りて、出雲重時と云うは、日向殿に仮託の名たる事知れたり、又左馬助を日向殿甥也と先祖付に誌せし事、右の明智系図にも見えたれども心得難き事にて、その誤りは下に云うべし、右の家系に出雲の内室は日向殿姉とし、左馬助内室も同様とあれども、日向殿に姉妹の有りし事は諸本の系図に見えざる上に、倫理に違いたれば、何れに誤りと見えて、正しく誌したれば伝写の誤りとは見えず、その上左馬助の先妻は三宅光廉入道（左馬助叔父）の娘、後妻は秀林院殿の御姉お岸の方なれば、兎角の弁を待たず、又日向殿は男女の御子息達十五人迄おわせしなれば、物好きになど甥をば養子には成されまじき也、出雲と云う人、実有りし人ならんには、天正十年の事有りし時、その名も、その働きも有りぬべし

又藩翰譜土岐山城守殿（定政朝臣）の伝に、始め土岐と名乗らざりし事、養父の氏（菅沼常陸、美濃に住す）を称し、又明智親戚たる事を憚りし故也と云うと有り、又公儀御外戚伝を閲するに、服部出羽守保章天正十年の乱後、江州北村に蟄居し北村と称す、その孫常憲院殿の御代故有って、松平美濃守殿（保明朝臣）について奉仕の事を頻りに歎願すといえども、出羽守は服部が伝来の者にて、光秀が幼息にして嫡孫なればとて、実父明智障りとなりて事調らべず、これに依り松平右近将監清武の家老某が養子となると有る、高橋文書には松平下総守殿に仕え奉ると有る、何れに文書の事実を伝えしと見るべし、されば高橋弥一右衛門が兄市之進なるべし、出羽守養子は、日向殿の第十五男内治と申し、母は出羽守の娘也、天正十年正月出生有りて坂本落城の時当歳也（高橋文書、上下略す）、佐々木義郷の旗頭鯰江帯刀由緒有りて、日向殿の内室ともに城を出、伊賀越えの途中服部蚫鬼破と申す侍に行き逢い、出羽守が館に送り、その後内治を出羽守養子になし、北村源馬と改め、後に弥平兵衛と改め日向殿御末子と云うを深く隠し居りたる程に、出羽守養子の沙汰無く、この以前妙

心寺塔頭に居住の日向殿の第九男玄琳は実子たる事知る人無くて、無事に僊化、又嵯峨天竜寺に不立を立て申す出家は、日向殿の実子と有りて、織田左門殿京の音羽橋にて信長公の御追善に彼僧を自身首を刎られ、今一人実子これ有る由、闇討ち致すべしと織田家の衆申さるにつき、弼平兵衛深く忍び申すべしと、織田刑部少輔殿御母堂龍樹院殿より、彦根の沢村源底方へ内通有りし由、龍樹院殿は源底母方の伯母の由

右等の事ども合せ考えれば、新井筑後守 君美 の申されしように、明暦・万治の頃迄も猶、忌諱の事有りしにや、然れども荒木善兵衛が弟左馬助を この善兵衛兄弟は荒木摂津守村重が男、荒木新五良村安が男也、左馬助は根元徳川殿に荒木と申す女房有りて、この人の養子になりて有りけるが、荒木女房罪有り、遠島に処せられし時、正保元年御所縁について真源院殿に御預け有りし也、以上善兵衛家記に出ず 荒木と申す女房、左馬助荒木 を養子にしたりし事、上の段の様をもって勘考すれば受け難き事にて、高橋市之進が常憲院殿に奉仕を望みたりし時、その乞いたりし模様いかがしたりけん、肝煎りし人の意向によっては申す事も左右の弁によっては叶う事、叶わず成り行くは世の姿也、考えるべし、善兵衛母は日向殿の嫡女、始め右の村安に嫁せられ二人の男を設けらる、則善兵衛兄弟也、藤兵衛重利に異父同母の兄弟也、右をもって考えるに、家譜を誌されし時、天正を去る事も近しと云うべく、忌諱有りしより出雲に仮託して祖先の事蹟、今考えるところ無しと致されしは、その誌されし時の意をも深くも尋ね見るに、前に云いし如く、明智系図によって日向殿は左馬助の養父と見えしより、かくは誌されしなれど、若し又、忌諱を専らにし、時勢については一つとは仮託に寄せ、一つは今考えるところ無しと、事を朧ろげにして誌されたるやと了解する時は、あながちに出雲と有るを研究するは、先人の御心に背く道理にも至らんか、然れども子孫としては祖先の祭りは絶やさで有るべき事なるに、追々申したる如く、出雲は仮託の名にて、又仮託の日向殿は家の系統に有らず、何と心得て遠きを追うべき、多くの星霜の移り変わり、今この太平に至りては当時の忌諱有るべしとも覚えざれば、その筋を得て祖先の系統も明らかに伝え、如在の礼典も薦めたき

事なれば、猶、その次第をこの下に書き付けて、子孫の考証に示す

そもそも左馬助は明智駿河守光継殿の二男明智兵庫頭光安殿の嫡男也、童名岩千代、加冠して彦三郎と称せらる、この間土岐明智の一族、弘治二年九月斎藤山城入道道三がために明智の城を滅ぼされしかば、左馬助は同国大野郡結城村に居りたりしが、ここをも敵の地に成すなれば、叔父三宅大膳入道長閑斎とともに三河国加茂郡梅ケ坪と云う所の塗師屋の家に蟄居し この塗師屋も所縁について忍びおわせし由を申す也 その所以を尋ねるに、始め明智駿河守光継に弟頼定と申す人有り、その男頼明、その男定明、定明の嫡女菅沼新八郎定盈に嫁し、その弟定政童名愛菊丸菅沼藤蔵と称す、後に土岐山城守定政と改む、室は鳥井彦右衛門元忠の娘と山岸系図に見えたれば、三河の御衆も或いはよきに嫁し付けられしと見えて、その故有りし事ども也、長閑斎塗師屋の家を我家の様にして閑居有りければ、そこもとにて左馬助長なり長閑の娘を配して、左馬助を聟とせられ、三宅弥平次と改められしは、その頃にや、この長閑入道の事山岸系図を按ずるに、明智修理大夫国篤の三男三宅越後守国朝美濃国池田郡三宅村に在住有りて、三宅をもって氏と称せらる、これ三宅氏祖也と見えたり 三宅は諸国に屯倉をみやけと唱えるより、家の字宅の字やかやけの読み有るより、やけとも転じて三宅とも書けり、三宅河床など、近江の朝の人名にも見えたるは姓にて、児嶋三宅の如きは、三宅には異なるなり、この越後守始めて三宅を名乗りし也、同書に土岐兵部少輔定明には四男光綱の次弟兵庫頭光安 左馬助親父 に舎弟に当たられし、右の三宅光廉入道長閑斎は、左馬助とともに坂本の城にて自害す、年六十七と有り、この人、前の越後守国朝の家を嗣がれたるには有らぬか、試しに言わば国朝の舎兄頼秀は応永二十四年に出生と有りて、それより天正十年迄の年暦を推すに、百六十年に余りて中一代を置く時は世次も序を得るべし、されどもその人見えざれば、系図に脱漏せしにやと覚ゆれば、この国朝の家を嗣がれしにはうつなかるべし、左馬助長閑の娘の腹に四女一男有

り男子は夭、女子、婚嫁の事略す又右長閑と云うは後に大膳入道と見えたれば、日向殿御取り持ちにて大膳亮になられしにやその頃私に官途拝任の様に称する、当時の習いなれば、その類にも有るべし大膳入道は正しき左馬助の叔父にて、明智の家については親しき一族なれば、方々左馬助を聟にもせられたるべし、然るを左馬助を松向寺殿の仰せに塗師屋の子にもあれ程の者があった程にと、御賞誉有りし事御年譜に見えたれば、疑う人も有るべけれども、明智も三宅も土岐の一族にて、明智の城滅びたりし後はともに散々に成り果たりしが、その後日向殿は勃興致され、三宅の家は衰えしままにて、終に日向殿の家人となされしかば、その家の系統も聞えざる様に成り行き、始めに見えたる如く、その前大膳入道も三河の梅坪に有りし時、潜匿の内には様子有りて、髹工の事も有りしにや、世に左馬助を塗師屋の子などと雑説有りしを松向寺殿も聞き伝え給いて、右等の御物語も有りしなるべし

これ等の験し世に多く有る事にて、若耶弁略に日向殿を若狭の鍛治冬廣が子なりしが、鍛治の業を嫌い武士となり、佐々木家に仕え、明智十兵衛と名乗り、この時織田家へ使者に参りしを、信長彼の振舞い言語分明なるを見て、佐々木家へ所望有りて、次第に大禄を賜り、明智日向守と名乗る、この光秀の素性を知らず、丹波亀山を領ずる時、冬廣を招いて多くの太刀を作らせ、家人に与う、よって丹波に冬廣が作多し、この時の冬廣は光秀の甥也と云う、光秀の助力を受けて授領し、若狭大椽藤原冬廣と打ち、代々五郎左衛門と打つ、もとは鎌倉の秋廣より出たり鍛治備考を按ずるに若狭守と打つ、高橋五郎左衛門と見えたりと有り、又井澤亭斎が俗説弁に引きたる明智系図には、日向殿兄弟三人、次弟筒井順慶、順慶が弟佐藤某と見えたる如く、後人の雑説挙ぐるにいとま有らず、然るに右の両条絶えて所以由無き事に有らず、山岸系図に日向殿第八の男光泰を筒井陽舜房順慶の養子とし、又第十二女を筒井伊賀守定次の室とす、又第十九の男若狭大椽冬広と号す、母は若州遠敷郡小浜住人刀鍛治冬廣の娘也、明智大乱の後、外祖父冬廣これを養い子とす、一説に左馬助子とも

云うと見えたり 藩翰譜には多門院日記を引いて、四郎定次は順慶が妹箸尾が妻となりて生し所也と云う、大和記には順慶が妹の夫箸尾宮内少輔只一子有りと見えたれば、この説実を得たるが、按ずるに、光泰を養子とすべき由約せられし事有りて、未だ順慶がもとに迎えるに及ばずして、天正十年の事有りて、坂本にて光泰は自害致されしと見えたり、又第十二女を定次が妻とせし事は、諸本の系図に見えたれば、うつなかるべし、又第十九男冬廣日向殿の男と云う事は訝し、日向殿には御子息達十五人と見えて、高橋閑吾の先祖内治は天正十年当歳なれば、内治限りに出生無き事しれたり、されば若耶弁略の冬廣は日向殿の甥と有る方、実と見えたれども、証とすべき事無ければ、如何有るべき、明智の一族多き事なれば、追って考えてん

これ等に拠って考えれば、訛伝するところ、そこもと有るが如くなれども、左馬助の事を塗師屋の子にもと仰せ有りし事、松向寺殿は左馬助と正しく同時におわせし上、親しき御外戚の御親族たるのみならず、左馬助又世に鳴りたる人なれば、その世系の次第、伝聞給わざるも、いと朧げにも聞こゆれども、その頃姓氏無きも主将となり、門地世系の事は心に留めぬ風習なれば、今、文運隆起の時勢をもって論ずべきにあらず、三宅の家の一旦、世に知れず成りし証は、松向寺殿未だ與一郎殿と申し奉りし時、日向殿のもとを御訪ね有りて、御対顔に及ばれざる以前、年少の侍日向殿居間の通りを恭しく敬礼して通りたりしを、奇特の者と御感心なされ、御対面の上、右の侍が振舞いを御物語なされ、御内には誰と申す者に候やと御尋ねなされしに、それは三宅弥平次と申す者にて有るべし、その外には左様の振舞い致す者覚え候らわずと申されし事、御年譜に見えたれば、左馬助は日向殿甥にては無くて、一族の寒微に成りたる当時の様知るべし、左馬助日向殿正しく甥たらばなど御見知りはなかるべし、然るに偃武以後姓系の事やや顕れて、

真源院殿の御自書に

このたび差し下し申し候使者、先年天草本渡にて討ち死に仕り候三宅藤兵衛子にて御座候、寺沢手にて夜討ちの時もこの者手に合い申し候、明智日向守ためにひ孫子明智左馬助孫子に御座候故、我らとも遁れざる者に御座候、不調法に御座候らえども、面を御見知り候て下さるべく候、以上

肥後守

飛騨様

右の通りにて、今に家に伝えり、これは正保年中、大猷院殿御所労のところ御平癒につき、御歓びとして三宅藤右衛門重元を御使者に当てられ、時の閣老榊原飛騨守殿へ遣わされし御副簡なりしに、飛騨殿より右御副簡こなたにおいては詮なき事にて、三宅の家にとりては末代の重宝なるべしと、御懇の儀にて下し賜りしところ也、重元を左馬助孫日向殿曾孫と御申し有りしは、左馬助始め三宅大膳入道長閑斎の娘（左馬助従弟にて有りし也）を嫁せられ、早世有りければ、日向殿の長女にて、妻木勘解由左衛門尉範熙の娘の腹に出生有りし秀子、後にお岸の方と申せしは、初め荒木摂津守村重が嫡男荒木新五郎村安に嫁せられ、男子二人を設けられしが、天正七年摂津有岡の城攻め落とされ、荒木家断滅時日向殿も有岡に御向かい有りて、右二人の遺孤見殺しにするも情無しとて、二人の遺孤とお岸の方を（この遺孤二人の事は前に注し置けり、兄善兵衛は日向殿より松向寺殿へ御頼み有りて、その後慶長五年田辺に籠もる）携え帰城有り、程無く左馬助へ再嫁有り、天正九年十一月男子を設けらる、これ則ち三宅藤兵衛重利也、童名は帥（ソツ）、又與平次と改めらる、後に三宅藤兵衛と名乗らる、父光俊自裁の時わずかに二歳、家臣三宅六郎大夫懐にして坂本を遁れ、松向寺殿・秀林院殿の御愛育を受けて長ぜり、以下本譜に委しければ、前後を略す、秀林院殿には正しき御甥に当らせられければ、御愛育他に異りて、その時分金子など帥へ賜わりし御自筆の御文、今に伝えり、秀林院殿慶長五年七月十七日玉造にて御生害の節も、三宅藤兵衛事厚く御頼みましますとの御遺言も第一に仰せられし事御年譜に見えたり、その後重利、寺澤志摩守殿へ仕え、耶蘇一揆の時、身の届けをなされし也、重利の嫡男重元、則ち左馬助の嫡孫になり、前の松向寺殿の御様子をもって明智系図に左馬助を日向殿の甥としたる非を明かし、秀林院殿の様子真源院殿の御自書をもって、重利は左馬助の嫡男にて、正しき御親族たる事を証し、山岸系図の重利を日向殿の十一男とし、母は三宅藤兵衛綱朝の娘など誌したる

誤りは、弁を待たずしてしれたり
我家世系の確証これに過ぎたる事なければ、今改めて系図家譜一巻を撰定し、子孫に伝う、その諸諸、考拠無き者はしばらく疑いを存じ、後の精覈を待つ、浅見の及ばざるところ、失誤少なからず覚ゆれども、この緒を続けて探索・校考し、世々この事を失わず追遠の孝を全うすべし、又、松向寺殿・秀林院殿の御事は、三宅が家に取っては御恩顧別して尽くし難き事なれば、世々子孫忘却すべからず、秀林院殿玉造にての御事については、毎年七月十七日以前より公儀より御祭り有る由、元陳、天保六乙未年御小姓組頭を勤じ、征夷府へまかりし時、垣屋弁之允が物語りにて承りき
因みに云う、永禄十一年頃より天正十年迄の間に、三宅藤兵衛と云う仮名を絵入太閤記・同真顕記などに書き出して、永禄には霊陽院殿、惣見院殿を御頼みの段に、溝尾・三宅を何々と有り、天正十年には青龍寺城代三宅藤兵衛綱朝と書いて討死の由を、太閤・真顕記に誌す事受け難き事ども也、さしより小瀬甫菴が太閤記に、三宅孫十郎光景、左馬助次弟なりと有りて、青龍寺にて働きの様も誌したれども、藤兵衛綱朝と云うは全部に見えずじて、その頃の諸本の系図にも、実録にも見えざる仮名なれば、右諸本の誌すところ誤りあらずや、甫菴はその頃世に有りし人なれば証すべきの一つ也
その上、日向殿、惣見院殿に仕え奉るの事は、永禄九年、十年の間にて、霊陽院殿、佐々木承禎を御頼み有りし頃、惣見院殿のもとに日向殿使者に参られ、その振舞の見事なるに愛でられ、惣見院殿、承禎へ所望有りし事、若耶弁略に載せたれば、永禄十一年日向殿について、霊陽院殿の事を泰勝院殿より御申し入れ有り、日向殿御迎えのためとして、溝尾勝兵衛・三宅藤兵衛を阿波が口まで出されし事いか程にや、思うに、その頃は日向殿今参りにて、長臣丹羽・羽柴にこそついて兎角の御申し入れも有るべき時分と見えたり

全体絵入太閤記・同真顕記などは世に面白く書きたる物語の本なれば、若し綿考輯録を誌せし小野氏、右等の物語本によりて揖録せしともあならば、ますます疑いなきにあらず、然れども綿考輯録は御記録の全本なれば引證するところ有りて誌されしにや、尋ねるべし、只真顕記の如きは、三宅も明智の一族なれば、苗字は三宅を取り、藤兵衛はその後三宅藤兵衛重利とあれば、日向殿親族方々にて、昔を今に下げ、今を昔に当て聞きしままに押し合いて、物語本に誌せしも知るべからず、右青龍寺城代の事、神足掃部が自記を挙げて、猶、それと覚しき物を載せて後考に示す

天正十年六月朔日勝龍寺城にての書付

一、勝龍寺の城、その時は矢部善七殿・いのこ参助殿両人預りにて御座候

一、六月朔日夜明け候らえば、二日京大分に焼け申し候事にて、二日早天に東の川端へ掃部見に罷り越し候らえば、いのこ参助殿・矢部善七殿・内山甚六と申す人京より罷り下り、掃部に申し候様は、今迄万事申し談じ候間、身上の儀はその方に任せ候まま、外聞失い申さざる様仕り給うべきの由申し候、これは不審なる儀申され候、何事に寄らず申し合せ候上は、今更別儀これ有るべからざる由、掃部申し候、この上はかくして入れざる儀に候、信長様御はらめし候間、この儀にて如何仕るべき哉と、右両人申し候、掃部申し候は、天下を引き受け、運の開き申す事にては無く候らえども、成程稼ぎ籠城仕るべしと別心これ無き上、女子は城へ上げ申すべく候、相手は何がしと見え候哉と申し候らえば、明智殿と右両人衆申され候、さ候らわば心安く存ぜられ候らえと、何事に候とも気遣い無き事を申し候て、籠城用意仕り候、矢部善七殿はその時分堺へ信長様御使いに参られ候、留守にて御座候故、人数御座無く

候事

一、六月二日巳の刻計りに、明智勝兵衛・佐竹出羽・猪飼半左衛門三人の大将にて人数六百計り参られ、神足掃部父子に明智殿より申し渡す儀御座候間、早々罷り出られ候らえと申し候につき、如何仕るべきと談合仕り候ところ、先ず出で候て様子承るべしと申し候て罷り出で申し候、右三人の衆申し候は、勝龍寺の城を攻め申すべき哉、又はその方父子存分次第に仕るべき哉と、明智殿より仰せ出でられ候と申し候につき、掃部申し候は我等ここもとに父子居り申し候とても預り人に候間、その由申すべきと申し候て、城へ参り申し候間に、はや神足村の百姓五十人程首をとられ申し候、そのまま掃部罷り出で、はや、かように百姓の首とりし事沙汰の限りに候、猪飼半左衛門と果し申すべき候由申し候て静まり、いよいよ城あつかい仕り候事

一、私曽祖父神足掃部儀、山城国西岡に居り候時分、御先祖幽斎様並びに勝龍寺へ御打ち入り成され候刻、別して御出入り申し上げ候、その頃乱世にて、その辺並びに方々一揆ども蜂起等に及び候由、然るを掃部を御頼み成され候につき御加勢仕り、無事に罷り成り候由、それについて幽斎様常々仰せられ候は、自然の儀御座候らわば、一方を御頼み成さるべきとの御約束御座候由、承り及び申し候

一、明智殿、秀吉と宝寺にて御取り合いの時、日向殿打ち負け成され候につき、右なじみ御座候故、掃部に貢ぎ遣わすべき由御頼みにつき、掃部手勢にて水の手迄馳せ向かい、太閤様相支え申し候間、伏見迄御開き成され候由承り伝え候、三斎様右通りに御座候故、掃部子三郎左衛門・庄五郎・半七三人召し出され、御奉公罷り出で申し候

一、半七儀、後には八郎左衛門と申し候、原の城にて討死仕り候、以上

右神足浅之助書き出しにて御座候由、申し伝え候控え、この掃部が記をもって考えるに、明智勝兵衛・佐竹出羽・猪飼半左衛門等の内、青龍寺城代の様にして有りしと思う也、明智勝兵衛は溝尾勝兵衛が事にて、明智の称号を賜いし也

この山岸系図を抜き書し、ここに便覧に出ださせしは、日向殿養実の疑いを弁じ、後の精竅を待つ、又日向殿御子息達十五人なる事は証を明らかにし置きたれども、猶、その所以由を私考の上に圏を用いて弁じ置くなり

光秀
　童名は熊千代　彦太郎　明智十兵衛　後に惟任日向守　山陰道追補使
　従五位下丹波侍従　後昇殿　従三位中将惟任将軍
享禄元年戊子八月十七日可児郡明智城において生まれる、母は山岸加賀左衛門尉信連の娘也、実は光綱の妹山岸勘解由左衛門信周の妻也、実はこの信周の子也と有り　以下略
天正十年六月十四日伏見小栗栖の里において生害、年五十五
法号　長存寺殿前丹江両州太守兼日州刺吏明窓玄智大禅定門

○(朱丸)山岸系図に日向殿を光綱の養子とせし事、いかが有るべき、光綱病身、子無き由を載せて、山岸勘解由左衛門尉信周光綱の妹を娶りて神に祈り、日向殿を出生せしを、光綱養い

て子とし、光綱の次男光安（左馬助の父なり）後見させて云々と有り、この間、実は光綱は病身なるべけれども、日向殿出生の所以由も神に祈ると有りて、色々に弁を加え、その趣を事々神に託して綴りなせし事、いと受け難き事なれば、結局は光綱の一子には有らぬにか、されば光安には甥に当られて、年の程も甥と云うべき齢と見え、後見も有り、後に明智の城を譲らんと有りしに、日向殿固辞有って、その後弘治の頃、斎藤義龍が為に明智の城を落とされし時、光安は生害致され、それまで後見有りと見えたるは、都合は能く得し事なり、然れども新篇纂図に、天文十六年斎藤山城入道道三が為に毒殺せられたりし土岐伯耆入道存孝に十二世の孫頼元云々と有りて、その時明智家断滅して散々に成り果てたり、右の天文十六年は弘治よりは少し前の事なり、されば頼元毒殺の事有りて、明智家次第に微弱になりし程に、道三嫡子の義龍をして、弘治の頃、明智の城迄滅せしと見えたり、よって明智の一族三河・若狭の辺に散在し、所縁について閑居せしと見ゆ、山岸系図も日向殿以下は受け難き事多ければ、右の神に托し、或いは光綱祖父の命によって日向殿を養子にせしなどと事を東西に借りて蛇足の弁を成し、系統を誇耀せしには有らぬにか、又右の系図に土岐要人助が娘を日向殿養女とし、日向殿の男晴光（諸本の系図に日向殿第八の男と有り妙心寺塔頭に住す、玄琳和尚これ也）の妻とすと有り、日向殿天正十年の前夫等の事定め置かれたる事、諸本に見えざる上、養女を我が男に配偶の事いかに乱世なれども、人倫の名義、左程には違うまじ、又日向殿将軍拝任の時、晴光官途の事などなかるべき、然れども諸本不自由にて、求め得ざれば深く考え難し、すべて山岸系図を案ずるに、諸本参考せしとは見えて、実を得し事多けれども、日向殿養実の事は疑いなきにあらず、又御子息達の事は誤失少なからず、よって山岸系図の下に拠有るは註し置いて、子孫を驚かし置く也

女子　丹波国桑田郡周山城主　明智左馬助光俊の室　　幼名は秀子、後にお岸の方と云う

天文二十一年壬子九月二日生まれ、母は妻木勘解由左衛門尉範煕の娘也、お牧の方と云う、永禄十二年七月光秀（ママ）に嫁す

お岸の方天正十年六月十五日近江国坂本城において生害、年三十一歳

女子　同国多記郡八上城主　明智治右衛門光忠の室　　幼名は花子、後にお里の方と云う

天文二十三年甲寅十二月二十四日生まれ、母は同婦、同時に光忠に嫁す

天正十年六月十六日丹州八上において生害、年二十九歳

晴光　童名は山岸熊太郎　始めの名は光舎　明智作十郎　桂居斬宗山　楫（ケイ）斐作之進　法名玄琳和尚　後に山岸勘解由と改む　京師妙心寺塔頭に住す

弘治三年丁巳三月五日生まれ、淡州可児郡伊河山岸の館において中略、寛永八年辛未六月十三日亡父日向殿、及びその外戦死の人々五十回忌につき、追福のため妙心寺において自ら大法事を執行し、同十五日大往生遷化、年七十三

○玄琳（朱丸）の事をこの系図に日向殿嫡男とし、晴光と名乗らせし事不審なれば、高橋家の文書を引証してその事を明らかにす

高橋文書上略　右の頃迄は織田常真公・同上野介殿・有楽老等、その外信長公の御子孫秀で御座候故、弥平兵衛光秀の末子と申す事、深く隠し居り候につき、出羽守養子と申す儀沙汰これ無

く候、且つその以前、光秀の息出家を遂げ、洛外妙心寺塔頭に居られ候源琳は、光秀の実子たる事、存知候人これ無く候間、無事に遷化致され候、嵯峨天竜寺の境内に不立を立て申す出家は、光秀の実子にて御座候を、織田左近殿御聞き付け、信長公御追善に然るべくと仰せられ、京音羽橋にて彼の僧を左近殿自身に首を刎られ候、今一人明智の実子これ有る由、居所知れ次第に闇討ち成さるべしと、織田家の衆御巧らみ候間、弥平兵衛深く忍び討たれざる様に用心仕り候らえと、織田刑部殿御母堂龍樹院殿より江州彦根の住、澤村源底へ御内通これ有り候由

右龍樹院殿と申し候方は、源底には母方の伯母の由

○(朱丸)右文書の記すところ源琳（源と玄と同音写し誤り也）日向殿男子たる事希有に世に知れず、生涯無事に僊化と有れば、武士に成りし事はなく、生涯妙心寺塔頭にて菩提を営み、後には大僧都とも有りて、達識の僧にならしと見ゆ、然るに玄琳は局本明智系図、世に有る明智系図ともに日向殿第九の男、遁世僧号として玄琳と有りて、天正十年六月十五日坂本にて生害有りし光泰には次弟に当たられ、その時光泰年十二歳と有れば、玄琳は十か、十一にて有りしと覚ゆれば、この山岸系図に玄琳和尚を晴光と誌し、弘治三年に生まれると有る事、心得難き事也、弘治三年より天正十年迄は二十五年になりて、年数を押えてもその如くなれば、ますます疑い無きに有らず、その上晴光弘治三年の生まれと定めても二十五歳なれば、日向殿天正の事有りし時、先途をも見届けられ、孝をも、義をも立て、その名も世に聞ゆべかりしを第一に、その事さえ諸本に跡形も無く、いかにも受け難きの事なり、又諸系図に日向殿第九男玄琳と見えたれば、年次大いに違うのみならず、信雄達も世に有りし程に、晴光と名乗る武士を立てし事、叶わざる由は、時勢をもって知れたり、又妙心寺は敵の真中にて居住の事覚束無く、遥か後に塔頭に住し、明智家の菩

薩を営まれしと見ゆ、その頃不立は嵯峨、梵徹は越後に忍ばれし事なれば、山岸系図を作りし人取り合ってその系を立て、門地を張りて、かく拵えしと見ゆれば、追っての考証を起す

因みに云う、安国寺開祖梵徹和尚は小侍従の弟（小侍従は秀林院殿の御別腹の御妹、この小侍従の家を立てられしは平田彦三也、今府の新町に有り、家系有り）梵徹和尚天正十年の事有りし時、乳母の介抱によって越後の国天輪寺に隠し（安国寺、記録）その後松向寺殿・秀林院殿の御愛育を受け、安国寺の開祖となされしと覚ゆ、安国寺は秀林院と寺号を賜わるべきところ、同寺は一国に一ヶ寺有るべき訳にて、さて止むと云う事を聞き伝う也、梵徹和尚は天正九年の生まれなれば、高橋閑吾先祖には舎兄に当たり、嵯峨天竜寺不立（織田左近殿に害せらる）の弟と見えて、童名お靍丸と称す、この次弟に乙壽丸と云う有り、この人豊前にて御内仏を御預け有り、国家安全の御祈祷を修したりし寶仙院と思う也、兄弟年次叶いたれば、梵徹寶仙院には違うべからず、梵徹寛文七年十一月二十一日遷化、年八十三、その時黄檗山曇瑞が偈有り、曰く

長老年登八十三　　蹈飜古月落空潭
従前照徹娘生面　　直證梵天透頂龕
歳丁未臘月二日偈寄挽
梵徹長老　霊次　　廣壽侒曇瑞

梵徹寛文七年八十三なる事は、曇瑞が偈をもって証すべし、然るに寛文七より逆に算すれば天正十三年に当たり、日向殿戦死後に当たりしか、天正十年正月に内治出生有れば、その前天正九年にしても年八十七にて遷化なくては年次合わず、よって四年の違いにすれば年次叶う事なれば、天正九年の生まれと見ゆ、或いはその始め越後に隠れて有りし時、幼

稚の事なれば、自身にも生年を誤まられしにや、又様子有りて少しにても年少に申し唱えしなるべし

女子　丹後国加佐郡田邊城主
細川越中守忠興の室　幼名は春子、後にお玉の方と云う
永禄七年甲子正月に生まれる、母は牧の方、天正七年己卯二月二十六日忠興に嫁す
慶長五年庚子七月十七日大坂において自害、年三十七

女子　平右府信長の甥、摂州大坂
城主織田七兵衛信澄の室　幼名は繁子、後にお辰の方と云う
永禄九年丙寅三月生まれ、母は上に同じ、天正七年己卯二月二十九日信澄に嫁す
文禄二年癸巳八月日病死、年二十八

女子　山岸物領　勘解由晴光継の室　盛姫と云う
永禄九年丙寅十月濃州楫斐において生まれる、この女子、実は土岐要人助頼盛の娘也、光秀の養女として、天下無双の猛女也

光慶　童名は明智千代壽丸
又自然丸とも　惟任十兵衛
永禄十二年己巳十二月七日濃州大野郡久郷村において生まれる、母はお牧の方也、丹州亀山城に住す
天正十年壬午六月十三日夜病死、年十四歳

光泰　童名は吉壽丸　明智十郎次
或いは十次郎
元亀元年辛未十月二日濃州において生まれる、母は上に同じ、筒井陽舜房順慶の養子として、
天正十年壬午六月十五日江州志賀郡坂本城において生害、年十二歳

某　童名は乙壽丸　或いは安古丸
天正三年乙亥八月十二日江州坂本において生まれる、母は上に同じ
同十年壬午六月十五日坂本城において生害、年八歳

某　童名は松壽丸　又は称壽丸
妾腹の男
天正八年庚辰十一月十二日丹州亀山雨触において生まれる、母は同国船井郡田能住人田能駿河守の女也、山崎乱後船井郡山中に蟄居、子孫郷士となりて明田氏と云う也

某　童名は秀壽丸　三宅藤兵衛と号す
妾腹の男也
天正九年辛巳十二月江州坂本において生まれる、母は三宅藤兵衛綱朝の娘、山崎乱後乳母の介抱によって存命し、成長して後、安田作兵衛國継に扶助せられ肥前唐津に移住す、子孫は細川越中守忠興に仕え、肥後熊本に有り

○この藤兵衛と有るを重利のように作りなしてあれども、妾腹の男と有りて、この誤りは、(朱丸)
真源院殿の御自書に、重利は左馬助孫と遊ばさせたるにて証すべし、この綱朝が事は家伝の内にも疑いを存じ置きたり、その頃三宅と名乗りしは、三宅大膳光廉・三宅孫十郎

光景などは有れども、三宅藤兵衛と仮名せし人、諸本の系図・実録に見えず、ただ絵入大閤記・真顕記などのほか見るところなく、真顕記等の事をもって証とはなし難し、根本この山岸系図齟齬多ければ、聞きしままにその生年、その外御当国に仕え奉りし事など考え合せて、原書に某と計り有りしを、後に名・苗氏取り合って、かく誌せしと見えたり、、右の重利母は、秀林院殿の御姉お岸の方と云う事は世にも知れたる事にて、お岸の方始め荒木村安に嫁せられ、天正七年荒木家断滅の後、左馬助に再嫁有り、天正九年に重利出生なり、彼と云い、これと云い、山岸系図の誤りを知るべし

女子

順慶養子　筒井伊賀守藤原定次の室

出生の年月不詳、日向守養女と云えり

某

出家　法名　号不立
洛西嵯峨天龍寺に閑居

出生の年月不詳、一説には濃州武儀郡洞戸村佛光山西洞寺に閑居とも云々、京都東山音羽川の辺において横死すと云々

○織田左近殿（朱丸）京の音羽橋にて不立が首を自ら刎ねらると高橋文書に有れば、横死とはこの事を差す

某

童名は於鶴丸　十内
時田十大夫と号す

出生の年月、及び母とも不詳、明智家没落して後、丹州桑田郡宮田村に蟄居す、或いは天田郡

福知山領の内に住すとも云々、子孫は郷士と成りてこれ在る由

女子　川勝丹波守の室

女子　井戸左馬助利政の室　同新右衛門利親の母
この女子、実は進士美作守晴舎の娘にて、光秀の姪也、光秀の養女として利政に嫁す、井戸は和州筒井の一族にて、山城国久世郡宇治槙島の城主也、利親は関東御旗本に召し出さる

光保　童名は内治丸　服部平大夫と云う　戸塚と号す　後に蓑笠之助と改む
天正十年壬午正月に生まれる、母は伊賀国名張郡柘植城主服部伊賀守保光の娘也、但し、同出羽守保章の妹也、服部保光・保章とも日向守に仕え、明智没落のみぎり、保章は妹並びに内治丸を伴いて、江州野洲郡北村に蟄居し、後に内治丸を養いて、我が子にて服部半大夫光保と名乗らしむ、その後関東に召し出され地の代官と成り、蓑笠之助と改む
〇(朱丸)この光保、天正十年正月に生まれると云う事、高橋文書をもって実を証すべし、以後六月までの間、日向殿男女ともに出生無かりし事知るべし、これより上下の間養女、又は左馬助子などとも有れば、明智の一族多き中なれば、誰の男女とも定め難く、その余は日向殿の勢いに従って付けしなるべし、日向殿子息達十五人なる事、この光保をもって考証すべし

某　淺野内蔵助と号す　淺野甲斐正秀の父也

母は日向殿の臣堀田孫左右門正種の娘也、明智家大乱のみぎり、乳父大石平左右門と云う者、これを介抱し、我が在所江州志賀郡大石村に落ち行き、密かにこれを養育す、然りて後、外祖父堀田正種これを我が子として、堀田十郎兵衛と名乗らしむ、その後淺野左京大夫幸長に仕え、淺野の氏を譲られ一万石を賜う、子孫芸州に有り、大石良雄の祖父これ也

○（朱丸）今の大石十郎右衛門へ内藏之助が事を尋ねたりしに、彼の家にもその所以由は伝わざる由申しき

冬廣　童名は於熊丸　刀剣鍛冶師　後に若狭大椽と号す

出生の年月不詳、母は若州遠敷郡小浜の住人、刀剣鍛冶師冬廣の娘也、明智大乱の後、外祖父冬廣これを養い我が子とすと云う、一説にこれは左馬助光俊の子とも云々

女子　原隠岐守源久頼室と云う　久頼は原紀伊守光廣の子にて、参州（三河）岡崎の城主也

某　童名は明智彦丸

出生年月、及び母とも未詳、明智家滅亡の後、江州志賀郡高木村に蟄居す、或いは高城村に住すとも云々、今高城氏の者、この子孫の由

嘉永三年庚戌六月　　三宅藤兵衛（重存）

153　三宅家先祖付（永青文庫蔵　南東50　竪帳）（「　」はすべて朱筆貼紙）

弐千石「(貼紙)千五百石　三宅平太郎」

一、先祖三宅出雲と申者、天正之比、丹波亀山之
城ニ居申候明智日向守従類ニ而御座候、出雲嫡子
三宅弥平次と申者、日向守甥ニ而御座候、後ニ
家名を改、明智左馬助と申候、右日向守聟ニ而
御座候、右、左馬助嫡子、三宅藤兵衛と申者、幼年之
時分
三斎様御代　秀林院様御取持ニ而
於丹後被　召出、其節者、三宅与平次と申候、御家ニ
暫罷在候処、訳有之、　御家を罷出、其後、
寛永之比、肥前唐津之城主寺沢志摩守殿江
内縁有之、
三斎様江御断ニ而引取、天草冨岡之城預り
居申候、寛永十四年有馬一揆之節、於
彼地討死仕候、右藤兵衛嫡子、(初代)三宅藤右衛門儀、弟
三宅新兵衛と一同ニ、唐津罷出、御国江罷越候処、
真源院様御代、被　召出、御知行千五百石
被為拝領、着座ニ被　仰付、其後、八代表、薩摩

境之儀ニ候間、諸事、佐渡殿と申談候様ニと被
仰付、彼地江被差越候、左候而
真源院様御卒去已後、早速熊本江引取
罷在候処、年罷寄御断申上、隠居被
「萬治三年六月廿一日隠居料三百石配知」
仰付、為隠居料、御知行三百石被下置、寛文
「十一月十八日病死　病死帳、廿五日　イ上知帳」
六年病死仕候、右藤右衛門嫡子二代目「初百助」三宅藤兵衛儀、親
藤右衛門御奉公相勤居申候節ゟ被
「慶安元年四月廿八日三百石配知」
召出、御知行三百石被為拝領、御中小姓頭被
仰付相勤、藤右衛門隠居被
「萬治三年六月廿一日千五百石配知」
仰付候節、家督
無相違被為拝領、着座ニ被　仰付、其以後、
「七月廿九日」
御番頭被　仰付相勤居申候処、延宝七年病死
仕候

一、三代目私祖父三宅藤兵衛儀「初藤助」、右藤右衛門弟嘉右衛門と
申者之二男ニ而、先藤兵衛従弟ニ而御座候ニ付、
「延宝七年六月十五日養子願之通」「同年十月二日家督御印」
養子ニ奉願、跡目無相違被為拝領、着座ニ被
「天和元年十月十一日」
仰付、其後御番頭被　仰付、其已後、御用人ニ
(頭注)「元禄三年正月十六日御側へ罷出、御奉行所へモ罷出候様、
同年三月二日御側者頭支配續弾右衛門ト両人相勤候様　」

「元禄十年十二月二十日藤兵衛ト改名」
被　仰付、元禄十四年御備頭列被　「元禄十四年三月十九日五百石御加増ノ配知」
仰付、五百石御加増被為拝領、同「正月十一日」十五年旅御家老ニ
被　仰付、御加増千石被為拝領、「正月十一日」都合三千石ニ
被　仰付候、正徳二年御家老ニ被
仰付、御役料五百石被為拝領、相勤居申候處ニ、
同五年八月六日病死仕候　「三宅家系図吟味ノ記録ニ階ニアリ」
一、四代目
私實父三宅伊兵衛儀、右藤兵衛従弟ニ而、御知行
三百石被下置、大組付被　仰付置候処ニ、右
「三宅藤兵衛就病死、三宅猪兵衛ヲ養子ニ被仰付、正徳五年九月廿八日遺領三千石ノ御印」
藤兵衛養子奉願、跡式無相違被為拝領、組外
着座被　仰付置候處、病氣ニ付、御奉公難
相勤御断申上、隠居被　仰付候
一、五代目
三宅藤右衛門儀、實者續弾右衛門弟ニ而御座候、
伊兵衛養子ニ奉願、享保五年二月伊兵衛ニ被
下置候御知行無相違被為拝領、着座ニ被
仰付置候処ニ、元文二年十一月御知行被
召上候
一、（六代目三宅藤助）
私儀、右伊兵衛倅ニ而御座候、被對先祖、右
藤右衛門ニ被下置候御知行三千石之内、弐千石
被為拝領、先規之通、着座被　仰付旨、元文
二年十一月十三日被　仰渡候、前髪御座候ニ付、

何之御奉公茂不仕候、延享元年、執前髪
申候、延享二年九月於阿蘇定例御祈禱之節、
御名代相勤申候、此外、当前之御番、御寺詰
相勤申候、宝暦十三年四月隠居被仰付候
一、七代目三宅亀傳儀、藤助養子ニ而候、同年
同月藤助江被下置候御知行之内、千八百石
被為拝領、比着座被仰付候、明和五年二月
藤兵衛と名改候、同年　御帰国之上
公義江御禮之御使者被　仰付、六月六日被指立、
於江戸之勤方相済、八月十三日下着仕候、明和七年
六月郡織衛跡御小姓頭被　仰付候、同八年四月
江戸江被　召寄、同九年六月御供ニ而罷下、
安永四年　御参勤之御供被　仰付置候処、御鷹之
鶴被遊　御拝領候付、
公義江御禮之御使者被　仰付置、二月四日被差立、
直ニ江戸江相詰、翌年九月御供ニ而罷下、同六年
二月座席持懸ニ而、御用人被　仰付、同七年二月当秋出府、
片山多門と交代被　仰付旨被　仰付置候処、三月
六日
太守様少々御不例被成御座候付、為伺御機嫌

被差立旨被　仰付、同八日熊本罷立、同廿六日江戸江
着仕候、四月廿七日御床揚ニ付、被遊　御祝、御紋付御上下
一具・同御袷一被下置候、天明元年十一月三十五歳ニ而、
致怪我相果候
一、八代目三宅英蔵儀、右藤兵衛嫡子ニ而候、天明二年
五月十七歳ニ而、父江被下置候御知行之内、舊知千五
百石、家屋敷共被下置、比着座被　仰付、清水数馬
組被　召加、座席御備頭嫡子之上座ニ被附置、
天明七年正月・寛政四年五月
公義定例御祈禱之節、阿蘇　御名代被　仰付、
同六年三月　若殿様御弘、
公義江御届被為済候付而、藤崎宮江
御両殿様ゟ之御代参被　仰付、同年十月
松向寺様百五十回御忌ニ付、京都江為　御代香被
差登、同閏十一月罷下、同九年閏七月津田
三十郎跡御留守居御番頭被　仰付、同十二年
二月有吉万之進跡御番頭被　仰付、文化
二年閏八月御小姓頭御人少ニ付、
若殿様御在國中、御小姓頭申談、御番・御供ヿ
相勤候様被　仰付旨及達、同十年九月寉崎

為御番代被指越、同十一年十月罷帰、同十二年
二月数年手全相勤候付、御上下一具・御小袖一
被下置、文政四年六月病氣ニ付、願之通、
当御役被遊　御免、御役多年手全
相勤候付、座席中着座同列被　仰付、御留守居
大頭組被　召加、同五年十月病氣ニ付、隠居被
仰付候 五十七歳

一、九代目三宅藤兵衛儀、右英蔵嫡子ニ而候、文化九年十一月
御目見仕、文政四年二月犬追物出精、藝術相進
候段、御賞詞、同年八月居寮以来、学問数年出精、
射術・剣術出精、馬術茂心懸候段御賞詞、同五年
十月二十七歳ニ而、父江被下置候御知行、無相違被下置、
比着座被　仰付、内蔵允組被　召加、座席白杉
平馬上座被附置、同六年三月岩越権十郎跡
御留守居御番頭被　仰付、同七年閏八月弟
三宅還治儀、当正月十三日之夜、不法之振捌いたし
候付而、被　仰付之趣申渡候通ニ候、子弟心得之儀付而者、
近年、追々御示ニ相成候付、別而心を用可致
教育處、不行届儀ニ付、以来屹卜心を用候様
及達、同八年三月不勝手ニ付、願之通御役儀

被遊　御免、座席元之通比着座被　仰付、
長岡監物組被　召加、○同十年三月山本
（頭注）○「同八年九月公義定例御祈禱之節、阿蘇下宮御名代被　仰付」
文右衛門跡御留守居御番頭被　仰付、同十二年
十二月木下兵馬跡御番頭被　仰付、天保
三年九月為鶴崎御番代被指越、天保
四年十月帰着、同月座席持懸ニ而、尾藤
助之丞跡御小姓頭被　仰付、同五年四月出府、
同六年三月　御任官ニ付而、御祝御用懸相勤
候付、御紋附御上下一具・同御小袖一被下置、
同年六月罷下、天保九年十一月座席持懸ニ而、
宮村金吾組之御番頭被　仰付、同十五年
九月同役申談筋ホ、熟兼候由ニ付、当御役被遊
御免、座席中着座同列被　仰付、尾藤
助之丞組被　召加、弘化二年五月
公義定例御祈禱之節、阿蘇下宮
御名代被　仰付、同三年閏五月
太守様御拝領物被遊候付、御旅中、并、江戸江
御家中惣代之御歓として被指越、同年七月
罷下、着即日（十二日也）今度御拝領物被遊候付而、

御旅中、并、江戸江御家中惣代之御歓として
被差越候付、被遊御祝、御紋附御帷子一被下置、
同年十月落合半次郎跡御留守居御番頭被　仰付、
嘉永六年七月品々御役多年出精相勤候付、御紋附
薄御上下一具被下置、安政二年七月病氣ニ付、願之通
当御役被遊　御免、数十年出精相勤候付、御紋附
縮緬御単羽織一被下置、座席、中着座同列被
仰付、御留守居大組ニ被　召加、安政三年二月
病氣ニ付、六十一歳ニ而隠居被　仰付

一、十代目三宅百助儀、右藤兵衛名跡相續之二男ニ而候、
天保四年八月　御目見仕、安政三年二月三十歳ニ而、
父江被下置候御知行無相違、家屋敷共被下置、
比着座被　仰付、舎人組被　召加、座席柏原
新兵衛次座ニ被附置、同年三月藤右衛門と改名、
同年五月、　公義定例御祈禱之節、阿蘇下宮
御名代被　仰付、同年十月中村進士跡御番頭
被　仰付、同四年閏五月高見権右衛門跡御小姓頭
被　仰付、同年十一月御祝御用懸相勤候付、
御紋附御上下一具・同御小袖一被下置、同五年
三月御供ニ而罷登、同六年四月罷下、同七年

正月出府、萬延元年八月
御家督御用相勤候付、被遊御祝、御紋附御半上下二具・
同御帷子一拝領被　仰付旨、於江戸申渡、文久二年十一月
病氣ニ付、願之通御役儀被遊　御免、座席元之通
比着座被　仰付、御留守居大頭組被　召加、同三年
九月座席持懸ニ而、御用人被　仰付、元治元年十一月
座席御留守居大頭同列被　仰付、大御目附被
仰付、慶應元年十月御家老代役として出京、同二年
六月罷下、同三年九月御家老代役として出京、明治
元年十一月御家老代役として出京、同二年三月
罷下、同年八月　御一新付而、寂前辞職
内意之趣被　聞食上候、然処、今般従
朝廷職員被　仰出、御役員御減省ニ付、当御役
被遊　御免、座席組外被　仰付、座席
清水数馬次座被附置旨及達、同三年七月
免席被廢候處、数年出精相勤候付、旧禄高
五千石以上之次座ニ附置、番士大隊被差加、
同月、平太郎と改名

＝読み下し文＝

二千石　（貼紙）「千五千五百石　三宅平太郎」

一、先祖三宅出雲と申す者、天正の頃、丹波亀山の城に居り申し候明智日向守従類にて御座候、出
雲嫡子三宅弥平次と申す者、日向守甥にて御座候、後に家名を改め、明智左馬助と申し候、右
日向守聟にて御座候、右左馬助嫡子、三宅藤兵衛と申す者、幼年の時分、三斎様御代、秀林院
様御取り持ちにて丹後において召し出され、その節は、三宅与平次と申し候、御家に暫く罷り
在り候ところ、訳これ有り、御家を罷り出、その後、寛永の頃、肥前唐津の城主寺沢志摩守殿
へ内縁これ有り、三斎様へ御断りにて引き取り、天草富岡の城預り居り申し候、寛永十四年有
馬一揆の節、彼の地において討ち死に仕り候、右藤兵衛嫡子、（初代）三宅藤右衛門儀、弟三宅新兵衛
と一同に、唐津を罷り出、御国へ罷り越し候ところ、真源院様御代に召し出され、御知行千五
百石拝領せられ、着座に仰せ付けられ、その後、八代表、薩摩境の儀に候間、諸事、佐渡殿と
申し談じ候様にと仰せ付けられ、彼の地へ差し越され候、さ候て、真源院様御卒去以後、早速
「万治三年六月二十一日隠居
熊本へ引き取り罷り在り候ところ、年罷り寄り御断り申し上げ、隠居仰せ付けられ、隠居料と
料三百石配知」「十一月十八日病死　病死帳、二十五日　上知帳」二代目「初百助」
して、御知行三百石、寛文六年病死仕り候、右藤右衛門嫡子三宅藤兵衛儀、親藤右衛門御奉公
「慶安元年四月二十日三百石配知」
相勤め居り申し候節より召し出され、御知行三百石拝領八せられ、御中小姓頭仰せ付けられ相
「万治三年六月二十一日千五百石配知」
勤め、藤右衛門隠居仰せ付けられ候節、家督相違無く拝領せられ、着座に仰せ付けられ、その
「七月二十九日」
以後御番頭仰せ付けられ相勤め居り申し候ところ、延宝七年病死仕り候

三代目
一、私祖父三宅藤兵衛儀「始め藤助」、右藤右衛門弟嘉右衛門と申す者の二男にて、先の藤兵衛の従弟にて御座

候につき、「延宝七年六月十五日養子願いの通り」養子に願い奉り、「同年十月二日家督御印」跡目相違無く拝領せられ、着座に仰せ付られ、「天和元年十月十一日」その後御番頭仰せ付けられ、「元禄三年正月十六日御側へ罷り出、御奉行所へも罷り出候様、同年三月二日御側者頭支配続弾右衛門と両人相勤め候様」その以後御用人仰せ付けられ、「元禄十年十二月二十日藤兵衛と改名」「元禄十四年三月十九日五百石御加増の配知」元禄十四年御備頭列仰せ付けられ、五百石御加増拝領せられ、「正月十一日」同十五年旅御家老に仰せ付けられ、御加増千石拝領せられ、都合三千石に仰せ付けられ候、「正月十一日」正徳二年御家老に仰せ付けられ、御役料五百石拝領せられ、相勤め居り申し候ところに、同五年八月六日病死仕り候「三宅家系図吟味の記録二階に有り」

一、四代目私実父三宅伊兵衛儀、右藤兵衛従弟にて、御知行三百石下し置かれ、大組付き仰せ付けら「三宅藤兵衛病死につき、三宅猪兵衛を養子に仰せ付けられ、正徳五年九月二十八日遺領三千石の御印」き候ところに、右藤兵衛を養子に願い奉り、跡式相違無く拝領せられ、組外、着座仰せ付け置かれ候ところ、病気につき、御奉公相勤め難く御断り申し上げ、隠居仰せ付けられ候

一、五代目三宅藤右衛門儀、実は続弾右衛門弟にて御座候、伊兵衛養子に願い奉り、享保五年二月伊兵衛に下し置かれ候御知行相違無く拝領せられ、着座に仰せ付け置かれ候ところに、元文二年十一月御知行召し上げられ候

一、私儀、六代目三宅藤助右伊兵衛倅にて御座候、先祖に対せられ、右藤右衛門に下し置かれ候御知行三千石の内、二千石拝領せられ、先規の通り、着座仰せ付けらる旨、元文二年十一月十三日仰せ渡され候、前髪御座候につき、何の御奉公も仕らず候、延享元年、前髪を執り申し候、延享二年九月阿蘇において定例御祈祷の節、御名代相勤め申し候、この外、当前の御番、御寺詰め相勤め申し候、宝暦十三年四月隠居仰せ付けられ候

一、七代目三宅亀傳儀、藤助養子にて候、同年同月藤助へ下し置かれ候御知行の内、千八百石拝領せられ、比着座仰せ付けられ候、明和五年二月藤兵衛と名を改め候、同年御帰国の上公儀へ御礼の御使者仰せ付けられ、六月六日差し立てられ、江戸においての勤め方相済み、八月十三日

下着仕り候、明和七年六月郡織衛跡御小姓頭仰せ付けられ候、同八年四月江戸へ召し寄せられ、同九年六月御供にて罷り下り、安永四年御参勤の御供仰せ付け置かれ候ところ、御鷹の鶴御拝領遊ばされ候につき、公儀へ御礼の御使者仰せ付け置かれ、二月四日差し立てられ、直に江戸へ相詰め、翌年九月御供にて罷り下り、同六年二月座席持ち掛りにて、御用人仰せ付けられ、同七年二月当秋出府、片山多門と交代仰せ付けらる旨仰せ付け置かれ候ところ、三月六日太守様少々御不例に御座成され候につき、御機嫌伺いのため差し立てらる旨仰せ付けられ、同八日熊本罷り立ち、同二十六日江戸へ着仕り候、四月二十七日御床揚げにつき、御祝遊ばされ、御紋付御上下一具・同御袷一下し置かれ候、天明元年十一月三十五歳にて、怪我致し相果て候

一、八代目三宅英蔵儀、右藤兵衛嫡子にて候、天明二年五月十七歳にて、父へ下し置かれ候御知行の内、旧知千五百石、家屋敷ともに下し置かれ、比着座仰せ付けられ、清水数馬組召し加えられ、座席御備頭嫡子の上座に付け置かれ、天明七年正月・寛政四年五月公儀定例御祈祷の節、阿蘇御名代仰せ付けられ、同六年三月若殿様御披露目、公儀へ御届け済ませられ候について、藤崎宮へ御両殿様よりの御代参仰せ付けられ、同年十月松向寺様百五十回御忌につき、京都へ御代香として差し登らされ、同閏十一月罷り下り、同九年閏七月津田三十郎跡御留守居御番頭仰せ付けられ、同十二年二月有吉万之進跡御番頭仰せ付けられ、文化二年閏八月御小姓頭御人少なにつき、若殿様御在国中、御小姓頭申し談じ、御番・御供等相勤め候様仰せ付けらる旨達しに及び、同十年九月鶴崎御番代として差し越され、同十一年十月罷り帰り、同十二年二月数年手全（てまっとう）相勤め候につき、御上下一具・御小袖一下し置かれ、文政四年六月病気につき、願いの通り、当御役御免遊ばされ、御役多年手全相勤め候につき、座席中着座同列仰せ付けられ、

御留守居大頭組召し加えられ、同五年十月病気につき、隠居仰せ付けられ候（五十七歳）

一、九代目三宅藤兵衛儀、右英蔵嫡子にて候、文化九年十一月御目見え仕り、文政四年二月犬追物出精、芸術相進み候段、御賞詞、同年八月居寮以来、学問数年出精、射術・剣術出精、馬術も心掛け候段御賞詞、同五年十月二十七歳にて、父へ下し置かれ候御知行、相違無く下し置かれ、比着座仰せ付けられ、内蔵允組召し加えられ、座席白杉平馬上座付け置かれ、同六年三月岩越権十郎跡御留守居御番頭仰せ付けられ、同七年閏八月弟三宅還治儀、当正月十三日の夜、不法の振り捌きいたし候について、仰せ付らるの趣、申し渡し候通りに候、子弟心得の儀については、近年、追々御示しに相成り候につき、別して心を用い教育致すべきのところ、不行届の儀につき、以来きっと心を用い候様達しに及び、（頭注）「同八年九月公儀定例御祈祷の節、阿蘇下宮御名代仰せ付けられ」同八年三月不勝手につき、願いの通り御役儀御免遊ばされ、座席元の通り比着座仰せ付けられ、長岡監物組召し加えられ、同十年三月山本文右衛門跡御留守居御番頭仰せ付けられ、同十二年十二月木下兵馬跡御番頭仰せ付けられ、天保三年九月鶴崎御番代として差し越され、天保四年十月帰着、同月座席持ち掛りにて、尾藤助之丞跡御小姓頭仰せ付けられ、同五年四月出府、同六年三月御任官について、御祝い御用掛り相勤め候につき、御紋付御上下一具、同御小袖一下し置かれ、同年六月罷り下り、天保九年十一月座席持ち掛りにて、宮村金吾組の御番頭仰せ付けられ、同十五年九月同役申し談じ筋等、熟し兼ね候由につき、当御役御免遊ばされ、座席中着座同列仰せ付けられ、尾藤助之丞組召し加えられ、弘化二年五月公儀定例御祈祷の節、阿蘇下宮御名代仰せ付けられ、同三年閏五月太守様御拝領物遊ばされ候につき、御旅中並びに江戸へ御家中惣代の御歓びとして差し越され、同年七月罷り下り、着即日（十二日也）、今度御拝領物遊ばされ候について、御旅中並びに江戸へ御家中惣代の御歓びとして差し越され候につき、御祝い遊ばされ、御紋付御帷子一下し置かれ、同年十月落合半次郎跡御留守居御番頭仰せ付けられ、嘉永六年七月品々御役多年出精相勤め候につき、御紋付薄御上下一具下し置かれ、安政二年七月病気につき、願いの通り当御役御免遊ばされ、数十年出精相勤め候につき、御紋付縮緬御単羽織一下し置かれ、座席中着座同列仰せ付けられ、御留守居大組に召し加えられ、安政三年二月病気につき、六十一歳にて隠居仰せ付けらる

一、十代目三宅百助儀、右藤兵衛名跡相続の二男にて候、天保四年八月御目見え仕り、安政三年二月三十歳にて、父へ下し置かれ候御知行相違無く、家屋敷ともに下し置かれ、比着座仰せ付けられ、舎人組召し加えられ、座席柏原新兵衛次座に付け置かれ、同年三月藤右衛門と改名、同年五月、公儀定例御祈祷の節、阿蘇下宮御名代仰せ付けられ、同年十月中村進士跡御番頭仰せ付けられ、同四年閏五月高見権右衛門跡御小姓頭仰せ付けられ、同年十一月御祝い御用掛り相勤め候につき、御紋付御上下一具・同御小袖一下し置かれ、同五年三月御供にて罷り登り、同六年四月罷り下り、同七年正月出府、万延元年八月御家督御用相勤め候につき、御祝い遊ばされ、御紋付御半上下二具・同御帷子一拝領仰せ付けらる旨、江戸において申し渡し、文久二年十一月病気につき、願いの通り御役儀御免遊ばされ、座席元の通り比着座仰せ付けられ、御留守居大頭組召し加えられ、同三年九月座席持り掛りにて、御用人仰せ付けられ、元治元年十一月座席御留守居大頭同列仰せ付けられ、大御目付仰せ付けられ、慶応元年十月御家老代役として出京、同二年六月罷り下り、同三年九月御家老代役として出京、明治元年十一月御家老代役として出京、同二年三月罷り下り、同年八月、御一新について、最前辞職内意の趣、聞こし召し上げられ候、然るところ、今般朝廷より職員仰せ出され、御役員御減少につき、当御役御免遊ばされ、座席組外仰せ付けられ、座席清水数馬次座付け置かる旨達しに及び、同三年七月免

席廃せられ候ところ、数年出精相勤め候につき、旧禄高五千石以上の次座に付け置かれ、番士大隊差し加えられ、同月、平太郎と改名

154　三宅家系図（三宅家文書　追1　巻子）（翻刻文の――はすべて朱線、……は同一人物）

明智日向守
源光秀公
天正十年六月十四日於四條縄手（ママ）
戦死

女子　秀林院殿
女子　光慶室

明智左馬介
光慶
同年同月江州坂本城ニテ
自裁

重利……三宅藤兵衛
寛永十四十一月十四日於天草本戸
戦死

重元……三宅藤右衛門

明智日向守
源光秀公
天正十年六月十四日四條縄手（ママ）において戦死

女子　秀林院殿
女子　光慶室

明智左馬介
光慶
同年同月江州坂本城にて自裁

重利　三宅藤兵衛
寛永十四年十一月十四日天草本渡にて戦死

重元　三宅藤右衛門

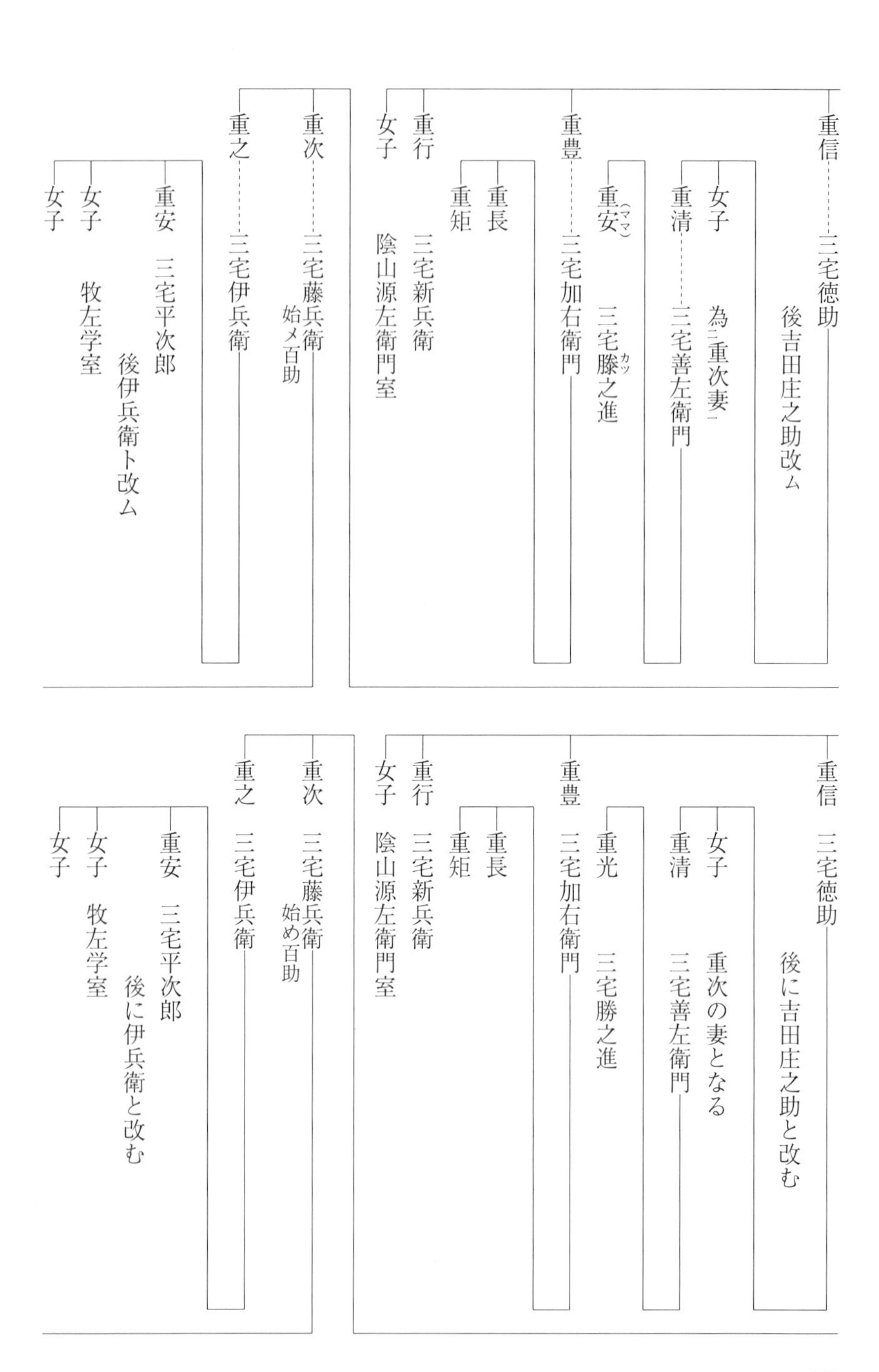
重信 三宅徳助
後吉田庄之助改ム
女子
為ニ重次妻一
重清 三宅善左衛門
重豊 三宅加右衛門
重安（ママ） 三宅滕（カツ）之進
重長
重矩
重行 三宅新兵衛
女子 陰山源左衛門室
重次 三宅藤兵衛
始メ百助
重之 三宅伊兵衛
重安 三宅平次郎
後伊兵衛ト改ム
女子 牧左学室
女子
重信 三宅徳助
後に吉田庄之助と改む
女子
重次の妻となる
重清 三宅善左衛門
重豊 三宅加右衛門
重光 三宅勝之進
重長
重矩
重行 三宅新兵衛
女子 陰山源左衛門室
重次 三宅藤兵衛
始め百助
重之 三宅伊兵衛
重安 三宅平次郎
後に伊兵衛と改む
女子 牧左学室
女子

少名庄太郎
- 重矩（マヽ）……三宅藤兵衛　實者重豊二男
- 女子　有吉清九郎室
- 重　百助早世

（マヽ）
- 重安……三宅伊兵衛　重矩男早世ニ附キ本家ヲ續

- 時之……三宅藤助
- 女子　慶和室
- 女子　阿蘓大宮司室
- 女子　兼坂文右衛門室
- 重　万太郎早世
- 慶和（マヽ）……三宅藤兵衛（マヽ）　實者山本三郎右衛門弟
- 女子　堀尾義三郎室
- 元智　三宅英蔵

少名庄太郎
- 重矩　三宅藤兵衛　実は重豊二男
- 女子　有吉清九郎室
- 重　百助早世
（女子・重は重矩の子）
- 重安　三宅伊兵衛　重矩の男早世につき本家を継ぐ
- 時之　三宅藤助
- 女子　慶和室
- 女子　阿蘇大宮司室
- 女子　兼坂文右衛門室
- 重　万太郎早世
- 慶和　三宅藤兵衛　実は山本三郎右衛門の弟
- 女子　堀尾義三郎室
- 元智　三宅英蔵

妻ハ溝口氏、窈関院殿桃屋妙悟大姉
（裏面に奥書①）
「天明五乙巳歳初秋吉日
吉浦兵右衛門季直
撰之」
（以下後筆）

元陳 ――― 三宅藤兵衛　清蕚院殿味香探山居士
妻ハ平野九郎右衛門ノ娘マチ、清唱院殿令屋貞韻大姉
女子　三野四郎左衛門室
元　三宅猪貞早世
女子　津田三十郎室
元長　三宅還治
元晴　三宅龜傳　天保四年癸未襲禄 改寺本兵右衛門
寺本亀藏為養子
女子　中瀬助三郎室

重世
英之亟（ママ）ト稱シ未ダ家督セヅシテ卒ス

妻は溝口氏、窈関院殿桃屋妙悟大姉
（裏面に奥書①）
「天明五乙巳歳初秋吉日
吉浦兵右衛門季直これを撰す」
（以下後筆）

元陳　三宅藤兵衛　清蕚院殿味香探山居士
妻は平野九郎右衛門の娘マチ、清唱院殿令屋貞韻大姉
女子　三野四郎左衛門室
元　三宅猪貞早世
女子　津田三十郎室
元長　三宅還治
元晴　三宅龜傳　天保四年癸未襲禄 改め寺本兵右衛門
寺本亀藏養子とす
女子　中瀬助三郎室

重世
英之亟（ママ）と称し未だ家督せずして卒す

有温院殿英山良哲居士
母ハ平野氏
妻ハ稲津久兵衛ノ女カツ
操壽院殿智山貞香大姉

- 某　早世
- モト　平野長明ニ嫁ス
- テツ　早世
- 庄之助　早世
- ツナ
- 彌一郎
  母ハ稲津氏
  重弘ノ養子トナル
  十五歳ニテ卒ス
  憲亮院殿義山天彰居士

重弘
母ハ平野氏
幼名百助、藤右衛門、平太郎、藤爽
重世ノ死ニヨリ家ヲ継グ
重世ノ子彌一郎ヲ養子トス
溪雲院殿紫山香道大居士
妻ハ清水縫（ヌイ）殿ノ娘イコ

有温院殿英山良哲居士
母は平野氏、妻は稲津久兵衛の娘カツ
操壽院殿智山貞香大姉

- 某　早世
- モト　平野長明に嫁す
- テツ　早世
- 庄之助　早世
- ツナ
- 彌一郎
  母は稲津氏、重弘の養子となる
  十五歳にて卒す
  憲亮院殿義山天彰居士

重弘
母は平野氏
幼名百助、藤右衛門、平太郎、藤爽
重世の死により家を継ぐ
重世の子彌一郎を養子とす
溪雲院殿紫山香道大居士
妻は清水縫殿の娘イコ

某　　早世

慈雲院殿貞室妙操大姉

某　早世

ツネ　澤村半ニ嫁ス

タヅ　堀勝太ニ嫁ス

重雄
母ハ清水氏
幼名清熊
彌一郎ノ死ニヨリ重弘ノ跡ヲツグ
妻ハ平野長明ノ女ヨツ
仙容院殿月山妙圓大姉

敬三　末松勘次ノ養子トナル

重慶　早世　母ハ平野氏

梅　母ハ重雄ノ後室志方氏

重喜　母ハ重雄ノ後室山下氏
二十二歳ニテ卒ス
重光院殿喜恩覺心居士

重彦
母ハ重雄ノ後室、仲光正時ノ女スミ

某　　早世

慈雲院殿貞室妙操大姉

某　早世

ツネ　澤村半に嫁す

タヅ　堀勝太に嫁す

重雄
母は清水氏
幼名清熊
彌一郎の死により重弘の跡を継ぐ
妻は平野長明の娘ヨツ
仙容院殿月山妙圓大姉

敬三　末松勘次の養子となる

重慶　早世　母は平野氏

梅　母は重雄の後室志方氏

重喜　母は重雄の後室山下氏
二十二歳にて卒す
重光院殿喜恩覺心居士

重彦
母は重雄の後室、仲光正時の娘スミ

（裏面に奥書②）「昭和十二丁丑歳正月吉日

三宅重雄撰之」

155　源姓三宅氏中興家伝　（三宅家文書52　巻子）

（包紙上書）「御系圖」

源姓三宅氏中興家傳

重時

稱二出雲ノ守一其ノ妻ハ明智日向守光秀ノ姉ナリ世ヨ居二濃州一到二重時一始メテ移二住丹後（ママ）國龜山一天正十年六月十四日為二豊臣秀吉ノ一被レ害セラ此時家譜等悉ク皆ナ散失ス矣故ニ祖先ノ之事蹟今マ無シレ所レ考フル焉

光慶

母ハ明智光秀ノ姉ナリ初メ稱二彌平次一ト後改二左馬助一ト光秀養レ之為レ子以テ二其女ヲ一妻メ

（裏面に奥書②）「昭和十二丁丑歳正月吉日

三宅重雄これを撰す」

（包紙上書）「御系図」

源姓三宅氏中興家伝

重時

出雲守と称す、その妻は明智日向守光秀の姉なり、世に濃州に居り、重時に到り始めて丹波国亀山に移住、天正十年六月十四日豊臣秀吉のために害せらる、この時家譜等悉く皆散失す、故に祖先の事蹟今考える所無し

光慶

母は明智光秀の姉なり、初め彌平次と称す、後に左馬助と改む、光秀これを養い子とす、その娘をもっ

之授采地二萬石天正十年六月十四日(ママ)於江州坂本城自裁時歳二十六(ママ)

重利

小名ハ師(ママ)、後稱與平次ト又改藤兵衛ト父光慶自裁之時僅二歳家臣三宅六郎大夫懐之遁京師迨十二歳竊匿在鞍馬之僧舎　細川越中守忠興公之室秀林院殿依有叔母之親而白于公召之到丹後厚蒙恩顧數年一旦有故去丹後流落于京師紀州之際故光慶家臣安田作兵衛ト云者光慶敗亡之後仕肥州唐津城主寺澤廣高（號志摩守）改姓名稱天野源右衛門乃請廣高而招重利廣高授采地三千五百石元和七年廣高使重利監守肥州天草城此時合與力之祿都領七

てこれを妻とす、采地二万石を授く、天正十年六月十五日江州坂本城において自裁す、時に歳二十六(ママ)

重利

幼名は師、後に與平次と称す、又藤兵衛と改む、父光慶自裁の時、僅かに二歳、家臣三宅六郎大夫これを抱きて京師に遁れる、十二歳までを密かに匿われて、鞍馬の僧舎に在り、細川越中守忠興公の室秀林院殿、叔母の縁有るによって、公に申してこれを召して、丹後に到り厚く恩顧を蒙ること数年、一旦故有り丹後を去る、京師紀州の端に流落す、故光慶の家臣安田作兵衛と云う者、光慶敗亡の後、肥州唐津城主寺澤廣高（志摩守と号す）に仕え、姓名を改めて天野源右衛門と称す、すなわち廣高に請いて重利を招き、廣高采地三千五百石を授く、元和七年、重利を肥州天草城を監守せしめ、この時与力の禄を合わせて、すべて七千石を領せしむ、寛永十四年島原の逆賊、乱を興すに及びて、重利出て、本渡浦において防ぐ、戦い利あらずして遂にここに死す、歳五十七伝え称す、光慶家士三宅六郎大夫、後に筑前国に

千石㆒ヲ寛永十四年及㆓テ島原之
逆賊興㆑スニ亂ヲ而、重利出デ防㆓於州ノ之
本戸浦㆒ニ戰ヒ不㆑メ利而遂ニ死㆑ス之ニ歳五
十七
傳ヘ稱ス光慶家士三宅六郎大夫後チ往㆓ク筑
前國㆒ニ国主黒田如水授㆓ク禄五百石㆒ヲ
天野源右衛門天正十年六月二日
信長事㆓アリ於本能寺㆒ニ光慶為㆓タリ先驅㆒其ノ家士
安田氏（乃是レ天野也）執㆑鑓刺㆓サス信長㆒ヲ依㆓テ其功㆒ニ廣高
授㆓禄一萬石㆒ヲ招㆑クト之云

重元（小名兵六後號藤右衛門／母妻木氏）

重元仕㆓テ寺澤廣高㆒ニ在㆓リ肥ノ之唐津㆒ニ廣
高卒後チ其ノ子忠高（號㆓兵庫頭㆒）遇㆑スルコト之如㆑初メノ
寛永十四年島原之逆賊興㆑メ亂シ到㆓
州之天草㆒ニ欺㆓（アサムキ）驅（カリテ）浪徒賤民㆒ヲ以欲㆑ス狙㆓
（ママ）
留岡城㆒ヲ城中告㆓ク急ヲ於唐津㆒ニ時ニ忠高
在㆓江府㆒ニ重元率㆓テ留守之人馬若干㆒ヲ
而到㆓ル天草㆒ニ其父重利モ亦出㆓州之本

往く、国主黒田如水禄五百石を授く
天野源右衛門天正十年六月二日、信長本能寺にお
いて事有り、光慶先駆となり、その家士安田氏（すなわちこれ天野也）鑓を執り信長を刺す、その功によって
廣高禄一万石を授け、これを招くと云う

重元（小名は兵六、後に藤右衛門と号す／母は妻木氏）

重元寺澤廣高に仕えて、肥の唐津に在り、廣高卒
後、その子忠高（兵庫頭と号す）これを遇すること初めのご
とし、寛永十四年島原の逆賊乱を興し、天草に到
り、欺いて浪徒賤民を駆け、もって富岡城を狙わん
と欲す、城中急を唐津に告ぐ、時に忠高江府に在
り、重元留守の人馬若干を率いて天草に到る、その
父重利もまた本渡浦に出で、賊と戦う、賊勢甚ださ
かんにして重利ここに死す、重元その弟重信

戸浦與賊戰賊勢甚熾而重利死之重元與其弟重信（號徳助）重行（號新兵衛）皆歸留岡城重元為之殿賊兵不能尾之其後賊兵来留岡城攻之甚急乃放鳥銃而傷重元喉傍重元不屑之能防氣不屈賊徒不利而走集有馬重元麾衆追到有馬二月二十一日有馬之賊兵竊出城而欲破寺澤圍重元先諸士奮撃而被傷部下之士亦多死矣賊兵死傷者甚夥矣此役重元最有戰功十九年有故去唐津往筑前國瀬高邑而居焉二十年依光尚公之招来肥後高瀬正保二年賜采地千五百石數年之後有命監八代城　光尚公手書曰

一、三宅藤右衛門儀、新参之者ニ候へとも----

正保年中

徳助と号す と重行 新兵衛と号す とともに、皆富岡城に帰る、重元しんがりとなる、賊兵これを追うこと能わず、その後、賊兵富岡城に来たりてこれを攻めること、甚だ急なり、すなわち銃を放って、重元の喉の傍らを傷つく、重元これにたじろがず、能く防ぎて気を屈せず、賊徒利あらずして走りて有馬に集まる、重元衆を招いて、追って有馬に到る、二月二十一日有馬の賊兵、密かに城を出て、寺澤の囲みを破らんと欲す、重元まず諸士に先んじて奮いうって傷を被る、部下の士もまた多く死す、賊兵死傷する者夥し、この役重元もっとも戦功有り、十九年故有りて唐津を去り、筑前国瀬高村に往きて居る、二十年光尚公の招きによって、肥後の高瀬に来たる、正保二年采地千五百石を賜り、数年の後、命有りて八代城を監す、光尚公手書に曰く

一、三宅藤右衛門儀、新参の者に候らえども----

正保年中

大猷院殿病に有り、数日にて本に復す、光尚公肥後に在りて使を献じ、尊体の恙無きを賀す、重元に托しこれに当たる、光尚公別に一書を榊原飛騨守某に

大猷院殿有病數日而復本光尚公在肥後獻使被賀其尊體之不恙、擇重元當之　光尚公別呈一書於榊原飛騨守某其書曰

一、此度指下申候使者
　　ひた様　　肥後守

重元老而請致仕　綱利公許之使其禄賜嫡子重次別以三百石賜重元而為老病補養之料寛文六年十一月十八日病卒于家享年六十三

重信　號徳助後改姓名
　稱吉田庄之助
初在唐津後與重元同来肥後國
未幾而卒

女子　為重次妻

重清　號善左衛門

呈す
その書に曰く

一、このたび指し下し申し候使者
　　ひた様　　肥後守

重元老いて致仕を請う、綱利公これを許し、その禄を嫡子重次に賜り、別に三百石をもって重元に賜いて、老病補養の料とす、寛文六年十一月十八日病みて家に卒す、享年六十三

重信　徳助と号す、後に姓名を改めて
　吉田庄之助と称す
初め唐津に在り、後に重元とともに、肥後国に来たる、幾ばくならず卒す

女子　重次の妻となる

重清　善左衛門と号す
光尚公に仕う、十歳にして月俸十口を賜う、その

仕光尚公十歳ニシテ賜月俸十口其後授ケテ采地三百石ヲ以テ為ス炮手ノ長ト俗謂之鐵炮頭ト

重安（ママ）　勝之進

重豊　號ス加右衛門ト

仕唐津ノ城主ニ采地千石重豊有二子長ハ重長重行養テ之為子ト次ハ重矩重次養之為子ト見ヘタリ于左ニ

重行　號ス新兵衛ト

仕光尚公ニ賜采地七百石ヲ到テ綱利公ニ命メ為ス炮手五十人之長ト後チ為タリ番頭ト旌下之士分テ為十二隊ト逐テ番ヲ相勤ム謂之十二番組ト一隊各ゝ有一長謂之番頭ト

重長　號ス新兵衛ト

實ハ重豊子重行無子故ニ養テ之為ス子ト綱利公命メ為中小姓コシヤウ四十人之長ト未有采地而食ムノ廩粟ヲ之士謂之中小姓ト後為ナル番頭ト病テ卒ス歳三十一

後采地三百石を授け、もって砲手の長となす俗にこれを鉄砲頭と謂う

重光　勝之進

重豊　加右衛門と号す

唐津の城主に仕う、采地千石、重豊二子有り、長は重長、重行これを養いて子とす、次は重矩、重次これを養いて子とすと、左に見えたり

重行　新兵衛と号す

光尚公に仕う、采地七百石を賜う、綱利公に到りて、命じて砲手五十人の長となす、後に番頭となしたり旗下の士分けて十二隊とす、番を逐いて相勤む、これを十二番組と謂う、一隊各に一長有り、これを番頭と謂う

重長　新兵衛と号す

実は重豊の子、重行子無き故に、これを養いて子となす、綱利公命じて中小姓四十人の長となす

重房　號二ス平八郎一
綱利公命メ為二炮手二十人之ノ長一ト

重次　初メノ名ハ百介後ニ改ム藤兵衛一ト
仕二フ　光尚公ニ十五歳賜二フ采地三百石ヲ二十一歳為二ス中小姓ノ頭一ト二十七歳綱利公命メ為二ス番頭一ト加ヘフ賜禄千五百石一ヲ延寶七年七月二十九日病テ卒ス年四十七

重之　號二ス伊兵衛一
仕二フ　綱利公命メ以下テ曽テ所レノ賜二フ重元一之禄三百石上ヲ賜二テ重之ニ而為二炮手ノ長一ス

重安　平次郎

（いまだ采地有らず廩粟を給うの士、これを中小姓と謂う）後に番頭となる、病にて卒す、歳三十一

重房　平八郎と号す
綱利公命じて砲手二十人の長となす

重次　初名は百介、後に藤兵衛と改む
光尚公に仕う、十五歳で采地三百石を賜う、二十一歳で中小姓頭となす、二十七歳で綱利公命じて番頭となす、禄千五百石を加え賜う、延宝七年七月二十九日病にて卒す、年四十七

重之　伊兵衛と号す
綱利公に仕う、命じてかって重元賜う所の禄三百石をもって、重之に賜いて砲手の長となす

重安　平次郎

重矩 初稱左太郎（ママ）後稱藤助 又改藤兵衛

實ハ重豊二男重次無レシ子故ニ養レテ之ヲ為レス子ト二十六歳綱利公命メ為ニス番頭一ト三十五歳除ニ番頭一ヲ而為ニス近習一ト元禄十四年三月十九日命メ為ニス備頭之列一ト加ニヘ賜フ禄五百石一ヲ 國中ノ之士分テ為ニ七員ト一員各ノニ有ニリ一長一謂ニフ之備頭一ト座位為ニ家老ノ之次一 時歳四十六十五年命メ為ニ家老之列一 國主在旅途則代ニメ家老而執レ事ヲ俗謂ニ之旅家老一 加ニヘ賜フ禄千石ヲ今年（朱筆）「正月」晦日重矩於ニ其ノ宅ニ奉レル饗シ綱利公

重矩 初め左太郎（ママ）と称し、後に藤助と称す 又藤兵衛と改む

実は重豊二男、重次子無き故、これを養いて子となす、二十六歳で綱利公命じて番頭となす、三十五歳で番頭を除きて近習となす、元禄十四年三月十九日命じて備頭の列となす、禄五百石を加え賜う 国中の士分けて七員となす、一員各に一長有り、これを備頭と謂う、座位家老の次となす 時に歳四十六、十五年命じて家老の列となす 国主旅途に在り、則家老の代わりにて執事をす、俗にこれを旅家老と謂う 禄千石を加え賜う、今年晦日重矩その宅において綱利公を饗し奉る

156 源姓三宅氏中興家伝 （三宅家文書55 続紙）（——はすべて朱線）

（端裏書）「同姓系図」

源姓三宅氏中興家傳

（端裏書）「同姓系図」

源姓三宅氏中興家伝

重時
稱出雲守、其妻明智日向守光秀姊、世居濃州、到重時始移住丹波國龜山、天正十年六月十四日為豊臣秀吉被害、此時家譜等悉皆散失矣、故祖先之事蹟今無所考焉

光慶俊
母明智光秀姊、初稱彌平次、後改左馬助、光秀養之為子、以其女妻之、授采地二萬石、天正十年六月十四日(ママ)於江州坂本城自裁、時歳二十六(ママ)

重利
小名師(ママ)、後稱與平次、又改藤兵衛、父光慶自裁之時僅二歳、家臣三宅六郎太夫懐之遁于京師、迨十二歳竊匿在鞍馬之僧舍、細川越中守忠興公之室秀林院殿依

重時
出雲守と称す、その妻は明智日向守光秀の姉なり、世に濃州に居り、重時に到り始めて丹波国亀山に移り住む、天正十年六月十四日豊臣秀吉のために害せらる、この時家譜等悉く皆散失すか、故に祖先の事蹟今考える所無し

光慶俊
母は明智光秀の姉なり、初め彌平次と称す、後に左馬助と改む、光秀これを養い子とし、その娘をもってこれを妻とす、采地二万石を授く、天正十年六月十五日江州坂本城において自裁、時に歳二十六(ママ)

重利
幼名は帥、後に與平次と称す、又藤兵衛と改む、父光慶自裁の時、僅かに二歳、家臣三宅六郎大夫これを抱いて京師に遁れる、十二歳まで秘かに隠れて、鞍馬の僧舎に在り、細川越中守忠興公の室秀林院殿、叔母の縁有るによって、公に申してこ

有叔母之親而、白于　公召之、到丹後厚蒙恩顧數年、一旦有故去丹後、流落于京師紀州之際、故光慶家臣安田作兵衛者、光慶敗亡之後仕肥州唐津城主寺澤廣高（號志摩守）改姓名稱天野源右衛門、乃請廣高而招重利、廣高授采地三千五百石、元和七年廣高使重利監守肥州天草城、此時合與力之禄都領七千石、寛永十四年及嶋原之逆賊興亂而、重利出防於州之本戸浦戦不利而、遂死之歳五十七

傳稱光慶家士三宅六郎太夫、後往筑前國、國主黒田如水授禄五百石、

天野源右衛門天正十年六月二日信長事於本能寺、光慶為先驅、其家士安田氏（乃是天野也）執鑓刺信長、依其功廣高授禄一萬石招之云

れを召す、丹後に到り厚く恩顧を蒙ること数年、一旦故有り丹後を去り、京師紀州の端に流落す、故光慶家臣安田作兵衛と云うは、光慶敗亡の後、肥州唐津城主寺澤廣高（志摩守と号す）に仕え、姓名を改めて天野源右衛門と称す、すなわち廣高に請いて重利を招く、廣高采地三千五百石を授く、元和七年、重利をして肥州天草城を監守せしめ、この時与力の禄を合わせて、すべて七千石を領す、寛永十四年島原の逆賊、乱を興すに及び、重利出でて、本渡浦において防ぐ、戦い利あらずして遂にここに死す、歳五十七

伝え称す、光慶家士三宅六郎太夫、後に筑前国に往く、国主黒田如水禄五百石を授く、

天野源右衛門天正十年六月二日、信長本能寺において事有り、光慶先駆となり、その家士安田氏（すなわちこれ天野也）鑓を執り信長を刺す、その功により廣高禄一万石を授け、これを招くと云う

重元 小名兵六、後號藤右衛門
母妻木氏

重元仕寺澤廣高在肥之唐津、廣高卒後其子忠高 號兵庫頭 遇之如初、寛永十四年嶋原之逆賊興亂、到州之天草、欺驅浪徒賎民以欲犯(ママ)留岡城、城中告急於唐津時忠高在江府、重元率留守之人馬若干而到天草、其父重利亦出州之本戸浦與賊戦、賊勢甚熾而重利死之、重元與其弟重信 號徳助 重行 號新兵衛 皆歸留岡城、重元為之殿賊兵不能尾之、其後賊兵来留岡城攻之、甚急、乃放鳥銃而傷重元喉傍、重元不屑之能防氣不屈、賊徒不利而走集有馬、重元麾衆追到有馬、二月二十一日有馬之賊兵竊出城而欲破寺澤圍、重元先諸士奮撃而被傷、部下之士亦多死矣、賊兵死傷者甚夥矣、此役重元最

重元 小名は兵六、後に藤右衛門と号す
母は妻木氏

重元寺澤廣高に仕え、肥前唐津に在り、廣高卒後、その子忠高 兵庫頭と号す これを遇すること初めのごとし、寛永十四年島原の逆賊乱を興し、天草に到り、欺驅浪徒賎民を駆け、もって富岡城を狙わんと欲す、城中急を唐津に告ぐ、時に忠高江府に在り、重元留守の人馬若干を率いて天草に到る、その父重利もまた本渡浦に出でて、賊と戦う、賊勢甚ださかんにして重利ここに死す、重元その弟重信 徳助と号す と重行 新兵衛と号す とともに、皆富岡城に帰る、重元しんがりとして、これを追うこと能わず、その後、賊兵富岡城に来たりてこれを攻めること、甚だ急なり、銃を放って、重元喉の傍らを傷つく、重元これをたじろがず、能く防ぎて気を屈せず、賊徒利あらずして走りて有馬に集まる、重元衆を招いて、追って有馬に到る、二月二十一日有馬の賊兵、密かに城を出て、寺澤の囲みを破らんと欲す、重元まず諸士に先んじて奮いうって傷を被る、部下の士もまた多く死す、賊兵

有戦功、十九年有故去唐津往
筑前國瀬高邑而居焉、二十年
依　光尚公之招、来肥後高瀬、
正保二年賜采地千五百石、數年
之後有命監八代城、
光尚公手書曰
一、三宅藤右衛門儀、新参之
　者ニ候へとも――
正保年中
大猷院殿有病數日而復元、
光尚公在肥後獻使、被賀其尊體
之無恙、擇重元當之、光尚公別
呈一書於榊原飛騨守某其書曰
此度指下申候使者――
　ひた様　　肥後守
重元老而請致仕、綱利公許之、
使其禄賜嫡子重次、別以三百石
賜重元而、為老病補養之料、
寛文六年十一月十八日病卒于
家、享年六十三

重信　號徳助、後改姓名
　　　稱吉田荘之助

死傷する者夥し、この役、重元もっとも戦功有
り、十九年故有り唐津を去り、筑前国瀬高村に往
きて居る、二十年光尚公の招きによって、肥後の
高瀬に来たる、正保二年采地千五百石を賜り、数
年の後、命有りて八代城を監す、光尚公手書に曰
く
一、三宅藤右衛門儀、新参の者に候らえども――
正保年中
大猷院殿病に有り、数日にて本に復す、光尚公肥
後に在りて使を献じ、その尊体の恙無きを賀す、
重元を托しこれに当てる、光尚公別に一書を榊原
飛騨守某に呈す、その書に曰く
一、このたび指し下し申し候使者
　ひた様　　肥後守
重元老いて致仕を請う、綱利公これを許し、その
禄を嫡子重次に賜り、別に三百石をもって重元に
賜い、老病補養の料とす、寛文六年十一月十八日
病みて家に卒す、享年六十三

重信　徳助と号す、後に姓名を改め
　　　吉田荘之助と称す

初在唐津、後與重元同来肥後國、未幾而卒

女子　為重次妻

重清　號善左衛門
仕　光尚公、十歳賜月俸十口、其後授采地三百石、以為炮手長　俗謂之鐵炮頭

重安（ママ）　勝之進

重豊　號加左衛門（ママ）
仕唐津城主、采地千石、重豊有二子、長重長、重行養之為子、次重矩、重次養之為子、見于左

重行　號新兵衛　寛文五年羅病卒
初在唐津、後與重元同来肥後國、仕奉　光尚公、賜采地七百石、到

初め唐津に在り、後に重元とともに肥後国に来たる、幾ばくならず卒す

女子　重次の妻となる

重清　善左衛門と号す
光尚公に仕う、十歳にして月俸十口を賜う、その後采地三百石を授け、もって砲手の長となす　俗にこれを鉄砲頭と謂う

重光　勝之進

重豊　加右衛門と号す
唐津の城主に仕う、采地千石、重豊二子有り、長は重長、重行これを養いて子とす、次は重矩、重次これを養いて子とす、左に見えたり

重行　新兵衛と号す　寛文五年病に羅りて卒す
初め唐津に在り、後に重元と同じく肥後国に来たる、光尚公に仕う、采地七百石を賜う、綱利公に

綱利公命為炮手五十人之長、後為番頭 旌下之士分為十二隊逐番相勤、謂之十二番組、一隊各有一長、謂之番頭

重長 號新兵衛

實重豊子、重行無子故養之為子、綱利公命為中小姓四十人之長 未有采地而食廩粟之士、謂之中小姓 後為番頭、病卒、歳三十一

重房 號平八郎、後改九郎兵衛

以下悉皆譜略

□ 實名不分明 號權兵衛

實白木平右衛門二男、重房無子故養之為子、以重房之女妻之

女 權兵衛妻

到りて、命じて砲手五十人の長となす、後に番頭となる 旗下の士分けて十二隊とす、番を逐いて相勤む、これを十二番組と謂う、一隊各に一長有り、これを番頭と謂う

重長 新兵衛と号す

実は重豊の子、重行子無き故、これを養いて子となす、綱利公命じて、中小姓四十人の長となす いまだ采地有らず廩粟を給うの士、これを中小姓と謂う 後に番頭となる、病にて卒す、歳三十一

重房 平八郎と号す、後に九郎兵衛と改む

以下、悉く皆譜を略す

□ 実名は不分明 権兵衛と号す

実は白木平右衛門の二男、重房子無き故、これを養いて子となす、重房の女をもって、これを妻と

□
同上
號新兵衛
母重房女也、妻荒木助十郎嫡女也

□
同上
號小角杦村氏之養子

□
同上
號九郎兵衛
母荒木氏女也、妻飯田才兵衛末女也

女
(朱筆)「姉妹多有不分明、二女一嫁于石寺氏、一嫁于野々口氏、此餘今無所考」

□
同上
號伊兵衛

す

女
権兵衛の妻

□
上に同じ
新兵衛と号す
母は重房の娘也、妻は荒木助十郎の嫡女也

□
同上
小角と号す、杉村氏の養子

□
上に同じ
九郎兵衛と号す
母は荒木氏の娘也、妻は飯田才兵衛の末娘也

女
(朱筆)「姉妹多く有り、不分明、二女の一は、石寺氏に嫁す、一は野々口氏に嫁す、この余今考える所無し」

□
上に同じ
伊兵衛と号す

實志水三次兵衛之三男也、九郎兵衛歿嫡子行政幼也、故養之為子、妻杦村小角之女也「(朱筆)杦村氏之女歿後、以岡本氏之女為妻」

行政　號八郎右衛門
後為伊兵衛養子

□　同上
號權兵衛
「(朱筆)母杦村氏」

女　香壽院
嫁于仁田氏
「(朱筆)母同上」

女　緑室院
嫁于宮本氏
「(朱筆)母岡本氏」

某　夭
「(朱筆)母同上」

□　同上
號多角、大矢野家之養子
「(朱筆)母同上」

行政　號八郎右衛門

伊兵衛養之為子、母飯田氏之女

実は志水三次兵衛の三男也、九郎兵衛死し、嫡子行政幼き也、故にこれを養いて子となす、妻は杉村小角の娘也「(朱筆)杉村氏の娘死後、もって岡本氏の娘を妻となす」

行政　八郎右衛門と号す
後に伊兵衛の養子となる

□　上に同じ
権兵衛と号す
「(朱筆)母は杉村氏」

女　香壽院
仁田氏に嫁す
「(朱筆)母は上に同じ」

女　緑室院
宮本氏に嫁す
「(朱筆)母は岡本氏」

某　夭
「(朱筆)母は上に同じ」

□　上に同じ
多角と号す、大矢野家の養子
「(朱筆)母は上に同じ」

行政　八郎右衛門と号す

伊兵衛これを養いて子となす、母は飯田氏の娘、

妻齋藤又太夫之女

行義　號新兵衛、後改新左衛門
母齋藤氏之家臣何某之女也、妻嶋田嘉津次之女也、歿而後以長尾安右衛門之女為妻

某　藤太　夭

□　同上　號為五郎

義廉　號九郎兵衛

當代諸略

妻は齋藤又太夫の娘

行義　新兵衛と号す　新左衛門と改む
母は齋藤氏の家臣何某の娘也、妻は島田嘉津次の娘也、死して後、長尾安右衛門の娘をもって妻とす

某　藤太　夭

□　上に同じ　為五郎と号す

義廉　九郎兵衛と号す

当代はもろもろ略す

157 嘉永三年以来系図勤め稜の覚（三宅家文書81-2 竪帳）（翻刻文の―は朱筆、…は同一人物）

（表紙）

嘉永三年以来
系圖勤稜覚

萬延二年辛酉三月廿四日
山本様江五郎兵衛持参之事
御名相認
此書者下調之帳也

重存

三宅盈喜　藤兵衛
始元陳……重存（カズ）

（下に貼紙）
「一、三宅藤兵衛重存
弘化三年十月御留守御番頭被
仰付、安政二年五月依病氣
御役儀申上候処、願之通被遊（御免脱カ）
御免、数十年出精相勤候ニ付、御紋附
縮緬御単羽織一被下置候
一、安政三年正月依病氣御奉公
御断願書差出申候処、同年二月
隠居被　仰付候
」

重世
三宅盈喜　盈之亟　英之亟
始元隆、母平野九郎右衛門長幸娘
文政七年甲申八月生、嘉永六年癸丑三月卒
法号有温院殿英山良哲居士

重明
三宅次郎上　百助　母同上
始元朝
文政十年丁亥正月生

某
未称諱　又作　母同上
天保三年壬辰六月十七日生、同五年甲午八月十六日卒
法号月峯秋圓童子

某
未称諱　祥之助
弘化三年丙午正月生、同年七月卒「(貼紙)法号秋露禅童子」

女子
元　母稲津久兵衛頼彛娘
弘化四年丁未四月生、平野長明嫁之

女子
哲　母同上
嘉永元年戊申六月生、同二年閏四月卒
法号如鐵禅童女

女子
綱　母同上

嘉永四年辛亥二月生

重俊　三宅亀童　弥一郎　母同上
嘉永六年癸丑十月生、慶應三年七月廿三日卒
法号憲亮院殿義山天彰居士

重弘　三宅次郎　百助　藤右衛門　平太郎
始元朝　重明　重弘　隠居之名ハ藤爽
安政三年丙辰二月嗣家、父ノ禄千五百石ヲ賜リテ比着座被　仰付、
同年十月御番頭被　仰付、同四年丁巳五月御小姓頭被　仰付、
右旧禄ハ時體変革ニ付、百七十六俵ニ減少ス

「(貼紙)
元治元年十一月十八日座席
御留守居大頭列被　仰付、大御目附被仰付候、
御家老代ニ而度々
京都壬生邸江
相詰候事

一、三宅藤右衛門重弘
安政三年二月家督被
仰付、同年十月御番頭被　仰付、

同四年正月御小姓頭助勤被　仰付、
右同月中相勤申候、同年五月御小姓頭
被　仰付、同五年三月
御参勤之御供ニ而江戸江罷登、同六年
五月下着仕候
一、萬延元年正月出府被　仰付
罷登居申候
一、右同年九月
御家督御用相勤候ニ付、
御紋附御半上下　二
同　　御帷子　　一
一、文久二年十月御用人被仰付候
右之通被下置候
」

―某　未称諱　猛雄　母清水縫殿勝永娘
安政二年乙卯十月生、同十二月卒
法号清泡孩子

―女子　萬壽　母同上
安政三年丙辰十二月生

女子　多鶴　母同上
文久二年戌十二月六日生、堀勝太江嫁

重照　三宅重雄　母同上
元治元年九月十六日生

二男　三宅敬三　母上同　初名敬三郎
慶應三年六月十五日

重照　三宅清熊　重雄
明治九年五月廿四日嗣家、父ノ禄百七十六俵

＝読み下し文＝

（表紙）

嘉永三年以来
系図勤め稜の覚え
御名相認め
万延二年辛酉三月二十四日
山本様へ五郎兵衛持参の事
この書は下調べの帳也

三宮盈喜　藤兵衛

重存　始め元陳　重存（カズ）

（貼紙）「一、三宅藤兵衛重存
弘化三年十月御留守御番頭仰せ付られ、安政二年五月病気により御役儀御免申し上げ候ところ、願の通り御免遊ばされ、数十年出精相勤め候につき、御紋付縮緬御単羽織一つ下し置かれ候
一、安政三年正月病気により御奉公御断り願い書きを差し出し申し候ところ、同年二月隠居仰せ付けられ候」

重世　三宅盈喜　盈之亟　英之亟
始め元隆、母は平野九郎右衛門長幸の娘
文政七年甲申八月生まれ、嘉永六年癸丑二月卒す

法号　有温院殿英山良哲居士

重明　三宅次郎　百助　母は上に同じ
始め元朝
文政十年丁亥正月生まれ

某　諱は未称　又作　母は上に同じ
天保三年壬辰六月十七日生まれ、同五年甲午八月十六日卒す
法号　月峯秋圓童子

某　諱は未称　祥之助
弘化三年丙午正月生まれ、同年七月卒す　(貼紙)「法号秋露禅童子」

女子　元　母は稲津久兵衛頼彜の娘
弘化四年丁未四月生まれ、平野長明にこれを嫁す

女子　哲　母は上に同じ
嘉永元年戊申六月生まれ、同二年閏四月卒す
法号　如鐵禅童女

女子　綱　母は上に同じ
嘉永四年辛亥二月生まれ

重俊　三宅亀童　弥一郎　母は上に同じ
嘉永六年癸丑十月生まれ、慶応三年七月二十三日卒す
法号　憲亮院殿義山天彰居士

重弘　三宅次郎　百助　藤右衛門　平太郎
始め元朝　重明　重弘　隠居の名は藤爽

安政三年丙辰二月家を嗣ぐ、父の禄千五百石を賜りて比着座仰せ付けられ、同年十月御番頭仰せ付けられ、同四年丁巳五月御小姓頭仰せ付けらる、右旧禄は時体変革につき、百七十六俵に減少す

(下に貼紙)「元治元年十一月十八日座席御留守居大頭列仰せ付けられ、大御目付仰せ付けられ候、御家老代にて、たびたび京都壬生邸へ相詰め候事

一、三宅藤右衛門重弘、安政三年二月家督仰せ付けられ、同年十月御番頭仰せ付けられ、同四年正月御小姓頭助勤仰せ付けられ、右同月中相勤め申し候、同年五月御小姓頭仰せ付けられ、同五年三月御参勤の御供にて江戸へ罷り登り、同六年五月下着仕り候

一、万延元年正月出府仰せ付けられ罷り登り居り申し候

一、右同年九月御家督御用相勤め候につき、

御紋付御半上下　二

同　　御帷子　一

一、文久二年十月御用仰せ付けられ候

右の通り下し置かれ候」

―某　諱は未称　猛雄　母は清水縫殿勝永の娘

女子
法号　清泡孩子
安政二年乙卯十月生まれ、同十二月卒す

女子
萬壽　母は上に同じ
安政三年丙辰十二月生まれ

女子
多鶴　母は上に同じ
文久二年戌十二月六日生まれ、堀勝太へ嫁す

重照
三宅重雄　母は上に同じ
元治元年九月十六日生まれ

二男
三宅敬三　母は上に同じ　初名は敬三郎
慶応三年六月十五日

重照
三宅清熊　重雄
明治九年五月二十四日家を嗣ぐ、父の禄百七十六俵

158　三宅藤右衛門重元内室の覚書（三宅家文書16-5　切紙）

三宅藤右衛門重元
内室御裏ヨリ入輿、遠山与右衛門
従弟重元母方ノ縁者
右左近様御妾母後嫁三宅氏

三宅藤右衛門重元内室、御裏より入輿、遠山与右衛門
従弟重元母方の縁者
右左近様御妾母、後に三宅氏に嫁す

159　三宅重弘こころ覚（三宅家文書61　竪帳）

（表紙）

こゝろ覚
三宅重弘

一、岫巌院御妾、始メ、堀謙益悴堀元弘と申人江、御女子共ニ御扶持方被添、御遣し被置、柿瀬村江居住、其後、故ありて平山村平助と申者と夫婦ニ被成、右御女子おのよと申人之養置候由、追々付届ホも仕、堀部繁右衛門ゟ伝承仕、記之

一、御先祖藤右衛門様御兄弟ニ而候へ共、御叔母様候へ共（ハシメ）、寺澤殿藩中陰山源左衛門ニ嫁之、

（表紙）

こころ覚え
三宅重弘

一、岫巌院（三宅時之）御妾、始め堀謙益倅堀元弘と申す人へ、御女子ともに御扶持方添えられ、御遣わし置かれ、柿瀬村へ居住、その後、故有りて平山村平助と申す者と夫婦に成られ、右御女子おのよと申す人の養い置き候由、追々付け届け等も仕り、堀部繁右衛門より伝え承り仕り、これを記す

一、御先祖藤右衛門様御兄弟にて候らえども、御叔母様に候らえども、始め寺澤殿藩中陰山源左衛門に嫁し、兵庫殿罪蒙られし時、家に帰り、一男一女有り、男子は夭、女子は松野善右衛門室（千葉城、高屋鋪）、右御叔母様は、知行所六ケ村に住まわる、陰山が家人浄蓮と申す者、忠義篤実にして、右禅尼を奉養し、

兵庫殿罪カウムラレ時、家ニ
帰り、一男一女アリ、男子ハ夭、
女子ハ松野善右衛門室（千葉城高屋鋪）
右御叔母様ハ、知行所六ケ村ニ
被住、陰山か家人浄蓮と
申者、忠義篤實ニして、
右禅尼ヲ奉養シ、開地抔
有之候へとも、沼山津洪水之後ハ、
御本方江被召上候由、右禅尼
之石塔も見へ不申候、梅の木と
やら印ニ有之由、堀部老人
咄伝ヲ承り、爰に略之
寛文十二年六月六日卒
法号心安妙珠禅尼
一、圓珠院様御兄弟
片山多門方江有り
長岡右門方江有り
圓珠院様、澤村衛士方
より御出、御母ハ、氏家ゟ
出ス

開き地等これ有り候らえども、沼山津洪水の後は、御本方へ召し上げられ候由、右禅尼の石塔も見え申さず候、梅の木とやら印にこれ有る由、堀部老人咄し伝えを承り、ここに略す、寛文十二年六月六日卒、法号心安妙珠禅尼

一、圓珠院様（三宅時之の室）御兄弟、片山多門方へ有り、長岡右門方へ有り、圓珠院様、澤村衛士方より御出で、御母は、氏家より出す

一、天草の御墓地は御代官揖斐十太夫の差図にて、三十間四面下さる者也

一、三壽院殿（三宅時之の祖母）は下林森平の娘、森平その子森右衛門は砲手の小頭、三宅伊兵衛重安の妾也

一、不識院（三宅慶和）、御三十五にて御卒去、御勤めは十二年の間也、御二十二で御帰国の御使者、御二十四で御小姓頭、江戸にて御用人仰せ付けられ、三年御詰めにて御下り、その後に霊感君御不例の時、早速御使者、都合、三度の御詰め也

一、天草御討死の時、御鎗持ち
足軽　上浦久作
瀬戸吉蔵

一、天草之御墓地ハ
御代官井飛（イビ）十太夫差圖
ニ而、三十間四面被下者也
一、三壽院殿ハ、下林森平女　其子（森平）
森右衛門ハ、炮手之小頭
三宅伊兵衛重安之妾也
一、不識院、御三十五ニ而
御卒去、御勤メハ十二年之間也、
御二十二、御帰国之御使者、
御二十四、御小姓頭、江戸ニて、
御用人被　仰付、三年御詰ニ而
御下り、其後に
霊感君御不例之時、早速
御使者、都合、三度之御詰也
一、天草御打死之時、御鎗持
足軽　上浦久作
瀬戸吉蔵

160 三宅伊兵衛先祖の覚 （三宅家文書62 切継紙）

（端裏書）
「先祖附伊兵衛様御直書」

先祖覚

一、先祖三宅出雲重時、
天正年中、丹波亀山
居住、明知日向守光秀
従類也

一、右出雲一子三宅与平次、
後改明知左馬助光慶、
日向守殿長臣也、妻者
光秀御娘也、光慶
天正十年六月江州
於坂本□殺廿
八歳

一、右左馬助一子三宅与平次、
□改三宅藤兵衛重利、
是者父［　］自殺之時
三歳、被助乳母［　］

（端裏書）
「先祖付け、伊兵衛様御直書」

先祖の覚え

一、先祖三宅出雲重時、天正年中、丹波亀山に居住す、
明知日向守光秀の従類也

一、右出雲一子三宅与平次、後に明知左馬助光慶と改
む、日向守殿の長臣也、妻は光秀の御娘也、光慶は
天正十年六月江州坂本において□殺、二十八歳

一、右左馬助一子三宅与平次、□三宅藤兵衛重利と改
む、これは父［　］自殺の時三歳、乳母に助けられ［
　］（以下、虫損）

（以下、虫損）

161　三宅藤兵衛元陳覚書　（三宅家文書76　切継紙）

「（包紙上書）藤右衛門様御事、子孫
不可等閑事
　　　　元陳」
「（端裏書）文政十年
十一月光尚公ゟ拝領之御書ニ相添差出」

覚

正保年中
大猷院殿御所労之事御座候而、
無程御本復、依之
光尚公御在國之砌にて御座候付、
御使を被献　其尊體
不恙を賀し被奉候ために、先祖三宅
藤右衛門重元を被差登、別ニ
榊原飛騨守様へ
御書被進候、然處、飛騨守様ゟ

「（包紙上書）藤右衛門様御事、子孫等閑にすべからざる事
　　　　（重存）元陳　」
「（端裏書）文政十年十一月光尚公より拝領の御書に相添え差出
し　」

覚え

正保年中、（徳川家光）大猷院殿御所労の事御座候て、程無く御本復、これにより光尚公御在国のみぎりにて御座候につき、御使いを献ぜられ、その尊体恙なきを賀し奉られ候ために、先祖三宅藤右衛門重元を差し登せられ、別に榊原飛騨守様へ御書進ぜられ候、然るところ、飛騨守様よりこの方に差し置かれ候も、心なき沙汰にも至り申すべき哉、その方家に伝え候らえば、誠の重宝なるべしとの御懇ろの上意にて、先祖へ下し置かれ候儀にて御座候事

文政十年十一月　　三宅藤兵衛

此方ニ被差置候も、心なき沙汰にも
至可申哉、其方家ニ伝候へ者、
誠之重寶なるへしとの
御懇之上意にて先祖へ被下置候
義にて御座候事
文政十年
十一月　三宅藤兵衛
元陳

162　三宅重廣覚書　（三宅家文書58　切紙）

（異筆）「堀ア繁右衛門事ハ今安政六未年
九十四歳之老人也、此扣者
泉扣留也　探山後ニ記置もの也」
御先祖藤右衛門様御兄弟
ともニ而ハ無御座哉、御叔母様御座
被成候由、六ケ村ニ御座被成候由ニ而、
出生ハ不分明ニ御座候へとも、乗蓮
と申者奉養候由ニ付、開地抔も
賜ひ候へとも、後ハ御本方江被召上候由

元陳

（異筆）「堀部繁右衛門事は、今安政六未年九十四歳の老人也、この控
えは泉控え留める也　探山後に記し置くもの也」
御先祖藤右衛門様御兄弟どもにては御座無き哉、御叔母
様御座成られ候由、六ケ村に御座成られ候由にて、出生
は不分明に御座候らえども、乗蓮と申す者、養い奉り候
由につき、開き地等も賜い候らえども、後は御本方へ召
し上げられ候由、御石塔等も見え申さず候故の□とや
ら、しるしとこれ有る様子に御座候らえども、得と相分
り申さず候、堀部繁右衛門咄伝にて□覚え申さず候、

御石塔抔も見へ不申候故の□
とやら印と有之様子ニ御座候へとも、
得斗相分り不申候、堀部繁右衛門
咄伝ニて□□覚申候、略之
安政二年七月日
三宅重廣

163-1　三宅藤兵衛舌代　（三宅家文書57-1　切紙）

半切折懸　舌代　三宅藤兵衛

舌代

此節差出申候系譜之内、
系統主意之処ハ相替申儀無御座候得とも
未定之儀も御座候而、枝葉之筋ニハ
吟味届兼候稜も有之候間、
追々と引改、又者
書添可申
全備ニ到り候ハヽ、猶

これを略す
安政二年七月日　三宅重廣

半切折懸り　舌代　三宅藤兵衛（重存）

舌代

この節差し出し申し候系譜の内、系統主意のところは相替り申す儀御座無く候らえども、未定の儀も御座候て、枝葉の筋には吟味届き兼ね候稜もこれ有り候間、追々と引き改め、又は書き添え申すべく、全備に到り候らわば、猶、御掛け合い申すべく候、この段左様御聞き置き下さるべく候、以上

――　――

御懸合可申候、此段
左様御聞置可被下候、以上

（日田山左右様
財津三左衛門　隠居之後
　如此改候事

163-2　実名遠慮の覚（三宅家文書57-2　切紙）

覚

私儀先祖以来重之字を實名之通字ニ相用
来候處、
重賢公を相憚為申由ニ而、通字を
改居申候處、外々引改申候仁も
御座候由ニ付、此節、私并子弟共ニ別紙
之通相改申候、此段御達仕候、以上

（日田山左右様
財津三左衛門　隠居の後、かくの如く改め候事

覚え

私儀、先祖以来重の字を実名の通い字に相用い来り候ところ、重賢公を相憚り申さざる由にて、通字を改め居り申し候ところ、外々引き改め申し候仁も御座候由につき、この節、私並びに子弟ともに別紙の通り相改め申し候、この段御達し仕り候、以上

163-3　実名の届　（三宅家文書57-3　切紙）

藤　重存
英　重世
百　重明
泉　重全

右之通相改申候、御教示之末ニ付、卒度御しらせ申上候

月日　三宅

多田様

163-4　家系改めの覚　（三宅家文書57-4　切紙）

（端裏書）「家系内意」

御内意之覚

此節、御家中世系御調ニ付、私家系・家譜共ニ差出申候様、

（三宅藤兵衛）藤　重存
（三宅英之亟）英　重世
（三宅百助）百　重明
（三宅　泉）泉　重全

右の通り相改め申し候、御教示の末につき、卒度御知らせ申し上げ候

月日　三宅

多田様

（端裏書）「家系内意」

御内意の覚え

この節、御家中世系御調べにつき、私家系・家譜ともに差し出し申し候様、御達しの趣、承知仕り候、よって家

御達之趣承知仕候、依而
家系・家譜共、則御記録所へ差出申候、
右者、以前ゟ疑惑之儀も有之、
追々諸本之抜書ホ仕、私
丈ヶ之撰定仕候付、何程ニ
御座候哉、自然宜敷相見へ候ハヽ、
不容易儀ニ御座候へとも、此節
家系相改申度
奉存候、尤右家系之儀者、
同姓三宅九郎兵衛儀も同意ニ
御座候、委細之儀者追々
御内意仕置候通御座候間、
可然様被及御讃談可被下候、
以上

戌
六月　——

164　先祖付け訂正一件　（三宅家文書89）

（袋表書）「時習館記録江差出候先祖附草稿

系・家譜とも、則ち御記録所へ差し出し申し候、右は、以前より疑惑の儀もこれ有り、追々諸本の抜き書き等仕り、私だけの撰定仕り候につき、何程に御座候哉、自然宜しく相見え候らわば、容易ならざる儀に御座候らえども、この節家系相改め申したく存じ奉り候、尤も右家系の儀は、同姓三宅九郎兵衛儀も同意に御座候、委細の儀は追々御内意仕り置き候通りに御座候間、然るべく様御讃談に及ばれ下さるべく候、以上

戌六月　——

（袋表書）「時習館記録へ差し出し候先祖付け草稿

但、御次御用人手許ゟ政府江申達、
佐田右平ゟ家柄々々江申達節之
扣也、未タ精書不済故、藤兵衛様
より御達被置候先祖附と相違之
所多し、右者年来重存が不審
有ニより諸系図・實録取しらへ置候故、
其節精々遂吟味、佐田右平迄
見せ候処、同意いたし候付、財津三左衛門へ
遣候事、乍併、先祖附改之儀厳禁ニ付
改ハ不相成候事

〆 」

165 法名覚（三宅家文書59　横帳）

鐵樹院様　（寛文六丙午年　十一月十八日　藤右衛門重元）

元陽院様　（延寶七巳(ママ)未年　七月廿九日）

但し、御次御用人手もとより政府へ申し達し、佐田右平より家柄家柄へ申し達す節の控え也、いまだ精書済まざる故、藤兵衛様より御達し置かれ候先祖付けと相違の所多し、右は年来重存が不審有るにより諸系図・実録取り調べ置き候故、その節精々吟味を遂げ、佐田右平まで見せ候ところ、同意いたし候につき、財津三左衛門へ遣わし候事、しかしながら先祖付けこれを改める儀厳禁につき、改めは相成らず候事

〆 」

鐵樹院様　（寛文六丙午年十一月十八日、藤右衛門重元）

元陽院様　（延宝七己未年七月二十九日、始め百助様、後に藤兵衛重次と改む）

月仙院様

初百助様、後改
藤兵衛重次

正徳五乙未年
八月六日
始庄太郎、後藤兵衛重矩

元浄院様
陽山宗春居士

享保十四己酉年
正月十六日
初メ三宅平太郎、伊兵衛重安

岫巌院様

安永九庚子年
八月五日
藤助時之

不識院様

天明元辛丑年
十一月六日
藤兵衛慶和

（文政十亥年

月仙院様

正徳五乙未年八月六日、始め庄太郎、後に藤兵衛重矩

元浄院様
陽山宗春居士

享保十四己酉年正月十六日、始め三宅平太郎、伊兵衛重安

岫巌院様

安永九庚子年八月五日、藤助時之

不識院様

天明元辛丑年十一月六日、藤兵衛慶和

渕玄院様

文政十亥年正月二十七日、英藏元智

一心院様

寛文元辛丑年三月朔日

本了院
覚峰元心居士

享保十乙巳年正月二十五日、三宅伊兵衛の実父

正壽院様

延宝二甲寅年六月十九日

渕玄院様　正月廿七日
英藏元智

一心院様　寛文元辛丑年
三月朔日

本了院
覚峰元心居士　享保十巳(ママ)巳年
正月廿五日
三宅伊兵衛実父

正壽院様　延寶二甲寅年
六月十九日

永壽院様　宝永四丁亥年
二月廿五日

圓心院様　享保十七壬子年
十月廿七日

永壽院様　宝永四丁亥年二月二十五日

圓心院様　享保十七壬子年十月二十七日

三壽院
玄室妙機信女　元文元丙辰年十二月二十二日、三宅平
太郎の祖母

栄泉院様
松菴利貞大姉　宝暦十庚辰年正月十六日三宅藤助の母

圓珠院様
明室慧照大姉　宝暦九己卯年十二月十二日、三宅藤助
の奥

真珠院様　文政十二丑年十一月六日
(貼紙)「年七十九、寛延三年十月十三日生まれ、法号真珠院、
文政十二年十一月六日卒す」

窈閑院様　天保九戊年三月十六日

浄空院殿節岩智貞大姉
享保二十乙卯年十一月二十五日、三宅

三壽院
玄室妙機信女
元文元丙辰年
十二月廿二日
三宅平太郎祖母

栄泉院
松菴利貞大姉
宝暦十庚辰年
正月十六日
三宅藤助母

圓珠院様
明室慧照大姉
宝暦九己卯年
十二月十二日
三宅藤助奥

真珠院様
文政十二丑年
十一月六日

（貼紙）
「年七十九、寛延三年十月十三日生
法号
真珠院文政十二年十一月六日卒」

窈関院様
天保九戌年
三月十六日

藤馬の妻女、同九郎兵衛の娘

幼泡童女
万治元戊戌年十二月八日、三宅藤兵衛の子

光覚貞照信女
寛文八戊申年五月二日、三宅藤兵衛の伯母

玉圓童女
寛文八戊申年四月二十八日、三宅藤兵衛姉の子

幻了童子
寛文十一辛亥年五月二十九日三宅藤兵衛の舎兄

心安妙珠禅定尼
寛文十二壬子年六月六日、三宅藤兵衛の伯母

梅安宗雪信士
延宝五丁巳年正月六日、三宅藤兵衛の伯父

浄空院殿節岩智貞大姉　享保二十乙卯年十一月廿五日　三宅藤馬妻女　同　九郎兵衛娘

幻泡童女　万治元戊戌年十二月八日　三宅藤兵衛子

光覚貞照信女　寛文八戊申年五月二日　三宅藤兵衛伯母

玉圓童女　寛文八戊申年四月廿八日　三宅藤兵衛姉子

幻了童子　寛文十一辛亥年五月廿九日

稚影童女　元禄元戊辰年六月四日、三宅勝之の姉

孤山元輪信士　同三庚午八月十三日、三宅善左衛門

清蓮童女　同六年癸酉六月十七日、三宅藤兵衛殿の娘

清輪妙月信女　宝永六丑八月朔日、平太郎の伯母

正徳五乙未年八月十日、玉光院殿白輪浄珪居士、三宅百助殿

享保元丙申年八月四日、白庵宗炑信士、勝之進也

享保三戊戌年六月十一日、露圓宗光童女、平太郎様の姉

享保五庚子年十二月十四日、孤月幻雲童女、右同

△本室妙光禅尼　勝之進様の姪

三宅藤兵衛舎兄
寛文十二壬子年
心安妙珠禅定尼　六月六日
三宅藤兵衛伯母
延宝五丁巳年
梅安宗雪信士　正月六日
三宅藤兵衛伯父
元禄元戊辰年
稚影童女　六月四日
三宅勝之進姉
同三年庚午
孤山元輪信士　八月十三日
三宅善左衛門
同六年癸酉
清蓮童女　六月十七日

享保十七壬子年三月十八日
一空幼心童女　藤馬様の娘
泡影童女　平太郎の息女
花月禅芳童子　藤助の子
覚雲玄了童子　三宅氏、左門様
圓明院　於霄様御事
安永三甲午正月十三日、藤兵衛の大伯母
春容童子　天明三癸卯正月二十六日
容顔珠光　文化二乙丑九月二十三日
月峯秋圓　天保三辰八月十六日
寛文四甲辰七月十一日、洪勝院月窓栄信信女、三宅藤兵

三宅藤兵衛殿娘

宝永六丑

清輪妙月信女　八月朔日

平太郎伯母

正徳五乙未年八月十日

玉光院殿白輪浄珪居士

三宅百助殿

享保元丙申年八月四日

白庵宗烌信士　勝之進也

享保三戊戌年六月十一日

露圓宗光童女　平太郎様

姉

享保五庚子年十二月十四日

孤月幼雲童女　右同

衛の伯母

延宝元丑年三月六日、圓成院捲葉妙荷信女、増住孫兵衛

の先祖、月仙院様の御乳母也、孫兵衛は妙荷の子也

（寛政十二年）十一月十六日

浄光院

△本室妙光禅尼　勝之進様
姪

享保十七（壬子）年三月十八日
一空幼心童女　藤馬様
娘

泡影童女　平太郎
息女

花月禅芳童子　藤助子

覚雲玄了童子　三宅氏
左門様

於雪様御事
安永三（甲午）
圓明院　正月十三日
（藤兵衛大伯母）

春容童子
天明三癸卯
正月廿六日

容顔珠光
文化二乙丑
九月廿三日

月峯秋圓
天保三辰
八月十六日

寛文四甲辰七月十一日
洪勝院月窓栄信信女
三宅藤兵衛伯母

延寶元丑年三月六日
圓成院捲葉妙荷信女
増住孫兵衛先祖
月仙院様御乳母也
孫兵衛ハ妙荷カ
子也

十一月十六日
浄光院

166 法名・命日覚（三宅家文書60 続紙）

（傍点は朱筆）

、龍德院殿　十一月十四日
　寛永十四丁丑年
幻泡童女　十二月八日
　萬治元戊戌年
一心院　三月朔日
　寛文元辛丑年
洪勝院　七月十一日
　寛文四甲辰年
勝光院　十一月十日
　寛文五乙巳年
妙善禅定尼　五月十日
　寛文六丙午年
、鐵樹院殿　十一月十八日
　寛（ママ）八戊申年

、龍德院殿　十一月十四日
　寛永十四丁丑年
幻泡童女　十二月八日
　萬治元戊戌年
一心院　三月朔日
　寛文元辛丑年
洪勝院　七月十一日
　寛文四甲辰年
勝光院　十一月十日
　寛文五乙巳年
妙善禅定尼　五月十日
　寛文六丙午年
、鐵樹院殿　十一月十八日
　寛文八戊申年

光覚貞照信女　五月二日
玉圓童女　四月廿八日
　寛文十一辛亥年
幻了童子　五月廿九日
　寛文十二壬子年
心安妙珠禅尼　六月六日
　延宝元癸丑年
圓成院　三月六日
　延宝二甲寅年
正壽院殿　六月十九日
　延宝五丁巳年
梅安宗雪信士　正月六日
　同暦七巳未年
、元陽院殿　七月廿九日
　天和二壬戌年
松雲院殿　九月三十日
　貞享元甲子年
烋葉童子　九月九日
　元録元戊辰年
稚影童女　六月四日

光覚貞照信女　五月二日
玉圓童女　四月二十八日
　寛文十一辛亥年
幻了童子　五月二十九日
　寛文十二壬子年
心安妙珠禅尼　六月六日
　延宝元癸丑年
圓成院　三月六日
　延宝二甲寅年
正壽院殿　六月十九日
　延宝五丁巳年
梅安宗雪信士　正月六日
　同暦七巳未年
、元陽院殿　七月二十九日
　天和二壬戌年
松雲院殿　九月三十日
　貞享元甲子年
烋葉童子　九月九日
　元禄元戊辰年
稚影童女　六月四日

同暦二己巳年
薫涼童女　五月晦日
同暦三庚午年
孤山元輪信士　八月十三日
同暦六癸酉年
清蓮童女　六月十七日
宝永六己丑年
清輪妙月信女　八月朔日
涼空童子　八月□日
正徳五乙未年
、月仙院殿　八月六日
玉光院殿　八月十日
享保元丙申年
白菴宗炑信士　八月四日
享保三戊戌年
露圓宗光童女　六月十一日
同暦五庚子年
孤月幻雲童女　十二月十四日
同暦十乙巳年
、本了院　正月二十五日

同暦二己巳年
薫涼童女　五月晦日
同暦三庚午年
孤山元輪信士　八月十三日
同暦六癸酉年
清蓮童女　六月十七日
宝永六己丑年
清輪妙月信女　八月朔日
涼空童子　八月□日
正徳五乙未年
、月仙院殿　八月六日
玉光院殿　八月十日
享保元丙申年
白菴宗炑信士　八月四日
享保三戊戌年
露圓宗光童女　六月十一日
同暦五庚子年
孤月幻雲童女　十二月十四日
同暦十乙巳年
、本了院　正月二十五日

同暦十二丁未年
本室妙光禅尼　正月二十八日
同暦十五庚戌年
元浄院殿　正月十六日
同暦十七壬子年
一空幻心童女　三月十八日
同暦二十乙夘年
浄空院殿　十二月廿五日
元文元丙辰年
三壽院　十二月廿二日
宝暦四甲戌年
泡影童女　七月廿日
同暦九己夘年
圓珠院殿　十二月十二日
同暦十庚辰年
栄泉院殿　正月十六日
花月禅芳童子　正月廿八日
明和二酉年
覚雲玄了童子　十月二日
安永三甲午年

同暦十二丁未年
本室妙光禅尼　正月二十八日
同暦十五庚戌年
元浄院殿　正月十六日
同暦十七壬子年
一空幻心童女　三月十八日
同暦二十乙卯年
浄空院殿　十二月二十五日
元文元丙辰年
三壽院　十二月二十二日
宝暦四甲戌年
泡影童女　七月二十日
同暦九己卯年
圓珠院殿　十二月十二日
同暦十庚辰年
栄泉院殿　正月十六日
花月禅芳童子　正月二十八日
明和二酉年
覚雲玄了童子　十月二日
安永三甲午年

圓明院　正月十三日
　同暦九庚子年
、岫巖院殿　八月五日
　天明元辛丑年
、不識院殿　十一月六日
　同暦癸卯年
春容童子　正月廿六日
　寛政十二庚申年
淨光院殿　十一月十六日
　文化二乙丑年
容顔珠珖童子　九月廿三日
　文政十亥年
、渕玄院殿　正月廿七日
真珠院殿　文政十二年丑十一月六日
　天保三辰年
月峰下上圓秋童子　八月十六日
　天保九戊年
窃関院殿　三月十六日
　弘化三丙午年
秋露禅童子　七月二日〇

圓明院　正月十三日
　同暦九庚子年
、岫巖院殿　八月五日
　天明元辛丑年
、不識院殿　十一月六日
　同暦癸卯年
春容童子　正月二十六日
　寛政十二庚申年
淨光院殿　十一月十六日
　文化二乙丑年
容顔珠珖童子　九月二十三日
　文政十亥年
、渕玄院殿　正月二十七日
真珠院殿　文政十二年丑十一月六日
　天保三辰年
月峰下上圓秋童子　八月十六日
　天保九戊年
窃関院殿　三月十六日
　弘化三丙午年
秋露禅童子　七月二日〇

嘉永二己酉年
如鐵禅童女　四月朔日◯
同暦六年
、有温院殿　三月廿日◯
安政二夘年
清泡孩子　十二月二日
元治元甲子年
清唱院殿　四月廿二日◯
慶應三丁夘年
憲亮院殿　七月廿三日◯
明治四辛未年
清蕚院殿　正月十日◯

167　明智家系図　（三宅家文書53　続紙）（─は朱筆）

人皇五十六代清和天皇第六皇子貞純親王ノ子六孫王経基
嫡子正四位上陸奥守兼鎮守府大將軍摂津守源満仲
長男摂津守源頼光
　左馬頭正四位下陸奥守兼鎮守府將軍摂津守
頼光────

嘉永二己酉年
如鐵禅童女　四月朔日◯
同暦六年
、有温院殿　三月二十日◯
安政二卯年
清泡孩子　十二月二日
元治元甲子年
清唱院殿　四月二十二日◯
慶應三丁卯年
憲亮院殿　七月二十三日◯
明治四辛未年
清蕚院殿　正月十日◯

村上天皇御宇天暦八年甲寅七月廿四日、生於摂州河邊郡新田ノ
城、母ハ近江守源俊ノ女也
治安元年辛酉七月廿四日卒去、年六十八歳

頼國

従四位下美濃守　摂津守　讃岐守

天禄三年壬申十一月四日、生於上総國夷隅(イスミ)郡万喜、母ハ伊豫守藤
(灊(ミ)　昔ヨリ此字ヲ用)
原元平女也、長暦二年戊寅七月四日、於摂州島下郡溝杭卒去、
年六十七歳

頼國六男
國房

號美濃七郎　伊豆守　正四位下昇殿

長元元年戊辰三月十一日生、母尾張守藤原仲清女也、永長
元年丙子九月七日於摂州多田院卒去、年六十五歳

光國

本名師時　左右門大夫　出羽守　従四位下

康平元年戊戌九月生、母ハ木工大夫正仲女也、康治元年壬戌
十二月十二日於摂州卒去、年八十五歳

光信
土佐判官出羽守　従五位上昇殿　鳥羽院四天王其一
寛治三己巳年生、母ハ左右門尉家實女也、保元二年丁丑十一月十一日
於京都卒去、年六十九歳

光基
藏人左右門尉　伊賀守　伊勢守　従五位上
元永元年戊戌正月生、母ハ左右門尉藤原佐實女也
壽永二年癸卯九月十八日卒去、年六十六歳

光衡
土岐左右門尉　信濃守　美濃守　従五位下　郷戸判官代
久安四年戊辰五月四日生、母ハ宣能卿女白河局也、光衡実ハ
左右門尉光長ノ三男也、且光長ハ光基ノ弟也、壽永三年甲辰正月ニ
光衡初テ鎌倉ニ参リ頼朝ニ仕フ、文治五年己酉三月二日頼朝ヨリ美
濃國ノ守護職ヲ賜フ、因テ濃州土岐郡大富ノ里ニ城ヲ築テ住之、
土岐美濃守ト號ス、是土岐ノ元祖也
建永元年丙寅三月廿日於土岐郡卒、年六十歳、法号　台宝寺

源民部大輔土岐左右門尉　後鳥羽院西面
號淺野判代　出羽守　従五位下入道向山

光行

承安四年甲午七月朔日生、母ハ武田太郎源基義女也、土岐郡淺
野ノ里ニ住ス、後鎌倉ニ参リ将軍實朝ニ仕フ
建長元年己酉九月十七日卒、年七十六、法名　善幸寺　西圓

本名光宗土岐五郎　讃岐守　隱岐守　法名定光
號隱入道　従五位下　土岐惣領職

光定

承元四年庚午十二月生、母ハ千葉介平常胤女也、土岐郡大富ノ城ニ
住ス、後池田郡藤代ニ移住ス、弘長三年癸亥十一月二十二日出家而、
法名號定光、蓋是北條時頼卒去ニ因テ也
弘安四年辛巳八月十一日於伊豫國卒去、年七十二歳
法名興源寺殿前隱州刺史定光宗岳大禪定門
菩提寺豫州ニアリ

隱岐太郎　土岐伊豫守

光包

延應元年己亥十一月生、母ハ三浦駿河守平義村女也、且若狹守泰
村妹也、室ハ北條武藏守平経時女也、弘長三年癸亥十一月家督

相續シテ、土岐郡高田ノ城ニ住ス
文永九年壬申十二月四日卒去、年三十八歳、傳曰、光包子息無之、
因テ祖父光定ノ命トシテ、弟六郎頼貞ヲ以テ順養子トストト
云々、法名平安寺

本名頼包、或頼員
隱岐孫四郎　又號土岐六郎　土岐伯耆守
右衛門尉藏人　従五位下上昇殿　伯耆入道存孝

頼貞

文永五年戊辰正月生、母ハ北條武藏守経時女也、室ハ信州住人小笠
原美濃守宗長女也、弘安四年辛巳八月、祖父光定卒去ノ時惣領職
ニ立、同六年癸未九月土岐郡高田ノ里ニ於テ一城ヲ築キ住之、同年
十一月鎌倉ニ参ル、元亨三年癸亥十月廿六日入道而法名存孝ト
號ス、後ニ足利將軍尊氏ニ屬ス、暦應二年己卯正月十八日改テ美
濃國守護職を賜フ、自是家名大ニ繁昌而天下ノ高家トス、暦
應二年己卯二月廿二日卒去、年七十二歳
法名定林寺殿前伯州太守雲石存孝大居士
　石碑土岐郡半原村ニアリ

本名頼宗又　頼藤　土岐次郎　中務丞(ママ)　左馬頭
民部大輔　左近大夫　伊豫守　従五位下
號土岐西池田　嫡流家

頼清

正應五年壬辰十一月生、母ハ小笠原信濃守宗長女也、室ハ近江國住人佐々木備中守頼綱入道崇西女也、頼清始ハ土岐郡浅野ノ里ニ住シ、正和三年甲寅閏三月ヨリ池田郡小島ノ庄ニ移住ス、暦應二年己卯二月父ノ譲リニ因テ惣領職ヲ受ル、其後病氣ニ付辞之、国政ヲ弟頼遠ニ譲ル、後又伊豫国ノ守護ト成ル、文和元年壬辰夏将軍尊氏ヨリ召ニ因テ、豫州ヨリ京都ニ赴クノ所、其途中ニテ疾病ヲ患イ、同年六月朔日摂州島上郡芥川ノ城ニ於テ病死セリ、年六十一歳、一説ニハ延元元年丙子六月朔日病死トモ云々
法名瑞岩寺殿祥雲善孝大居
嫡子頼康為父ノ菩提、池田郡小島ニ於テ瑞岩寺ヲ建立ス

頼基

土岐九郎　伯耆守　號明智九郎

正和三年甲寅七月生、母ハ北條修理亮平宗頼女也、正慶二年癸酉八月初テ可児郡明智ノ里ニ住居ス、因テ土岐明智九郎號ス、又土岐伯耆九郎トモ云、頼基室ハ恵那郡岩村城主遠山加藤太郎光直女也、貞和元年乙酉十二月十六日病死ス、年三十二歳

頼基死後一子頼重未タ幼少也、因茲兄頼宗並ニ周崔房ノ命
トシテ、甥ノ土岐次郎頼兼ヲ以テ明智ノ所領ヲ受継シム、蓋シ頼兼ハ頼基ノ
舎兄頼清ノ次男也

頼兼

土岐明智次郎　兵庫助下野守　従五位下入道浄孝
本名　頼則或ハ頼重　世ニ號明智下野入道　元祖也

美濃國可児郡明智城主也、称土岐家連枝ノ随一、且爲東
美濃豪家ノ長、領知高代々一万五千貫、蓋内五千貫ハ尊氏
公朱印、一万貫ハ義詮公朱印也
文保三年己巳正月生於池田郡小島、母ハ同上、貞和元年乙酉十二月
叔父伯耆九郎頼基病死ノ後、父頼清並ニ叔父周崔房ノ命ニ因
テ頼基ノ所領ヲ受継、以テ是ヲ相傳ス、乃明智次郎ト號ス、此時
ヨリ而可児郡明智ノ城ニ移住ス、因テ是爲明智家ノ元祖、自是號
土岐明智、領美濃國可児郡明智ノ鄕故ニ、又分一氏而称明智乃
臣家摂輿于此者也

頼重

土岐彦九郎　明智次郎　兵庫助　民部少輔
従五位下　入道法名浄榮

康永元年壬午六月生於池ノ田郡、母ハ可児郡池田ノ住人池田左衛門

藏人國濟女也、室ハ各務郡芥見城主山岸長山遠江守頼基女也、
傳ニ曰、頼重實ハ頼兼ノ叔父土岐伯耆九郎頼基ノ子ト云リ、且頼
基ハ伯耆守頼貞ノ九男ニ而、頼清ノ弟也、有故頼重観應二年
辛卯二月為頼兼ノ猶子家督ヲ相傳ス

頼篤

童名氏王丸　明智十郎　駿河守　従五位下
或頼言　入道法名宗観
貞治五年丙午月生、母ハ長山遠江守頼基女也、室ハ蜂屋
新藏人光康女也、任將軍義満・義持御父子二代、明徳元年
庚午十二月継家督

國篤

明智刑部少輔　或修理大夫　従五位下
或頼邦
明徳二年辛未四月生、母ハ蜂屋新藏人康光女也、室者
尾張修理大夫義種女也、應永三十四年丁未二月二十一日家督
ヲ継有自身ヲ譲状
宝徳二年庚午六月三日卒ス、年五十九
法名　龍藏寺殿前匠作夏山

頼秋
童名長壽丸　明智十郎　式部少輔　従五位下
應永二十二乙未年生、母ハ尾張修理大夫源義種女也、同三十四年丁未六月祖父頼篤為嫡孫拝所領而、従將軍義持公賜證文、其文略之
永亨十二年庚申十一月二日下総國結城攻ノ時於陣中病死、年二十六歳、息男無之、因テ弟頼秀其跡式ヲ相續ス
法名　霜岸號長安寺

頼秀
明智十郎　民部少輔　後改式部少輔　従五位下
應永二十四年丁酉五月生、母ハ尾張修理大夫義種女也、室ハ土岐美濃守持益女也、實ハ國篤次男也、永亨十二年庚申十一月二日兄頼秋死後其跡式ヲ相續而、為明智物領職
長禄元年丁丑四月二十八日卒ス、年四十一歳
法名　遜山號高岸寺

頼弘
十郎太郎　或ハ彦太郎　明智民部大輔　左京大夫　従四位下
嘉吉元年辛酉二月生、母ハ土岐美濃守持益女也、一説ニ曰、頼弘実ハ頼秋忘レ形見ノ一子ニ而、母ハ遠山新左右門尉景則女ト云々、

室ハ楫斐左近大夫基春女也、奉屬将義政・義尚・義植三代ノ公、
列外様衆八將ノ内、所謂其人々ハ畠山次郎・進士義(ママ)濃守・赤松
新藏人・明智民部大輔・佐々木鞍智紀伊守・摂津掃部助・有馬
治部少輔・同弥次郎等也、右是ヲ外様八家ノ衆ト云リ、應仁文明ノ
乱ニ山名左右門佐持豊入道宗全ニ味方ス、明應四年乙卯三月二十八日
義澄公ヨリ文書アリ、略之
永正五年戊辰十月七日卒去、年六十八歳

光繼
本名頼典
明智千代壽丸　兵庫頭　民部少輔　駿河守
従五位下　入道一關齋　宗善或ハ　玄宣　領一万貫
應仁二年戊子五月廿日生、母ハ大野郡楫斐城主楫斐左近大夫基春
女也、室ハ進士山岸美濃守信慶女也、家督相傳シテ住明智
城、因テ称明智嫡流家ト、弓馬ノ達者、茶道ノ名人也
天文七年戊戌三月五日卒於明智城、年七十一歳
法名光継寺殿前駿州刺史宗善祐公大居士

光綱
本名光隆
童名千代壽丸又　彦太郎　明智十兵衛　玄蕃頭
従五位下

明應六年丁巳八月十七日生、母進士美濃守信慶女也、且信慶ハ明智頼秀ノ妹聟也、光継受家督而住明智城、領一万五千貫、大永元年辛巳二月娶外伯父山岸加賀左右門尉信連女為妻室、其名ヲ美佐保ト云、但、山岸信連者進士信慶ノ子ニ而、濃州賀茂郡加治田ノ城主也、一説ニ光綱先妻ハ武田大膳大夫信時女卜云々、光綱生得多病ニ而、身心常不健ナラ、仍テ不設家督ノ子息、故ニ任父宗善命、養甥ノ光秀ヲ以テ為家嫡而譲其家畢

天文四年乙未八月五日於明智卒ス、年三十九歳

法名光隆院殿前鴻臚卿智空天山大禪定門

光安

明智弥次郎　兵庫頭　従五位下　入道宗寂

明應九年庚申十月生、母ハ小栗木新左右門冬廣女也、室ハ齋藤和泉守利胤女也、舎兄光綱死後家嫡光秀幼少故ニ、依父宗善入道之命、為後見之以預明智ノ城ヲ乃住之、治一家光秀漸成長之上、光安曰譲城ヲ光秀、然共光秀有故辞而不受之、因テ終始光安守明智城畢、弘治二年丙辰九月廿六日齋藤左京大夫義龍ノ軍兵ヲ引請合戰シ、遂ニ自害ス、年五十七歳、此時ニ當テ明智城永断絶ス、康永年中開基ヨリ二百十有余年ニ及ヒ、遂ニ落城ス

賀茂郡蜂屋ノ庄加治田堂洞城主

女子　山岸勘解由左衛門尉信周室　市ノ方ト云

永正元年甲子八月十七日生、母ハ同光綱、大永元年辛巳八月
嫁山岸信周、蓋シ信周者加賀左右門信連之嫡子ニ而、光綱妻ノ
兄也、此女子信周ニ嫁、享禄元年戊子八月十七日生、明智光秀
仵ノ實母乃是也
天正五年丁丑閏七月四日卒、年七十四歳

光久

本名忠継　明智平柴三郎　次左衛門尉

住ニ明智平柴、弘治二年丙辰九月廿六日於明智城兄宗寂ト
倶ニ自害ス、年五十歳

光廣

本名光頼　原彌太郎　忠左衛門尉紀伊守　従五位下

成原伯耆守頼廣ノ養子、原半右衛門一頼・同隠岐守久頼ノ
父是也

女子

齋藤山城守秀龍入道道三室

尾張織田信長ノ内室ノ母乃是也

天文二十三年甲寅三月十一日於厚見郡岐阜城死、年四十四歳

光廉
明智勝屋甚助　明智十平次　三宅入道長閑齋
始住石津郡勝屋、晩年寄身ヲ於甥ノ光秀之許預ル、一家ノ政務為明智家之後見而在住江州志賀郡坂本城、天正十年壬午六月十五日辰ノ下剋於當城自害ス、年六十七
法名秀嶽院殿長閑宗光大禅定門　位牌坂本西教寺ニアリ

女子
堀田佐渡守紀正元入道道空ノ妻
堀田孫左エ門正種母也

女子
明智家代々長臣
隠岐内膳正惟之妻

女子
三河國住人櫻井監物家次妻
同與一郎忠正・同與次郎忠吉等ノ母也

光近　明智十郎左右門尉　江州志賀郡堅田城主　二万石
天文十四己巳年生、母多治見郡修理亮國秀女也、父ト倶ニ一
家ノ長日向守ニ任フ、天正十年壬午六月十三日於城州山
﨑戰死、年三十八歲

女子
妻木主計頭範賢ノ妻　範賢ハ日州奥方ノ弟也

女子
今峯頼母頭光之ノ妻也、光之ハ土岐一族ニ而日州ノ家老也

光次
明智兵助　實ハ光安入道ノ末子ト云々
仕光秀、兄光近同時於同所討死、年三十四歲

某
勝屋勘左衛門
移住三河國、奉仕德河侯

光久子

女子
溝尾庄兵衛茂朝妻　茂朝ハ日向守家老也

光忠
明智次郎　後改明智治右門尉
母ハ大桑兵部大輔定頼女也、室ハ日向守ノ息女也、仕一家ノ長日向守、於丹後國八上ノ城領三万石、天正十年壬午六月二日京都二條攻ノ時、為大將其日中敵ノ鉄炮手負引入、知恩院令治療、同十四日於當院自害ス、年四十三歳

女子
舩木八之丞頼次妻　舩木ハ土岐一族ニ而日向守臣也

某
明智又次郎　號　中津川半左右門

光安子

宮城兵内舎人　住尾州宮城後ニ入本願寺云々

某
享禄二己丑年生、多病故ニ不立家督

光俊　童名岩千代　彦三郎　三宅禰平次　明智左馬助
本名光春ト云、天文六年丁酉九月十六日生於明智城、母ハ齋藤和泉守利胤女也、始ノ妻ハ三宅大膳入道長閑女也、後ノ妻ハ日向守長女也、弘治二年丙辰九月廿六日父生害ノ時、依遺言存命而附託光秀立退明智ヲ移、大野郡結城村住之、或又移三河國梅ケ坪蟄居、三宅ノ家共云々、其後仕一家ノ惣領日向守、於丹州桑田郡周山城領五万石、智謀武略之名士、明智一家ノ輔佐ニ而日州羽翼ノ良臣也、天正十年壬午六月十五日於江州志賀郡坂本ノ城自害、年四十六歳　位牌坂本阿野西教寺ニアリ
法名國泰院殿前左典厩俊山雲龍大居士

女子
中條左近將監家忠妻也、家忠ハ濃州ノ士ニ而織田家ノ臣也

女子
丹波国冰上郡柏原ノ城主
柴田源左エ門尉勝定ノ妻　勝定ハ、日向守ノ臣也
又柴田勝家之従弟也

光景
明智次郎八　號三宅孫十郎
兄ト倶ニ日向守光秀ニ仕フ、入四手組衆ノ内、天正十年壬午六月

二日京都二條攻ノ時戦死ス、年四十二歳

女子
齋藤大八郎利次妻也、利次ハ日向守ノ臣也
又藤内藏助利一ノ弟也

女子
明智十郎左衛門光近妻

＝読み下し文＝

人皇五十六代清和天皇第六皇子貞純親王の子六孫王経基嫡子正四位上陸奥守兼鎮守府大将軍摂津守源滿仲長男摂津守源頼光

左馬頭正四位下陸奥守兼鎮守府将軍摂津守

頼光
村上天皇御宇天暦八年甲寅七月二十四日、摂州河邊郡新田城において生まれる、母は近江守源俊の娘也
治安元年辛酉七月二十四日卒去、年六十八歳

頼國

従四位下美濃守　摂津守　讃岐守

天禄三年壬申十一月四日、上総国夷隅(イスミ)郡万喜において生まれる、母は伊豫守藤原元平の娘也　灊(ミ)昔よりこの字を用う

長暦二年戊寅七月四日、摂州島下郡溝杭において卒去、年六十七歳

國房

頼國六男

美濃七郎と号す　伊豆守　正四位下昇殿

長元元年戊辰三月十一日生まれ、母尾張守藤原仲清の娘也

永長元年丙子

九月七日摂州多田院において卒去、年六十五歳

光國

本名は師時　左右門大夫　出羽守　従四位下

康平元年戊戌九月生まれ、母は木工大夫正仲の娘也

康治元年壬戌十二月

十二日摂州において卒去、年八十五歳

光信

土佐判官出羽守　従五位上昇殿　鳥羽院四天王その一

寛治三己巳年生まれ、母は左右門尉家實の娘也

保元二年丁丑十一月十一日
京都において卒去、年六十九歳

光基
藏人左右門尉　伊賀守　伊勢守　従五位上
元永元年戊戌正月生まれ、母は左右門尉藤原佐實の娘也
壽永二年癸卯九月
十八日卒去、年六十六歳

光衡
土岐左右門尉　信濃守　美濃守　従五位下　郷戸判官代
久安四年戊辰五月四日生まれ、母は宣能卿の娘白河の局也、光衡実は左右門尉光長の三男也、且つ光長は光基の弟也、寿永三年甲辰正月に光衡初めて鎌倉に参り頼朝に仕う、文治五年己酉三月二日頼朝より美濃国の守護職を賜う、よって濃州土岐郡大富の里に城を築いてこれに住む、土岐美濃守と号す、これ土岐の元祖也
建永元年丙寅三月二十日土岐郡において卒、年六十歳
法号　台宝寺

光行

源民部大輔土岐左右門尉　後鳥羽院西面
淺野判代と号す　出羽守　従五位下入道向山

承安四年甲午七月朔日生まれ、母は武田太郎源基義の娘也、土岐郡浅野の里に住す、後に鎌倉に参り将軍實朝に仕う
建長元年己酉九月十七日卒す、年七十六
法名　善幸寺　西圓

光定

本名は光宗土岐五郎　讃岐守　隠岐守　法名定光
隱入道と号す　従五位下　土岐惣領職

承元四年庚午十二月生まれ、母は千葉介平常胤の娘也、土岐郡大富の城に住す、後に池田郡藤代に移住す、弘長三年癸亥十一月二十二日出家して、法名定光蓋と号す、これ北條時頼卒去によって也
弘安四年辛巳八月十一日伊予国において卒去、年七十二歳
法名　興源寺殿前隠州刺史定光宗岳大禪定門
菩提寺予州に有り

光包

隠岐太郎　土岐伊豫守

延応元年己亥十一月生まれ、母は三浦駿河守平義村の娘也、且つ若狭守泰村の

妹也、室は北條武藏守平経時の娘也、弘長三年癸亥十一月家督相続して、
土岐郡高田の城に住す
文永九年壬申十二月四日卒去、年三十八歳
伝えて曰く、光包子息これ無し、よって祖父光定の命として、弟六郎頼貞を
もって順養子とすと云々
法名　平安寺

頼貞

本名は頼包　或いは頼員
隱岐孫四郎　又土岐六郎と号す　土岐伯耆守
右衛門尉藏人　従五位下上昇殿　伯耆入道存孝

文永五年戊辰正月生まれ、母は北條武藏守経時の娘也、室は信州住人小笠原美
濃守宗長の娘也、弘安四年辛巳八月、祖父光定卒去の時、惣領職に立つ、同六
年癸未九月土岐郡高田の里において一城を築きこれに住す、同年十一月鎌倉に
参る、元亨三年癸亥十月二十六日入道して、法名存孝と号す、後に足利将軍尊
氏に属す、暦応二年己卯正月十八日改めて美濃国守護職を賜う、これより家名
大いに繁昌して天下の高家とす暦応二年己卯二月二十二日卒去、年七十二歳
法名　定林寺殿前伯州太守雲石存孝大居士
石碑土岐郡半原村に有り

本名頼宗　又頼藤　土岐次郎　中務丞　左馬頭
民部大輔　左近大夫　伊予守　従五位下
土岐西池田と号す　嫡流家

頼清

正応五年壬辰十一月生まれ、母は小笠原信濃守宗長の娘也、室は近江国住人佐々木備中守頼綱入道崇西の娘也、頼清始めは土岐郡浅野の里に住し、正和三年甲寅閏三月より池田郡小島の庄に移住す、暦応二年己卯二月父の譲りによって惣領職を受ける、その後疾病につきこれを辞す、国政を弟頼遠に譲る、後に又伊予国の守護と成る、文和元年壬申夏将軍尊氏より召しによって予州より京都に赴くのところ、その途中にて病気を患い、同年六月朔日摂州島上郡芥川の城において病死せり、年六十一歳、一説には延元元年丙子六月朔日病死とも云々
法名瑞岩寺殿祥雲善孝大居
嫡子頼康父の菩提のため、池田郡小島において瑞岩寺を建立す

土岐九郎　伯耆守　号明智九郎

頼基

正和三年甲寅七月生まれ、母は北條修理亮平宗頼の娘也、正慶二年癸酉八月初めて可児郡明智の里に住居す、よって土岐明智九郎と号す、又土岐伯耆九郎とも云う、頼基室は恵那郡岩村城主遠山加藤太郎光直の娘也
貞和元年乙酉十二月十六日病死す、年三十二歳

頼基死後一子頼重未だ幼少也、これにより兄頼宗並びに周崔房の命として、甥の土岐次郎頼兼をもって明智の所領を受け継がしむ、蓋し頼兼は頼基の舎兄頼清の次男也

頼兼

土岐明智次郎　兵庫助下野守　従五位下入道浄孝
本名　頼則、或いは頼重　世に明智下野入道と号す　元祖也

美濃国可児郡明智の城主也、土岐家連枝の随一と称す、且つ東美濃豪家の長として、領知高代々一万五千貫、蓋し内五千貫は尊氏公朱印、一万貫は義詮公の朱印也
文保三年己巳正月池田郡小島において生れる、母は上に同じ、貞和元年乙酉十二月叔父伯耆九郎頼基病死の後、父頼清並びに叔父周崔房の命によって頼基の所領を受け継ぐ、これをもって相伝す、すなわち明智次郎と号す、この時よりて可児郡明智の城に移住す、よってこれ明智家の元祖とす、これより土岐明智と号す、美濃国可児郡明智の郷を領する故に、又一氏を分かちて明智と称す、すなわち臣家をこの者に撰予する也

頼重

土岐彦九郎　明智次郎　兵庫助　民部少輔
従五位下　入道法名浄棨
康永元年壬午六月池田郡において生まれる、母は可児郡池田の住人池田左衛門

藏人國濟の娘也、室は各務郡芥見城主山岸長山遠江守頼基の娘也、伝に曰く、頼重実は頼兼の叔父土岐伯耆九郎頼基の子と云えり、且つ頼基は伯耆守頼貞の九男にて、頼清の弟也、故有り頼重観応二年辛卯二月頼兼の猶子として家督を相伝す

頼篤

童名は氏王丸　明智十郎　駿河守　従五位下
或いは頼言　入道法名宗観
貞治五年丙午月生まれ、母は長山遠江守頼基の娘也、室は蜂屋新藏人光康の娘也、将軍義満・義持御父子二代に任じ、明徳元年庚午十二月家督を継ぐ

國篤

明智刑部少輔　或いは修理大夫　従五位下
或いは頼邦
明徳二年辛未四月生まれ、母は蜂屋新藏人康光の娘也、室は尾張修理大夫義種の娘也、応永三十四年丁未二月二十一日家督を継ぐ、自身の譲り状有り
宝徳二年庚午六月三日卒す、年五十九
法名　龍藏寺殿前匠作夏山

頼秋

童名は長壽丸　明智十郎　式部少輔　従五位下

応永二十二乙未年生まれ、母は尾張修理大夫源義種の娘也、同三十四年丁未六月祖父頼篤嫡孫として所領を拝して、将軍義持公より証文を賜う、その文これを略す
永亨十二年庚申十一月二日下総国結城攻めの時、陣中において病死、年二十六歳、息男これ無し、よって弟頼秀その跡式を相続す
法名　霜岸号長安寺

頼秀

明智十郎　民部少輔　後に式部少輔と改める　従五位下
応永二十四年丁酉五月生まれ、母は尾張修理大夫義種の娘也、室は土岐美濃守持益の娘也、実は國篤の次男也、永亨十二年庚申十一月二日兄頼秋の死後、その跡式を相続して、明智惣領職とす
長禄元年丁丑四月二十八日卒す、年四十一歳
法名　遯山号高岸寺

頼弘

十郎太郎　或いは彦太郎　明智民部大輔　左京大夫　従四位下
嘉吉元年辛酉二月生まれ、母は土岐美濃守持益の娘也、一説に曰く、頼弘実は頼秋忘れ形見の一子にて、母は遠山新左右門尉景則の娘とも云々、室は楫斐左近大夫基春の娘也、将として義政・義尚・義植三代の公に属し奉り、外様衆八将の内、畠山次郎・進士美濃守・赤松新藏人・明智民部大輔・佐々木鞍智紀伊

守・摂津掃部助・有馬治部少輔・同弥次郎等也、これを外様八家の衆と云えり、応仁・文明の乱に山名左衛門佐持豊入道宗全に味方す、明応四年乙卯三月二十八日義澄公よりの文書有り、ここに略す
永正五年戊辰十月七日卒去、年六十八歳

光繼
本名頼典
明智千代壽丸　兵庫頭　民部少輔　駿河守
従五位下　入道一關齋　宗善　或いは玄宣　一万貫を領す
応仁二年戊子五月二十日生まれ、母は大野郡楫斐城主楫斐左近大夫基春の娘也、室は進士山岸美濃守信慶の娘也、家督相伝して明智城に住す、よって明智嫡流家と称す、弓馬の達者、茶道の名人也
天文七年戊戌三月五日明智城において卒、年七十一歳
法名　光継寺殿前駿州刺史宗善祐公大居士

光綱
童名は千代壽丸　又は彦太郎　明智十兵衛　玄蕃頭
本名は光隆　従五位下
明応六年丁巳八月十七日生まれ、母は進士美濃守信慶の娘也、且つ信慶は明智頼秀の妹聟也、光継家督を受けて明智城に住す、一万五千貫を領す、大永元年辛巳二月外伯父山岸加賀左右門尉信連の娘を娶り妻室とす、その名を美佐保と

云う、但し、山岸信連は進士信慶の子にて、濃州賀茂郡加治田の城主也、一説に光綱先妻は武田大膳大夫信時の娘とも云々、光綱生得多病にて、身心常に健ならず、よって家督の子息を設けず、故に父宗善の命に任せ、養甥の光秀をもって家嫡としてその家を譲り畢（おわんぬ）
天文四年乙未八月五日明智において卒す、年三十九歳
法名　光隆院殿前鴻臚卿智空夭山大禅定門

光安
　明智弥次郎　兵庫頭　従五位下　入道宗寂
明応九年庚申十月生まれ、母は小栗木新左衛門冬廣の娘也、室は齋藤和泉守利胤の娘也、舎兄光綱死後、光秀幼少故に家を継ぐ、父宗善入道の命によって、後見として、これをもって明智の城を預かり、すなわちこれに住す、一家を治め、光秀漸く成長の上、光安曰く光秀に城を譲る、然れども、光秀故有り辞してこれを受けず、よって終始光安、明智城を守り畢、弘治二年丙辰九月二十六日齋藤左京大夫義龍の軍兵を引き請け合戦し、遂に自害す、年五十七歳、この時に当たりて明智城永らく断絶す、康永年中開基より二百十有余年に及び、遂に落城す

女子
　賀茂郡蜂屋の庄加治田堂洞城主
　山岸勘解由左衛門尉信周の室　市の方と云う
永正元年甲子八月十七日生まれ、母は光綱と同じ、大永元年辛巳八月山岸信

周に嫁し、蓋し信周は加賀左右門信連の嫡子にて、光綱妻の兄也、この女子
信周に嫁す、享禄元年戊子八月十七日生まれ、明智光秀仵の実母、すなわち
これ也
天正五年丁丑閏七月四日卒、年七十四歳

光久
本名は忠継　明智平柴三郎　次左衛門尉
明智平柴に住す
弘治二年丙辰九月二十六日明智城において、兄宗寂とともに自害す、年五
十歳

光廣
本名は光頼　原彌太郎　忠左衛門尉紀伊守　従五位下
成原伯耆守頼廣の養子、原半右衛門一頼・同隠岐守久頼の父、これ也

女子
齋藤山城守秀龍入道道三の室
尾張織田信長の内室の母、すなわちこれ也
天文二十三年甲寅三月十一日厚見郡岐阜城において死す、年四十四歳

明智勝屋甚助　明智十平次　三宅入道長閑齋
光廉
始め石津郡勝屋に住す、晩年身を寄せ甥の光秀の許において預る、一家の政務明智家の後見として在り、江州志賀郡坂本城に住す
天正十年壬午六月十五日辰の下剋当城において自害す、年六十七
法名　秀嶽院殿長閑宗光大禪定門　位牌坂本西教寺に有り

女子
堀田佐渡守紀正元入道道空の妻
堀田孫左衛門正種の母也

女子
明智家代々長臣
隱岐内膳正惟の妻

女子
三河国の住人櫻井監物家次の妻
同與一郎忠正・同與次郎忠吉等の母也

光近
明智十郎左右門尉　江州志賀郡堅田城主　二万石
天文十四己巳年生まれ、母は多治見郡修理亮國秀の娘也、父とともに一家

の長日向守（明智光秀）に仕える
天正十年壬午六月十三日城州山崎において戦死、年三十八歳

女子
妻木主計頭範賢の妻　範賢は日州（明智光秀）奥方の弟也

女子
今峯頼母頭光之の妻也、光之は土岐一族にて日州の家老也

光次
明智兵助　実は光安入道の末子と云々
光秀に仕え、兄光近同時同所において討死、年三十四歳

某
勝屋勘左衛門
三河国に移住、徳川侯へ仕え奉る

光久子

女子
溝尾庄兵衛茂朝の妻　茂朝は日向守の家老也

光忠
明智次郎　後に明智治右門尉と改める
母は大桑兵部大輔定頼の娘也、室は日向守の息女也、一家の長日向守に仕え、丹後国八上ノ城において三万石を領す、天正十年壬午六月二日京都二條攻めの時、大将としてその日中、敵の鉄砲手負い引き入れ、知恩院治療せしむ
同十四日当院において自害す、年四十三歳

女子
舩木八之丞頼次の妻　舩木は土岐一族にて日向守の臣也

某
明智又次郎　中津川半左右門と号す

光安子
宮城兵内舎人　尾州宮城に住す、後に本願寺に入る云々

某
享禄二己丑年生まれ、多病故に家督を立てず

光俊
童名は岩千代　彦三郎　三宅禰平次　明智左馬助
本名光春と云う、天文六年丁酉九月十六日明智城において生まれる、母は齋藤

和泉守利胤の娘也、始めの妻は三宅大膳入道長閑の娘也、後の妻は日向守の長女也、弘治二年丙辰九月二十六日父生害の時、遺言によって存命して付託、光秀立ち退き明智を移る、大野郡結城村これに住す、或いは又、三河国梅ケ坪に移り蟄居、三宅の家とも云々、その後一家の惣領日向守に仕え、丹州桑田郡周山城において五万石を領す、智謀・武略の名士、明智一家の輔佐にて日州羽翼の良臣也
天正十年壬午六月十五日江州志賀郡坂本の城において自害、年四十六歳、位牌坂本阿野西教寺に有り
法名　國泰院殿前左典厩俊山雲龍大居士

├女子
　中條左近將監家忠の妻也、家忠は濃州の士にて織田家の臣也

├女子
　丹波国氷上郡柏原の城主　　勝定は日向守の臣也
　柴田源左衛門尉勝定の妻　　又柴田勝家の従弟也

├光景
　明智次郎八　三宅孫十郎と号す
　兄とともに日向守光秀に仕える、入四手組衆の内
　天正十年壬午六月二日京都二條攻めの時戦死す、年四十二歳

女子
齋藤大八郎利次の妻也、利次は日向守の臣也
又藤内藏助利一の弟也

女子
明智十郎左衛門光近の妻

168　明智家系図　（三宅家文書　追加3　竪帳）

（袋表書）
「家譜略系
袋物諸扣不入　　重照改ム」

人皇五十六代清和天皇第六皇子貞純親王ノ子六孫王
経基嫡子正四位上陸奥守兼鎮守府大將軍摂津守源
滿仲長男摂津守源頼光

頼光
左馬頭正四位上陸奥守兼鎮守府將軍摂津守

頼國
頼光嫡男
美濃守　摂津守　讃岐守従四位下

國房
頼國六男
美濃七郎　伊豆守　正四位下昇殿

光國
國房嫡男
始名師時　左エ門大夫　出羽守　従四位下

光信
土佐判官　出羽守　従四位下昇殿

光基
蔵人左エ門尉　伊賀守　従四位上

光衡
土岐左エ門尉　美濃守　信濃守　従四位下　郷戸判官

光行
源民部少輔　土岐左エ門尉　出羽守
従五位下　浅野判官代　入道向山
光衡嫡男

光定
始名光守　土岐五郎　讃岐守　隠岐守
従五位下　隠岐入道　法名定光
光行五男

光包
隠岐大郎　土岐伊豫

頼貞
始名頼包　或頼員　隠岐孫四郎　土岐六郎
土岐伯耆守　左衛門尉藏人　従四位上昇殿　伯耆入道存孝
祖父光定卒去ノ時惣領職ニ立

頼清
始名頼宗　又頼藤　土岐次郎　中務亟(ママ)　左馬頭
民部大輔　左近大夫　伊豫守　従五位下　土岐西池田嫡流家

頼基
土岐九郎　伯耆守　明智九郎　明智元祖也
頼貞三男

頼兼
始名頼則　或頼重　土岐明智次郎　兵庫助
下野守　従五位下　入道浄孝　明智下野守元祖也
建武三年宮方ニ一番ニ参リ京ノ府所ニテ討死

上ノ書入ノ通ニナレハ纂圖ノ説ニ依テ此二人ヲ省キ、頼基ヲ明智ノ元祖トシ頼ニ嗣ク、委キハ家傳・家譜ニ誌ス
（頭注）「纂圖ニ土岐十郎ニテ受領、官途ナシ、存孝ノ末子」

頼重
土岐彦九郎　明智次郎　兵庫助
民部少輔　従五位下　入道法名浄榮
頼基嫡男
（頭注）「存孝ノ弟頼兼ノ叔父ト纂圖ニ有リ」

頼篤
始名氏王丸或頼言　明智十郎
駿河守　従五位下　入道法名宗観

國篤
明智刑部少輔　或修理大夫或頼邦従五位下

頼秋
童名長壽丸　明智十郎　式部少輔　従五位下

頼秀
明智十郎　民部少輔　後改式部少輔　従五位下
頼篤二男

頼弘
十郎太郎　彦太郎
明智民部大輔　左京大夫　従五位下
頼秀嫡男　又頼秋末子ト云

光繼
始名頼典　明智千代壽丸　兵庫頭　駿河守
従五位下　入道一関齋宗善或ハ玄宣

光綱
始名光隆　童名千代壽丸　彦太郎
明智十兵衛　玄蕃頭　従五位下
別本明智系圖光経

光秀

土岐系図ニ土岐存孝ハ、日向殿十一世ノ祖ト有リ、實ヲ得タリト見ユ、頼兼ノ事ハ、太平記ニ土岐十郎頼兼ト見エ、其従兄弟同隠岐孫三郎頼員・同藏人三郎頼春ト共ニ、　後醍醐帝ノ御味方ニ参リ、元弘ノ始六波羅ノ討手ヲ引請、三人共ニ京ノ府所ニテ自害致サレシ也、新篇纂図ニハ、頼兼ハ土岐惣領伯耆入道存孝ノ末子ニテ、頼員ハ存孝ノ兄隠岐孫太郎頼親ノ子、頼春ハ存孝ノ弟右近将監頼重ノ子トアリ、土岐惣領ノ正説ハ、天正(ママ)十六年斎藤山城入道道三カ為ニ毒殺セラレ断滅ニ及ハレシ、美濃守頼光ハ、存孝ノ十一世ノ孫ニテ、日向殿モ同ク存孝ノ十一世ノ孫ニ當ラレシカハ、代数モ能叶イタル故、明智系図ニ日向殿ヲ右ノ頼兼四世ノ孫トシタルハ大ナル疎謬也、頼光モ日向殿モ存孝ノ十一世ノ孫トシテハ、此間両主有ルカ如クナレ共、其系統連綿シタルハ頼光ニテ、日向殿ハ明智ノ城亡シ後勃興イタサレ、明智家再興ノ主ナレハ、共ニ十一世ノ孫ニ當ル也、然レハ山岸

系図ニ云所ノ光綱（山岸系図ニ日向殿為養父）正統ノ主トモ不見、別本明智系図ニハ、光綱ハ
日向殿御父ト誌セリ、左馬助ニハ従弟ニ當ラレ、日向殿
幼童ヨリ勝レタル所ヲハシテ段々ト身ヲ立ラレ、将軍ニ迄経上
ラレシカハ、明智系図ニ頼兼四世ノ孫トシ、纂図ニハ十一世ノ孫ト算
レ共、纂図ノ頼光ヲ脱シヌレハ疎漏ニテ、如何トモ心
得難キヿ也、

又明智系図ニ頼兼ヲ明智氏ノ始祖
トシ、下野守ト見エシハ覚束キヿニテ、纂図ニハ存孝ノ三男
頼基ヲ明智氏ノ始祖ト見エ、頼兼ハ纂図ニモ、太平記ニモ
受領セラレシヿモ、官途掛ラレシヿモ見スシテ、唯土岐ノ十郎ニテ
世ヲ果サレシト見ユレハ、カタ々々頼兼ヲ明智氏ノ始祖ト有ルハ、明智系図
ノ説誤ナルニハ違ヘカラス、然レ共、前ノ頼兼ヨリ後ニ、存孝ニ六世ノ孫
土岐中興興善寺美濃守頼営ノ庶兄ニ、又頼兼ト云人見
ユレ共、此頼兼ハ大須氏ノ祖ニテ、明智氏ヨリ遥後ノ支流也、
是ヲ以テ考ルニ、明智系図ノ頼兼ハ存孝ヨリ六世頼営ノ
男ナレハ、四五代下ニ引誤リシ𪜈思フ也、全體、土岐・明智系図異同
アレハ、何レヲ善本トモ定メ難ケレ共、土岐家惣領ノ正統一筋ハ
慥ニ見エタリ、差ヨリ山岸系図ニハ頼重ヲ頼兼ノ嫡男トアレ共、
太平記ニハ蔵人孫三郎頼春ノ父ヲ、纂図ニハ存孝ノ弟右近将監
頼重ト見エテ、頼兼ノ叔父ニ當リシ方委クモ慥ニモ見エタリ、
然レハ、山岸系図ニ日向殿養父ト称スル光綱ヲ、明智系図ニ

光隆　山岸系図ニ光綱ノ始名光隆ト有リ

ト有リ、

何レヲヨシトモ定カタシ、サレド、纂図ノ説モ庶流ノ事ハ

疎略漏脱モ有シト見エテ、太平記建武三年九条東寺

合戦ニ高名シタル存孝ノ子、土岐悪源太ハ、纂図ニハ其名

漏タレト、珠生系図ニ悪源太ハ存孝ノ五男、実名ヲ頼氏

ト、存孝ノ家督ニ立レシ頼宗ヲ、纂図ニハ存孝ノ六男ト見ユレハ、

頼宗ノ庶兄ニテ、頼宗ハ嫡腹故ニ、第六男ナガラ家督ニ立

レシ見エタリ、又纂図ニ頼兼ヲ存孝ノ十一男ト見エタレト、第

五男頼氏建武ノ東寺合戦ノ比、未タ廿餘ノ弱冠ノ様子ニ

見ユレハ、十一男ノ頼兼元弘ノ宼初ニ、父兄ヲ踰テ一番ニ宮方

ニ参ラレシ事ヲ考レハ、頼兼年多ク共六七歳ノ幼童ニテ

有タルト見ユレハ、十一男ノ説ハ疑モナク纂図ノ誤ニテ、實ハ

頼氏・頼宗ナトエモ兄ニ當リタルヘシ、ケ様ニ諸本ノ異同

疎誤少カラス侍レハ、諸本ヲ得テ校考セサレハ、正實分明ナリ

カタシ

珠生系図ニ頼氏ハ存孝ノ五男、童名土岐五郎、号悪源太、

建武三年六月十三日東寺ノ軍功ニ依テ、従尊氏賜御所作

虹丸太刀　人皇八十八代後鳥羽院青江次家ヲ召テ、被合鎚刃堅無彫物、銘帯裏ニ打、勅帯表被切長三尺五寸、反一寸五分直刃也、

建武三年　院ヨリ賜平義時至高時元弘ノ乱ニ鬼丸ヲ賜、名越高家虹丸ヲ賜尊氏

又賜西美濃三十丁、別賜駿河国入江庄、始為別旗、應永十二年八月卒、年九十、法名清光院道孝、葬于北山等持寺、子孫後ニ柴山ト称シ、又津山ヲ称シ、今、岡ノ藩中ニ有リ、紅丸其家ニ傳ヘリ

＝読み下し文＝

「家譜略系、袋物諸控え等入り　重照改む」(袋表書)(重雄)

人皇五十六代清和天皇第六皇子貞純親王の子六孫王経基嫡子正四位上陸奥守兼鎮守府大将軍摂津守源滿仲長男摂津守源頼光

頼光
左馬頭正四位上陸奥守兼鎮守府将軍摂津守

頼國
美濃守　摂津守　讃岐守　従四位下
頼光嫡男

國房
美濃七郎　伊豆守　正四位下昇殿
頼國六男

光國
始めの名は師時　左衛門大夫　出羽守　従四位下
國房嫡男

光信
土佐判官　出羽守　従四位下昇殿

光基
藏人左衛門尉　伊賀守　従四位上

光衡
土岐左衛門尉　美濃守　信濃守　従四位下　郷戸判官

光行
源民部少輔　土岐左衛門尉　出羽守
従五位下　浅野判官代　入道向山
光衡嫡男

光定
始めの名は光守　土岐五郎　讃岐守　隠岐守
従五位下　隠岐入道　法名定光
光行五男

光包
隠岐大郎　土岐伊豫

頼貞
始めの名は頼包　或いは頼員　隠岐孫四郎　土岐六郎
土岐伯耆守　左衛門尉藏人　従四位上昇殿　伯耆入道存孝
祖父光定卒去の時、惣領職に立つ

頼清
始めの名は頼宗　又は頼藤　土岐次郎　中務丞　左馬頭
民部大輔　左近大夫　伊予守　従五位下　土岐西池田嫡流家

頼基
頼貞三男
土岐九郎　伯耆守　明智九郎　明智元祖也

頼兼
始めの名は頼則　或いは頼重　土岐明智次郎　兵庫助
下野守　従五位下　入道浄孝　明智下野守元祖也
建武三年宮方に一番に参り、京の府所にて討死

上の書入の通りになれば、纂図の説によってこの二人を省き、頼基を明智の元祖とし頼みに嗣ぐ、委しきは家伝・家譜に誌す

（頭注）「纂図に土岐十郎にて受領、官途無し、存孝の末子」

頼重
頼基嫡男
土岐彦九郎　明智次郎　兵庫助
民部少輔　従五位下　入道法名浄栄

（頭注）「存孝の弟頼兼の叔父と纂図に有り」

頼篤

始めの名は氏王丸　或いは頼言　明智十郎

駿河守　従五位下　入道法名宗観

國篤

明智刑部少輔　或いは修理大夫　或いは頼邦　従五位下

頼秋

童名は長壽丸　明智十郎　式部少輔　従五位下

頼秀

明智十郎　民部少輔　後に式部少輔と改める　従五位下

頼篤二男

頼弘　十郎太郎　彦太郎
明智民部大輔　左京大夫　従五位下
頼秀嫡男　又は頼秋末子とも云う

光継　始めの名は頼典　明智千代壽丸　兵庫頭　駿河守
従五位下　入道一関齋宗善　或いは玄宣

光綱　始めの名は光隆　童名は千代壽丸　彦太郎
明智十兵衛　玄蕃頭　従五位下
別本明智系図光経

光秀

土岐系図に土岐存孝は、日向殿十一世の祖と有り、実を得たりと見ゆ、頼兼の事は、太平記に土岐十郎頼兼と見え、その従兄弟同隠岐孫三郎頼員・同藏人三郎頼春とともに、後醍醐帝の御味方に参り、元弘の始め六波羅の討手を引き請け、三人ともに京の府所にて自害致されし也、新篇纂図には、頼兼は土岐惣領伯耆入道存孝の末子にて、頼員は存孝の兄隠岐孫太郎頼親の子、頼春は存孝の弟右近将監頼重の子と有り、土岐惣領の正説は、天文十六年斎藤山城入道道三がために毒殺せられ、断滅に及ばれし美濃守頼光は、存孝の十一世の孫にて、日向殿も同じく存孝の十一世の孫に当たられしかば、代数も能く叶いたる故、明智系図に日向殿を右の頼兼四世の孫としたるは大いなる疎謬也、頼光も日向殿も存孝の十一世の孫としては、この間両主有るが如くなれども、その系統連綿したるは頼光にて、日向殿は明智の城亡し後、勃興致され、明智家再興の主なれば、ともに十一世の孫に当る也

然れば山岸系図に云うところの光綱（山岸系図に、日向殿養父として）正統の主とも見えず、別本明智系図には、光綱は日向殿御父と誌せり、左馬助には従弟に当たられ、日向殿幼童より勝れたるところを恥じて段々と身を立てられ、将軍にまで上がられしかば、明智系図に頼兼四世の孫とし、纂図には十一世の孫と算ずれども、纂図の頼光を脱しぬれば疎漏にて、如何とも心得難き事也、又明智系図に頼兼を明智氏の始祖とし、下野守と見えしは覚束なき事にて、纂図には存孝の三男頼基を明智氏の始祖と見え、頼兼は纂図にも、太平記にも受領せられし事も、官途掛けられし事も見えずして、ただ土岐の十郎にて世を果たされしと見ゆれば、方々頼兼を明智氏の始祖と有るは、明智系図の説誤なるには違うべからず、然れども、前の頼兼より後に、存孝に六世の孫土岐中興興善寺美濃守頼営の庶兄に、又頼兼と云う人見ゆれども、この頼兼は大須氏の祖にて、明智氏より遥か後の支流也

これをもって考えるに、明智系図の頼兼は存孝より六世頼営の男なれば、四、五代下に引き誤りしとも思う也、全体土岐・明智系図異同有れば、何れを善本とも定め

難けれども、土岐家惣領の正統一筋は慥かに見えたり、さしより山岸系図には頼重を頼兼の嫡男と有れども、太平記には藏人孫三郎頼春の父を、纂図には存孝の弟右近将監頼重と見えて、頼兼の叔父に当りし方、委しくも慥かにも見えたり然れば、山岸系図に日向殿養父と称する光綱を明智系図に光隆（山岸系図に光綱の始名は光隆と有り）と有り、何れを良しとも定め難し

されど、纂図の説も庶流の事は疎略漏脱も有りしと見えて、太平記建武三年九条東寺合戦に高名したる存孝の子、土岐悪源太は、纂図にはその名漏れたれど、珠生系図に悪源太は存孝の五男、実名を頼氏と、存孝の家督に立てらし頼宗を、纂図には存孝の六男と見ゆれば、頼宗の庶兄にて、頼宗は嫡腹故に、第六男ながら家督に立たれしと見えたり

又纂図に頼兼を存孝の十一男と見えたれど、第五男頼氏建武の東寺合戦の頃、未だ二十余の弱冠の様子に見ゆれば、十一男の頼兼、元弘の最初に、父兄を踰えて一番に宮方に参られし事を考えれば、頼兼年多くとも六、七歳の幼童にて有りたると見ゆれば、十一男の説は疑いもなく纂図の誤りにて、実は頼氏・頼宗等へも兄に当たりたるべし、か様に諸本の異同疎誤少なからず侍れば、諸本を得て校考せざれば、正実分明なり難し

珠生系図に、頼氏は存孝の五男、童名は土岐五郎、悪源太と号す、建武三年六月十三日東寺の軍功によって、尊氏に従い御所作虹丸太刀を賜う

人皇八十八代後鳥羽院青江次家を召して、鎚刃堅無彫物を合わせられ、銘帯裏に打つ、勅帯表を切られ長三尺五寸、反一寸五分直刃也、建武三年、院より賜う平義時、高時に至る元弘

の乱に鬼丸を賜い、名越

高家虹丸を尊氏に賜う

又西美濃三十丁を賜う、別に駿河国入江庄を賜う、始め別旗たり、應永十二年八月卒、年九十、法名清光院道孝、北山等持寺に葬る、子孫後に柴山と称し、又津山を称し、今、岡の藩中に有り、紅丸その家に伝えり

169 三宅家譜草本 （三宅家文書81-1 竪帳）

（表紙）

三宅家譜草本
嘉永三年

（貼紙）
「○爰ニ注、本文ノ儀ニヨリテ三書ノ肝要ナル所ヲ約〆撰定スヘケレ共、一字一句ノ転語ヨリ其時ノ模様ヲ誤ルニ至レハ、其儘ヲ載、便覧ノ助トス、皆大同小異ニシテ、是ニ委キ物彼ニ疎ナレハ也」

（本文省略、内容は本書168番を参照のこと）

＝読み下し文＝

（表紙）

三宅家譜草本 嘉永三年

（貼紙）
「○ここに注す、本文の儀によりて三書の肝要なる所を約して撰定すべけれども、一字一句の転語よりその時の模様を誤るに至れば、そのままを載せて、便覧の助とす、皆大同小異にして、これに委しき物彼に疎なれば也」

解説　細川家臣三宅家の歴史と「三宅家文書」

稲葉継陽

本書は、肥後細川旧臣三宅家に伝来した古文書群に、永青文庫細川家文書などから若干の関係史料を加え、全体を「書状」「知行宛行状・辞令」「職務関係」「家譜・系図・先祖付」の四部に分類して編纂された史料集である。この解説では、これら史料から細川家臣としての三宅家の歴史と特徴を把握した上で、とくに注目される文書等について考察を加えることにしよう。

一　細川家臣三宅家のルーツと歴史

細川光尚の手書き

正保年間（一六四四〜四七）、熊本藩主細川光尚は幕閣の有力者榊原飛騨守のもとに家臣・三宅藤右衛門を使者として派遣した際に、藤右衛門の由緒を記した「御手書」すなわち自筆の書状を持たせたという（本書152番「三宅家系譜」、以下目次番号を提示）。いま、三宅家にはこの「御手書」が軸装された状態で伝来しているが（30番「細川光尚書状」、また161番「三宅藤兵衛元陳覚書」も参照）、書中で光尚は榊原に次のように伝えていた。

このたび使者として派遣したこの者（三宅藤右衛門）は、先年の天草島原一揆において本渡（現、熊本県天草市本渡）で討死した三宅藤兵衛の子息です。父とともに寺澤家に仕えており、本人も一揆勢の夜襲に際して軍功をあげました。この者は明智光秀の曾孫にあたり、明智左馬介の孫ですから、私の血縁者です。不調法な者ではありますが、以後お見知り置きください。

本文書は、細川家臣三宅家の由緒を示す藩主手書きとして、三宅家において重要視されてきた。要点は第一に、三宅家が明智光秀の血を引く家であること。そして第二に、幕藩初期には三宅藤兵衛・藤右衛門父子が唐津藩主寺澤家に仕えており、天草島原一揆で藤兵衛が討死した後に、子息藤右衛門が細川光尚に仕官した点である。以後、三宅家は明治四年の廃藩置県まで熊本藩細川家に仕えることになった。

以下、廃藩置県の直前に熊本藩が三宅家の由緒をまとめさせて差出させた「三宅家先祖付」（本書153番、以下「先祖付」とする）、三宅家に伝わる各種系図、それに一次史料である知行宛行状等によりながら、三宅家の歴史を復元してみよう。

初期の三宅家：明智左馬助―三宅藤兵衛―三宅藤右衛門・新兵衛

三宅家がみずからの由緒を書き上げて熊本藩に提出した「三宅家先祖付」（153番）、それに三宅家に伝わる各種系譜類（152・154・155・156番）に共通するのは、近世三宅家の初めに「明智左馬助」なる人物を置いていることである。この種の家譜・系図類はいずれも二次的な史料であり、家の由緒を強調するためのバイアスが加わっているのが常であるが、その点にも留意しながら検討してみよう。

左馬助の実名は「光俊」（152番）あるいは「光慶」（155番）とされ、また「弥平次」とも名乗ったとされている。ただし「先祖付」は、「三宅弥平次と申者、日向守甥に而御座候、後ニ家名を改、明智左馬助と申候」と記し、左馬助は光秀の甥だとしている。明智家の一次史料が消滅している以上、この点の実否を確認する術はない。しかし、先述の光尚手書きが、榊原に三宅藤右衛門を「明智左馬介（助）の孫」だと紹介していることからみて、「明智左馬助」の名が十七世紀半ばにあっても武士階級の間で著名であったことは、事実として認められるだろう。

以上を踏まえたとき、十八世紀後期に成立した細川家譜『綿考輯録』巻九における、次の記述が注目される。天正六年（一五七八）の明智光秀娘・玉（ガラシャ）の細川家輿入れについて叙述した部分である。よく知られるように、この婚姻は織田信長の意向によるものであった。

光秀甚悦之、藤孝君・忠興君も家門の面目と御喜悦不斜、同月青竜寺にて御婚礼有、十六歳ニ而御夫婦御同年也（中略）明智左馬助御輿に附来り、松井康之請取之、此時御祝言の御座敷八畳敷と次の間六畳敷計也、

当時の細川家居城・青龍寺城での祝言は、八畳敷の座敷と次の間六畳のみを使って質素に行われたのだという、やけに具体的な情報とともに、玉の輿入れに付き添って来たのが明智左馬助で、細川家側から対応したのは松井康之であった、と記されている。

言うまでもなく康之は、細川家の筆頭家老であった。右の記述の具体的な部分を信じるならば、当時の明智家中における明智左馬助は、細川家中の松井康之と格式が釣り合う存在であったものと推察される。すなわち明智左馬助は、光秀の家老の一人として長くその名を史上に刻んだ人物であったとみられるのである。

諸系図や「先祖付」のすべての記述に共通するのは、明智左馬助が光秀の娘と婚姻し、その間に誕生したのが三宅家初代・藤兵衛（重利）であったという点である。光秀の娘は「お岸の方」で、はじめ荒木村重一族と婚姻したが、天正七年の荒木滅亡の後、左馬助と婚姻したと伝える。さきの光尚手書で、「三宅藤右衛門は明智光秀の曾孫」だと紹介しているのは、「明智光秀―お岸の方―三宅藤兵衛―三宅藤右衛門」という流れを意味したものとみて間違いない。

天正十年（一五八二）六月の「本能寺の変」の直後、羽柴秀吉との決戦に敗れた明智家は滅亡し、明智左馬助も近江坂本にて自害した（152番「三宅家系譜」）。そのとき、藤兵衛（幼名・帥）は二歳であったが、忠興夫人（秀林院・ガラシャ）によって養育され、十歳を過ぎると彼女の媒介で丹後宮津にいた細川家に仕官して三宅与平次と名乗ったとされる（152・153番）。『綿考輯録』における慶長五年（一六〇〇）の大坂玉造邸での忠興夫人の最期を伝えた部分で、彼女の遺言の中に「三宅藤兵衛事を頼候也」（4番）との一節が入れられていることが、三宅家の祖たる藤兵衛の特別な由緒を象徴している。

しかし、本書収録の各種系図と「先祖付」によれば、初代藤兵衛（重利）は慶長五年（一六〇〇）頃に細川家を去って、寛永期には子息の二代藤右衛門（重元）とともに肥前唐津城主寺澤志摩守に仕官する。細川家を辞した理由は明らかでないが、寺澤家での三宅藤兵衛・藤右衛門父子の処遇を示すのが、二代藤右衛門の弟・三宅新兵衛の家に伝来した熊本市立博物館寄託三宅文書である。そのうち79番によれば、三宅藤兵衛の知行は加増を重ね、元和五年（一六一九）九月の段階で天草郡のうち二〇〇石など合計七〇〇石となっていた。藤兵衛が寺澤領天草の富岡城代として天草島原一揆に直面し、寛永十四年（一六三七）十一月の本渡の戦で討死した事実は、よく知られている。

こうして非業の死を遂げた初代藤兵衛（重利）のあと、各種系図と「先祖付」によれば、彼の子息である藤右衛門（重元）と弟の新兵衛（重行）は、正保二年（一六四五）に細川家に召し出された。時の当主は細川光尚であるが、そのときの知行宛行状が三宅家に伝来する82番であり、藤右衛門の知行は一五〇〇石という厚遇であった。なお、81番の光尚裁可文書によれば、すでに寛永十九年（一六四二）十二月の時点で、浪人中の藤右衛門・新兵衛・左京の三人に細川家から「合力米」が支給されていたことが知られる。近い将来の正式な召し抱えを前提とした処遇であっただろう。

細川家重臣となった藤右衛門は、八代への勤務を命じられた。寛永九年（一六三二）の細川家肥後入国以来、八代城は細川三斎隠居家の拠点であると同時に、薩摩境の要衝と位置づけられていた。正保二年（一六四五）の三斎死去後、細川家では三斎隠居家を解体して、八代城には筆頭家老の松井興長が配置されて体制強化がはかられたが、藤右衛門は、そうした要地に光尚から直々に派遣されたとみられる。

これについては、「松井家文庫所蔵古文書」の中に重要な関連史料が存在する。正保四年五月三日、細川光尚は江戸から国元の家老衆（米田是季・松井寄之・米田是長・沼田延之・沢村友好）に宛てた達書（『松井文庫所蔵古文書調査報告書十三』一三二三号、八代市立博物館）で、次のように述べていた。

一、三宅藤右衛門儀、新参之者ニ候得共、我等一紋与申、慥ニ存ニ付、八代城付之者之ふれながしをもいたし候様ニと存、彼地へ遣候間、弥大事之所ニ候条、無由断佐渡守なと致相談、差図を請可申候、又屋敷之儀ハ今迄志方半兵衛居申候屋敷可遣候、藤右衛門せかれ之儀、少知など遣、側ニ茂召仕可申候由、可申渡候、此段具ニ於其元何茂へ申候ツる、今度、濱松ニ而藤右衛門ニ行逢候間、可申聞と存候処ニ、失念候而不申候

条、其段能々可被申渡候、藤右衛門儀わかく候間、折々ハ熊本へよび出し召仕、使者等茂可申付候間、此段
をも可申渡候事、

光尚は第一に、三宅藤右衛門の職務配置について家老衆に伝達している。藤右衛門は新参の者ではあるが細川一門であり、信頼できる人物であるから、八代城代松井興長の権力抑止のために熊本から派遣されている「八代城付之者」への命令伝達役（「触流」）として、八代に配置することにした。（異国船問題もあって）八代城はいよいよ重要性を増しているから、家老衆としても松井佐渡守（興長）と相談しながら対応すること。なお、藤右衛門へは三斎隠居家の重臣であった志方半兵衛が使っていた屋敷を与える。また、藤右衛門はまだ年若いので、折に触れて熊本に呼び出して使者として用いたい。このように伝えている。

藤右衛門の役儀の重要性と光尚による厚遇、その背景にある光尚の藤右衛門への信頼感を読み取ることができる。

第二に光尚は、藤右衛門の子息についても知行を遣わし、側で召仕うつもりだと述べ、この点、藤右衛門と会ったときに伝え忘れたので、家老衆からよくよく伝達するように命じている。

もはや特別扱いと言ってもよい藤右衛門父子への厚遇であった。

近世中期の三宅家

こうして、明智光秀の血を引く三宅藤右衛門重元は細川光尚の寵愛をうけて細川家臣団に定着し、その家は弟の新兵衛家とともに、幕末まで続くことになった。以下では本書収録史料の大半を伝えた三宅藤右衛門家の歴史を、

引き続き「先祖付」、各種系図、知行宛行状などによって辿ってみよう。

慶安二年（一六五〇）十二月、細川光尚が死去するとすぐ、藤右衛門は熊本へと移り、寛文元年（一六六一）に隠居して（隠居領三〇〇石、85番）、跡を三代目藤兵衛（重次、初名は百助）が継いだ（84番）。彼は番頭を勤めたが、延宝七年（一六七九）七月に病死し、従弟の藤助が養子となって跡を継ぎ、四代目三宅藤兵衛（重矩）となった。

四代目藤兵衛は、元禄期の藩主・細川綱利に重用された。「先祖付」によれば、天和元年（一六八一）に番頭、次いで御用人に登用されて奉行所にも出仕し、元禄十四年には御備頭列となり、翌年には旅御家老（江戸家老）に就任した。この間、本知一五〇〇石に加え、元禄十四年に五〇〇石加増（86番）、翌十五年三月には一〇〇〇石の加増をうけ（87番）、都合三〇〇〇石。さらに、「先祖付」によれば、正徳二年には家老職を仰せ付かり、御役料として五〇〇石を拝領したという。

四代目藤兵衛の事績で著名なのは、元禄十五年十二月、播州赤穂藩浅野家浪人衆の吉良上野介邸討ち入り、いわゆる「赤穂事件」に際して、熊本藩江戸家老として大石内蔵助以下の討入衆十七名を大目付から受け取って熊本藩白銀屋敷に預かり、翌年二月四日の白銀屋敷における切腹まで、みごとに対応したエピソードであろう。藩主綱利の政治的絶頂期に家老にまで取り立てられ、政治史の表舞台に名を遺した四代目藤兵衛は、元禄期の細川家を代表する藩士の一人にかぞえられる。

正徳五年（一七一五）に病死した四代目藤兵衛（重矩）の跡は、従弟の伊兵衛（重安）が養子となって継承し、知行三〇〇〇石を保持した（92・93番）。しかしここから、三宅家の苦難の時期がはじまる。

「先祖付」によれば、五代目三宅伊兵衛は、ほどなく病気で奉公不可能な状態となったために隠居し、跡職は続弾右衛門の弟が伊兵衛の養子となって継承して、六代目三宅藤右衛門（重貞）となった。彼宛の知行宛行状は、肥後細川藩五代目当主・宗孝発給の享保十九年（一七三四）十一月ものが伝存している（94番）。五代目三宅伊兵衛には、時之という子息がいたが幼少であったため、続家から養子を迎え六代目藤右衛門としたが、その内室は初期の分家である三宅新兵衛家の娘であった（152番、「三宅家系譜」）。五代目伊兵衛の病気・隠居は、三宅家の危機であり、養子・養女に継承させることによって、家の存続を実現したのであった。

ところが、続家から迎えた六代目藤右衛門は、元文二年（一七三六）、知行三〇〇〇石を召し上げられてしまう。その理由について「先祖付」は何も記さないが、「三宅家系譜」は、病気による召し上げだと明記している。三宅家断絶の危機となった。

元文二年閏十一月、三宅家から召上げられた三〇〇〇石のうち二〇〇〇石を、先祖の功に対して宛行う旨を記した文書が発給された（95番）。拝領を受けたのは五代目三宅伊兵衛の子息・三宅平太郎時之であった。当初はいまだ幼少のため役儀勤仕はかなわなかったが、延享元年（一七四四）から宝暦十三年（一七六三）四月に隠居するまで、三宅藤助（七代目）として奉公した。

近世後期の三宅家

このように、当主の相次ぐ病気等によって苦難が続いた三宅家であるが、三宅藤助の跡を継いだ八代目三宅藤兵衛（慶和）は、藤助の養子で、はじめ三宅亀傳といい、宝暦十三年に知行一八〇〇石を拝領している（98番）。彼は明君として名高い細川重賢期の三宅家当主となり、江戸勤方、御小姓頭、公儀御礼の使者、御用人等を歴任した。

しかし天明元年（一七八一）十一月、八代目藤兵衛は、怪我がもとで死去した（「先祖付」）。跡は藤兵衛の嫡子英蔵（元智）が旧知一五〇〇石を拝領して（101・102番）、継承した。英蔵は番頭・御小姓頭を歴任し、文化十年（一八一三）には、細川家が参勤交代の際に使用する港である豊後国鶴崎（現大分市内）の御番代として赴任して任務を全うし、文政四年（一八二一）、病気により御役御免となった。

　跡を継いだのは英蔵の嫡子、十代目三宅藤兵衛（重存）である。「先祖付」によれば、文化九年十一月に御目見え、その後、芸術・武芸・学問に出精して文化五年には二十七歳にて父の知行一五〇〇石を拝領。文政十年（一八二七）に御留守居御番頭、天保三年（一八三二）鶴崎御番代、翌年には小姓頭と勤め、嘉永六年には御役多年出精相勤めるにより御紋附上下を賜った。安政三年（一八五六）二月に病気につき六十一歳にて隠居し、探山と号した。

　江戸時代最後の当主となったのが藤兵衛の二男百助、十一代目三宅藤右衛門（重弘）であった。安政三年に三十歳で父の知行を継承し、翌年には御番頭・御小姓頭、そして文久三年（一八六三）には御用人、翌年に大御目付、慶応～明治初年には家老代役として三度出京している。明治二年の版籍奉還、翌三年の藩政改革に際して役職を離れ、名を平太郎と改め、廃藩置県を迎えた。

二　文書の解説

上記の三宅家の歴史に即して、本書に収録した史料のうちで特に注目すべきものを解説しよう。

1番（永禄十三年）卯月廿日「明智光秀書状」

　近年公開された、最古級の明智光秀書状である。軸装されて伝来していたが、二〇一四年に熊本県立美術館で開催された「信長からの手紙」展に出品するため修補され、現在の状態となった。法量は竪一四・一cm、横三九・〇cmだが、もとは折紙で軸装時に折り目から下が裁断されたとみるべきだろう（口絵参照）。

永禄十三年（一五七〇）四月二十日、信長は上洛命令を拒否した越前の朝倉義景を攻撃するため京都を発した（『信長公記』等）。本書状はその日に信長の先遣隊として若狭熊川宿（現福井県若狭町）に着いた光秀が、当時は足利義昭の近臣であった細川藤孝・飯川信堅・曾我助乗に宛てて状況報告したものである。

近江・若狭国境に近い熊川まで、若狭の「武田家老中」が信長の迎えに出て来ていること、越前への通路と近江国北部には特に異変はないことを伝え、重要な情報を得たらすぐに報告する旨、付言している。二十二日、信長自身が熊川宿に到着し（同前）、次いで越前を攻めるが、光秀の報告にもかかわらず浅井長政に裏切られて京都に逃げ帰ることになる（『言継卿記』など）。戦国史上に名高い「金崎の退き口」である。その直前の状況を伝える一次史料として、また、信長に重用される光秀と将軍義昭の側近で存在感を示す藤孝との出会い、その当時の関係を語る史料として、じつに貴重な書状である。

さて、細川藤孝らに宛てた本書状は、いかなる経緯で三宅家に伝来したのであろうか。ほんらい本文書は、受給者の一人である細川藤孝＝幽斎の手元で管理されていたと考えるのが妥当である。慶長十五年（一六一〇）の幽斎死去後は、多くの信長発給文書を含む幽斎遺物は、幽斎隠居家を継承した細川孝之（休斎）に移管された。本文書も、この中に含まれていたのではないか。しかし、細川家三代目当主で熊本藩主となった細川忠利は、父の三斎（忠興）を通じて、幽斎遺物の移管を休斎にせまり、寛永十八年（一六四一）三月にはそれを実現した。それ以後、多くの信長発給文書を含む幽斎遺物は、熊本で管理されることになったのである（稲葉継陽「細川家伝来の織田信長文書」『信長からの手紙』熊本県立博物館図録、二〇一四年、所収）。

ところが、移管実現直後に忠利は急死する。跡を継いだのが四代目当主の細川光尚であり、光尚は翌寛永十九年（一六四二）十二月には、三宅藤右衛門に合力米を与え（81番）、正保二年（一六四五）には正式に召し抱えた。幽斎遺物中にあった本文書は、この頃、差出人の明智光秀の血と由緒を引く三宅藤右衛門に、光尚から下賜され、そのまま三宅家に伝来したのではないだろうか。

以上の推測が正しいとすれば、本文書は、明智の血を引く細川家臣としての三宅家の由緒を示す最も重要な文書として伝来したものとみることができる。

2番　（天正五年）十一月十七日「明智光秀書状」

丹波多紀郡攻めの陣中にあった明智光秀が、信長に従って在京していた同僚ないし部下に出した書状で、三宅新兵衛家に伝来したものである。残念なことに宛所はすり消され、折目から裁断して下部を反転させる形で表装されている。

『兼見卿記』天正五年十月二十九日条によれば、光秀は丹波籾井城を攻めている。本文書は、この時の丹波攻めの状況を伝える内容である。光秀の最大の攻撃目標は、多紀郡東部の「籾井両城」（現篠山市安口・福住）であった。光秀はこれらを「乗取」り、余勢をかって「郡内敵城十一ヶ所」を落したと述べ、残る敵城は「荒木・波多野両城」のみとなった、と豪語している。波多野城は丹波きっての有力在地領主・波多野氏の居城八上城のことで、山陰街道の要地をおさえるこの城を光秀が落とすまでには、さらに一年半の歳月を要した。

多くの中小在地領主が蟠踞していた丹波を支配下におさめるには、攻撃と調略の双方を長期にわたって繰り返す必要があった。光秀による、そうした丹波攻略の実像を伝える一次史料として貴重な文書である。

3番「細川ガラシャの消息」

初代三宅藤兵衛重利の叔母にあたり、彼を幼少時に養育したとされる細川ガラシャ（忠興夫人）の消息。宛所（端裏）は「そつ」＝帥で、藤兵衛の幼名である。

「いつかは会おうと思っているけれど、まずは落ち着いて奉公先の主人に面会するように。くれぐれも落ち着いて臨むように。金五十目を持たせるので、必要なときに使いなさい」。このように伝えている。

前述したように、「三宅家系譜」によれば、藤兵衛重利は幼少期にガラシャのもとで養育され、彼女の取次によって丹後時代の細川忠興に仕官し、三宅与平次と名乗ったとされる。本文書は、帥＝与平次＝藤兵衛がガラシャのもとを離れて忠興に仕官するまさにその時、与えられた消息ではないか。藤兵衛を母の如く養育したガラシャの思いが溢れ出るかのような内容であり、初代藤兵衛の出自を物語る重要史料である。

8番〜28番「細川忠興・忠利書状」（三宅藤兵衛宛）

永青文庫所蔵の「公儀御書案文」に収録された三宅藤兵衛宛忠利書状案も含め、天草富岡城代であった藤兵衛（重利）が、寛永九年（一六三二）十二月以降、熊本藩主となった細川忠利、同じく熊本藩のもとで八代城主となった忠興（三斎）との交流を深めていた様子を示す書状群である。

幼くして忠興に仕官した藤兵衛だが、その後、何らかの理由で細川家を離れ、唐津藩主寺澤家のもとで天草富岡城代となった。そこに寛永九年、隣接する熊本領の大名として豊前小倉から移ってきたのが、旧主家の細川家であった。

注目すべきは、政治情報の交換である。10番で寛永十年の上使衆の熊本領内における動向（旅程）について、三斎が藤兵衛に伝達しているのは、その一例である。
また藤兵衛側からの贈物は、23番のように、ときには細川家側からの要望にも応じつつ調達され、塩や各種海産物及びその加工品といった、天草の特産物が多いのも興味深い点である。

30番「細川光尚書状」

正保年間に榊原飛騨守のもとに二代目三宅藤右衛門（重元）を使者として派遣した際に、光尚が藤右衛門に持たせた書状。内容は前述のように、藤右衛門が天草本渡で討死した三宅藤兵衛の子息であり、明智光秀の曾孫、明智左馬介の孫にあたり、肥後細川家の血縁者であることなどを榊原に伝え、紹介している。
本書収録の諸系図や「先祖付」を見れば明らかなように、本文書は三宅家のルーツと細川家への仕官の経緯を示すものとして、三宅家において重要視されてきた資料であり、軸装されて伝来している。しかし、月日・花押ともにない。
「松井家文庫」中に複数存在する細川家老宛の光尚自筆書状（『松井文庫所蔵古文書調査報告書』八代市立博物館）と本文書の筆跡を比較すれば、本文書も光尚の自筆と断定して問題ないと思われる。ごく親しき間柄の榊原に自筆で示した書状であれば、月日・花押がなくとも不自然ではない。榊原と対面した藤右衛門は、本文書を榊原に示しながら詳細を説明した後、みずから持ち帰り、三宅家の重要史料として伝来することになったのであろう。

35番～65番「三宅藤右衛門宛書状」

慶応期に家老代として在京していた十一代目三宅藤右衛門（重弘）への来簡群である。いわゆる「学校党」主導の佐幕派・熊本藩は、大政奉還、王政復古のクーデター、鳥羽・伏見の戦いから戊辰戦争までの過程で、当初の公武合体路線から公議政体論、そして戊辰戦争での出兵へと、政治的立場を変化させていった。その間の政治（国事）の最前線は京都であったが、三宅藤右衛門は一貫して御家老代として在京し、朝廷・幕府・新政府からの諮問にこたえながら国元に刻々と政治情報を送りつづけるなどして、活躍した人物であった。

主な差出人のうち、三宅採山は、藤右衛門の実父藤兵衛（重存）である。前述のように、彼は安政三年（一八五六）二月に病気につき六十一歳にて隠居し、国元にあったものと考えられる。慶応三年（一八六七）～四年の激動期に際して、採山は京都にあった子息藤右衛門の状況が気になって仕方なかったようで、国元の情報も伝える書状を頻繁に書き送っている。

溝口孤雲は、慶応三年十一月に藩主代として上京し、藤右衛門らとともに難局に対応したことで知られる。56番の書状は、まさに肥後を出発するにあたって、在京の藤右衛門に決意と心情を述べたもので、貴重である。また、田中典儀や小笠原一学も、当該期の熊本藩在京スタッフとして知られる。

佐幕派であった熊本藩がいかに苦心して藩論を形成し、明治維新の政治史に対応していったのか、その過程を究明する上での重要史料群として、今後の研究が期待される。

以上、知行宛行状や系図・家譜・先祖付によって三宅家の歴史を跡づけ、次いで注目すべき書状数点について解説した。

明智光秀の血を引き、同じくその血を引く肥後細川家の重臣として幕末まで活躍した三宅家歴代の事績は、「日本の近世」の初期から最末期までを貫く「武家の歴史」のモデル・ケースである。本書の出版によって、三宅家文書の研究が進展することを願って擱筆したい。

附録

三宅久美子　作成

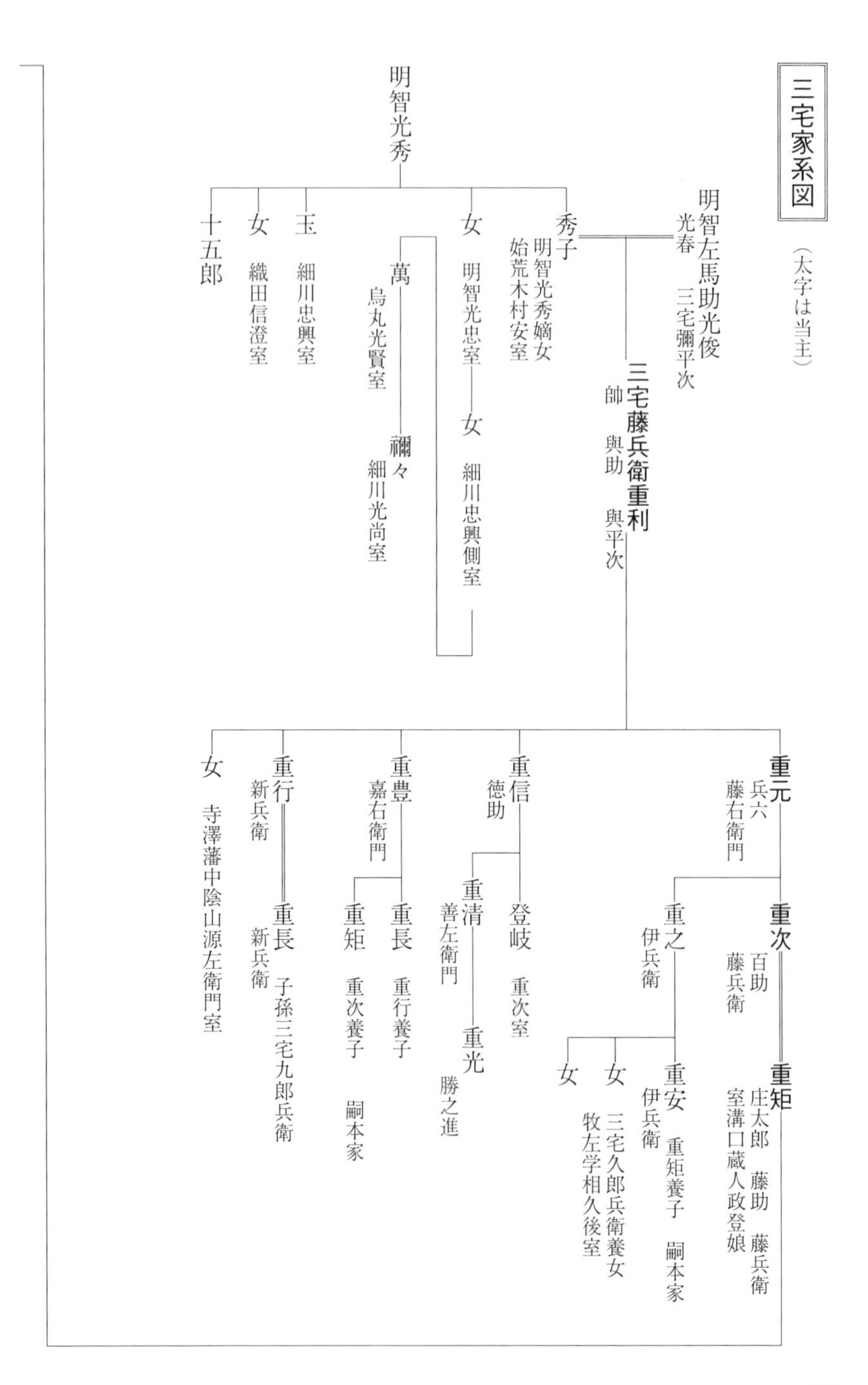
三宅家系図
（太字は当主）
明智光秀
明智左馬助光俊
光春　三宅彌平次
秀子
明智光秀嫡女
始荒木村安室
女
明智光忠室
女
細川忠興側室
萬
烏丸光賢室
禰々
細川光尚室
玉
細川忠興室
女
織田信澄室
十五郎
三宅藤兵衛重利
帥　與助　與平次
重元
兵六　藤右衛門
重次
百助　藤兵衛
重矩
庄太郎　藤助　藤兵衛
室溝口蔵人政登娘
重之
伊兵衛
重安
伊兵衛　重矩養子　嗣本家
女
三宅久郎兵衛養女
女
牧左学相久後室
重信
徳助
登岐
重次室
重清
善左衛門
重光
勝之進
重豊
嘉右衛門
重長
重行養子
重矩
重次養子　嗣本家
重行
新兵衛
重長
新兵衛　子孫三宅九郎兵衛
女
寺澤藩中陰山源左衛門室

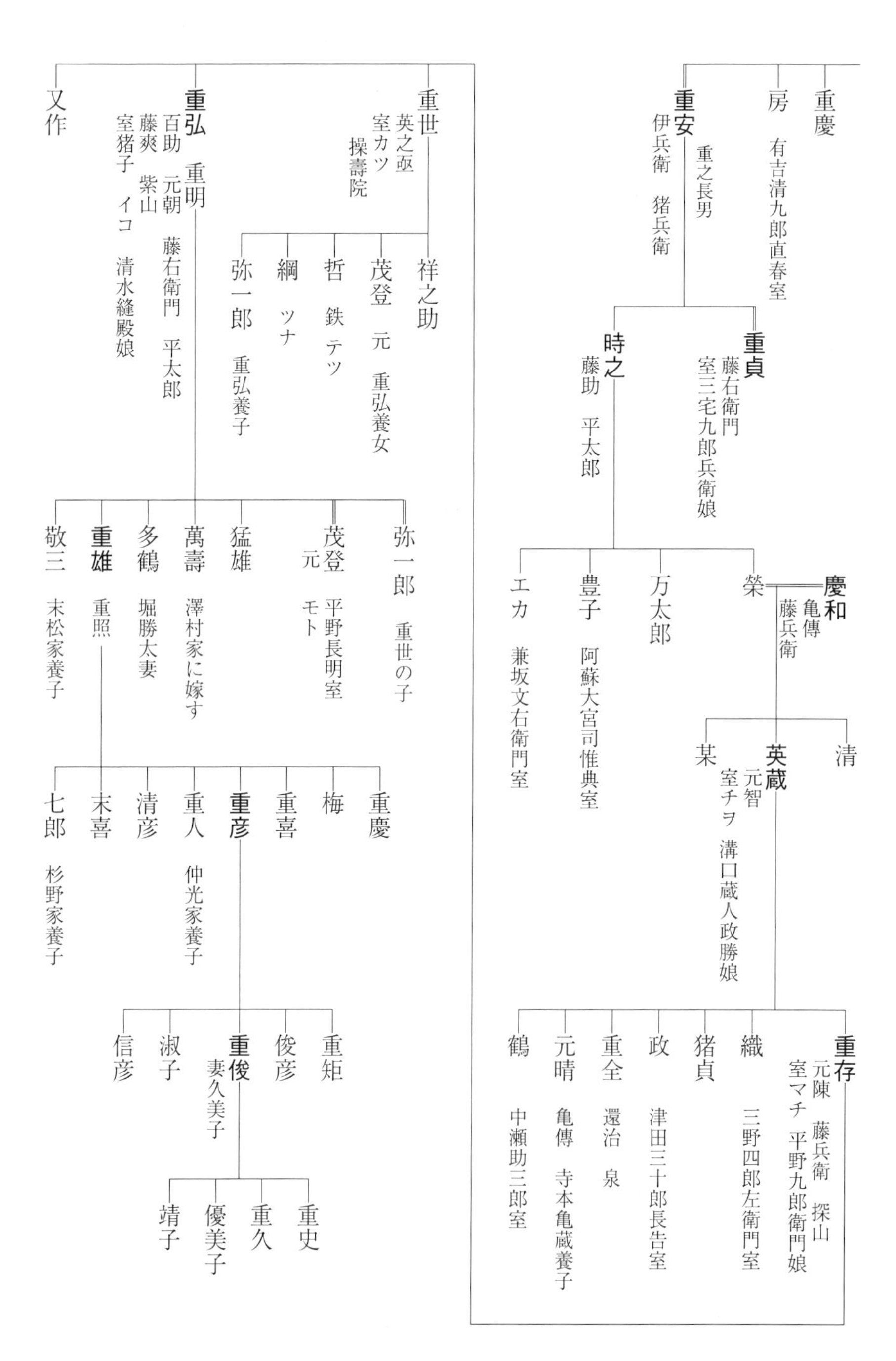
重慶
房
有吉清九郎直春室
重安
伊兵衛　猪兵衛
重之長男
重貞
藤右衛門
室三宅九郎兵衛娘
時之
藤助　平太郎
慶和
亀傳
藤兵衛
榮
万太郎
豊子
阿蘇大宮司惟典室
エカ
兼坂文右衛門室
清
英蔵
元智
室チヲ　溝口蔵人政勝娘
某
重存
元陳　藤兵衛　採山
室マチ　平野九郎衛門娘
織
三野四郎左衛門室
猪貞
政
津田三十郎長告室
重全
還治　泉
元晴
亀傳　寺本亀蔵養子
鶴
中瀬助三郎室
重世
英之亟
室カツ
操壽院
祥之助
茂登　元　重弘養女
哲　鉄　テツ
綱　ツナ
弥一郎　重弘養子
重弘　重明
百助　元朝　藤右衛門　平太郎
藤爽　紫山
室猪子　イコ　清水縫殿娘
又作
弥一郎　重世の子
茂登
元　モト
平野長明室
猛雄
萬壽　澤村家に嫁す
多鶴　堀勝太妻
重雄　重照
敬三　末松家養子
重慶
梅
重喜
重彦
重人　仲光家養子
清彦
末喜
七郎　杉野家養子
重矩
俊彦
重俊
妻久美子
淑子
信彦
重史
重久
優美子
靖子

三宅家系図・家譜について

現在、三宅家には複数の系図・家譜が伝わっています。それらを照合すると近世三宅家の祖、三宅藤兵衛重利以降の人物は一部に齟齬はあるものの概ね定まっています。しかし、重利以前を見ると、重利の父である明智左馬助の出自は特定されているとは言えません。現在、明智研究において、左馬助の出自の根拠として細川家文書にある「三宅家先祖付」（本書153番）（以下目次番号を提示）や三宅家の系図「源姓三宅氏中興家伝」（155番）を引用されることがありますが、却ってこの史料が疑念を生じさせてはいないでしょうか。今後、これらの史料の真偽が解明されることを願うとともに、三宅家の先祖は何を伝えていたのか、次の四つの系図を参考に考えてみたいと思います。

（本書155番）「源姓三宅氏中興家伝」

三宅重時――――三宅光慶――――三宅藤兵衛重利
出雲守　　　　　彌平次　後に左馬助と改名
妻は明智光秀の姉　光秀の養子
　　　　　　　　妻は光秀の娘

（本書153番）「三宅家先祖付」

三宅出雲――――三宅弥平次――――三宅藤兵衛重利
　　　　　　　明智光秀の甥
　　　　　　　後に明智左馬助と改名

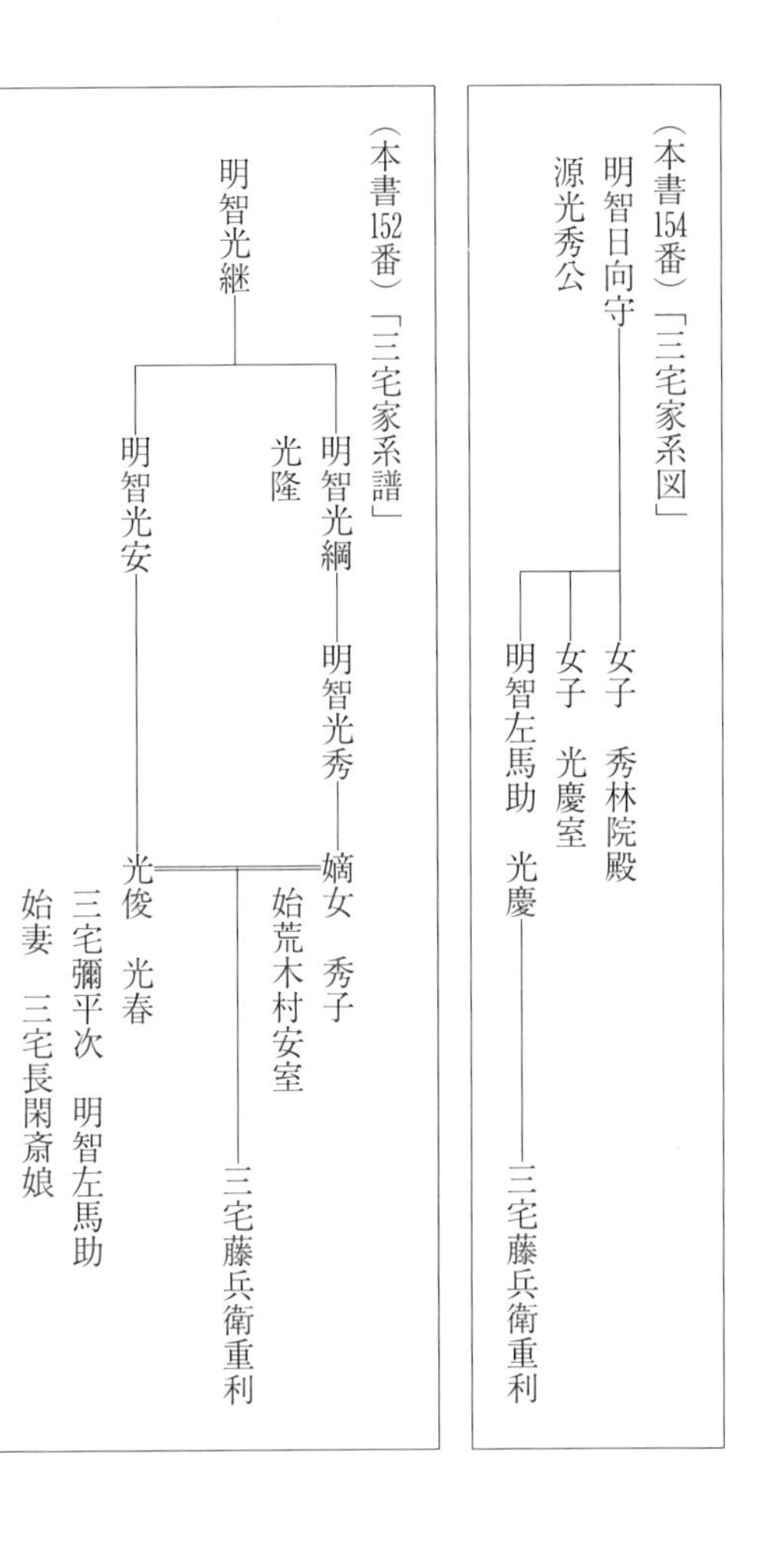

まず、当家先祖を遡る上で最も重要な史料は、「細川光尚書状」（30番）です。この書状は、重利の嫡男重元が光尚公に仕えていた正保の頃（一六四四～一六四八）、徳川家光公の御平癒の使者を務め、その折、光尚公より時の閣老榊原飛騨守に宛てられた添え状です。そこには「このたび差し下し申し候使者、先年、天草本渡にて討ち死に仕り候三宅藤兵衛子にて御座候（中略）明智日向守ために曽孫、明智左馬介の孫にて御座候」と書かれています。この書状は、明智との繋がりを証明する重要な史料であると共に、先祖を証明する唯一の史料です。ここからは、三宅藤兵衛の父が明智左馬助であることは判明しますが、「三宅家先祖付」や「源姓三宅氏中興家伝」にある左馬助

の実父を「三宅出雲守重時」とする根拠は見つかりません。嘉永期の当主重存は、「三宅家系譜」（152番）の中でこの「三宅出雲守重時」について自らの見解を書き遺しています。

この「三宅家系譜」は、嘉永三年（一八五〇）藩よりの通達「家系改めの覚」（163-4番）により、新たに作成し藩に提出した系譜です。その中で重存は、「家伝に云う、三宅出雲重時と先祖付に誌せしは、実は日向守殿（明智光秀）を申したる事にて、日向守殿天正十年の事有りし後は、明智の称号を唱えし人、世に忌諱有りて、かく仮名して暗に日向殿を指して申す由を伝う、又日向殿を左馬助養父と誌せしは誤り、局本（府の記録局）の明智系図に、光春を光秀養子として家名を改め、明智左馬助と号す、実は日向守甥也と有るを取り出して、この一本によりて誌せしと見ゆ、然るに出雲重時と云う人名、その頃伝記・系譜の類遍く探索し、物知れる人にも問いもし、尋ねもし、江府・京師の間にも因りによりて捜索せしかど、三宅氏に出雲重時と云うは、似たる人の名だに絶てなければ、仮託の名たる事知れたり、（中略）出雲は仮託の名にて、又仮託の日向殿は家の系統に有らず（中略）左馬助は明智兵庫守光安殿の嫡男也」とあり、以前から不審に思っていた左馬助の父についての訂正を藩に願い出ています。藩からは「先祖付これを改める儀厳禁につき、改めは相成らず候事」「先祖付け訂正一件」（164番）との返答があり重存の申請は認められませんでした。しかし、この時の提出史料は「細川家史料」の中に「三宅家系譜」として保存されていました。そして、家にもこの草稿は残っていました。明智左馬助の父が「三宅重時」であったか否かについては、今後の検証を待ちたいと思います。

高柳光寿氏著『明智光秀』（『人物叢書』吉川弘文館、一九五八年）によれば、「『明智軍記』に「光継だとか光安だとか、光久だとか、さては光春・光忠などもこの書『明智軍記』の記していることは全く信用できない。（中略）秀満（光俊）を左馬助というのは俗書の説で、秀満（光俊）は左馬助といったことはないのである。」と書かれています。高柳氏著にある「光春」は秀満であり本書では光俊と書かれていますが、明智左馬助が実在の人物であることは前述の「細川光尚書状」で証明されています。また「光忠」については、光忠の娘が忠興の娘萬の母であることも大正八年一月増補『細川氏系譜便覧』に書かれています。萬は烏丸中納言光賢の室となり娘禰々を儲け、その禰々は細川光尚の正室となっています。このことから、高柳氏が『明智軍記』は全く信用できないと断定されていることには些か疑いを持たざるを得ません。少なくともここに書かれている人物が実在していたことは明らかです。

三宅家の先祖を遡る時、明智の血を引くが故に明智を隠さなければならなかったことは容易に頷けます。またそれ故にさまざまな誤解や解釈が生じたことも致しかたなかったことでしょう。坂本城落城から、四三〇年の時を経た今、新たな検証が始まることを願ってやみません。

＝注記＝

（本書155番）「源姓三宅氏中興家伝」当時細川家の家老職にあった三宅重矩が、正徳二年（一七一二）頃作成。

（本書153番）「三宅家先祖付」永青文庫蔵。

（本書154番）「三宅家系図」三宅家文書、天明五年（一七八五）作成。

（本書152番）「三宅家系譜」永青文庫蔵。

三宅家先祖法名録

法名	命日	俗名他
○龍徳院殿雪山道白居士	寛永十四年十一月十四日	藤兵衛重利（五十七歳）
天心院殿機山如應大姉		重利の妻　妻木氏
幻泡童女	萬治元年十二月八日	重次の娘
一心院殿明岩貞穪居士	寛文元年三月一日	嘉右衛門重豊　重矩の実父
洪勝院殿月窓榮心大姉	寛文四年七月十一日	重次の伯母
妙善禅定尼	寛文五年五月十日	
勝光院傑岑寒英居士	寛文五年十一月十日	九郎兵衛の祖父　新兵衛重行
○鐵樹院殿固菴常堅居士	寛文六年十一月十八日	藤右衛門重元（六十三歳）
玉圓童女	寛文八年四月二十八日	重次姉の子
光覺真照信女	寛文八年五月二日	重次の伯母
幻了童子	寛文十一年五月二十九日	重次の舎兄
心安妙珠禅定尼	寛文十二年六月六日	重利娘　寺澤藩中陰山源左衛門の妻
圓成院捲葉妙荷信女	延宝元年三月六日	重矩の乳母　増住孫兵衛の先祖
正壽院殿心岳妙性大姉	延宝二年六月十九日	盛子　重元の妻
梅安宗雪信士	延宝五年一月六日	重次の伯父
○元陽院殿徳應宗天大居士	延宝七年七月二十九日	藤兵衛重次（四十七歳）
松雲院殿古岩宗椿居士	天和二年九月三十日	八良左衛門の高祖父
炑葉童子	貞享元年九月九日	伊入の子

稚影童女	元禄元年六月四日	勝之進の姉
薫凉童女	元禄二年五月三十一日	
孤山元輪信士	元禄三年八月十三日	善左衛門重清
清蓮童女	元禄六年六月十七日	重矩の娘
永壽院妙遠日了大姉	宝永四年二月二十五日	登岐　重信の娘　重次の妻
清輪妙月信女	宝永六年八月一日	時之の叔母
凉空童子	宝永六年八月十四日	
○月仙院殿明菴宗光大居士	正徳五年八月六日	藤兵衛重矩（六十歳）
玉光院殿白輪浄珪居士	正徳五年八月十日	重慶　重矩の嫡男
本了院殿覺峯元心居士	正徳十年一月二十五日	伊兵衛重之
白菴宗烁信士	享保元年八月四日	勝之進
露圓宗光童女	享保三年六月十一日	時之の姉
孤月幻雲童女	享保五年十二月十四日	時之の姉
本室妙光禅尼	享保十二年一月二十八日	勝之進の姪
○元浄院殿陽山宗春居士	享保十五年一月十六日	伊兵衛重安
一空幻心童女	享保十七年三月十八日	重貞の娘
圓心院殿松岩庭柏大姉	享保十七年十月二十七日	重矩の妻　安国寺に葬る
浄空院殿節岩智貞大姉	享保二十年十一月二十五日	重貞の妻　三宅九郎兵衛の娘
三壽院殿玄室妙機大姉	元文元年十二月二十二日	重之の妻
○露桂院殿如幻是睡居士	延享二年四月二日	藤右衛門重貞

泡影童女	宝暦四年七月二十日	時之の娘
圓珠院殿明室慧照大姉	宝暦九年十二月十二日	時之の妻
榮泉院殿松菴利貞大姉	宝暦十年一月十六日	重安の妻
花月禅芳童子	宝暦十年一月二十八日	万太郎　時之の長男
覺雲玄了童子	明和二年十月二日	三宅家の子
圓明院梅室清香大姉	安永三年一月十三日	強　重之の娘
○岫巖院殿桂峰道林居士	安永九年八月五日	藤助　平太郎時之
○不識院殿直指寂照居士	天明元年十一月六日	亀傳　藤兵衛慶和（三十五歳）
春容童子	天明三年一月二十六日	慶和の二男
浄光院殿真相妙珠大姉	寛政十二年十一月十六日	清　英蔵の姉
容顔珠光禅童子	文化二年九月二十三日	英蔵の二男
○渕玄院殿溪谷流泉居士	文政十年一月二十七日	英蔵（六十一歳）
真珠院殿瓊宝壽光大姉	文政十二年十一月六日	榮　時之の娘　慶和の妻
月峯秋圓童子	天保三年八月十六日	又作　重存の三男
窈關院桃屋妙悟大姉	天保九年三月十六日	英蔵の妻チヲ
秋露禅童子	弘化三年七月二日	祥之助　重世の長男
如鐵禅童女	嘉永二年四月一日	哲、鉄　テツ　重世の二女
有温院殿英山良哲居士	嘉永六年三月二十日	重世　英之亟　重存の長男
清泡孩子	安政二年十二月二日	猛雄　重弘の長男
清唱院殿令屋貞韻大姉	元治元年四月二十二日	マチ　重存の妻

憲亮院殿義山天彰居士	慶応三年七月二十三日	弥一郎　重世の二男　重弘の養子
○清蓴院殿味香探山居士	明治四年一月十日	藤兵衛重存　探山
松月院渓泉居士	明治九年二月九日	
一葉宗樹禅童子	明治二十四年六月十九日	重慶　重雄の長男
仙容院殿月山妙圓大姉	明治二十六年二月二十二日	セツ　重雄の妻
○渓雲院殿紫山香道大居士	明治二十六年十二月十一日	藤右衛門重弘　平太郎　藤爽
慈雲院殿貞室妙操大姉	明治三十三年三月二十日	イコ　重弘の妻
柳染院樹心妙誓大姉	明治三十三年六月三日	綱、ツナ　重世の三女
操壽院智山貞香大姉	明治三十五年八月二日	カツ　重世の妻
夢幻霊光禅童女	明治三十七年八月四日	梅　重雄の長女
心月院殿容顔妙貞大姉	明治四十二年九月二十二日	タミ　重雄の後妻
重光院殿喜恩覺心居士	昭和二年十二月六日	重喜　重雄の二男（二十一歳）
○大量院殿義山良雄居士	昭和十四年十月十二日	重雄（七十七歳）
大雲院殿清凉喜法居士	昭和十九年十一月十七日	末喜　重雄の六男（二十五歳　戦死）
幻空禅童子	昭和二十年九月十八日	俊彦　重彦の二男（二歳）
如真禅童子	昭和二十年十一月二十一日	重矩　重彦の長男（五歳）
永壽院殿重寶正信大姉	昭和五十年十二月七日	須美　重雄の後妻（九十三歳）
重水禅嬰子	昭和五十三年七月一日	重久　重俊の二男
智光嬰女	昭和五十五年四月二十日	優美子　重俊の長女
○天証院殿正真重寛居士	昭和六十二年七月三十一日	重彦（七十七歳）
○義徳院殿實照浄俊居士	平成十二年十二月三十日	重俊（五十四歳）

三宅家略年表

年号	西暦	三宅家に関する事項	当時の概況
天文　六	一五三七	9・16 明智左馬助誕生	
年月不詳		この頃、明智光秀嫡女秀子、荒木村重嫡男村安に嫁し男子を儲ける	
天正　六	一五七八	8月 明智光秀三女玉、細川忠興と婚姻。左馬助は玉の御輿付きを務める。細川家より松井康之が玉を受け取る	
七	一五七九	この年、荒木村重の謀反により、村安の妻秀子と子は明智へ帰家	
年月不詳		この頃、秀子は明智左馬助と再嫁。子は細川忠興に仕える	
九	一五八一	11月 三宅藤兵衛**重利**誕生。幼名帥（そつ）。父は明智左馬助、母は秀子	
十	一五八二	6・13 明智光秀、山崎の合戦において生害（55才） 6・15 近江坂本城落城、左馬助ら明智一族生害。帥（2歳）は、坂本城を遁れ、京都で秘に育てられる	6・2 本能寺の変
一五	一五八七		5月 豊臣秀吉、九州を統一。佐々成政を肥後国主とする この年、検地指出をめぐり、国衆一揆に進展

一六	一五八八		閏5月 肥後国を二分し、北半を加藤清正、南半を小西行長に与える
文禄 二	一五九三	この年、帥13才。秀林院（細川ガラシャ）へ忍び参上する。細川忠興は、帥を密に高野山（一説には鞍馬山）へ移す	
慶長 四	一五九九	この年、帥（19才）元服。名を三宅与助と名乗り細川忠興に仕える。後に藤兵衛と改名	7月 細川幽斎、智仁親王に古今伝授
五	一六〇〇	この秋、藤兵衛重利は細川家を立ち退く。内縁ある肥前唐津藩寺澤（廣高）志摩守に仕える（三〇〇石）	7・17 関ヶ原の役。細川ガラシャ、玉造の館で自刃（38才）
十二	一六〇七		この頃、熊本城落成
十五	一六一〇		8・20 細川幽斎没（77才）
元和 六	一六二〇		12月 細川忠興隠居、三斎宗立と称す
七	一六二一	この年、重利は唐津領天草富岡城城代監守（三〇〇〇石）、嫡男藤右衛門**重元**は唐津にて御用頭（二〇〇〇石）、三男嘉右衛門重豊は富岡城代の副監（一〇〇〇石）となる	1・7 細川忠利家督相続
寛永 九	一六三二		5・1 加藤忠廣改易 10・4 細川忠利肥後へ転封を命じられ、12・9に入国

十	一六三三		4・11 寺澤廣高没
十四	一六三七	10月 肥後天草・肥前島原の農民ら蜂起（天草・島原の乱） 11・14 天草島子・本渡戦。重利、本渡で討死（57才、龍徳院殿）	
十五	一六三八		2・28 天草・島原の乱終結
十八	一六四一		3・17 細川忠利没（56才） 5・5 細川光尚家督相続
十九	一六四二	この年、重元・重信・重豊・重行、唐津を退去。肥前瀬高へ移る 12・9 重元ら、細川光尚より合力米を賜る	
二〇	一六四三	この年、重元ら、光尚の命により肥後玉名郡高瀬へ移る	12・2 細川三斎没（56才）
正保 二	一六四五	10・28 重元へ知行宛行状（益城郡の内一五〇〇石）	5・9 長岡（松井）興長を八代城代とする
三	一六四六	8・3 重元、八代の城を監す	6・11 宇土支藩成立
正保年中		この頃、重元、徳川家光の御平癒使者を務める	
慶安 元	一六四八	4・26 重元嫡子百助、中小姓頭となる 4・27 百助へ知行宛行状（益城郡の内三〇〇石）	
二	一六四九		12・26 細川光尚没（31才）
三	一六五〇		4・18 細川綱利遺領相続、小笠原忠真後見

年号	西暦	事項	一般事項
万治 三	一六六〇	6・21 重元隠居、百助家督相続（着座、一五〇〇石）九番頭となる	
寛文 元	一六六一	8・5 百助へ知行宛行状（益城郡の内一五〇〇石）	
四	一六六四	6月 番頭となる	
六	一六六六	11・2 重元没（63才、鐵樹院殿）	7・21 新田支藩成立
延宝 七	一六七九	6・15 重元弟重豊の次男**重矩**を養子とする 7・29 重次没（47才、元陽院殿） 10・2 重矩家督相続（着座）	
天和 元	一六八一	10・1 番頭となる	
元禄 三	一六九〇	1・16 側用人となる	
十四	一七〇一	3・1 重矩に五〇〇石加増の知行宛行状（都合二〇〇〇石）。備頭となる	
十五	一七〇二	1・11 重矩に一〇〇〇石加増の知行宛行状（都合三〇〇〇石）。家老脇（旅家老）となる 12・15 重矩、赤穂老臣大石良雄ら17名を江戸藩邸に引き取る	12・14 赤穂浪士の仇討事件
宝永 二	一七〇五	5・3 重矩に、五〇〇石加増の所付目録 5・11 重矩に、一〇〇〇石加増の所付目録	
正徳 二	一七一二	1・11 家老となる 1・31 別荘（西爽園）で細川綱利を饗応	7・11 細川綱利隠居、宣紀家督相続

年号	西暦	事項	細川家関係
四	一七一四		11・12 細川綱利没（72才）
五	一七一五	8・6 重矩病死（60才、月仙院殿） 9・28 重矩従兄弟**重安**を養子に家督を相続（着座、三〇〇〇石）	
六	一七一六	2・18 重安へ知行宛行状（三〇〇〇石）	
享保 五	一七二〇	2月 続弾右衛門弟**重貞**を養子に家督を相続（着座、三〇〇〇石）	
十五	一七三〇	1・16 重安没（享年不詳、元浄院殿）	
十七	一七三二		6・26 細川宣紀没（56才） この頃、享保の飢饉 8・25 細川宗孝家督相続
十九	一七三四	11・1 重貞へ宛行状（三〇〇〇石）	
年月不詳		この頃、城下京町新堀屋敷が大火災（正保年中に拝領）	
元文 二	一七三七	11・1 重貞病気により知行召上げられる。 11・13 重安倅平太郎時之三〇〇〇石の内二〇〇〇石を拝領	
延享 二	一七四五	4・2 重貞没（享年不詳、露桂院殿） 9月 時之、阿蘇神社において定例御祈祷の御名代を務める	
四	一七四七		8・16 細川宗孝江戸城で切られ死去（30才） 10・4 細川重賢家督相続
寛延 元	一七四八	9・1 時之、宛行状・目録を拝領（先祖分の内二〇〇〇石）	
二	一七四九		1・15 重賢初入国に際し「申聞置

				条々」を出す
宝暦	二	一七五二		7・27 用人堀平太左衛門勝名、大奉行に任ぜられる
	六	一七五六		閏11 世減の法
	十三	一七六三	4・28 時之隠居、**慶和**を養子とし家督を相続（着座）世減の法により石高減、二〇〇〇石から一八〇〇石となる 6・11 慶和、知行所付け目録を拝領	
明和	五	一七六八	2月 慶和、藤兵衛を襲名 6・6 藩主御帰国につき公儀へ御礼の使者を務める	
	六	一七六九	2・1 宛行状と知行引渡し目録を拝領	
	七	一七七〇	6月 小姓組頭となる（安永6年2・17まで）	
	八	一七七一	4月 江戸へ出府	
安永	六	一七七七	2・17 側用人となる（天明元年11・7まで）	
	九	一七八〇	8・5 時之没（享年不詳、岫巌院殿）	
天明	元	一七八一	11・6 慶和没（35才、不識院殿）	
	二	一七八二	5・14 慶和嫡子**英蔵**、家督を相続（比着座） 12・22 英蔵、知行所付け目録を拝領	
	四	一七八四		この頃、天明の飢饉
	五	一七八五		10・26 細川重賢没（66才） 12・12 細川治年家督相続

	六	一七八六	9・1 宛行状（一五〇〇石）と知行引渡し目録を拝領	9・16 細川治年没（29才）
	七	一七八七		9・19 細川斉茲家督相続
	八	一七八八	9・18 宛行状（一五〇〇石）拝領	
寛政	四	一七九二		4・1 島原温泉岳爆発で津波襲来
	六	一七九四	10月 松向寺殿（細川忠興）一五〇回忌、京都高桐院で御法会執行御代香を務める	
	九	一七九七	7月 留守居番頭となる	
享和	元	一八〇一	この年、若殿様（細川斉樹）御在国中、小姓頭となる	
文化	七	一八一〇	2月 五番頭となる（文政4年6・21まで）	9月 伊能忠敬、肥後国内を測量（翌年7月まで） 11・10 細川斉茲隠居、斉樹家督相続
	九	一八一二	9・18 宛行状（一五〇〇石）を拝領	
	十	一八一三	9月 豊後国細川領鶴崎番代となる（文化11年9月まで）	
文政	四	一八二一	この年、中着座同列となる	1月 七百町新地開拓に着手
	五	一八二二	10・3 英蔵隠居。嫡子**重存**家督を相続（着座、一五〇〇石）	
	六	一八二三	3月 重存、留守居番頭となる	
	九	一八二六	9・18 重存、宛行状（一五〇〇石）拝領	2・12 細川斉樹没（38才）

年号	年	西暦	事項	関連事項
	十	一八二七	1・27 英蔵没（61才、渕玄院殿） 3月 留守居番頭となる	3・29 細川斉護家督相続
	十二	一八二九	12・23 十一番番頭となる（天保4年10・23まで）	
天保	三	一八三二	9月 鶴崎番代となる	
	四	一八三三	10・23 小姓頭となる（天保9年11・4まで）	
	五	一八三四	この年、江戸へ出府	
	六	一八三五		10・29 細川斉茲没（77才）
	九	一八三八	11・4 十番組頭となる（天保15年9・21まで）	
弘化	元	一八四四	6月 鶴崎番代となる	
	二	一八四五	5月 公儀定例御祈祷の節、阿蘇下宮御名代を務める	
	三	一八四六	5月 太守様御拝領物御歓び、御家中惣代として江戸へ出府 10・15 留守居組頭となる	
嘉永	六	一八五三		5月 ペリー浦賀に来航
安政	三	一八五六	2・11 隠居。重存次男百助、家督を相続 3月 百助、藤右衛門**重弘**と改名（比着座） 10・24 重弘、番頭となる（安政4年5・3まで）	
	四	一八五七	5・3 小姓頭となる（文久2年11・24まで）	
	五	一八五八	5・3 御参勤の御供で江戸に出府	
万延	元	一八六〇	1月 江戸に出府	4・17 細川斉護没（57才）

文久 二	一八六一	3・1 重弘、宛行状（一五〇〇石）拝領	7・12 細川慶順（韶邦）家督相続
三	一八六三	9・14 用人となる（元治元年11・18まで）	
元治 元	一八六四	11・18 大目附となる（明治2年8・26まで）	
慶応 元	一八六五	10月 御家老代役として出京	
三	一八六七	7月 重弘、藤右衛門を平太郎と改名	12・9 大政復古の大号令
四	一八六八	1・3 重弘、京都在任中に鳥羽・伏見の戦い起こる	
明治 二	一八六九	8・26 重弘、辞職	6・17 版籍奉還。細川韶邦は熊本藩知事になる
三	一八七〇		5・8 細川韶邦隠居、護久家督相続
四	一八七一	1・10 重存没（74才、清蓴院殿）	7月 廃藩置県
九	一八七六	5・24 重弘隠居、重雄家督を相続（六十一石六斗）	10・23 細川韶邦没（42才）
十	一八七七	この年、西南戦争の戦火を逃れ、菊池郡弓削村の知行所へ避難（口伝）	
十二	一八七九	この年、城下京町から託摩郡本荘村に転居	
二十	一八八七	この春、重弘と交流のあった中国人王治本氏夫妻が逗留	
二六	一八九三	12・1 重弘没（65才、渓雲院殿）	9・1 細川護久没（54才）
四十	一九〇七	4・1 **重雄**は、姻戚堀勝太氏が経営する東亜鉄道学校（現開新高校）の理事となり、自宅に寄宿舎を建て、寄宿生一〇〇余名	

		を受け入れる。寄宿舎は昭和初期まで続く（口伝）
昭和十四	一九三九	10・1 重雄没（77才、大量院殿）
六二	一九八七	7・31 **重彦**没（77才、天証院殿）
平成十二	二〇〇〇	12・30 **重俊**没（54才、義徳院殿）

おわりに

三宅家は、明智の血筋であると伝えられてきました。明智との繋がりを証明する重要な史料として、明智光秀書状や秀林院（細川ガラシャ）消息、細川光尚書状、系図等を特に大切に受け継いでいます。ところが現代に至っては、それらの書状を読み解くことは容易なことではなく、専門知識を必要とする時代となりました。明智の血筋であることの確実な証しは、どこに書かれているのか。先祖は何を伝えていたのか。先祖の想いを受け取ることができずにいた夫重俊は、然るべき所での調査の必要性を感じ、その機会を願っていましたが、叶うことなく平成十二年十二月他界しました。

その後、熊本市の事業として古文書調査が行われていることを知り、熊本市史編纂室へ文書調査を依頼しました。調査が終わると、雑然とあった古文書は目録が付いてきれいに整理されていました。この調査により専門知識のない私にも朧げながら全体を把握できたことは実に有難いことでした。今後は、辛うじて残ってきたこれらの文書を活字化して、後世に残しておくことが重要であろうと思い、出版することとしました。

古文書の解読には、熊本大学附属図書館特別研究員川口恭子先生、元熊本大学教授松本寿三郎先生、元熊本大学文学部永青文庫研究センター松﨑範子先生にご尽力を仰ぎました。先生方のご厚意により、文書のすべてに翻刻文と読み下し文が付いた、実に立派な史料集となりましたことは、この上ない喜びです。長年のご尽力に深く感謝申し上げます。文書には、ひどい虫喰いで形すら消えかかっている文字も多くありましたが、微かな撥ねや流れを頼りに、文字として浮かび上がらせていかれる先生方のひたむきさにとても感動しました。全く読めなかった文字が、人の心を感じることばへと変化していく様は何とも嬉しく思えました。昔を今に繋ぐ重要なお仕事に心からの敬意を表します。

古文書が解読されたことにより、門外漢の私にもより深く読み解くことができました。例を掲げますと、亡夫が一番知りたかった（本書3番）「細川ガラシャ消息」では、書状の内容のみならずその背景、その後の展開までもが判明しました。（124番）「吉浦郷右衛門覚書」には、次のように書かれていました。

> 太閤様御代になり、世も静かになり候上にて、藤兵衛様を三斎様伏見の御屋敷へ（姥）御供仕り、右の次第を申し上げる、藤兵衛様十三才の御時に御座候、三斎様驚かせられ、早速密かに高野山（異説鞍馬山）へ差し登せ置かれ候、（中略）その間、折々伏見へ御越しなされ、秀林院様へはひたと御対面御座候、その砌、秀林院様より進ぜられ候御文、残り居り申し候、瀬戸口へ御持参なされ候、奉書紙一枚に御文体さらさらと遊ばされて候て、御端書に返す返すかね五十目参らせ候、御合点にて御使い候らえと遊ばされ候を、折々拝見仕り候

その後、藤兵衛が十九才になると、細川忠興（三斎）が、豊臣秀吉の許しを得て、元服させていることも書かれています。藤兵衛は、幼名そつ、元服し與助、與平次を名乗り、後に藤兵衛と改名しています。

「細川ガラシャ消息」「吉浦郷右衛門覚書」から、当時の藤兵衛とガラシャの心情までもくみ取ることができたことは驚きでした。藤兵衛とガラシャの関係を表す一連の流れとして「細川ガラシャ消息」「吉浦郷右衛門覚書」の記述、そして（4番）「細川ガラシャの最期」の記述が、繋がっていることが解ったことも、重要な発見でした。これらの出来事が、その後、細川光尚の藤兵衛嫡男への厚遇へと繋がっていったのでしょう。

また、この「吉浦郷右衛門覚書」には本能寺の変から坂本城落城時の城内の様子が書かれています。興味深い内容です。

（125番）「吉浦一提覚書の写」には、藤兵衛の墓所について、次のように書かれていました。

藤兵衛様御年廻りの時分、私儀天草へ遣わされ候は、天草の者ども申し候は、戸田伊賀様天草御領知なされ、天草中廻りなされ候節、藤兵衛様御墓所を御覧、御意なされ候は、この石塔悪しく、後は文字見え申すまじく候、藤兵衛儀は隠れ無き者にて候、後々知れざる様に成り行き候ては残念に思し召され候間、石を吟味仕り、石塔を立て直し候様にと仰せ付けられ、銘をも深々と切り付け、金箔をすり付け申し候、薄紫色の石にて御座候、御供仕り候御家来吉浦兵右衛門・山本五郎兵衛・桑原久作・吉蔵の四人の石塔も同前に仰せ付けられ候を拝見仕り候、（中略）内野村観音寺、又才津・広瀬の百姓ども物語り仕り候

とあります。吉浦一提は、郷右衛門（季行）の父にあたり、天草の乱の時分は、九歳で富岡城に籠城しています。その一提が、才津・広瀬の人々から聞いた当時の模様を記していますが、現在もこの墓所は、広瀬地区（天草市本渡町）の人々によって護られています。また、山仁田（天草市本渡町）の庵、観音禅庵（現在は廃庵）では、天草の乱以降三百七十年に及び、藤兵衛と家来四人が祀られてきました。三宅藤兵衛らが、天草の歴史の中で、地元の人々によって連綿と護り継がれていたことも、この「吉浦一提覚書の写」から見えてきたことです。

本書口絵には、当家に伝来する明智光秀筆「布袋画」を掲載しています。この画について亡夫の叔父清彦は、父重雄から聞いたこととして次のように書き残しています。

明治十年西南戦争がおこり、西郷軍が熊本城を攻撃した際、屋敷があった京町方面は占領された。一家は避難をしたが、西郷軍が敗退した後、京町方面は略奪され、蔵も荒らされた。この光秀筆「布袋画」は、表装はち

ぎれ、下水溝に打ち捨てられていたので表装をし直した。その後、東京美術大学の教授が来宅されてこの画を見て、こんな画を描く人が謀反人とは思えないと言われ嬉しかった。と父上から聞き、私も大変嬉しかったのでよく覚えております。

大正六年生まれの清彦は、小学生の頃に父から明智光秀の子孫であることを告げられます。当時の教育は、君に忠義は絶対、主君を殺すなど極悪人と言われていた時代です。子供ながらに光秀の子孫であることに心を痛めていたそうです。その生い立ちの中で、「布袋画」について専門家からのことばが救いであったと書き残しています。この画が光秀の真筆か否かは不明です。また、下水溝に打ち捨てられた時、表装をし直し加筆されていますので大きな問題ではありますが、先祖が大切に伝えてきた物のひとつとして掲載しました。

本書刊行に至るまでには、幾つもの有難いご縁がありました。その一つに、熊本大学文学部附属永青文庫研究センター稲葉継陽教授との出来事が挙げられます。稲葉教授には、本書の解説文をお引き受けいただいたことのみならず、(1番)「明智光秀書状」に光を当てていただいたことは、思いもよらぬ喜びでした。それは偶然、光秀書状をご覧頂く機会が訪れたことから始まります。それから数か月後、熊本県立美術館から企画されていた「細川コレクション特集・織田信長展」に稲葉教授のお口添えがあって、この書状を出展することのお申し出がありました。これは、光秀が細川藤孝ほかに宛てた書状ですが、いつの頃か三宅家に下賜され、ずっと保存してきたものです。あの時、稲葉教授との偶然がなかったなら、細川コレクションと並んで展示されるというお話はなかったでしょう。文書にとっては、良い機会に巡り合えたと嬉しく思いました。深く感謝申し上げます。この文書の展示については、東京大学史料編纂所のご協力もありました。大変有り難いことでした。

熊本県文化協会会長・公益財団法人永青文庫常務理事吉丸良治氏におかれましては、ご多忙中にも拘らず、ご鄭重なる序文をいただき、深く御礼申し上げます。お心のこもったお言葉に有難く感涙致しました。また、公益財団法人永青文庫並びに熊本大学文学部附属永青文庫研究センター、そして熊本大学附属図書館各位には、格別の御高配を賜り深く感謝申し上げます。

また「天草の乱」の研究に情熱を注がれた鶴田倉造氏へ、心からの感謝と敬意を表します。

一個人の文書類がこれほどすばらしい史料集となりましたことは、第一に、長きに亘り解読に携わって頂いた先生方のご熱意の賜物であることは申すまでもありません。そして幾つもの有難いご縁のお蔭であったことも感謝に絶えません。お世話になりましたみなさまに、心よりの感謝と御礼を申し上げます。

最後に、清文堂出版の前田正道氏には細かな要望にも丁寧にお応え頂き、誠に有難く感謝申し上げます。

三宅家御先祖、そして亡夫重俊へ捧ぐ。

平成二十七年十一月十四日

三宅久美子

三宅家史料刊行会
稲葉継陽（いなば　つぐはる）　熊本大学文学部附属永青文庫研究センター教授
川口恭子（かわぐち　やすこ）　熊本大学附属図書館特別研究員
松﨑範子（まつざき　のりこ）　元熊本大学文学部附属永青文庫研究センター
松本寿三郎（まつもと　すみお）元熊本大学教授
三宅久美子（みやけ　くみこ）　三宅家文書所蔵者
（50音順）

明智一族 三宅家の史料
平成27年11月14日　初版発行
編　者　三宅家史料刊行会
発行者　前 田　博 雄
発行所　清文堂出版株式会社
〒542-0082 大阪市中央区島之内２-８-５
電話06-6211-6265　　FAX06-6211-6492
http://www.seibundo-pb.co.jp
印刷：亜細亜印刷株式会社　製本：株式会社渋谷文泉閣
ISBN978-4-7924-1043-8　C3021